U0917851

# 中国
# 军事外交理论与实践

万发扬◎著

ZHONGGUO JUNSHI
WAIJIAO LILUN YU SHIJIAN

时 事 出 版 社

**图书在版编目（CIP）数据**

中国军事外交理论与实践/万发扬著．—北京：时事出版社，2015.1
ISBN 978-7-80232-760-3

Ⅰ.①中…　Ⅱ.①万…　Ⅲ.①军事外交—外交理论—研究—中国
Ⅳ.①E0－053

中国版本图书馆 CIP 数据核字（2014）第 243321 号

出版发行：时事出版社
地　　址：北京市海淀区万寿寺甲 2 号
邮　　编：100081
发行热线：（010）88547590　88547591
读者服务部：（010）88547595
传　　真：（010）88547592
电子邮箱：shishichubanshe@sina.com
网　　址：www.shishishe.com
印　　刷：北京百善印刷厂

---

开本：787×1092　1/16　印张：28.25　字数：409 千字
2015 年 1 月第 1 版　2015 年 1 月第 1 次印刷
定价：98.00 元
（如有印装质量问题，请与本社发行部联系调换）

# 序 言

甲午初秋之际，万发扬同志到家里看望我时，带来了他的新著——《中国军事外交理论与实践》，请我审阅并为之作序。发扬同志长期在二炮司办工作，可以说是非常熟悉了解。他军事理论扎实，善于战略思维，文笔又好，参与和组织了二炮许多重要文件起草和重大问题研究，为战略导弹部队建设发展做出了重要贡献。他还出访过许多国家军队，具有国际视野。早在2000年9月，他在访问美国哈佛大学肯尼迪政府学院的研究报告中，就提出了美国的战略重心正在由欧洲转向亚太，建议及早做好应对准备。发扬同志退休后，仍心系军队，情寄二炮，笔耕不辍，提出了许多具有前瞻性的构想，《中国军事外交理论与实践》就是他一系列的研究成果之一。

军事外交是国家总体外交的重要组成部分，在国家对外战略中具有举足轻重的地位和作用。它服从并服务于国家总体外交，同时也是国家对外战略的重要支撑和保证。没有坚强的军事实力做后盾，没有展示和运用军事力量的信心和决心，没有充分灵活的军事外交运用，就不可能最终达成国家意志，实现对外战略目标。所以，世界各国特别是西方大国非常重视军事外交，都把军事外交作为实现其国家利益的重要手段。

我国的军事外交具有悠久的历史。2000多年前的《孙子兵法·谋攻篇》就提出："上兵伐谋，其次伐交，其次伐兵，其下攻城。""伐交"就是军事外交，目的是通过外交斡旋争取盟友，获取支持，孤立敌军，形成有利的形势。这说明，早在春秋战国时期，军事外交已经上升到了国家战略的层面，是达成国家战略目标的主要途径。此后，"伐交"作为国家的重要战略思想，始终贯穿于丰富的政治、军事实践之中。

新中国诞生后，我们的军事外交与共和国一起，艰难起步，风雨兼程，不断发展壮大。从波澜壮阔的朝鲜战场，到艰苦卓绝的抗美援越；从依靠苏联的军事援助，到我们自己的对外军援；从双边、多边合作，到大规模联合军事演习；从建国之初与欧亚12个社会主义国家建立军事关系，到今天同世界五大洲150多个国家建立军事关系，在广阔的国际舞台上纵横捭阖，折冲樽俎，塑造展示中国军队良好形象，承载体现大国外交风范，传播弘扬中华文明与安全理念，取得了举世瞩目的成就，大大提升了我军的影响力和国际地位，为维护国家主权、安全、发展利益做出了重要贡献。

当然，我们在看到中国军事外交辉煌业绩的同时，也要给出一个正确的定位，清醒认识到我国的军事外交仍然处于发展中国家的阶段，无论是军事硬实力、文化软实力、应急处置力，还是军事影响力，都是相当有限的，还远远不能满足一个新兴大国、世界第二大经济体在政治、经济和安全发展上的需求。当前，国际形势和我国周边安全环境都发生了重大变化，形势日趋复杂，特别是当前国际关系中出现的“颜色革命”，以保护平民安全、支持民主进程为借口进行国际干预，甚至是军事打击，给发展中国家和异于西方发展模式的国家带来了现实威胁。面对这些新的威胁和挑战，我们不仅要深刻总结过去的军事外交实践，更要从全局上进行理性思考，提出正确的战略指导，为国家发展和军队建设服务。

军事外交涉及国家安全，极度敏感，非常复杂，对从事这项工作的同志提出了很高要求。我任二炮司令员期间曾两次陪同军委领导出访，自己也曾率军队代表团访问过一些国家。离开二炮领导岗位担任十届全国人大外事委员会副主任委员期间，多次参加全国人大代表团和率团与多国议会及其外委会进行定期交流。通过这些外事实践，我深刻体会到，无论是军事外交还是议会外交，都是政治性、政策性极强的工作，需要具备很高的政治素质、丰富的外交经验，以及科学的理论指导，才能完成好国家、军队赋予的外交使命与任务。

理论源于实践，但是实践活动并不自然产生理论。我们的军事外交实践虽然非常丰富，但军事外交理论研究仍需加强，还有许多方面有待进一步充实与完善。万发扬同志善于学习，勤于思考，遍览群书，在广泛占有资料的基础上，经过多年深入研究，终于完成了这一学术著作，这种精神非常值得我们学习。这本专著以毛泽东思想、邓小平理论、“三个代表”重要思想、科学发展观和习近平主席一系列重要论述为指导，立足我国军事外交实际，综观世界大势，采取理论与实践、继承与创新相结合的研究方法，系统地分析和阐述了军事外交的基本内涵、基本思想、基本方略，丰富和深化了军事外交理论研究，填补了许多空白，具有较高的理论价值和实践意义。我相信这部专著的出版，对活跃军事外交学术研究，指导军事外交实践，丰富院校教学，以及对外军事宣传等方面，将会起到积极的促进作用。

**杨国梁**

2014 年 8 月 7 日

# 目　录

# 第一章

# 军事外交概述

军事和外交是国家推行对外政策的两个最重要手段。一般说来，军事以暴力为基本特征，外交则以和平为主要特征，但二者往往相互融合、渗透，相辅相成，由此孕育了军事外交。军事外交同时具有军事功能和外交功能，军事功能体现出它作为军事工作的共性特点以及作为外交工作的个性特点，而外交功能则体现出它作为军事工作的个性特点以及作为外交工作的共性特点。古往今来，世界各国创造了非常丰富的军事外交实践。第二次世界大战结束以来，特别是冷战后，军事外交已经成为国际政治中的一个重要领域。然而，不论在中国，还是在西方，军事外交皆尚未得到深入、系统的理论探讨。因此，在具体研究中国军事外交理论与实践之前，很有必要首先对军事外交的概念、历史演变、基本特性、地位作用、影响因素等进行阐述。

## 第一节　军事外交的概念

军事外交，往往又可称作防务外交或国防外交。虽然军事外交在古代就已出现，但是长期以来，它一直隐含于国家总体外交之中，没有与其他分支外交明确区分开来。因此，目前对于军事外交的专题研究，尚处于起步阶段，人们甚至还很难搞清军事外交的内涵和外延。显然，要使得军事外交研究具有较强的规范性，就得明确军事外交的概念，正确界定军事外交的研究范围。

### 一、军事外交的基本定义

在建国后相当长时间里，中国官方未使用“军事外交”一词，而代之以“外交”、“军队外事工作”、“对外军事交往”等。改革开放以后，随着中国对外军事交流与合作的深入发展，在军队领导同志的有关讲话和文件中，出现了“军事外交”一词；此后，中央领导同志和政府外事部门负责同志，也在不同场合提到“军事外交”；1998 年 7 月底，在中国政府公布的第一份《中国的国防》白皮书中，正式以政府文件的形式提出了“中国积极展开全方位、多层次的军事外交”；同年 8 月 28 日，江泽民同志在全军外事工作和武官工作会议上说，要把一往无前的革命精神“贯彻到军事外交工作和部队各项建设中去，为国防和军队现代化建设作出新的贡献。”[①] 此后，“军事外交”一词，频频出现于国内各类报刊杂志上。应当说，如用“外交”涵盖“军事外交”，在内容上似过宽泛，囊括政治、军事、经济、文化等多个方面；用“军队外事工作”代替“军事外交”，内涵又显偏窄，将国家外交部门等机构开展的涉及到军队或军事的外交活动排除在外，只局限于军队自身的对外交流；而“对外军事交往”则似乎不能完全涵盖军事安全合作等方面的内容。当今世界，虽然目前很多国家都在积极推进军事外交，但其官方往往并未明确使用“军事外交”（military diplomacy）的词汇。在世界主要国家中，只有英国的“防务外交”（defense diplomacy）概念，有点类似于我国“军事外交”的提法。

列宁曾经指出：“下‘定义’是什么意思呢？这首先就是把某一个概念放在另一个更广泛的概念里。”[②] 因此，要给“军事外交”下一个相对科学而又扼要的定义，就必须了解“外交”的概念。尽管“外交”是一个常见而重要的术语，然而，学术界关于“外交”的内涵和外延分歧很大，尚未形成一致意见。各种各样的外交概念，大致可分为狭义与广义两大类。

在狭义的外交概念中，外交的执行者必须是正式代表国家的机构和人员，其中机构通常是政府、外交部、驻外使馆以及驻联合国代表团等，人员通常是国家元首、政府首脑、外交部长、驻外使节以及驻联合国代表等。例如：《辞海》对外交的解释是：外交是国家为实行

① 罗玉文：《江主席会见全军外事工作和武官工作会议人员》，新华社，北京1998 年8 月28 日电。

② 《列宁选集》第2 卷，人民出版社，1972 年版，第146 页。

其对外政策，由国家元首、政府首脑、外交部、外交代表机关等进行的诸如访问、谈判、交涉、发出文件、缔结条约、参加国际会议和国际组织等对外活动。

在广义的外交概念中，外交的执行者可以包括国家正式代表以外的官方机构、组织和人员，甚至包括在国家指导或组织下进行对外交往的民间机构、组织和人员。英国著名学者巴斯顿认为，以一种狭义和正式的观念，将外交看作是外交部和外事人员的独占的领域并非恰到好处，今天外交的构成，也早已超出以往赋予外交这个词汇的、略嫌狭窄的政治——战略概念。[①] 的确，随着外交实践日益广泛和深入，人们常常从宽泛意义上理解和使用外交一词。关于广义的外交，国内学术界较有代表性的定义，见于新中国建立后国内正式出版的第一部《外交学概论》，它的解释是："广而言之，外交是指任何以主权国家为主体，通过和平方式对国家间关系和国际事务的处理。"[②]

根据广义的外交概念和军事外交的自身特点，军事外交大致可以这样定义：它是指以主权国家为主体，通过和平方式，对国家之间军事关系以及国际军事事务的处理。从上述军事外交定义可以看出：第一，军事外交的主体是主权国家。尽管军事外交活动的具体执行者多种多样，但是在一定意义上都代表着国家。第二，军事外交的手段是和平方式。如果在国际政治中实际使用武力，那就超出了军事外交的范畴，属于作战行动或者战争行为。第三，军事外交的个性特征是军事性。只有那些处理国家间军事关系以及国际军事事务的涉外活动，或者说只有涉及军队、涉及国家军事安全利益的外交，才能被称作军事外交。

需要指出的是，一方面，主权国家是军事外交唯一的主体；另一方面，抽象的主权国家，往往并不能直接从事军事外交行为，而是由其代表机构、组织与人员具体执行。能够执行军事外交的机构和组织，不仅包括政府、外交部、国防部、军队、驻外使馆等，还包括诸

① ［英］R. P. 巴斯顿著，赵怀普等译：《现代外交》，世界知识出版社，2002 年版，第 1 页。
② 鲁毅等：《外交学概论》，世界知识出版社，1997 年版，第 5 页。

如联合国、北约、欧安组织之类的国际组织；能够执行军事外交的人员，包括国家元首、政府首脑、军队高层领导、国防部长、外交部长、驻外使节尤其是驻外武官等。担负出访任务的海军舰艇编队所有官兵，都是军事外交的执行者。同样，双边或多边联合军事演习的所有参演人员、保障人员，也都在不同程度上从事着军事外交工作。

在各国实践中，一些重大的军事外交活动，通常由外交部负责进行（由于历史和传统的原因，少数国家关于最高的专职外交执行机构的名称略有不同）。谈判并签订结束战争的和约、谈判并签订关于军控和裁军方面的重要条约、谈判并缔结军事同盟、处理重大军事危机或冲突等，这些涉及到国家最高安全利益，关系到战争的成败和国家的安危。因此，一般直接由外交部负责进行，大都需要外交部长、政府首脑甚至国家元首亲自出面谈判或处理。例如，战略核武器是美苏争霸的重要手段，经过两国外交部门之间的谈判和首脑之间的会晤，1972 年 5 月，美国总统尼克松和苏共中央总书记勃列日涅夫正式签署了《美苏关于限制反弹道导弹系统条约》和《美苏关于限制进攻性战略武器某些措施的临时协定》。不过，由外交部负责进行的军事外交活动，往往都需要军方派员参加或者提供服务，如担任咨询、给予情报保障，准备谈判预案等。这是由于当代军事问题复杂，所涉专业知识深邃，一般都超出了政治谈判的业务范围。有时，国家外交部门把一些实质性军事问题，交授权的军事代表团或专家组先行谈判，初步达成结果后，再由政府代表团谈判并签署正式协定或条约。

军事外交作为总体外交中具有军事属性的分支外交，大量涉外活动，通常直接由国防部和军队负责执行。军队人员出访和接待外军来访、专业技术交流与合作、人力资源培训、履行国际军事义务、军队间的各领域活动、向外派驻武官以及对它国驻本国武官进行管理等，通常都由国防部和军队的外事归口管理机构具体承办，往往需要作战、训练、政工、后勤、装备等多个职能部门密切配合。作为国家的重要机器，军队开展对外交往活动，一般代表国家行为。军队没有私利，国家利益就是自己的利益。军队无疑是军事外交的主要执行者，但它只是国家主体的延伸和代表。认识到主权国家是军事外交的主体，对于任何一位从事军事外交工作的人员来说都很重要。即使是普通士兵，如果他们能认识到这一点，在参与军事外交活动时，也就能做到“心中有国”。

当今世界，联合国、北约、欧安组织等国际组织都具有军事外交职能。为了维护和平与稳定，联合国安理会可以通过决议，对某国进行武器禁运，向某个地区派出维和部队，甚至是授权使用武力。近些年，北大西洋公约组织军事外交活动十分活跃，对内不断加强成员国之间的军事合作，对外逐渐扩大其“防卫”功能。不过，尽管目前国际组织种类众多，而且数量空前增加，但是能够进行军事外交活动的国际组织，都必定是由主权国家组成的。这些国际组织的成立和活动，都是以主权国家之间彼此同意并签订的国际协议为前提的，常常是为了促进成员国的共同利益。换言之，主权国家才是这些国际组织一切权力的授予者。因此，国际组织实质上也只是军事外交的执行者，而非单独的主体。

## 二、军事外交与其他分支外交的区分与联系

随着时代的前进和科技的发展，外交在广度和深度上都不断得到拓展。外交的执行者越来越趋向多元化，除传统的外交部门，国内更多的政府部门和国家机构、组织，以及地方政府、公众，都已涉足外交活动。于是，也就出现了议会外交、政党外交、地方外交、人民外交等诸多新的外交形态。与此同时，外交领域不断扩大，内容日益丰富。外交已不再局限于传统的政治、军事领域，还广泛涉足经济、教育、文化、科技、体育等领域。相应地，也就有了政治外交、军事外交、经济外交、文化外交、科技外交、体育外交等新的术语。在这些分支外交之下，甚至还有更细化的提法。例如：在军事外交领域，常有海军外交、核外交、导弹外交之说，在经济外交领域，常有能源外交、石油外交之说，在体育外交领域，亦有乒乓外交之说。

将军事外交与其他分支外交区分开来很有必要，也很有意义。由于一国政府在国内有政治、军事、经济、文化等各个部门的分工，因

此，国内国外同类部门之间的交往，必然在总体外交的大框架下具有各自部门的特点。同时，国家为了实现外交的总目标和总政策，需要制定与之配套的分支目标和具体政策。从这种意义上讲，把总体外交相应地细分为政治外交、军事外交、经济外交、文化外交等类别，可谓十分必要。另一方面，对总体外交进行这样的划分，在理论上，有利于外交研究的进一步深化；在实践上，则有利于外交的进一步专业分工，从而有利于实现国家利益的最大化。

由于军事服务于政治，军事外交的政治性十分突出。因此，在各种分支外交中，军事外交与政治外交的联系最为紧密，有时甚至很难将两者完全加以区分。例如，冷战结束以来，中国先后向柬埔寨、刚果（金）、利比里亚、黎巴嫩和苏丹等国，成建制地派遣部队，执行联合国维和任务。如果强调这些维和行动的执行者是部队官兵，那么，可以将这些维和行动看作是军事外交。如果强调这些维和行动的政治目的——促进世界及地区的和平与稳定，承担应尽的国际义务，树立负责的国家形象，那么可以将这些维和行动看作是政治外交。实际上，这并无矛盾之处，只是两者所强调的基点不同而已。不过，多数情况下还是能够将军事外交与政治外交区分开来的。例如，中国与俄罗斯于2005年8月在传统安全领域举行联合军事演习，美国与以色列长期以来开展密切的军工合作，中国与美国就人权问题进行针锋相对的斗争，皆属于外交活动。前两者军事因素很明显，看作军事外交更为适宜；而人权问题不包含军事因素，后者只能是政治外交。

军事外交需要其他分支外交的协同、配合。例如近年来，中国与法国交往十分密切。在政治上，领导人保持经常接触和联系，双方国家元首、政府首脑互访频繁，在不少重大国际问题上，双方采取相同或相近的立场；在经济上，两国签署了航空、航天、交通运输、和平利用核能等合作协议，双边贸易额逐年增加；在文化上，彼此在对方国家互办“文化年”，举行一系列文化交流活动。两国之间的政治外交、经济外交、文化外交等有力地促进了军事外交的发展——中法国防部和军队高层领导展开互访，两国海军举行联合军事演习，中法分别举办两国高级军官防务安全研讨班，法国积极推动欧盟解除对中国实施的武器禁运。另一方面，其他分支外交需要军事外交的协同、配合。例如，海湾战争期间，土耳其加入反伊联盟，参与国际反伊行动，为多国部队提供支持和军事基地。作为回报，后来美国则向土耳其提供大量经济援助。再例如，近些年来，中国注重加强与非洲、拉丁美洲国家之间的军事交往与合作，利用军队在有关国家政治生活中的重要地位，积极做好有关国家军方的工作，有力地挫败了台湾当局拓展“国际生存空间”的企图。前者是军事外交推动了经济外交，而后者则是军事外交有力地配合了政治外交。

在我国未来的外交工作中，军事外交与其他分支外交，应当紧紧围绕国家利益以及对外政策，进一步加强协调与配合。正如唐家璇同志指出：“当前形势下外交早已超过狭义的外交概念，而是包括政治、经济、科技、文化、军事、民间等多个领域的总体外交，内涵深刻，需要各方面通力合作，共同奋斗。”①

## 三、军事外交的研究范围和研究方法

军事外交是和平处理国家间军事关系以及国际军事事务的科学和艺术。因此，在军事外交研究中，军事外交理论和军事外交实务都具有不可或缺的作用。如果只研究军事外交理论，完全忽略了军事外交实务，就等于变相脱离了客观实际。结果，对军事外交理论所进行的研究，难免就会与军事外交实践发生脱节，从而难以对军事外交实践发挥积极的指导作用。如果偏重于研究军事外交实务，而轻视军事外交理论，则难以深入地研究问题，更不用说能够真正地得到升华。在研究军事外交理论时，军事外交思想、军事外交指导原则、军事外交家的基本观点等，是研究的重点。而在军事外交实务研究中，军事外交的实际运行过程中所存在的一切主要问题，以及由此而产生的相关经验教训、技巧、艺术等，是研究的重点。

一般来说，军事外交的研究范围，应包括军事外交的基本概念、军事外交的地位作用、影响军事外交的因素、军事外交史、军事外交

① 《人民日报》，1998年4月6日。

思想、军事外交指导原则、军事外交主要任务、军事外交战略目标、军事外交管理体系等。随着时代的推进和国际形势的变化，军事外交理论和实务都会发生一些相应的变化，军事外交研究的层面将会越来越宽，涉及的范围也将会越来越广。

正确的研究方法是达成研究目标的重要保证。为了更好地开展军事外交研究，应该从以下几个方面着手：

第一，必须始终坚持以马列主义、毛泽东思想、邓小平理论和“三个代表”重要思想为指导，认真贯彻和落实科学发展观，自觉运用辩证唯物主义和历史唯物主义的立场、观点、方法分析问题，始终牢牢把握正确的研究方向。根据当前国际安全形势和军事外交的特点，探讨军事外交的本质和特征，揭示军事外交的发展趋势，努力形成一批反映时代特色的带有规律性、指导性的军事外交理论成果。

第二，必须坚持理论与实践相结合的原则。军事外交研究，既要具有很强的理论性，也要具有很强的实践性。就其功能而言，军事外交研究，是以指导军事外交实践为其主要目的。换言之，军事外交研究，以军事外交实践为其源泉，反过来又必须为军事外交实践服务。离开了军事外交实践，军事外交研究就会变成无源之水，无本之木，就会失去其存在的必要性。

第三，必须学习和运用相关专业知识。作为外交的一个部分，军事外交长期隐藏于总体外交之中。显然，军事外交研究，不能脱离对外交史、外交思想的研究。与此同时，作为军事工作的一部分，军事外交具有显著的军事特色。因此，只有了解和掌握军事战略学、战役学、战术学、指挥学、后勤学、装备学以及海空军和战略导弹部队等方面的军事理论知识，才能真正搞好军事外交研究。此外，国际法是各种外交的产物，国际法又给各种外交以一定规范，军事外交应当在符合国际法的准则下进行。毋庸置疑，武装冲突法、外交关系法、国际海洋法、国际组织法、条约法等国际法知识，对于研究军事外交都是非常有帮助的。

第四，必须采用适当的分析方法。阶级分析法、比较分析法、定量分析法、个案分析法、系统研究法等，是我们研究军事外交需要采用的基本方法。应该综合运用各种方法，博采各种方法之长，力避各种方法之短，并努力引入新的分析方法，对具体的军事外交事件、问题，进行多角度、多层次的探讨和研究。

第五，必须坚持“古为今用、洋为中用”原则。中国古代军事外交思想博大精深，许多外交实例熠熠生辉，流传久远。西方的军事思想和军事外交理论也十分丰富，有许多合理、科学的成分。我们应当采取正确的态度，在对建国以来的军事外交实践经验进行整理，使之科学化、系统化的同时，也要对中国古代和近代军事外交以及外国军事外交进行研究，以起到积极的借鉴作用。

## 第二节 军事外交的产生与演变

近些年，为了共同应对地区冲突、大规模杀伤性武器扩散、恐怖主义等威胁，世界各主要国家之间的军事交往与安全合作显著增强，形式和内容都有了进一步发展。随着国际军事交流与合作的日趋活跃，军事外交成了人们的热门话题。不过，军事外交并非当代产物，其实践和思想源远流长。它伴随着国家的产生而产生，国家的发展而发展，大致经历了三个主要阶段：古代的军事外交萌芽时期，近代的军事外交形成时期，现代的军事外交发展时期。在这三个历史阶段，军事外交具有不同的特点，既有连贯性，又有所变化。

### 一、军事外交的萌芽

在原始社会末期，私有制的出现导致掠夺与反掠夺的战争日益频繁。为了防御或者进攻，一些近亲部落开始结成部落联盟，在部落或部落联盟之间，也已出现派遣使者进行谈判的做法。尽管原始社会部落之间的军事交往，与后来出现的军事外交具有某些相似之处，但是毕竟还不能算作以国家为主体的军事外交。严格来说，真正意义的军事外交，是从奴隶制国家的诞生起开始萌芽的。新兴的奴隶制国家之间，不断发生争霸与兼并的战争，于是，为战争与和平服务的军事外交，走上了历史舞台。

在古代中国，军事外交活动十分活跃。春秋战国时期，列国对峙，群雄相争。为了在争霸与兼并战争中立于不败之地，各诸侯国纷纷加大军事外交的筹码，充分利用和制造矛盾，离间、孤立敌人，壮大自己的同盟。烛之武退秦军、苏秦和张仪的合纵连横等，是春秋战国时期军事外交的成功范例。汉王朝时期，在与北部强敌匈奴的军事斗争中，也涌现出一些著名军事外交家。汉武帝时，张骞两次受命出使西域，以联合众多小国，孤立匈奴。他所进行的外交努力以及所搜集到的军事情报，为汉朝抗击匈奴的侵扰作出了贡献。汉明帝时，班超投笔从戎，出使西域31年，借西域之兵，以制西域之变，成功地促使西域50多国归顺汉朝，实现了“通西域，以断匈奴右臂”的军事外交战略。三国时期，魏、蜀、吴“三角外交”是中国军事外交史上精彩之笔。诸葛亮贯彻实施联孙抗曹的联盟策略，为三足鼎立格局的形成奠定了基础；曹操采用同样的策略破坏孙刘联盟，改变了斗争形势，为实现统一大业创造了有利条件。

在古希腊，军事外交活动非常频繁，各城邦间的重要交往，就是为了争夺霸权而缔结同盟。公元前432年，在斯巴达城邦举行的一次斯巴达同盟大会，讨论战争与和平问题。在这次会议上，科赛喇城邦代表提出要建立反雅典同盟，与雅典作战。雅典的代表当场进行辩论，除了宣扬雅典城邦享有权威的来由及其正义行为外，他还威胁说，如果同雅典作战，必须考虑严重的后果。由于以斯巴达为首的凯德蒙同盟，与以雅典为首的提罗斯同盟相互争斗，古希腊城邦长期陷入伯罗奔尼撒战争。在古代埃及，统治者也很重视通过军事外交缔结同盟。早在公元前1296年，由于担心亚述帝国崛起并威胁两国安全，古埃及王国与位于中东的赫梯王国捐弃前嫌，签订了军事同盟条约。双方承诺互不侵犯，不论是在反对外敌还是反对内敌时，两国都有互相援助的义务。

古代各国在大量实践中形成了丰富的军事外交思想。中国古代伟大的军事家孙子在《孙子兵法》中写道：“上兵伐谋，其次伐交，其次伐兵，其下攻城。”所谓伐交，就是指通过积极的军事外交活动，获得它国的同情与援助，争取更多更强的盟友，同时分化瓦解敌方联盟，以形成对我有利的战略态势，从而促使敌人屈服。在孙子看来，通过政治谋略和军事外交手段做到“不战而屈人之兵”，属于“善战”的最高水准。古代印度的《摩罗法典》则提出，“要努力通过谈判、收买、离间来瓦解敌人；可并用或分用这些方法；不必诉诸战斗”。[①]这段表述的意思是，解决各国之间的争端，军事外交途径占据首位，武力手段退居第二位。该法典规定：“国王应将每一紧邻国王看作敌人，此国王的朋友亦然；将敌人的邻王看作朋友，将不属于此两种情况之一的邻王看作中立者”。[②] 这段话从某个角度阐述了“远交近攻”的军事外交策略。

从总体上来看，古代的军事外交呈现出以下基本特点：

第一，军事外交制度尚未建立。从全局来说，古代的军事外交基本上处于一种无序状态。究其根本原因，主要在于当时还没有一套被公认的外交惯例，作为军事外交的制度性保障。古代的军事外交，基本上可以说是各国自行其是，并无一定之规。

第二，军事外交范围较为狭小。古代的军事外交，具有十分明显的地缘政治色彩。当时，受交通条件的限制，世界范围内的军事外交是不可思议的。各国所进行的军事外交活动，基本上都是以自己的周边国家为对象。以军事结盟换取本国的安全，是古代军事外交活动最为重要的目标。跨地区、跨洲际的军事外交活动，当时不但可能性很小，而且对于各国也没有多大的实际意义。

第三，军事外交内涵浅显。在世界古代史上，各国都在不断地进行对外战争。在对外战争中立于不败之地，是古代军事外交的主要目标。中国古代知名的军事外交家班超就曾经提出，以夷狄攻夷狄，计之善者也。古代的军事外交活动，多半不是为了制止战争，防患于未然，而是为了更为有效地进行战争，努力使本国的战争大获全胜。

第四，军事外交是古代外交的主要内容。统治者主要通过攻城掠

① 鲁毅等：《外交学概论》，世界知识出版社，1997 年版，第 21 页。

② 郭震：《从“摩罗法典”看古代印度的军事外交思想》，《黔西南民族师专学报》，1996 年第 1、2 期合刊，第 20 页。

地来壮大自己，国家之间大都处于征战与反征战的军事关系。早期的外交活动集中于战前交涉、军事结盟，以及谈判缔结和平协议等方面，从而服务于军事，从属于军事。因此，这种主要处理战争问题的古代外交，既是国家的总体外交，也是国家的军事外交，两者浑然地融为一体。只是到了近现代，外交才由军事领域逐渐扩展到经济、文化、教育、科技等领域。

从军事外交的整个演变过程来看，世界古代史上的军事外交，只能算作是军事外交的初级阶段。从最初国家的形成，到 17 世纪中叶《威斯特伐利亚和约》的签订和资本主义制度的诞生，这一历史时期，世界正处于奴隶社会和封建社会，严格意义上的独立主权国家和以其为主体的国际社会尚未出现。中国春秋战国时代的军事外交，是在各诸侯国的君王之间展开的，当时还存在着一个名义上统一的华夏的帝王。与中国古代的诸侯国相似，古希腊的城邦国家、古印度的一些王朝等，都不能算作现代意义上的主权国家。同时，不论从内容上还是从形式上来看，古代军事外交，都是很不规范、很不完备的。因此，古代出现的军事外交，与现代军事外交存在着本质的区别，只能被视为军事外交的萌芽。不过，它为军事外交的最终形成奠定了基础。

## 二、军事外交的形成

1648 年，欧洲在结束 30 年战争后，签署了《威斯特伐利亚和约》，众多封建国家摆脱神圣罗马帝国的统治而独立，形成了以主权国家为主体的国际社会。同时，正是从 17 世纪中叶开始，资产阶级革命在欧美国家接连取得胜利。资本主义制度的确立，使生产力得到空前的发展，也使军事机器得到空前的强化。资本主义国家为了瓜分殖民地、争夺霸权而进行的国际战争此起彼伏，连绵不断。战争与和平问题成为国际关系的核心。

在近代，军事外交显示出一定的特殊性，与总体外交开始有所区别。资本主义国家的殖民战争和争霸战争，打通了世界东西南北通道，原来分散、封闭的各大洲，开始发生外交联系，出现了世界意义的国际关系体系。另一方面，军事技术不断提高，军事斗争日益复杂，一般的外交很难全面处理错综复杂的军事问题。于是，向外国派遣常驻军事外交代表的做法逐渐普及开来，出现了相对独立的军事外交内容和形式。

近代军事外交，大体上具有以下几个方面的基本特点：

**（一）军事外交制度基本形成**

《威斯特伐利亚条约》以条约的形式，正式确认了常驻外交使节制度，驻外大使馆制度渐渐形成。最初设立大使馆，重点是了解驻在国政治和军事方面的情况，以及就这些方面的事务与驻在国打交道，负责政治和军事事务的部门无疑最为重要。到了 19 世纪初拿破仑战争年代，为了加强对敌国军事情报调研，更好地为战争服务，拿破仑不仅公然任命将军为驻外大使，而且把法国一些驻外使馆当作谍报机关使用，指令一些军人馆员以间谍活动为唯一业务，千方百计地为其战争服务。欧洲不少国家仿效法国的做法，也向驻外使馆派遣军官从事军事情报活动。拿破仑兵败滑铁卢之后，由他开创的各国互派军人外交官的做法，不仅没有被取消，反而经过维也纳会议得到许多国家的确认。19 世纪中叶，欧洲各国普遍在驻外使馆建立武官处，武官制度在实践中形成并逐渐完善。西方武官制度在鸦片战争结束后传入中国，西方列强在华设立使馆，并派驻武官。19 世纪末 20 世纪初，清政府也开始向日本、美国、英国等国家派出武官。

**（二）军事外交范围有所扩大**

近代资本主义商品生产及市场的扩大，以及科技、交通、通讯的进步，逐渐打破了旧的封闭式国际环境。随着世界联系不断加强，军事外交活动的范围迅速扩大，一国不再局限于同自己周边国家进行军事交往。不过，由于历史发展的不平衡，世界各主要地区的军事外交活跃程度大不相同。作为资本主义发祥地的欧洲，国际冲突连绵不断，军事外交活动非常频繁。相比之下，在亚洲和非洲，国家之间的军事联系仍受封建社会的制约而处于松弛状态。中国、日本等与邻近国家虽有交往，但多限于经济领域。在欧洲列强入侵后，亚非国家的军事外交充满了屈辱和血泪。总的来说，近代史上，由于亚非国家相对闭塞，国际交往较少，加之一大批殖民地、半殖民地尚未取得民族独立，因此军事外交范围只是相对有了扩大，军事外交活动还主要是在欧美各资本主义国家之间进行。

### （三）“炮舰外交”盛行

19世纪初期，西方列强用炮舰强行打开亚洲和非洲沿海国家的门户，在武力威胁下，通过不平等的外交谈判，强迫对方签订丧权辱国的不平等条约，使它们成为自己的殖民地和半殖民地。历史上，这种以炮舰为后盾的强权外交，被称为“炮舰外交”。正是依靠炮舰进行武力威胁或者赤裸裸地发动战争，西方强逼中国签订了《中英南京条约》、《中美望厦条约》、《中俄北京条约》等一系列屈辱条约，割占中国领土，掠夺中国资源和抢占中国市场。日本曾是炮舰外交的受害者，然而它后来又如法炮制，侵略邻国。佩里将军率领美国海军舰队，以战争相威胁，迫使日本于1854年签订《神奈川条约》。明治维新以后，日本军事实力大大增强，于是效仿佩里舰队的做法，迫使朝鲜于1876年签订了《江华条约》，迈出了并吞朝鲜的第一步。显而易见，炮舰外交直接为殖民战争和强权政治服务，是当时资本主义列强对付弱小国家惯用的军事外交形式。

### （四）军事外交活动集团化

古代就已出现的结盟外交，在近代不仅得到迅速发展，而且逐步走向极端，演变为集团外交。不同的国家为了维护本国的安全，相互缔结具有军事互保性质的条约，从而形成军事性的国家集团；而此类军事性的国家集团，在国际舞台上为了求得主动，便在外交上采取统一行动。19世纪下半期，军事外交活动集团化，发展到了空前的地步。为了孤立法国，防止其复仇，1879年德国与奥地利缔结军事同盟，1882年又与奥、意结成三国军事同盟，矛头对准法、俄两国。于是，俄法不得不开始接近。在军舰互访的基础上，通过军事谈判，两国于1891—1893年形成了军事同盟。后来，随着英德争夺世界霸权的斗争愈演愈烈，英法、英俄在殖民地问题上最终达成妥协，从而形成了三国协约。恩格斯指出，从此，“大陆上大的军事强国分为互相威胁的两大军事阵营，一方是俄国和法国，另一方是德国和奥地利。较小的国家不得不集结在这一或那一阵营周围。”

## 三、军事外交的发展

由于军事外交史与世界战争史具有密不可分的联系，为了研究的方便，我们将现代军事外交史的起点放在第一次世界大战爆发前后。如前所述，古代，国家的总体外交基本上就是军事外交，两者几乎没有什么区别。近代，军事外交与总体外交开始有所区别。而到了现代，军事外交在业务上已经有明显的分工，形成了相对独立的外交专业门类。这主要表现在以下几个方面：

第一，国际军事关系已经正式纳入国际关系的正常运行轨道。根据 1961 年 4 月通过的《维也纳外交关系公约》，世界各国驻外使馆普遍设立武官处，同接受国保持各种必要的军事外交联系。联合国安理会及其下设的联合国军事参谋团，由五个常任理事国的总参谋长或其代表组成，直接为和平解决国际争端作出努力。国际维和行动把非暴力原则引进军事领域，在外交手段和军事手段的边缘之间发挥作用。

第二，在国家外交部门的统一领导下，在服从总体外交的大前提下，军事外交事务已经出现了专业化分工，军事技术含量不断提高。军事代表团的互访、国际军事谈判、国际军事援助、国际军事贸易、国际军工合作、国际军事情报合作等，已成为国家发展对外关系的重要内容。

第三，许多国家特别是大国政府和军队，设有专门机构，负责军事外交事务的组织和管理，有的国家军队还开设军事外交院系，以培养军事外交专门人才，出现了军事外交专业的教学和科研体系。新中国成立后，由最初的军委对外联络处、后来的国防部外事局到现在的国防部外事办公室，归口负责全军外事工作。中国人民解放军国际关系学院开设了军事外交专业，培养该领域专门人才。日本防卫厅从 1997 年 4 月开始，在防卫大学开设专攻军事和安全保障问题的研究生院，培养攻读“综合安全保障研究”专业的硕士，以造就高层次的职业军事外交人才。[①]

第四，和平利用军事力量，逐渐成为外交的重要手段。两次世界大战使得人类痛思战争与和平问题，《非战公约》、《联合国宪章》等国际法问世，主权平等、和平解决国际争端及互不使用武力、互不干涉内政等国际关系准则得以确立，并得到多数国家的认可，随意发动战争成为非法行为。军事的传统战争功能受到限制，和平利用军事力量成为外交的重要手段，客观上拓展了军事外交的发展空间。

第五，在一战和二战中，都建立了相互对峙的世界性军事同盟，盟国之间出现了联合作战的指挥、协调、联络机构，军事合作高度集团化、一体化。冷战时期，形成了北约和华约两个长期对立的国际军事组织，北约和华约内部的军事外交活动十分活跃，北约国家与华约国家之间也不时进行带有冷战性质的军事外交活动。

现代军事外交跨越两次世界大战、冷战和冷战后三个时期，各个时期的军事外交又具有明显不同的特点。

两次世界大战过程中的军事外交，属于典型的战时军事外交。其主要特点是：第一，交战双方整个国家转入战时外交，国家外交服从战争需要，国家元首牢牢掌握政权、军权和外交权，总体外交的主要内容就是军事外交；第二，交战双方围绕军事结盟开展战时外交，盟国之间的军事外交对战争进程具有重大影响，处理复杂军事问题的需要，使得军事参谋在国家外交中的地位和作用显得格外重要；第三，战争期间，盟国成立了统一的军事指挥机构，这些机构既是一体化的作战指挥机构，又是军事外交协商、联络、合作机构。

冷战时期的军事外交特点是：第一，北约组织和华约组织内部军事外交十分活跃，两大集团之间的军事交往具有冷战色彩和对抗性质。第二，在亚非拉地区，有些国家坚持独立自主，在和平共处五项原则基础上，同有关国家发展军事关系和进行军事合作；有些国家在政治、军事上依靠美国或苏联，陷入受制于人的被动局面；有些国家

---

① 杨运忠：《日本的周边军事外交》，《日本学刊》，1998 年第 5 期，第 33 页。

则利用美苏争霸的态势，试图与邻国解决边界问题、民族问题等。[①]

冷战后的军事外交出现了新的特点：

第一，共同安全观念不断加强，军事交流与合作日趋活跃。冷战结束以来，随着经济全球化迅猛发展以及安全威胁呈现出多元化趋势，国际社会逐渐认识到，共同安全才是真正的安全。因此，国际军事交流与合作不断扩大。各国、各区域组织之间，军方高层人士互访明显增多，联合军事演习比较频繁，安全对话和防务磋商不时举行。过去看似敌对的国家和组织，如美国与越南、阿尔巴尼亚，俄罗斯与北约、日本，印度与巴基斯坦，也进行军事交流与合作。

第二，集团利益和意识形态因素的作用有所下降，国家安全利益和经济利益因素的作用大大上升。冷战时期，东西方两大阵营以意识形态划分敌友，维护各自传统的集团利益成为许多国家军事外交的准则。冷战结束后，谋取国家利益特别是安全利益，成为各国开展军事外交的根本动因。同时，经济因素在诸如军火贸易、军事技术合作之类的军事外交活动中的作用大大提高。

第三，传统安全问题继续受到重视，但非传统安全问题突出。虽然和平与发展是当今世界的主流，但是一些西方大国不时对弱小国家实施军事打击，霸权主义和强权政治对国家主权和领土完整的威胁仍未消失，不少国家继续在传统安全问题方面加强军事合作。2005 年 8 月中俄两国举行大规模联合军事演习就是其中事例之一。不过，国际恐怖主义活动、大规模杀伤性武器扩散等非传统安全威胁越来越突出，严重影响许多国家的安全和稳定。因此，共同应对非传统安全威胁，已经成为当前军事外交的主要任务。

第四，一些国际性政治军事论坛日益机制化，成为推动双边和多边军事关系发展的重要平台。东盟地区论坛、上海合作组织、慕尼黑非正式国防部长和安全政策会议、美国国际海上力量研讨会、亚太地区防务当局官员论坛、西太平洋地区海军论坛等，对国际军事交流与合作的牵引作用日益突出，有力地促进了双边和多边军事关系的发展。

---

① 杨松河：《军事外交概论》，军事谊文出版社，1999 年版，第 37—40 页。

第五，联合国协调和处理重大国际安全问题的作用明显增强，但霸权主义和强权政治，仍是影响国际安全合作健康发展的主要障碍。随着冷战的结束和两极格局的瓦解，联合国更有可能协调一致地发挥维护世界和平与稳定的作用。通过联合国，各成员国在重大国际安全问题上，广泛发表意见，寻求共识；在和平处理地区冲突上寻找办法，视情开展维持和平行动；在国际军控与裁军领域进行合作。但是少数西方大国，或者尽力控制联合国，企图通过国际安全合作谋取私利；或者绕开联合国，对它国实施军事干涉。

## 第三节 军事外交的特征

世界上任何事物都有区别于其他事物的本质属性，军事外交亦不例外。一方面，作为外交工作的组成部分，军事外交具有与其他种类外交共同的特征；另一方面，作为军事工作的组成部分，军事外交因其特定的内容和表现形式，而具有鲜明的个性特征。这些特征分别从不同的侧面，对军事外交的内涵作了进一步揭示，使得军事外交的概念更加清晰、更加具体。军事外交的特征，主要表现为以下几个方面：

### 一、和平性

军事外交的和平性，是指军事外交通过和平的方式进行。既然军事外交是国家总体外交的一个分支，也就具有外交共同特征之一的和平性。在国际政治中，只有运用和平手段处理国家间军事关系及其相关事务，才属于军事外交的范畴。当然，通过某些军事力量运用，如在特定时期、特定环境、特定方向，举行军事演习、发布军事装备试验研制动态等配合某项军事外交任务，亦可视为军事外交范畴。

外交具有和平性是学术界的主流观点，中外多数学者及政治家，都强调外交是通过和平方式进行的。例如在《中国大百科全书》里，外交是“国家以和平手段对外行使主权的活动”①；英国学者和外交家

① 《中国大百科全书》(政治卷)，中国大百科全书出版社，1992年版，第366页。

欧内斯特·萨道义认为，外交“是指以和平手段处理国与国之间的事务”[①]。古希腊的一位演说家曾经精辟地指出：大使是没有战舰的将军。周恩来总理在外交部成立大会的讲话中，也曾明确指出：“外交同军事一样，外交不过是‘文打’而已”[②]。而“文打”，也就是指采用和平方式。

需要提出的是，和平的军事外交方式很多，其中国际军事谈判是最经常和最基本的一种方式。此外，还包括缔结军事同盟、发展非联盟的战略性关系、军事互访（军队高层领导互访、海军舰艇互访、特技飞行队互访等）、进行安全对话与防务磋商、互派武官及其他军事代表、相互培训军事人才、开展军事学术交流、提供军事援助、从事军事贸易、举行联合军事演习、参与国际维和行动、实施军事技术合作、建立安全信任措施、组织对外军事宣传等。

作为军事力量的一种非战争运用形式，军事外交日趋活跃。军事力量的传统功能和首要功能当然是从事战争，即实际使用武力。然而，在现代社会，军事力量存在着战争运用和非战争运用两种形式。二战结束以来，由于《联合国宪章》原则上禁止在国际关系中使用武力或威胁使用武力，同时可能引发的核战争带有巨大的毁灭性，因此，包括军事外交在内的军事力量非战争运用形式非常活跃，地位日益提高。大量事实证明，军队不仅可以“伐战”，也可以“伐交”；不仅可以从事对抗性的战争，也可以进行合作性的交往。

毋庸讳言，对于外交是否只能通过和平方式进行，有些西方学者存在不同的见解。例如英国学者巴斯顿认为：“外交行动与暴力之间界限的模糊正是区分现代外交发展的显著特点之一”。[③] 美国著名战略理论家托马斯·谢林在《军备与影响》一书中指出，军事力量——威胁使用或实际使用武力——对外交的影响非常重要，“外交是讨价还

① ［英］戈尔—布思主编著，杨立义等译：《萨道义外交实践指南》，上海译文出版社，1984年版，第3页。

② 中华人民共和国外交部、中共中央文献研究室：《周恩来外交文选》，中央文献出版社，1990年版。

③ ［英］R. P. 巴斯顿著，赵怀普等译：《现代外交》，世界知识出版社，2002年版，第1页。

价”，“可造成伤害的能力就是讨价还价的能力，利用它就是外交——邪恶的外交，但就是外交”。[①] 美国学者罗伯特·阿特、丹麦学者彼德·雅各布森等人，把充当对外政策工具的武力分为三类：一是武力威胁即威胁使用武力；二是有限地使用武力即惩戒性、展示性地使用武力；三是全面地使用武力即战争，其中前两类属于外交范畴。[②] 可见，在他们看来，外交，具体地说其中的军事外交，不仅可以包含威胁使用武力，也可以包含有限地运用武力。然而，从严格意义上讲，在军事外交斗争过程中实际使用武力，就不属于纯粹的军事外交了。

需要指出的是，除了西方学者之外，国内也有一些学者认为，外交可以包含武力的非实战运用，或者说武力的潜在运用、武力的威胁，武力警告、显示力量等。由于武力的非实战运用，并未对敌方直接动枪动炮，因此他们将其划入和平方式的大范围内。这种学术观点具有一定的合理性，毕竟军事外交常常运行于军事与外交之间。在必要时进行武力的非实战运用，军事外交时常会获得更好的效果。

军事外交具有和平属性，但是并不排斥武力行动同军事外交的配合。为了维护和拓展国家利益以及实现对外政策目标，一国决策者常常综合运用军事手段和外交手段。在朝鲜战争中，中国军队边打边谈，战场的军事行动有力地配合了谈判桌的外交斗争。1958 年，毛泽东亲自指导炮击金门，以高超的斗争艺术，在支援中东人民正义斗争的同时，既打击了美蒋军事联盟，又“把金、马留在国民党手中”，挫败了美国“划峡而治”、制造“两个中国”的阴谋，创造了军事外交斗争的范例。而冷战后西方的所谓“强制性外交”，其实质就是西方大国以武力手段来支持其军事外交活动。

---

① Thomas Schelling, *Arms and Influence* (New Haven, Conn: Yale University Press, 1966), pp. 1 – 2.

② Robert J. Art and Patrick M. Cronin eds., *The United States and Coercive Diplomacy* (Washington, DC: United States Institute of Peace, 2003), p. 9; Peter Viggo Jakobsen, *Western Use of Coercive Diplomacy After the Cold War: A Challenge for Theory and Practice* (New York: St. Martin's Press, 1998), pp. 14 – 16.

## 二、军事性

在国家总体外交中，军事外交与政治外交、经济外交、文化外交等最显著的区别，在于它所具有的军事性。军事性是军事外交最鲜明的个性特征，主要表现在如下几个方面：

**（一）军事外交通常以军事为主要内容，由军队负责实施**

谈判并签署停战协定或和平条约、谈判并签署军备控制和裁军协定、举行联合军事演习、出席军事安全论坛、进行各种类别的军队人员互访、提供军事援助等军事外交活动，无不具有军事性质。各国国防部以及军队，都有专门机构负责外事工作，大量军事外交活动，通常都是由包括军队高层领导、驻外武官、专职外事工作者在内的军队官兵执行，西方国家负责国防和军队工作的文职官员，也是军事外交的主要执行者。

在对外交流中，军事代表团较多地参观军事单位，如军事基地、军事设施、军事院校、军事博物馆等；观看军事项目，如军事演习、军事表演、武器展览等。从美国国防部长拉姆斯菲尔德2005年10月的访华日程中，就可以看出浓厚的军事色彩。访华期间，他会见了国家主席和中央军委主席胡锦涛、中央军委副主席郭伯雄和曹刚川、二炮司令员靖志远等领导人，参观了二炮司令部指挥中心，同军事科学院学员进行了座谈。军事外交在礼仪上突出军事特色，以军威体现国威。例如在海军的对外交往中，军舰上悬挂彩旗和鸣放礼炮，是最为常见和最受欢迎的礼仪形式，能表达对东道国及其要员和其他舰只的敬意。

**（二）军事外交体现国家军事战略的要求**

军事战略是对军事斗争全局的筹划和指导。它既指导军事斗争从发生、发展到结束的全部过程，又关照其各个方面和各个部分间的关系，以充分发挥它的整体效能。在军事领域里，军事战略层次最高，指导的范围最广，是各项工作的总纲和依据。对于韩国和日本来说，应对所谓来自朝鲜的安全威胁，是各自国家的军事战略重点之一，两国军事外交则为落实这一战略要求做出努力。尽管日本修改历史教科书以及日本政要参拜靖国神社等问题对韩日关系产生一定的冲击，但两国还是尽可能加强安全合作和军事交流。从1994年开始，韩日国防部长级会谈一年一度定期举行。1998年以后，由两国外交、军事政要共同参加的“韩日安保政策协商会”每年召开一次。韩日两国海军还举行联合海上演习，舰艇编队互访对方港口。此外，两国防卫部门还开设了防卫热线。

**（三）军事外交通常都要达成一定的军事目的**

谈判并签订停战协定或和平条约，能够正式结束两国间战争或敌对状态；谈判并缔结军事联盟，在平时可以起到对敌威慑的作用，战时则能大大增强己方的军事实力；谈判并签署军控与裁军协定，可增进彼此信任，营造和平氛围，或者可削弱对方优势，保持己方优势；获取军事援助、开展军工合作和引进先进武器装备及技术，可大大加快国防和军队建设的步伐；举行联合军事演习，可加强彼此军队之间的友谊，提高军事训练水平；建立信任措施，可增信释疑，防止军事冲突，促进地区安全和稳定；派出军事留学生，可以学习外军治军之道，培养出具有世界眼光和战略思维的新型军事人才；进行安全对话与防务磋商，可增进了解，扩大共识，减少误判；参与国际维和行动，可锻炼部队，展示本国军队的良好风貌，树立大国形象；战时对外军事宣传，可瓦解敌军斗志，削弱敌方联盟，并为己方赢得国际同情与支持，提高己方获胜的可能性；即使是一般礼节性友好访问，也能扩大本国军队的影响，在一定程度上促进国家之间的军事关系。

## 三、战略性

军事外交是从战略的高度处理国家间军事关系及其相关事务，以实现国家的外交战略目标和军事战略目标。因此，军事外交具有战略性。

军事外交的战略性具体表现在，作为外交工作一部分，它必须努力实现本国的外交战略目标。外交战略目标是指国家进行外交活动时所要争取达到的、能够促使外交格局和外交事态，发生于己有利的变化的一系列外交努力的预期结果。军事外交必须与政治外交、经济外交、文化外交等其他分支外交相互协调、相互配合，力争实现国家在特定时期内的总体外交战略目标。

维持阿拉伯世界与伊朗之间的平衡，是冷战后法国长期的中东外交战略。两伊战争期间，法国军事外交紧紧围绕这一对外政策开展工作。1980 年两伊战争爆发后，法国拒绝实行武器禁运，继续履行同伊拉克已签订的军火合同。1981 年，伊拉克又向法国订购 145 亿法郎武器，1982 年为 130 亿法郎。1983 年 5 月，法、伊达成一项财政、军火、石油总协定，法国同意伊拉克以石油偿还到期的军火和民用项目的欠款，不足部分允许拖欠。法国还向伊拉克提供 10 亿美元由政府担保的银行信贷，以销售军火。10 月，法国“租”给伊拉克五架配置飞鱼式导弹的“超级军旗”飞机。两伊战争期间，法国共向伊拉克提供近百亿美元的武器装备，成为伊拉克的第二号军火供应国（仅次于苏联）。[①] 法国支持伊拉克，不光是为了出售大量军火获取经济利益，更重要的是着眼于结好阿拉伯温和国家，保持阿拉伯世界同伊朗的平衡，遏制原教旨主义，防止“伊斯兰革命”蔓延到西方利益攸关的海湾国家和中东其他地区。

军事外交的战略性还表现在：作为军事工作的一部分，它必须努力实现本国的军事战略目标。军事战略目标是指在一定时期内军事力量建设和运用所要达到的预期结果，不仅规定着军事力量建设发展的方向，而且支配着军事力量运用的全过程。军事外交必须与军事训练、装备建设、后勤保障、人才培养等其他军事工作相互协调、相互配合，努力实现军事战略目标。

二战结束后初期，遏止以美国为首的西方国家的侵略，是苏联军事战略的首要目标。为此，苏联开展军事外交活动，试图在周边建立一道安全屏障。苏联先是分别与芬兰、中国签署《苏芬友好合作互助条约》、《苏中友好同盟互助条约》。在北约成立后，苏联很快同东欧

① 张锡昌、周剑卿：《战后法国外交史》，世界知识出版社，1993 年版，第 516—517 页。

社会主义国家在华沙签订了《友好合作互助条约》，结成军事同盟。到了20世纪60年代后期，与美国争夺世界霸权已经成为苏联重要的军事战略目标。于是，苏联加强了对华约的控制，使之成为控制东欧、抗衡北约、推行全球霸权的工具。70年代，随着其军事战略由原来的防御态势转为“积极进攻”，苏联进一步加强对华约的控制，对盟国大力推行一体化政策，统一部队的组织指挥，统一武器装备的研究、生产，并与盟国组成一体化空降部队、防空师和联合舰队。为了加强与美国在亚洲进行的战略争夺，1978年，苏联同越南缔结《友好合作条约》后，获得了在金兰湾海空军基地的使用权，紧接着，苏联纵容越南入侵柬埔寨。可见，上述苏联的重大军事外交活动，战略意图非常明显。

正由于军事外交具有战略性，因此，应当对一定时期的军事外交各项工作及其全过程进行整体筹划，确定其总的方针、任务和指导原则等。在总揽全局的基础上，立足现实，着眼未来，对军事外交的发展趋势进行预测，恰当划分若干阶段，明确各阶段的具体方针和任务，并根据客观情况的发展变化，适时进行调整，使军事外交始终符合发展着的客观实际。总之，必须从全局的角度来筹划军事外交，在自身的各项工作内容中体现国家外交战略和军事战略的总要求，努力实现国家外交战略和军事战略的目标。

### 四、政治性

任何国家的军事外交活动，都有其具有政治性质的服务对象，都具有一定的政治目的。因此，军事外交具有鲜明的政治属性。社会主义中国坚持反帝、反霸、反殖民主义，在和平共处五项原则基础上同世界各国发展军事关系，其军事外交反映了崭新的独立自主和平外交政策。美苏两个超级大国，控制各自的军事联盟集团，在国外驻扎军队和设立军事基地，不时干涉别国内政，其军事外交反映了它们的霸权主义和强权政治的对外政策。

与经济外交、科技外交、体育外交等相比，军事外交具有更强的政治性。一方面，如果从政治角度考察国际军事关系，就可以发现，国际军事关系本身就是非常突出、非常敏感的国际政治关系。例如，限制战略武器谈判，国际裁军会议，停战谈判等等。虽然这些都属于标准的军事业务内容，但它们涉及到最敏感的国际安全利益，涉及到有关国家的重大对外政策，本身就是非常突出的国际政治问题，往往需要国家首脑亲自决策乃至亲自出面才能取得进展。另一方面，军事外交主要由军队具体负责实施，或者由军队协助国家外交部门实施。军队是执行政治任务的武装集团、进行政治斗争的忠实工具，包括军事外交在内的一切军队活动，显然都与政治相联系，达成某种政治目的。

各国开展对外军事交往，都非常注重政治性。美前特种部队司令韦恩·唐宁就明白无误地说："在军事交流中肯定是要打政治牌的。它们是美国对外政策的一个直接工具。它们也许是美国在某些国家推行的对外政策的最直接、卷入最深、最实在、最具体的一部分。"在与中国的军事交往中，美方利用举办各种研讨班、国际会议以及院校交流等各种机会，宣扬资产阶级的民主、自由、人权，灌输军队非党化、非政治化的政治观点，企图使官兵产生信仰危机和信任危机，涣散我军战斗力，从而做到"不战而胜"。而我军在对外交往中，则逐渐提高透明度，注重全面介绍社会主义中国的真实情况，充分展示我军威武之师、文明之师、正义之师的形象，使外国了解我军现代化建设目标和国防政策的防御性，以打消其对我军建设的疑虑，削弱所谓"中国军事威胁论"的影响。

军事外交的政治性，决定了军事外交人员必须具有很好的政治素质。各国军队在选拔、培养和使用军事外交人才时，无不强调政治素质的重要。只是不同的国家对政治素质有不同的标准罢了。

英、美等国挑选外交人员的首要标准就是政治标准。英国文官事务委员会在战后发表的《行政任命公报》明确宣布："政府决定，凡是现在或不久前曾经是英国共产党成员……凡是现在或不久前曾经同情共产主义……或与共产党人……或与其同情者有联系以至有理由对其可靠性提出怀疑的人，均不得受雇为文官，担任与国家安全关系重大的工作。……外交部门一切成员必须经过积极审查。”① 英美等国在挑选外交人员时，一直存在着政治审查。英国叫“积极审查”，美国叫“安全审查”。可以清楚地看到，这些国家不容许任何政治上不可靠的人进入外交部门，而共产党员则被排在“不可靠”的前列，甚至连过去是共产党员，或仅仅与共产党有联系或同情共产主义的人也在排斥之列。毋庸置疑，对于政治性强、敏感度高的军事外交领域，西方资本主义大国对人员的政治要求自然更加严格。

中国对外交人员的选择，同样注重政治标准，只是由于社会制度、政权性质和意识形态的不同，各自的政治标准正好对立而已。②而对于具体从事我军事外交活动的军队来说，其政治素质始终受到高度重视。我国的性质决定，中国人民解放军必须置于党的绝对领导之下，永远是党指挥枪。热爱中国共产党、热爱社会主义国家、热爱人民，一直是对于包括军队专职外事人员在内的所有官兵的基本要求。

正由于军事外交具有很强的政治性，因此军事外交无小事。军事外交人员执行公务时的一举一动，一言一行，不能不受本国内外政策的支配和约束。军事外交人员，必须严格遵守外交工作纪律，严格请示报告制度，不能超越权限自作主张，擅自行动；必须具有爱国心、事业心、责任感，一丝不苟地做好本职工作。

## 五、策略性

外交工作与其他工作相比，特别讲究外交技巧，注重运用外交策略。所谓外交策略，亦称外交谋略，是指一个外交实体为了实施自己的外交战略，在外交活动中所采用的具体行动方案，包括具体的计划、计谋和对策等。古今中外，军事外交活动，讲究的是有勇有谋和“谋而后动”。如果脱离了外交策略的具体运用，军事外交就不可能取得成功。毛泽东曾说过：“政策和策略是党的生命。”同样，也可以说，讲究策略是军事外交的生命线。

---

① ［美］马丁·梅耶：《外交官》，世界知识出版社，1988 年版，第 162—163 页。

② 黄金祺：《外交外事知识和技能》，世界知识出版社，1999 年版，第 152—153 页。

在古今中外的军事外交实践中，积累和总结了丰富的外交策略。世人皆知的哀兵策略、欲擒故纵策略、合纵连横策略、分化策略、利诱策略、妥协策略、迂回策略、大国平衡策略、结盟策略、以夷制夷策略、远交近攻策略等等，在军事外交中就经常地被运用。这里主要介绍前三种策略。

首先看妥协策略。在外交谈判中，只要不是城下之盟，双方常常需要通过妥协解决争端。在一定条件下的妥协，不仅不是坏事，恰是外交斗争的需要。该妥协时不妥协，反倒会贻误良机，深受其害。此外，外交官还要善于妥协。美苏第一阶段限制武器谈判，就很能体现出妥协策略在军事外交中的作用。在谈判过程中，美国代表团曾几次提出，把限制潜射导弹列入会议议程，苏联则予以拒绝。为打破僵局，美国作出让步，同意苏联继续建造潜射弹道导弹，但是每造一枚潜射导弹，就得拆除同等数量的老一代洲际导弹或潜射导弹。美国方面还提出，如果苏联同意将潜射导弹包含在协议内，美国将同意反弹道导弹“均等原则”，否则美国将多设一处反弹道导弹基地。为此苏联也作了妥协，最终接受了美国的提议。[①]

再一个是迂回策略。国际舞台，形势诡谲，错综复杂，军事外交家为实现本国利益和外交目标，大多迂回取之。春秋战国时期晋国“假途灭虢”，是此种迂回的典型实例。晋献公对虞、虢两国早存觊觎吞并之心，只是慑其唇齿相依，未敢贸然行事。后来，献公利用虞公贪宝的弱点，贿以垂棘之璧和屈产之马，假道于虞，先灭了虢，接着又灭了虞。普鲁士宰相俾斯麦，也曾用类似之策，通过精心设计的三次连环战争，统一了德国。

所谓大国制衡策略，实际上就是指巧妙利用大国之间的矛盾，促使它们相互制约，彼此抗衡，以此来获得本国自身的军事安全。新加坡是一个地域狭窄、军事力量薄弱的小国，但是它依靠大国平衡策略，维护了国家安全。20 世纪 70 年代，中国同美国改善关系，利用美苏矛盾，形成中美苏大三角的制衡局面，避免了苏联的大规模入侵。

---

① 王绳祖主编：《国际关系史》（第九卷），世界知识出版社，1995 年版，第 332—333 页。

新中国成立以来，我国三代领导集体高度重视军事外交工作，创立了我国军事外交崭新的策略思想。在开展军事外交的过程中，强硬但不失妥协，斗争时留有余地，既韬光养晦，又有所作为，有时温文尔雅，有时唇枪舌剑，利用矛盾，巧妙周旋，亲此疏彼，合纵连横，高超的外交策略在我国军事外交实践中体现得十分明显。例如，20 世纪 80 年代末以来，“韬光养晦，有所作为”是中国军事外交的一个主要策略。中国恰当地处理核不扩散问题，所运用的就是这个策略。对于 1968 年美英苏签订的《不扩散核武器条约》，中国在较长一段时间内持完全否定的态度。这是因为条约并未规定核国家保证不对无核国家使用核武器，而条约确立了三国的核垄断地位。然而，随着国际形势的发展，发生世界大战的可能性越来越小。同时，对于广大非核国家自愿参加核不扩散条约这一事实，显然必须予以重视。于是，中国于 1992 年正式加入《不扩散核武器条约》。这说明在对待核不扩散的重大问题上，中国的态度有所变化，表明不再像过去那样对核不扩散条约整个加以否定。这可以说是一种“韬晦”。但是，当美国在 1993—1994 年朝鲜核危机中试图使用军事、经济强制手段时，中国则坚持表示反对，要求尊重朝鲜的主权和维持朝鲜半岛的和平与稳定。这体现了中国的“有所作为”。这些年来，正是由于坚持了“韬光养晦，有所作为”这一策略，我军事外交的回旋余地才不断得以扩大。

军事外交策略性的根本，是将原则性与灵活性有机结合。从坚定的原则立场出发，根据实际需要，军事外交应采取一定的灵活策略，从而更好地体现原则立场。只讲究策略性，而不顾原则，军事外交就会失去政治方向。只顾原则，而不讲究策略性，军事外交就会缺乏必要的活力，达不到预期的效果。列宁曾多次表示：不可以用原则去做交易，必须坚持自己的坚定性；然而在必要的时刻，为了捍卫无产阶级的根本利益，必须在坚持坚定性、原则性的前提下，讲究外交策略的灵活性。也就是说，要学会将对无产阶级革命的无限忠诚同实行必要的妥协和让步结合起来。十月革命后，在列宁的坚持下，新成立的苏维埃政府与德国签订《布列斯特和约》，就充分体现了坚持原则立场与运用灵活策略的辩证统一。当时，德国军队已经攻进俄国境内，而且俄国内反动势力仍然强大，苏俄工农革命政府处于危险之中。在此情形下，苏俄接受德国的苛刻条件，签订和约。这属于一种革命的妥协，是有条件的、暂时的、必要的策略性让步。结果，苏俄摆脱了两个彼此敌对的帝国主义集团，赢得了一定的时间和空间，得以继续进行和巩固社会主义革命。

在军事外交实践中，应当适应形势的发展变化，及时调整自己的外交策略，或者说选择合适的外交策略。这是因为，不管是外交策略的选择，还是外交策略的运用，都不是一成不变的。泰国是小国，但在历史上从未沦为殖民地，泰国人为此感到骄傲。之所以如此，很大程度上归功于泰国的灵活善变的外交策略。据说，泰国四世王要求泰国外交官都要明白这样一个道理：湄南河上的椰子壳总能浮在水上，它随潮涨落，但沉不下去。泰国四世王制订的这个浮在水上随波逐流的"椰子壳"外交策略，防止了英、法殖民者染指泰国。[①] 需要强调指出的是，在不同的历史时期和不同的客观条件下，同一外交策略可能会产生截然不同的结果。东汉的军事外交家班超，巧妙运用他自己所说的"以夷狄攻夷狄"之策略，促使西域50余国长时间臣服汉朝，同这些国家建立了友好合作关系，成功地制止了匈奴的南侵。而在十九世纪后期，腐朽没落的清王朝，面对欧美列强咄咄逼人的侵略攻势，为了自保而照搬"以夷制夷"之策略。结果不仅一无所获，反而丧失了更多的领土和主权。原因在于历史条件发生了变化，晚清没有足够的实力作为实施该策略的后盾。可见，不能不顾时局的变化而照搬一个看似不错的外交策略。

## 六、保密性

在各种分支外交中，军事外交保密性最强。这是由国家安全利益和军事活动性质所决定的。军事外交的有些业务领域、工作内容、手段渠道等都不能公开示众，否则，就会暴露战略意图。在战时军事外交中，保密就是保生命、保胜利；在平时军事外交中，保密就是保安

---

① 金桂华：《外交谋略》，世界知识出版社，2003年版，第54—55页。

全、保发展。

在对外军事交往中，任何一个国家都十分注重保密性。美国对他国的军事透明度横加指责，可是它自己的所谓透明也是有限制的。仅通过2006年中美军事交往的一些例子，就可说明这个问题。6月，美国邀请中国军事人员观摩在关岛附近举行的代号为“英勇盾牌”的军演。可是，在中方人员抵达前一天，关键部分演习就已完成。而且，包括解放军观察员在内的7国观察员，只能在太平洋舰队为演习准备的观摩室中，通过电脑和大屏幕了解美军能够公开的演习情况。而关于演习的背景设定、方案设计和行动方式，美方也没有透露。9月中国舰艇编队在夏威夷珍珠港参观美国“钟云”号导弹驱逐舰时，对于该舰的细节，舰员们对我方的询问一律是“一问三不知”。据透露，美舰官兵被告知，没有上级同意，不准擅自回答有关问题。10月底至11月初，中国军事代表团要求参观美国航母遭到拒绝。同时，中国军官原想参观美军最新式的“斯瑞克”轮式战车，但却只看到了老式的两栖登陆战车。

美国国会十分害怕中方从两国的军事合作中，获取有用的军事信息，因此通过了《2000财政年度国防授权法》。该法案对美国防部与中国军方的接触施加了特别限制，规定美国防部长无权批准会导致美军先进军事能力不适当暴露的美中军事交流，包括中国军方人员参观美军的兵力投送行动、核作战能力训练、国防部实验室等；并要求美国国防部每年递交一份与中国人民解放军交往的报告。

正由于军事外交的保密性，与其他国家一样，我对外军事交往总体上也只能是逐步的透明和有选择的透明。为了削弱“中国威胁论”和增进军事互信，中国于1995年首次发表了《中国的军控与裁军》白皮书，接着于1998、2000、2002、2004、2006、2008、2010、2013年连续发表了八份“国防白皮书”，对中国的国防政策进行系统阐述，对包括武装力量的构成和任务、中国特色军事变革、国防费用问题等国防和军队建设作出了明确的介绍。从2003年开始，中国先后邀请外军观察员或驻华武官等，观摩由北京军区组织的“北剑－0308U”联合演习、由海军组织的“蛟龙－2004”演习、由济南军区组织的“铁拳－2004”演习、中英海上联合搜救演习等。在中美军事交往中，2004年1月，中方安排美国参谋长联席会议主席迈尔斯参观了北京航天指挥控制中心；2005年10月，中方安排美国防部长拉姆斯菲尔德参观第二炮兵司令部。这两个军事要地保密级别极高，都是第一次向外军开放。这一切都说明，中国军事外交越来越透明。然而，连奉行威慑战略的美国都在军事外交中规定军事保密事项和范围，那么为了赢得反“台独”军事斗争的胜利，为了有效捍卫国家的领土主权和海洋权益，中国在对外军事交往中也不可能做到绝对透明或完全透明。

我军事外交工作者，既要严守秘密，又要讲究艺术。在对外交往中，哪些事该做不该做、哪些话该说不该说，都要头脑清楚、掌握分寸、内外有别，决不能随心所欲，口无遮拦，授人以柄。有很多泄密情况，都是不经意间被人套走的。外交工作是一门很高的艺术。有时，外宾可能会提出一些尖锐或者古怪的问题。有的同志要么直来直去，有问必答，要么缺乏艺术、简单拒绝，这都影响形象和效果。然而，政策水平高，讲究外交艺术的同志，往往能够应对自如，既保住秘密，又不失礼节。例如，2005年3月，西方某国军事代表团去空军驻浙航空兵某师访问。随行几名武官不断地向该师外事接待人员提问：“贵师是否装备了更先进的飞机?”答：“武器装备的更新是每个国家、每支军队发展的方向，在这一方面，我们也在努力。”问：“贵部的作战飞机在攻击目标的时候一般出动多少架次?”答：“攻击目标时，一般要根据双方的军事实力，兵力的多少，以及敌方的防空、预警、拦截能力和需要攻击的目标等具体情况，来制定出动飞机的数量。”问：“你们主要的作战对象是什么?”答：“冷战结束后，和平与发展成为时代主旋律。军事战略上最重要的问题，已经从谁是敌人转变为什么样的对象才是敌人。我国实行积极防御的军事战略方针，空军的使命就是与其他军兵种一道，维护国家的主权和领土完整，并为维护世界和平作出应有的贡献。人不犯我，我不犯人，人若犯我，我必犯人。”……一个个尖锐的问题后面，是一次次精彩巧妙的回答。该师外事接待人员表现出的落落大方、不卑不亢、谨慎而不拘谨、保密而不神秘的外交策略，使外宾感受到一种亲切感，同时也体现出一个大国谦虚又不失尊严的风范。

当前，我军逐步向世界开放，与世界各国军队交往越来越多，做好隐蔽战线上的斗争，做好安全保密工作，是对我军各部门、各层次人员的一个严肃的政治考验。执行或参与军事外交的每一位同志，都要严格遵守《中华人民共和国保守国家秘密法》、《关于在对外活动中加强保守党和国家机密的几项规定》、《涉外人员守则》等法规，时刻保持高度的警惕性，同时又要讲究策略、讲究艺术，不失风度。

## 第四节　军事外交的地位作用

军事外交是构成国家总体外交的重要支柱，推进国防和军队建设的重要途径，预防和控制军事危机的重要工具，遏制战争和赢得和平的重要手段。因此，其地位和作用十分突出，世界各国都十分重视军事外交工作。

### 一、构成国家总体外交的重要支柱

在当今时代，一国的总体外交，可以根据其具体内容，划分为政治外交、军事外交、经济外交、文化外交、教育外交、科技外交、体育外交等。军事外交涉及国家间军事关系和国际军事事务，直接代表着国家的军事安全利益。因此，军事外交是国家总体外交的重要组成部分。具体表现在以下几个方面：

#### （一）军事外交政治敏感性强、国际影响大，是衡量国家间总体外交关系的“晴雨表”

在国家间建立外交关系之前，经济交往、文化交往等可以先行发展，而军事交往与合作则常常在两国建交之后才开始进行。例如中日建交前，早就有了以民间团体名义进行的经济、文化往来，而两国建交后才有了正式的政治、军事交往。国家之间政治关系密切，往往直接推进军事外交的深度与广度；国家之间政治关系受挫或者说趋于冷淡，往往最先受到影响的是军事外交。换言之，军事外交冷热程度，直接体现了国家间相互关系的远近亲疏。中美之间军事外交历程，就是这样的典型事例。20 世纪 80 年代，美国对华出售防御性武器，中国则允许美国在中苏边境中方一侧，对苏进行监听，中美两军领导人以及海军舰艇编队还实现了互访，这反映出中美在两国建交以及苏联入侵阿富汗后的外交关系迅速升温，进入了所谓“蜜月”阶段。1989 年，中国发生了“六四政治风波”，布什政府冻结了对华武器销售并终止了两国高层军事往来，表明两国关系陷入困境。以 1993 年 10 月美国助理国防部长傅利民访华为起点，两军恢复了高层往来，两国于次年 10 月达成《关于停止生产用于核武器的裂变材料的联合声明》和《关于导弹扩散问题的联合声明》两个重要文件，可以清楚地看出，两国外交关系出现了回升的势头。

**（二）军事外交往往牵系国家安危，涉及国家根本利益，在国家总体外交中占有极其重要的地位**

签署停战协定、缔结军事联盟、开展军事援助、进行国际重大军事谈判等，直接影响到一国安危。例如，面对希特勒德国可能发动的侵略战争，1939 年 8 月，苏、英、法三国举行军事谈判，讨论互相给予军事援助的问题，但最终未能达成协议。为了粉碎英法可能挑动苏德战争的阴谋，苏联反过来迅速地与德国进行谈判并签订了《互不侵犯条约》。对于苏联来说，该条约使苏联避免了与德国单独作战，摆脱了德日包围，暂时置身于战争之外，从而赢得了一年半宝贵时间加强备战。对于德国来说，该条约使得最令希特勒害怕的英、法、苏联盟成为泡影响，排除了两线作战的危险，从而做好发动世界大战的准备。对于英法来说，由于三国军事谈判的失败和苏德《互不侵犯条约》的签订，波兰、英国、法国等西欧国家，首先成为德国侵略的对象。而举行联合军事演习、开展军工技术合作、进行安全对话和防务磋商等，也都攸关国家安全利益。通过军事外交活动，可以为国家营造一个有利的周边战略环境，促进国际安全和稳定，加快国防和军队建设，为遏制战争和打赢战争奠定坚实的基础。因此，军事外交是国家总体外交一个非常重要的分支。

### （三）军事外交往往能够改善或促进国家之间关系，推动总体外交的发展

军事外交一方面受国家总体外交的制约，服从国家总体外交的要求；另一方面对国家总体外交具有重要的影响作用，为国家总体外交的发展提供服务。在国际关系中，军事外交常常属于相对高级的对外交往与合作。对于外交关系一般化或者存在严重矛盾和分歧的国家来说，军事外交常常能增信释疑、扩大共识、减少误判，从而改善和推进国家间关系；对于外交关系密切的国家来说，军事外交常常能够进一步加强友谊与合作，从而巩固和深化国家间友好关系。例如 20 世纪 70 年代初，法国向利比亚出售武器，对于两国关系的进一步发展具有重大影响。1969 年，卡扎菲上台后，希望摆脱美英控制，要求法国提供武器。法国认为这是填补真空，取代美英，扩大在阿拉伯世界影响的极好机会。1970 年初，法国政府宣布，决定向利比亚出售包括 30 架幻影 - Ⅲ型在内的 110 架战机，并为其培训飞行员。法国因而被阿拉伯产油国列为“友好国家”，并得到源源不断的石油供应。再例如，近些年来，中国向非洲和拉丁美洲一些国家提供军事援助，加强军事人才培训等，对于巩固新中国的外交阵地，排挤台湾当局的势力和影响发挥了重要作用。对此，许多驻外大使深有感触地说，军事外交地位重要，是国外交的重要支撑。

## 二、推进国防和军队建设的重要途径

军事外交作为国家大外交的一个组成部分，具有与其他外交领域相同之处，即服从并服务于国家利益的需要和国家总体外交路线方针政策，同时作为一个特定的外交领域，又具有无可替代的特殊职能，即为国防和军队现代化建设服务。这个特殊职能体现出的军事外交所具有的军事属性，充分说明军事外交也是军事工作的一部分。军事外交是推进国防和军队建设的重要途径，主要表现在以下几下方面：

**（一）通过多形式、多领域的军事外交，能够了解国防和军队现代化建设的目标和标准**

国防现代化的目标和标准是国际性的，只有在世界军事力量对比的坐标中，才能找到自己的正确位置。海湾战争标志着现代局部战争形态，已经进入高技术战争阶段。世界大国都在加紧以质量建军为中心的国防现代化建设。如果不了解外国的国防现代化程度，对本国的国防现代化建设恐怕也就难以做到心中有数。知彼知己，方能百战百胜。只有了解挑战，才能提出正确的对策，才能有效地迎接挑战。军事外交工作，是军队走向世界的桥梁，是联系外军的纽带，是了解世界军事现状与发展趋势的重要、公开、合法、直接的渠道。通过对外军事交往与合作，可以掌握世界各国、特别是军事大国的军事战略、军事实力、军事训练、军事理论、军事科技、军工生产等重大情况，从而为本国国防和军队现代化建设，提供奋斗的目标和可资借鉴的经验教训。

**（二）通过争取军事援助和开展军工合作，能够大大促进本国国防工业的发展**

当一国国防工业基础处于极端薄弱之时，获取友好国家的援助和合作至关重要。通过引进生产线，消化和吸收先进技术，提高本国自力更生的能力，从而加快本国国防工业建设的步伐。新中国建国初期，正是由于获得了苏联的军事援助和军工合作，才逐步建立起我独立的国防工业体系。1951 年，中国与苏联签订了有偿转让八种轻武器技术的协议。1953 年，中苏签订关于海军订货和在建造军舰方面给予中国以技术援助的协定。1953—1956 年，在苏联援建的 156 个国家大型骨干建设项目中，有航空、兵器、无线电、造船等国防工业建设项目 41 个，有与国防工业密切关联的基础工业项目 50 个。同样，印度与前苏联开展军工合作，对印度国防工业的跃升也起到了举足轻重的作用。以印度航空工业发展为例。20 世纪 60—70 年代，通过对米格-21 全系列飞机的跟踪仿制，印度航空工业连续上了几个台阶：掌握了日益先进的喷气式发动机制造技术；掌握了日益先进的机载雷达及其他电子设备的生产技术；促进了原材料工业的发展，为日后印度国防工业的起飞奠定了基础；建立了完整的飞机制造业，培养了一大批航空工业科技人员和技术工人；为后来及时跟踪仿制米格－27M战斗轰炸机、米格－29和苏－30多功能战斗机奠定了坚实的基础。[①]

**（三）通过国际军品采购，引进先进武器装备，能够加快质量建军步伐**

需要从外国引进的武器装备，通常技术性能都比较先进，本国无法生产。如果直接采购军火，获得有关技术转让，可使得本国武器装备建设实现跨越式发展。冷战结束后，东南亚国家大力加强军队尤其是海空军力量建设，各国不约而同地从国外引进大量的飞机、舰艇等先进装备。仅1990—1995年间，东南亚国家就已出现两轮购买新式飞机的高潮：1990—1994年，这些国家大多购买当时先进的美式F－16战斗机，而在1994—1995年，则把注意力转向了更为先进的F－18和俄式苏－27、米格－27和米格－29战斗机。此外，新式直升机、海上巡逻机、远程巡逻艇、潜艇等先进装备，在东南亚地区也都很受欢迎。[②] 这些装备的引进，提升了东南亚国家军队现代化水平。近些年来，为了做好反“台独”军事斗争准备，中国积极开展军事外交，从俄罗斯引进苏－27和苏－30战斗机、“基洛级”潜艇、“现代级”驱逐舰等，还从以色列、乌克兰等国家采购一些先进武器装备，从而促进了我军的质量建设。

**（四）通过举行联合军事演习，能够提高本国军队的训练水平和实战能力**

从国家政治、外交角度看，举行联合军事演习，能够增进信任和友谊，推动国家关系和军事关系的发展。从军队建设角度看，这是和平时期与它国军队近距离接触的难得机会，可以借此认真查找存在的问题，进一步摸清外军军事战略、作战理论和武器装备状况，积极吸取外军的先进经验和可行的做法，从而提升本国军队的战斗力。新世纪以来，不同国家军队间的联合演习此起彼伏。例如，东南亚国家与

---

① 赵小卓、王政：《印俄（苏）军事技术合作及其对印度国防工业的影响》，外国军事学术，2004年第9期，第67页。

② 朱听昌主编：《中国周边环境与安全战略》，时事出版社，2002年版，第301—302页。

美国多次举行以支援南沙作战为背景的联合军事演习，韩国、日本与美国针对朝鲜核危机可能导致的潜在冲突而举行军事演习，中国与上海合作组织其他成员国就打击“三股恶势力”而进行联合军事演习等。这些演习，提高了有关国家军队的快速反应能力和整体作战素质。

此外，对外开展军售，能够为国防科研提供资金，促进国防工业的发展；对外进行军援，从受援国反馈回来的信息，往往能够对本国武器装备的研制和发展起到积极的促进作用；派遣军事留学人员和开展对外军事学术交流，则有利于军事人才队伍建设，等等。正因为如此，世界上许多国家都毫无例外地通过军事外交来推进国防和军队建设。

## 三、预防和控制军事危机的重要工具

在相对和平时期，为国家经济建设和人民生活营造和平、稳定的国际环境，是军事外交的一个主要任务。而军事危机是国家间关系处于可能发生军事冲突的危险状态，对国家安全构成了重大威胁。在军事外交领域，预防和控制军事危机主要有以下措施：

### （一）建立信任措施

建立信任措施，通常包括定期或不定期地举行军事官员会晤、限制军事部署和军事活动、实行军事演习和重大军事活动通告制度、通报边境驻军情况、公布防务报告或国防白皮书等。这些措施能够增进彼此之间在安全上的相互信任感，降低或消除相互之间的疑虑，从而可以预防军事危机、防止危机升级以及武装冲突的爆发。

建立信任措施，最早是在两大军事集团严重对峙的欧洲首先提出的，它对于防止欧洲爆发全面战争，推动欧洲裁军与缓和起到了积极作用。冷战结束后，建立信任措施受到广泛重视。朝鲜半岛南北双方长期处于敌对状态，1991 年 12 月，达成缓和军事政治关系与建立信任措施的协议。印度和巴基斯坦虽然仍存在很大矛盾，但两国加强高层接触，建立两军作战部长之间的热线联系，并于 1991 年 4 月，达成相互提前通报在双方边境地区进行部队调动和军事演习的协议。中国同俄罗斯、哈萨克斯坦、吉尔吉斯斯坦、塔吉克斯斯坦四国于1996年4月达成《关于在边境地区加强军事领域信任的协定》，同印度于1993年、1996年和2005年先后签署了《关于在中印边境实际控制线地区保持和平与安宁的协定》、《关于在中印边境实际控制线地区军事领域建立信任措施的协定》、《关于在中印边境实际控制线地区军事领域建立信任措施的实施办法的协议书》，同东南亚有关国家于2002年签订了《南海各方行为宣言》。建立信任措施，对于缓和地区紧张形势、维护地区和平与稳定起到了积极的推动作用。

**（二）加强安全对话、人员交流和信息沟通**

当事双方互相猜疑、互不信任，往往是发生军事危机或造成危机升级的重要原因。通过开展防务安全对话，加强军政人员交流、建立和启动热线联系等，能够增进相互之间的了解和友谊，准确及时地向对方表达己方的意图和决心，从而有利于预防和控制军事危机。目前，在亚太地区，已经建立的多边安全对话机制包括：东盟地区论坛、亚太圆桌会议、亚太安全合作理事会、东北亚合作对话、西太平洋海军论坛等。中美之间双边安全对话机制包括：中美防务磋商与对话、中美战略对话、中美海上军事安全磋商机制、中美“第二轨道”安全对话等。这些安全对话机制以及人员交流，对于预防或减少军事危机的发生具有重要作用。

通信渠道不畅，信息失真，往往会导致领导人作出错误判断和错误决策。很显然，建立热线联系，便于当事国遇有紧急情况时及时沟通。在险些导致核大战的古巴导弹危机结束之后，美苏领导人决定在两国间建立热线联系，以便直接交换彼此的看法，避免信息传递过程中的失真或延误。同样，为了增信释疑，预防或化解危机，20世纪90年代，中美两国领导人之间也设立了热线电话。需要强调的是，一旦发生危机，或者发现潜在危机的迹象，就应及时启动已有的热线联系或磋商机制。否则，就起不到应有的作用。2001年4月，中美撞机事件发生后，布什最初对危机的认识不足，未及时与中国领导人进行热线联系，通过私下沟通来寻找解决问题的办法。结果，美国军方单方面向新闻界披露消息，并指责中国，严重破坏了中美外交协商气氛，酿成危机僵持局面。[①] 不过，后来美国政府各部门在布什领导下密切配合，更加积极主动地与中方沟通信息，并采取了其他一些适当措施，最终消除了外交危机转化为军事危机的可能性。

### （三）共同裁军和军备控制

军备竞赛往往会导致恶性循环，造成双方极大的不信任。20 世纪初，欧洲帝国主义列强之间军备竞赛日趋激烈。1913 年，德国通过扩军方案，陆军增加到 87 万，同时还训练了大批后备役军官。德国海军也在不断膨胀，从 1912 年起，除按原计划每年建造 2 艘无畏级军舰外，又追加经费，在 5 年内再造 3 艘。法国在 1913 年则通过了新的军事法案，延长服役时间和服役年龄，使现役军人增加到近 80 万人。英国加紧以“二对一”的原则，同德国展开海军竞赛。俄国则利用法国的大量贷款，加速扩军。[②] 愈演愈烈的军备竞赛加剧了两大对立的军事集团之间的敌意，这是导致“七月危机”并迅速升级为世界大战的重要原因之一。

应当说，通过裁军和军备控制，在一定程度上可以增进信任，防止或缓解危机。从博弈论来看，彼此敌对或竞争的双方处于一种“囚徒困境”：如果双方合作，那么可能会获得双赢；如果双方不合作，那么双方都输；如果己方合作而对方不合作，那么己方输而对方赢；如果己方不合作而对方合作，那么己方赢而对方输。因此，只有双方进行合作，共同裁军和军控，才能防止危机发生和控制危机升级。例如美苏经过谈判，于 1972 年达成《关于限制反弹道导弹防卫系统条约》、《关于限制进攻性战略核武器的某些措施临时协定》、《关于防止海上事件协定》等，促进了美苏关系以及东西方关系的缓和，有助于防止和减少两国间军事危机的发生。

## 四、遏制战争和打赢战争的重要手段

通过实战或非实战方式灵活运用军事力量，与积极开展军事外交

① 中国现代国际关系研究所危机管理与对策研究中心编著：《国际危机管理概论》，时事出版社，2003 年版，第 242—265 页。

② 潘振强主编：《国际裁军与军备控制》，国防大学出版社，1996 年版，第 18 页。

相结合，往往能够实现遏制战争和打赢战争的目的。

### （一）军事外交能够在遏制战争方面发挥重要作用

如前所述，积极开展诸如建立安全信任措施、加强安全对话及人员交流和信息沟通、共同裁军和军备控制等军事外交活动，预防和控制军事危机，可以达到防止发生战争的目的。另一方面，在已经出现重大军事危机的情况下，将军事威慑与军事外交有机地结合起来，往往能够有效地遏制战争的爆发。

我国古代军事理论家孙子所提出的“伐交”和“不战而屈人之兵”的思想，实际上就是当今所讲的“军事外交”的制胜之道。人们通常把军事手段等同于实战手段。然而，实际上军事具有实战和非实战、显性和隐性功能两个层面。军事外交历来运行于战争与和平之间，通过非实战的形式发挥其隐性的功能。使用“准和平”的武力警告、显示力量等非实战形式，配合国家外交斗争，可以被认为是军事威慑与军事外交的结合。从宽泛的角度来看，它甚至可以被认为统属于军事外交范畴，是一种特殊的军事外交。

通常情况下，慑止战争，必须具有三个基本条件：一是要有足以影响战略全局的军事实力；二是要有使用军事实力的决心和意志；三是要通过一定的途径使对方认识和相信以上两点。军事实力是最基本的条件，决心是威慑的灵魂，信息传递是军事实力和决心得以产生威慑作用的必要条件。军事外交之所以能够在慑止战争方面发挥重要作用，是因为从第一个基本条件来看，大力开展各种形式的军事外交活动，可以促进国防和军队建设，从而使军事实力得到提高；与有关国家结成军事同盟，或者争取它国的军事援助，可以加强己方相对于敌方的实力优势。从第二、三个基本条件来看，通过与盟国或友好国家举行联合军事演习，以及通过对外军事宣传、外交联络等途径，可以使敌方相信己方的军事实力以及使用军事实力的决心。

在 1962 年的古巴导弹危机中，美国在加勒比海域部署了 180 艘舰只，以拦截检查一切前往古巴的船只，同时在佛罗里达集结重兵，数百架战略轰炸机携带核弹升空待命，在海外基地和潜艇上的导弹也进入戒备状态。美国摆出了强大的军事阵容和准备使用武力、甚至核武器的姿态，以慑止苏联采取军事手段。另一方面，美国与苏联驻美使馆之间保持接触，特别是在古巴危机最紧张的13天中，美苏首脑几乎每天都有通信联系，了解对方的意图和底线，传递己方的决心。肯尼迪总统同意，如果苏联撤走导弹，那么美国保证不会武装入侵古巴，并秘密许诺从土耳其撤走丘比特导弹。美国通过显示军事力量，配合军事外交活动，迫使苏联从古巴撤走已经部署的导弹，避免了战争的爆发。

**（二）军事外交能够配合作战行动实现打赢战争的目的**

作为国家总体外交的一部分，军事外交是通过和平方式来实现对外政策目标，与战争似乎是对立的。其实不然，纵观古今中外的历史，军事外交和战争这两种手段，往往具有紧密的联系。

在战争难以避免的形势下，军事外交可以为打赢战争作好准备：发挥军事外交多手段、多方式、多层次、多领域和多渠道的优势，加大对外宣传攻势，旗帜鲜明地宣传本国的正义立场和决心，揭露和谴责敌方的战争企图，广泛争取国际社会的舆论同情和物质支持；缔结军事同盟，争取友好国家参战，分化瓦解敌方同盟，改变敌我双方的力量对比；开展与敌方的沟通与谈判，为本国赢得战争创造有利条件。

19世纪，普鲁士在统一德国的斗争中，之所以能够取得普奥战争的胜利，是与俾斯麦首相战前运用军事外交手段，将奥地利处于四面孤立的境地分不开的。他利用俄、奥在克里米亚战后的矛盾，争取了沙皇的友好，使其在普奥战争中保持中立。然后，俾斯麦再用外交手段，允许法国取得卢森堡，以争取法国中立。接着，在他的努力之下，普鲁士与意大利缔结盟约，共同对付奥地利，使后者处于两面作战境地。同样，美国在2003年伊拉克战争中迅速取胜，与战前军事外交努力密不可分。为塑造良好的战略环境，营造有利战场态势，美国试图在联合国通过对伊动武的决议（未能成功），以便使战争行动具有合法性；拉拢英、澳、加等国结成倒萨联盟；逼迫沙特、科威特、土耳其等国，为美国开放对伊动武的军事基地和通道；挤压伊拉克的活动空间和范围。

在战争期间，军事外交可以配合作战行动，取得战争的胜利。人们常说，战争的开始意味着外交结束，这是一种有失偏颇的说法。即使在战争过程中，在一定程度上也存在着外交活动：交战双方，继续在外交上制造有利于己方的国际舆论，尽力争取国际舆论的同情和支持；与盟友进行密切的磋商，获得最大的人力、物力和财力支援；继续瓦解敌方同盟，孤立敌人，保障战争朝着有利于本国的方向发展；经过第三国或国际社会的调解，交战双方有可能谈谈打打，边打边谈；就战后诸如恢复国际秩序、战争赔偿、领土变更、战俘交换、和平保障以及对敌对国家处理等问题，同相关国家进行沟通或谈判。在战争停止后，通过外交谈判签订和约，用法律形式确定战争的结果，最大限度地利用战争形成的局势，谋求国家的利益和保障战后和平。

在20世纪60—70年代的越南战争中，越南民主共和国就充分运用了边打边谈的斗争形式。在双方不能完全战胜对方的情况下，越美于1968年5月开始在巴黎谈判，采取公开和秘密两种方式进行。公开谈判，是一个两国四派力量互相争吵指责，各自申明立场的会议。从1969年2月起，美国总统顾问基辛格与越南民主共和国特别顾问黎德寿进行秘密会谈。秘密会谈，是军事压力与政治压力相结合的谈判，是典型的讨价还价的方式。双方在谈判桌上达不到各自目的时，就使用武力较量。越南向南方大举进击，派出几个师夺取城池；美国则对北方大肆轰炸，在港口布雷，进行封锁等。在战场上达不到目的时，又回到谈判桌上来。最后，双方达成了停战协议。美越谈判，自1968年至1973年，先后经历4年多，共举行全体会议174次，基、黎秘密会谈10余次。应当说，越南民主共和国在军事外交与作战行动的密切配合下，取得了战争的胜利。

## 第五节 影响军事外交的主要因素

一个国家的军事外交活动，历来不是孤立存在的，必然受到各种不同因素的影响。其中，最主要的因素是政治、军事、经济、文化等。这些因素在不同条件下，对军事外交活动产生着种种不同程度的影响。当然，军事外交活动又会在不同条件下、不同程度地反作用于这些因素。在军事外交实践中，应当努力化不利因素为有利因素，化消极因素为积极因素，最大限度地发挥军事外交的功能和作用。

## 一、政治因素

政治和军事外交同为阶级社会的产物，并且也都是随着国家的产生而产生，随着国家的发展而发展的。因此，政治不可能不对军事外交产生影响。政治对军事外交的影响，主要表现在以下几个方面：

### （一）政党政治的影响

在资本主义民主国家，政党斗争主要有组阁执政、议会辩论、议会选举、组织政治运动以及组建所谓“院外压力集团”等形式。政党斗争可能会导致政权的交替，甚至导致政体、国体的变更。因此，政党政治对军事外交往往发挥着极其关键的制约作用。20 世纪 90 年代初，法国政府在军事外交领域采取的重大举措之一，就是宣布加入防止核扩散条约，并进一步提出暂停核试验。除了希望在国际核裁军进程中争取一定主动权，并缓和同历来反对法国核试验的南太平洋国家的关系外，密特朗总统此举还着眼于 1993 年 3 月的议会选举。作为执政党的社会党，在 1992 年 3 月的地区选举中，仅获 18.3% 的选票，而绿党和生态学派获得 15%，密特朗指望通过迎合生态学派在核问题上的某些要求，捞取选票。再例如，以色列相对温和的前进党与持强硬立场的利库德集团，对巴勒斯坦和阿拉伯世界的立场有着明显的区别，因此，不同党派执政就会对以色列的军事外交产生不同的影响。

### （二）意识形态的影响

在军事外交实践中，总有一些国家自以为是，认定只有自己的意识形态最进步、最正确，而别人的意识形态要么是落后的，要么是反动的。它们进行军事外交活动的一个重要目标，就是要对外输出本国的意识形态，千方百计迫使别国接受本国的世界观、价值观，以便使自己不战而胜，在意识形态上一统天下。1947 年出笼的杜鲁门主义，公开宣称要反对所谓的极权主义政权，实施全球性的反共战略。这种反共意识形态直接支配美国的军事外交。1949 年 4 月，美国同加、英、法、比、荷、卢、丹、挪、冰、葡、意12国签署《北大西洋公约》，从而建立起北约组织；1951年，美国与日本签订了《日美安全条约》，与菲律宾签订了《共同防御条约》，与澳大利亚、新西兰签订了《澳、新、美安全条约》；1953年，与韩国签订了《共同防御条约》；1954年，与台湾当局签订了《共同防御条约》，与英国、法国、澳大利亚、新西兰、菲律宾、泰国、巴基斯坦等国签订了《东南亚集体防务条约》，并据此成立了东南亚条约组织；1959年美国与伊朗、巴基斯坦、土耳其分别缔结了双边军事协定。通过一系列军事外交活动，美国构建了一个庞大的包围社会主义国家的军事联盟体系。

### （三）双边政治关系状况的影响

国家之间政治关系的深浅冷热程度，大致可以分为以下几个类别：结盟关系，友好关系，正常关系，冷战关系，交战关系。国家间不同类别的政治关系，决定了彼此间军事外交活动的性质和活跃程度。国家间政治关系出现曲折或者发生变故，常常导致军事关系的波动或骤变。当两国政治关系恶化的时候，军事关系往往首当其冲，已建立起来的军事合作，可能在一夜之间遭到巨大冲击，高层军事往来立刻终止，军事贸易合同停止执行，甚至军方举办的各种例行外交招待活动也会受到抵制。例如2001年4月中美发生“撞机事件”后，两国关系急转直下，美国国防部长拉姆斯菲尔德立即中止美中军事交往，美方取消了国防大学校长加夫尼原定对中国的访问，也不再邀请中方人员参加在檀香山举行的亚太安全研讨会。拉氏甚至下令取消美军向中国厂商订购军帽的合同。中国也作出反应，美国军舰例行驻泊香港休整申请被拒绝。

### （四）全球政治的影响

全球政治状况是世界各国从事军事外交的宏观环境。在不同形势之下，全球政治往往具有不同的主旋律。每个国家在进行军事外交活动时，都不能不首先从全球政治的角度来考虑问题，特别是不能忽视全球政治的主旋律。一个国家，即使是在与另外一个国家开展双边军事外交活动时，也绝对不会对其他国家的反应不闻不问，不能不顾及全球政治过去、现在和未来对其所产生的牵制与影响。冷战时期，东西方两大阵营对立，尤其是美苏，为争霸世界而激烈斗争。世界各国，不论是卷入两大阵营之中，还是置身于两大阵营之外，在进行军事外交时，都程度不同地受到了这种两极政治格局的制约。随着苏联的解体和华约的解散，世界向着多极化格局方向发展，和平与发展成为时代的主旋律。许多国家的军事外交，都转向主要应对地区性冲突，同时十分重视在非传统安全领域的合作。

可见，无论是国内政治方面的因素，还是国际政治方面的因素，都对军事外交具有重要影响。政治因素不仅决定了军事外交的性质，而且对军事外交的战略目标、具体任务、方式方法，都产生一定的制约作用。

## 二、经济因素

从本质上讲，一个国家的全部外交行为，完全都是由该国的经济基础所决定的。任何国家的所有外交活动，无不直接或间接地与本国的经济状况存在着某种程度的因果关系。具体地说，经济因素对军事外交所发挥的制约作用，主要体现在以下几个方面：

### （一）经济实力是军事外交的基础

在国际关系中，经济实力无疑是一国开展军事外交活动的基础所在。当一国经济实力较为强大时，它在军事外交上通常就会显得自信，得心应手，积极主动，能够比较圆满地实现既定的对外目标。与此相反的则是，当一国经济实力较为弱小时，它在军事外交上一般就会表现得畏首畏尾，消极被动，不仅在军事外交活动中难以赢得有利的地位，甚至有时连最基本的国家利益也难以得到保障。为了国家的生存，只得被迫屈从于某些强国，或是看人家的眼色行事。这就是通常所说的“弱国无外交”的具体体现。

从一定意义上讲，不仅战争是交战各方的经济实力和军事实力的较量，而且军事外交，也是谈判各方的经济实力和军事实力对比的较量。一战前，英国经济实力在世界上长期处于领先地位，其海军建设坚持“双强”标准。一战结束后，英国虽属于战胜国，但经济实力和军事实力均遭到重创。因此，在1921年举行的关于限制海军军备的华盛顿会议上，英国不得不同意美国与它拥有同等的海军舰艇吨位配额。在国际军事谈判方面，对方愿不愿与你谈，谈成什么结果，都主要取决于当时各方的经济实力和军事实力的对比。第二次世界大战打到最后，德国和日本法西斯都面临完全丧失国力的绝境，它们虽然求和，要求谈判，但已不可能，它们的惟一选择只能是“无条件投降”。

**（二）谋求经济利益可以成为军事外交的动因**

军事外交可以服务于本国的对外经济、贸易活动，为其创造多种便利的条件。从20世纪60年代开始，在非洲前殖民地纷纷独立的新形势下，法国推出“合作”政策，以取代旧的殖民主义政策。法国同有关国家签署了防务协定，其中包括法国保留军事基地、驻扎军队以及可应缔约国之邀请进行军事干预的条款。此外，法国还加大军事援助力度，坚持在非洲参与维和行动。法国实施这样的军事外交，主要目的是为了在非洲获取战略原料以及促进彼此间的经济贸易。

在军事外交活动中，进行军火贸易，可以直接谋取一定的经济利益。军火贸易是军用商品在国际间的流通，武器装备、军工技术、军事劳务等，都可以进入军售流通领域。国际军火贸易之所以兴盛，战争的需要固然是主要原因，然而军火生产国的经济利益，也是一个重要驱动力。军火价格昂贵，利润可观。当交战双方进行你死我活较量时，军火买卖特别红火，往往可以乘机处理本国剩余、闲置或淘汰的武器装备。

军火贸易为美国带来了巨大的经济利益。在两次世界大战前期，美国都是坐山观虎斗，充当交战双方的“兵工厂”，大做军火买卖，坐收渔人之利。结果，发了战争横财的美国成了世界超级经济大国。当前，美国仍然十分重视军火贸易。据瑞典斯德哥尔摩国际和平研究所的统计，以1998—2002年这5年的军火贸易总额而论，美国是世界第一大军火供应商，其销售额占同期世界军火贸易总额的41%。俄罗斯、法国等，也努力从军火贸易中获取经济利益。俄罗斯认为，互惠互利的军事合作，有利于经济增长。近些年来，其军火贸易额排名世界第二位。而法国把军火出口作为弥补贸易逆差和缓解失业的重要措施，从70年代起就已成为仅次于美苏的世界第三大军火出口国。

**（三）经济外交可以促进军事外交**

通过经济援助或者其他形式的经济外交，往往可以辅助军事外交活动的开展，实现一定的军事安全利益。在2001年“9·11”事件发生后，为了摧毁塔利班政权和基地组织，美国认为，赢得阿富汗的邻国巴基斯坦的支持十分必要。美国向巴基斯坦提出三点具体要求：（1）巴基斯坦开放领空，以便美国作战飞机飞行；（2）利用巴基斯坦的机场等军事基地；（3）巴基斯坦严密封锁边境，防止美国要打击的恐怖分子逃离阿富汗。为达此目的，美国总统布什于9月28日，批准向巴基斯坦提供5000万美元的经济援助。不久，美进一步加大援助的金额和力度，宣布向巴提供1亿美元的一揽子援助计划。[①] 正是在经济援助的配合下，美国比较顺利地达成了军事外交目标。

俄罗斯也深刻认识到，经济合作对于发展与其他国家的军事合作关系，具有重要的牵引和带动作用。例如，俄罗斯利用乌克兰对其在能源方面的依赖，以还债和中断能源供应为武器，迫使乌克兰政府改变其亲西方的政策，与乌克兰签署了多项军事合作协议，使两国在军事领域的合作水平超过了乌克兰与北约的关系。

## 三、军事因素

军事外交以军事为主要内容，主要谋取军事安全利益。因此，它必定会受到来自军事方面的影响，军事无疑是其主要的制约因素。

**（一）军事实力构成军事外交后盾**

关于军事与外交之间的关系，周恩来曾经指出，“国家这个统治机器，最主要的是军队和监狱。这些东西表面上看来同外交并无多大联系，实际上却是外交的后盾。”[②] 普鲁士国王腓特烈大帝则赤裸裸地说过：没有武器的外交犹如没有乐器的音乐。军事外交是军事与外交

---

① 周永生：《经济外交》，中国青年出版社，2004年版，第293—294页。

② 中华人民共和国外交部、中共中央文献研究室编：《周恩来外交文选》，中央文献出版社，1990年版，第2页。

两个领域的交叉点，是具有军事属性的分支外交，显然受到军事实力的影响更大、也更为直接。就一国军事外交活动而论，其目标的大小、范围的宽窄、能量的高低、影响的强弱等，都受到本国军事实力状况的制约。正是由于苏德双方军事实力极为悬殊，列宁当年才决定放弃迎战，忍痛与德国签订了屈辱的《布列斯特和约》，以便赢得喘息时间巩固新生政权。军事实力作为一国军事外交的后盾，最主要表现为两个方面：

一方面，军事实力可以构成一种威慑力量。依靠强大的军事实力，一国可以慑止他国实施侵略行为。近几十年来，随着经济和科技的迅速发展，世界各国的相互依存度越来越高，经济全球化的趋势进一步加强，战争作为解决争端的手段，受到越来越多的国家和人民的反对和摒弃，但世界各国，仍然非常重视本国军事实力的发展与提高。因为军事实力依然被认为是保卫本国主权和领土的必要手段，是对于其他国家的一种有效的威慑，是本国军事外交的坚强支柱。20 世纪 60—70 年代，中国通过自己的努力，先后制造出核武器和核潜艇，大大提高了我军的威慑能力，有力地增强了在军事外交中维护民族独立和反帝、反霸、反殖斗争的信心和决心。正如一位美国学者写道：中国周边没有一个国家敢轻视中国的军事力量，而不严肃地考虑与中国对抗的后果……就连超级大国也对中国的军事实力投去不怀好意但却是真实的尊敬。

另一方面，军事实力也可以成为一种胁迫力量。古往今来，一些国家在军事外交中，凭借强大的军事实力，胁迫其他国家从事某些行为。胁迫是否可信、有力，是否能达成既定目标，与军事实力的强弱有着直接关系。1945 年 8 月，美国先后向日本的广岛和长崎各投下一颗原子弹。美国人认为，正是这两颗原子弹结束了对日战争，赢得了胜利。在美国统治集团心目中，原子弹具有无穷的威力，是一张军事和外交王牌。美国前总统胡佛宣称："目前，我们，只有我们，掌握着原子弹，我们能够把自己的政策强加给全世界"。[①] 冷战结束后，美

① 杨松河：《军事外交概论》，军事谊文出版社，1999 年版，第 180—181 页。

国成了唯一的超级军事大国和经济大国，不用再担心与前苏联那样的大国对抗可能带来的核大战风险，因此，在军事外交中往往以武力相威胁，胁迫其他国家改变现行政策行为。

**（二）作战行动可以有效地配合军事外交**

从形式看，作战行动与军事外交行动往往是一战一和。然而，实际上，二者是互相影响、互相作用的。当一国认为军事外交行动不足以解决国际矛盾时，往往便会采取作战行动。在作战行动之前，一国通常会从事某些军事外交行动，为自己进行必要的战争准备，创造有利于自己的时机，或者制造冠冕堂皇的战争借口。在作战行动期间，不论是为了分化敌人、争取盟友，还是为了结束战争、恢复和平、巩固战果、减少损失，交战双方都仍要进行一系列的军事外交行动。而在作战行动前后及其过程中进行的军事外交行动，又不可能不受作战行动的影响。

作战行动与军事外交谈判密切配合，比较典型的事例是朝鲜停战谈判。彭德怀司令员曾经作过这样的精辟评论：朝鲜停战谈判是打出来的，没有前线的胜利，就不可能有停战谈判；同样，要使停战谈判获得成功，仍然要靠前线的胜利。参加谈判的同志积极谈，全军指战员则积极打，打得越好，谈判成功的希望就越大。正是在中国人民志愿军和朝鲜人民军作战行动的有力配合下，朝鲜停战谈判历时2年多，才最终签署停战协定。另一方面，侵略者也总是通过作战行动在谈判桌上提高要价。1973年1月27日，《关于在越南结束战争、恢复和平的协定》在巴黎正式签订。然而，就在协定签订的四周前，美国白宫却精心策划和导演了一幕以作战行动配合军事外交谈判的残酷闹剧——对越南进行最后一次大规模的持续轰炸。

当然，军事因素对军事外交的影响，还表现在军事外交必须服从服务于国防和军队现代化建设，必须积极预防和控制军事危机，必须努力遏制和打赢战争等方面。

## 四、文化因素

文化，在一般场合是指人类社会在其历史发展过程中所创造出来的物质财富与精神财富的总和。在更多的时候，文化特指人类所创造的一切精神方面的财富，诸如历史传统、道德风尚、文学艺术、教育、习俗等等。世界各国对本国传统文化的尊重与维护，必然会对本国的军事外交活动产生一定的影响。文化因素对于军事外交的影响，主要表现在：

### （一）不同的传统文化形成各国不同的军事外交风格

世界各国的文化，都具有一定的传承性。当今社会存在着的传统文化，都是历史长河的积淀。一个国家的军事外交特色，在很大程度上受到该国传统思想、传统道德、传统伦理的影响。当代中国军事外交的以和为上、先礼后兵、信守诺言等基本风格，都可在中国的传统文化中找到源头。仁爱、忠孝、信义、和平的中华道德与中庸哲学构成中国传统文化的主流体系，深深地影响着千百年来中国的战略思维和对外政策。当代中国军事外交超越意识形态，加强对话与合作，相互尊重对方的安全利益，以政治协商与和平对话的方式解决国际争端，就充分体现了“以和为贵、亲邻睦仁、协和万邦”的中华民族的优秀传统文化。

在历史上相当长一段时期，日本为何奉行对外侵略扩张的军事外交政策呢？这可以从日本传统的战略文化中找到答案。日本缺乏浑厚的哲学文化传统，只有比较原始的神道教是日本民族固有的宗教。国家神道把崇拜天皇与奉行军国主义结合成一体，是近代天皇制国家权力的宗教文化基础。它极力鼓吹，作为“天照大神”的后裔，日本民族应当统治世界。而作为封建幕府时代政治的产物，武士道吸收了儒教和佛教某些表面的东西而非其真谛，儒教和佛教所不能满足武士道的那些东西，都由神道教加以提供。明治维新后，日本走上了资本主义道路，崇尚杀戮伦理观的武士道，成为日本进行侵略的精神工具。[①]这种侵略扩张和残暴的战略文化，不可能不影响到日本的对外军事政策。

美国文化固然存在着许多优秀的成份，但是在形成发展过程中，

① 李际均：《军事战略思维》，军事科学出版社，1998 年版，第 247—249 页。

它自身也包含着若干消极因素。例如以自我为标准的“文化中心主义”、以暴力来实现自己所追求的“理想”、对有色人种抱有偏见和歧视、不惜一切代价消灭阻挡前进的障碍等等。自获得独立开始，美国对外关系就带有明显的本民族文化特征。长期影响美国外交决策的孤立主义情绪和扩张主义倾向，以及当前美国所奉行的单边主义和先发制人思想，都同美国传统文化有着密切的关系。诸如向“荒野”传播“文明”的天定命运观念，教化弱小民族的“救世主”思想，唯我独尊的种族主义心态，同要求其他国家接受美国的政治发展模式、在世界范围内推广美国的自由体制等所谓“输出民主”、“传播自由”战略，显然是一脉相承的。作为总体外交的一部分，美国军事外交不可能超越这种传统的文化价值观。

**（二）文化因素对军事交往和安全合作产生重要影响**

世界文化主要是由西方文化、中华文化、印度文化、日本文化、伊斯兰文化、东正教文化、拉丁美洲文化等多种文化构成的，而大致属于相同文化的国家，也或多或少地存在着差异，可能会具有不太相同的政治观念和行为方式。只有尊重它国不同的历史文化，在意识形态上求同存异，不将自己的价值观和政治观念强加给对方，不同国家尤其是不同社会制度的国家之间才能保持和发展正常的军事交往与合作。东盟地区论坛之所以能够成功运作，正是因为充分考虑了亚太地区各国间历史文化的差异和安全利益的不同。东盟地区论坛是亚太地区历史上第一次建立起来的安全对话机制，其成员国包括东南亚国家、中、俄、美、日、加、印、韩等众多国家。它协商一致地讨论共同关心的安全问题，不讨论具体涉及成员国安全利益的敏感问题，会议的声明对成员国没有约束性，会议以各方感到舒适的进度发展。因此，该论坛能够使众多亚太国家定期聚集在一起，就大家共同关心的安全问题进行对话。同样，在2005年联合军事演习中，中俄两国十分尊重对方的军事文化理念，首先在军事文化上反复进行沟通，努力争取作战思想上的联合，最终取得演习的圆满成功。

相近或相同的文化基础，显然便于接触与沟通，容易产生亲近感，有利于军事交往和安全合作。欧洲安全合作组织的运作机制，就是一个很好的例证。欧洲国家的种族较为接近，文化渊源相通，使各民族易于交流。同时，欧洲各国基本上解决了领土争端、边界划分等问题。因此，欧安组织所进行的安全合作相对较深入，建立了固定的机构，形成了一系列成型的安全合作体制。[①] 再例如，美国主要由欧洲特别是英国的移民后代组成，与英国一样都以英语为母语，都属于盎格鲁—撒克逊文化源，双方的思想认识、宗教信仰和生活习惯等方面都极为相似。这种相同的文化基础，使得英美两国逐渐形成了所谓“特殊关系”，大大促进了彼此间的军事外交。仅从后冷战时期来看，在1991年海湾战争、1999年科索沃战争、2003年伊拉克战争中，英国都是美国最坚定的盟友，不仅在军事外交上密切配合，而且直接出兵参与作战。在波黑危机、伊拉克武器核查危机、北约东扩等方面，美英两国也都基本上保持协调一致的立场。既然我国与东南亚国家在文化上共同点很多，因此，在军事外交中我们应该利用与这些国家相近的文化基础，为创造和维持一个有利的周边安全环境谋势布局。

## 第六节　世界主要大国的军事外交

美、俄（苏）、英、法等世界主要大国，长期以来既注重战争行动，也注重军事外交等非战争行动，努力维护和拓展本国利益，尤其是军事安全利益。二战结束后，由于东西方两大对立阵营的形成，世界主要大国的军事外交，都带有浓厚的冷战色彩和对抗性质。随着苏联的解体和华约组织的解散，世界形势总体趋于缓和。然而，地区冲突频繁发生，国际恐怖主义活动、大规模杀伤性武器扩散等非传统安全威胁越来越突出，严重影响世界的和平与稳定。为此，世界主要大国更加重视开展军事外交，共同应对安全威胁，力争为本国营造有利的安全环境。可以说，当前，世界范围内的军事外交空前活跃，在主要大国总体外交以及军事战略中的地位，都有了明显提高。

---

① 苏浩：《亚太合作安全研究》，世界知识出版社，2003年版，第454—455页。

## 一、美国的军事外交

二战以后，特别是冷战结束以来，作为世界上最强大的国家，美国在国际军事外交舞台上最为活跃。美国强调国家主导的“大外交”，没有明确提“军事外交”的概念，而是代之以“军事交流”、“安全合作”、“强制外交”等术语。但是，在美国，诸如军事结盟、军事援助、军火贸易、防务磋商、军事学术交流、军队人员互访、联合军事演习、军备控制谈判等军事外交活动，早已存在，并被纳入到当代“非战争行动”理论的范畴。美国在二战前大约150多年时间里，国务院一直是负责外交事务的主要机构，而战后，“国务院不再是行政部门中唯一的主要负责指导外交事务的机构了”，美国成立了负责对外政策制定及其运行的国家安全委员会，最初的七个成员中，军方人士占四个（国防部长，陆、海、空军部长）。由此可见，在美国，军事与外交高度融合，军事外交具有非常重要的地位和作用。

冷战时期，美国对外政策主要是围绕美苏争霸展开。而冷战结束后，美国对外政策则主要是围绕谋求独霸世界服务。在美国看来，现阶段它主要面临着以下几种安全威胁：传统型威胁，即新兴战略对手或者地区性军事强国构成的威胁；非常规威胁，即恐怖主义活动等构成的威胁；灾难性威胁，即大规模杀伤性武器攻击构成的威胁等。显然，美国军事外交，必须为消除或削弱上述威胁服务，以维护和拓展国家军事安全利益。当前，由美国国防部和参谋长联席会议直接指挥和参与的、同各国的交流与合作日益频繁。军事外交成为美国塑造战略环境的重要部分，也成为其战争准备的必要部分，因而也是“确保美国对世界的领导地位不受挑战”的重要手段。

当代美国军事外交的特点主要表现为：

### （一）以军事打击和武力威胁为后盾的特点显著

军事与外交在美国高度融合，武力和武力威胁往往成为其军事外交的必要工具。里根政府的舒尔茨国务卿曾指出，外交与武力不能被完全分开，不以可信的武力威胁、必要时有限的武力使用为后盾的外交，往往证明是无效的。在不少美国学者看来，只有大规模使用武力，才属于纯粹的战争范畴。通过威胁使用武力，或者有限地使用武力，影响它国决策，属于外交范畴。他们认为，在理性说服无效的情况下，外交主要是依靠武力的威胁而不是武力的实际使用，来取得对外政策目标。如果必须使用武力来加强外交的说服力，那么武力的实际使用，是以一种惩戒方式、以十分有限的军事行动形式，来展示必要时将立意使用更多武力的决心和意愿。而在多数中国学者看来，这实质上属于武力手段与军事外交的配合。

冷战结束后，美国成为世界上唯一超级大国，更加频繁地以武力为后盾，实施军事外交行动。1994 年 9 月，克林顿总统一方面向海地军政府发出最后通牒，要求其将权力移交给民选总统阿里斯蒂德，否则将发动进攻；另一方面，派遣以前总统卡特为首的代表团去海地谈判，说服军政府放弃权力。在美军即将兵临城下的形势下，海地军政府领导人最终同意了美国的要求。1995 年，以美国为首的北约国家，对波斯尼亚塞族阵地，进行惩罚性空中打击，最终各方同意谈判并签署了《代顿和平协议》。在 1993—1994 年朝鲜核危机、1998—1999 年科索沃危机、2002—2003 年伊拉克武器核查危机等过程中，美国也都将武力威胁与军事外交谈判紧密地结合在一起。布什政府奉行的“先发制人”战略，更加重了美国军事外交的武力色彩。

**（二）利用军事同盟发展对外关系突出**

结盟一直是美国谋求世界霸权的主要手段。冷战期间，为了同苏联进行战略较量，美国与 40 多个国家结成了明确的军事同盟，建立了五个多边军事集团。冷战结束后，国际战略格局发生了根本性变化，美国作为当前世界唯一的超级大国，追求和维护世界霸权的野心更加膨胀。为此，美国进行一系列战略调整，改造和加强了原有双边、多边同盟体系。

在欧洲地区，美国推动北约不断东扩，1999 年，匈牙利、捷克和波兰三国正式加入北约，2004 年，爱沙尼亚、拉脱维亚、立陶宛、斯洛伐克、斯洛文尼亚、罗马尼亚和保加利亚七个国家正式加入北约。目前，其成员国已扩大到 28 个。与此同时，在美国的努力下，北约由地区性防御组织逐步转向全球性危机干预组织，对南斯拉夫危机实施军事干预，并向阿富汗派出国际安全援助部队，执行维和任务。在亚太地区，美国调整和巩固美日、美韩、美澳等多个双边同盟，强调与盟国建立“平等的伙伴关系”。其中，作为美国亚太安全战略基石的美日联盟，经过20世纪90年代中后期进行的重新定义，以及日本相应进行的国内立法，而得到显著加强。

在维持和巩固正式联盟关系的同时，美国还与一些非联盟性质的友好国家，签订了军事准入和合作协议。在海湾地区，加强了与海湾合作委员会的联系，与科威特、巴林等国，签署了双边安全协定和联合防务合作协定。在东南亚，美国分别与新加坡、马来西亚、印尼、菲律宾等国，达成使用其军事设施、提供武器装备、举行联合演习的协议。此外，美国还与以色列、沙特、埃及等国，加强了军事交流与合作。

**（三）反恐防（反）扩散单边主义色彩严重**

当前，恐怖主义活动和大规模杀伤性武器扩散，严重影响到国际安全与稳定。然而，各国所面临的威胁程度有所不同。在美国看来，它所受到的威胁最大。因此，美国将反恐和防（反）扩散，列为国家安全战略的重中之重。“9·11”事件发生后，在反恐方面加强国际合作，成为美国军事外交的重要任务。美国推动联合国通过一系列反恐公约，并与有关国家举行反恐联合军事演习，还在军事上支持菲律宾等国开展反恐行动。为了对阿富汗的“基地”组织和塔利班政权实施军事打击，美国与盟国展开外交磋商，并要求使用巴基斯坦、中亚各国的军事设施。在反恐问题上，尽管美国推动或迫使国际社会，采取一些合作措施，但主要还是奉行单边主义，实行双重标准，动辄采取武力手段。美国要求国际社会作出“非此即彼”的选择，警告世界各国“要么同美国站在一边，要么同恐怖分子站在一边”。

随着苏联的解体，美国军控与裁军政策逐渐转向防（反）扩散。美国实施“合作减少威胁计划”，对前苏联遗留下来的大规模杀伤性武器和导弹及其技术进行处理。在美国的积极推动下，《不扩散核武器条约》无限期延长，同时“核供应国集团”制定了更加广泛和严格的两用物品控制目录。然而，近些年来，美国的防（反）扩散努力，显现出浓厚的单边主义色彩。在发展反扩散能力的名义下，美国退出了《反弹道导弹条约》等维持国际战略稳定的重要条约，进一步加强与盟国的军事合作，包括大量出口所谓的防御性武器体系，以及联手开发战区导弹防御体系。美国还提出诸如“防扩散安全倡议”之类的规则，主张“先发制人”地打击“邪恶轴心国”的扩散。2003 年，美国发动对伊拉克战争，但后来并未找到萨达发姆政权发展大规模杀伤性武器的证据。在处理朝鲜核危机和伊朗核危机过程中，美国也不时以武力相威胁，企图迫使朝、伊两国放弃开发核武器计划。

## 二、俄罗斯的军事外交

苏联曾是世界上两个超级大国之一，与美国进行了长达40 多年的冷战。随着苏联的解体，俄罗斯的政治影响、军事力量等大大削弱。为了重振大国雄风和加强国家安全，俄罗斯积极开展各种军事外交活动。对于冷战时期的对手——美国及其北约其他国家，俄罗斯努力改善与之军事关系，并灵活应对其战略扩张。作为仅次于美国的核大国，俄罗斯与美国先后签署了《第一阶段削减进攻性战略武器条约》、《第二阶段削减进攻性战略武器条约》，并就各自销毁 50 吨钚和成立导弹发射联合中心问题，达成了协议。为了扩大战略回旋空间，俄罗斯充分利用地缘关系，加强独联体和上海合作组织内的安全合作，尤其注重发展与中国、白俄罗斯等国之间的双边军事关系。俄罗斯海军先后对美、英、法、加、意、挪、中、日、韩、印、越等多个国家，进行了访问，并与一些国家举行联合军事演习。所有这些都说明俄罗斯的军事外交活动非常活跃。

关于当前面临的军事安全威胁，俄罗斯认为，在俄及其盟国的边境地区，存在着爆发武装冲突的根源；危害俄军事安全的军事集团和军事联盟在扩大；外国军队违反联合国宪章，进驻与俄接壤的友好国家的领土；极端民族主义、宗教主义、分裂主义、恐怖主义势力，从事旨在破坏国家统一、领土完整的违法活动。为了保障国家的军事安全，俄罗斯主要奉行下列军事外交政策：以公认的国际法原则和准则为出发点，有节制地发展国家间的联盟关系和伙伴关系；保持核大国的地位，遏制对俄罗斯及其盟国的侵略；在发展和巩固集体安全条约的基础上，把加强独联体国家集体安全体系置于优先的地位；严格遵守俄签署的有关限制、削减和销毁武器的国际条约，并准备与美国及其他有核国家，在双边或多边基础上，进一步削减自己的核武器；赞成核武器及其运载工具不扩散制度具有普遍的适用性，赞成通过采取禁止、监督和技术措施，大幅提高该制度的有效作用，赞成停止和全面禁止核试验；努力扩大国家间在军事领域里的信任措施，包括相互交换军事信息，协调军事学说、军事建设的计划与措施以及军事活动。

当代俄罗斯的军事外交特点，主要有以下几点：

### （一）努力应对美国及北约的战略扩张

苏联解体后，俄罗斯试图通过改变意识形态和放弃军事对抗，换取西方的和解及安全承诺。然而对美国来说，苏联的解体并没有扫清它称霸世界的道路，作为苏联继承国的俄罗斯，并没有彻底认输，仍拥有庞大的军队和核武库，仍希望保持超级大国的地位。因此，美国全力挤压俄罗斯的战略空间，对独联体的武装冲突，进行所谓的人道主义干预，以联合国维和为名，积极向前苏联地区渗透。此举遭到俄罗斯的强烈反对。俄通过签署独联体国家集体维和协定和取得联合国维和行动授权，巩固自己在前苏联地区的主导治地位。美国还使出另一个手段——推动北约东扩，同时以政治拉拢、经济援助和军事合作等形式，分化独联体。北约于1994年1月开始东扩进程，1997年7月，决定先接纳三个东欧国家为成员国。1999年3月，北约正式实现首轮东扩，并对俄罗斯的盟友南联盟进行干预。面对北约咄咄逼人的扩张态势和对车臣战争的指责，俄罗斯与美国及北约的政治、军事关系重新走向对立。

普京执政后，开始反思俄对外政策，着手调整与美国及北约的关系。在他看来，与军事实力强大且高度现代化的北约军队进行全面对抗，无异于自寻绝路，必须以务实的态度，摆脱与西方的对抗。因此，普京提出要加入北约，这样可以变外部对抗为内部制约。正是由于这种观念上的转变，俄罗斯与北约的关系才由1997年的“1+19”机制，发展到了2002年5月罗马会议后的20国机制。在新成立的俄罗斯—北约委员会框架内，俄与北约各成员国，就欧洲大西洋的安全问题，广泛开展合作。虽然俄罗斯仍认为北约继续扩大是错误的，但是，2004年它平静地接受了北约第二轮东扩的现实。在改善与美国的政治军事关系方面，“9·11”事件的发生为俄罗斯提供了契机。俄强烈谴责国际恐怖主义分子对美国的袭击，并在打击阿富汗塔利班政权上，积极响应美国，为其提供情报支援，从此俄美结成国际反恐联盟。另一方面，俄罗斯加强同中国的安全合作，以建立一种微妙的世界性“大三角”关系，为实现其安全战略目标服务。值得注意的是，当前，俄罗斯在加强与美国及北约的军事交流与合作关系，防止和避免与之发生正面冲突的同时，更加警惕和抵制美及北约遏制、削弱俄的战略企图，采取了一些反制措施。

**（二）重点加强独联体和上海合作组织内的安全合作**

与独联体其他国家广泛开展军事合作，在俄罗斯国家安全战略中占有重要地位，是俄罗斯为维护其重大的地区战略利益，而采取的重要措施。在俄罗斯国际地位下降，地缘政治环境恶化的情况下，俄利用其在前苏联地区的传统影响、独联体各国存在的共同战略利益和现实军事威胁，大力加强军事合作，以便增强与北约抗衡的实力，建立一个有效保证自己安全的屏障。① 1992年5月，俄罗斯与哈萨克、乌兹别克、塔吉克、吉尔吉斯、亚美尼亚签署了集体安全条约。2002年4月，在集体安全条约的基础上，包括白俄罗斯在内的独联体六国，成立了集体安全条约组织，为成员国磋商地区局势、采取联合行动遏制共同威胁，提供了一个多边安全合作的框架。与此同时，俄罗斯还十分重视与独联体国家的双边安全合作。俄罗斯与白俄罗斯仅在1995—1996年间，就签订了28项军事合作协议，并于1999年，正式建立了具有共同外交、防务和安全政策的政治军事联盟。在俄罗斯的推动下，2000年8月，乌克兰首次参加了俄罗斯海军演习。2002—

① 梁月槐：《关于俄罗斯安全战略问题》，外国军事学术，1996年第2期，第24页。

2003 年，俄从乌克兰购买了 30 枚 PC－18 洲际弹道导弹，用于替换俄战略导弹部队已到期的导弹。此外，双方还在分割黑海舰队、出口军工产品等方面进行合作。为了保证南部战略方向的安全，俄罗斯也注重与中亚和高加索地区国家的军事合作，在吉尔吉斯、亚美尼亚等国建立了军事基地。

与独联体、集体安全条约组织一样，上海合作组织也是一个与俄罗斯有着重要地缘关系的地区性组织，对于加强俄罗斯的军事安全来说意义重大。无论是总统普京，还是国防部长，都利用各种场合，反复强调上海合作组织对于维护地区乃至世界和平与安全的重要地位和作用，致力于通过上海合作组织这个平台，重树俄大国形象，增强和提升俄罗斯在处理和解决重大国际问题上的发言权和影响力。自上海合作组织成立以来，俄罗斯一直在致力于提升上海合作组织的军事功能，试图将其定性于国际军事政治联盟组织。按照上海合作组织章程规定，当某个成员国遭到国际恐怖分子或非法武装入侵时，上海合作组织将有权集体干预。为此，俄国防部长反复强调，要加强上海合作组织框架下的军事合作，特别是联合军事演练，提高各国军队间协同作战的指挥能力和实战能力。正是在俄方的倡议下，2005 年俄罗斯和中国，在上海合作组织的框架内，成功地举行了大规模联合军事演习。此次演习，为两国军队遂行大规模联合军事行动，尤其是登陆作战，取得了成功经验。此外，俄罗斯还致力于加强在上海合作组织范围内的军事技术合作。

**（三）大力开拓军火市场、军事技术合作发展迅速**

在与其他国家的军事交流与合作中，俄罗斯始终强调军事与经济的互动关系，努力通过军事合作获取经济利益。俄认为，互惠互利的军事合作，有利于经济的增长，在军事合作中，适当运用经济手段带动军事合作，符合经济与军事互动的客观规律。为此，俄罗斯十分注重军售和开展军事技术合作，军工产业已成为俄经济的重要支柱产业之一。俄罗斯 1998—2002 年 5 年的军火贸易，占世界军火贸易总额的 22%，位居第二，仅次于美国。

俄罗斯（苏联）与印度军事技术合作，时间长，规模大，形式多样，在国际军贸史上实属少见。1994 年以来，俄大约有 800 家军工企业与印签署军售合同，合同金额达数百亿美元。目前，印度军队中的俄（苏）制武器已占 70%，印度成为俄制武器的最大客户。而且，俄印之间军事关系，已从武器装备的买卖，扩大到俄投资印国防工业和联合开拓军事装备市场等合作。俄罗斯与中国之间的军事技术合作也很密切。俄国防部认为，俄中加强军事技术合作，对于两国乃至地区安全尤为重要。俄向中国提供了苏－27、苏－30 等战机，并转让了某些生产线。俄还向中国出售了水面舰艇、柴油电动潜艇、反舰导弹和防空导弹系统。此外，俄罗斯还与伊朗、中欧国家等展开军火贸易。可以说，俄罗斯与他国进行的军事技术合作，特别是军火贸易，获得了可观的经济利益，维持和促进了俄罗斯国防工业的发展，也进一步加强了与相关国家之间的军事关系。

## 三、英国的军事外交

在国际社会上，英国是率先提出“防务外交”概念的国家。2000 年，英国防部正式推出了《防务外交》文件，认为在新的战略环境下，防止冲突与和平时期防务外交，是其拓展防务活动的核心思想。防务外交包括：军备控制、反大规模杀伤性武器扩散、建立信任和安全机制、提供军事援助和协助训练、与友好国家举行军事演习和开展军队互访等内容。为此，英国防部积极推动各种不同形式的“主动的”防务外交活动。其重点是：军备控制和防扩散、双边安全合作和与外军的军事协作项目等。

英国认为，冷战结束后，华约组织对英国和北约的直接军事威胁，已经不复存在。然而，世界上特别是欧洲境内，由领土争端、民族纠纷引起的地区冲突，诸如波黑冲突和科索沃冲突，危及英国的利益。同时，恐怖主义活动、大规模杀伤性武器扩散等，也是英国安全的重要威胁。因此，英国必须采取有力的军事外交政策，进一步加强与美国的特殊关系，在阿富汗和伊拉克等问题上，与美国密切合作；继续将北约集体防务力量作为英国安全的基础；积极推动建立欧洲快速反应部队，协调欧美建立紧密伙伴关系；保持强大的常规部队及核威慑力量；更加有效地预防和化解地区性冲突，努力维护英国在欧洲及海外传统势力范围的战略利益。

当代英国的军事外交特点，主要表现为以下几点：

**（一）维持和加强"英美特殊关系"，是英国军事外交的基石**

在英国人看来，英美两国之间具有天然的特殊关系。二战后，英国总体外交的重点有三个方面，也就是当年丘吉尔首相所说的"三环外交"：英国与美国、英国与欧洲、英国与英联邦。其中，英美之间的外交关系最为重要。理所当然，两国军事交往与合作也异常密切。冷战时期，在北约的建立及其活动、核武器的研制和生产、柏林危机、古巴导弹危机、欧洲安全和合作会议、军备控制与裁军谈判、苏联侵略阿富汗事件等重大安全问题上，英国基本上都与美国相互配合、相互支持。虽然两国特殊的安全合作关系偶有磕碰，但却充满了韧性和张力。

冷战结束后，西方的对手不复存在，然而英国还是尽力配合美国，过去针对的是苏联，现在则是在美国新的全球战略中，扮演"世界宪兵"角色上起配合作用。对许多重大国际问题的处理，都说明英国努力维持英美特殊关系。"9·11"事件的发生，给英美特殊关系注入了新的动力。英美之间军事关系原本就极为密切，通过反恐合作得到了进一步强化。无论是阿富汗战争，还是伊拉克武器核查危机，英国都给予美国有力的支持。尤其是伊拉克战争，鲜明地显示出英美关系的特殊性。俄罗斯和欧盟不少国家，特别是法德两国，都主张通过政治方式解决伊拉克大规模杀伤性武器问题，反对武力推翻伊政权。但是，布莱尔政府出于维护英美关系的考虑，仍一如既往给予美国在许多欧洲人看来是毫无保留的支持。在未能当好美欧间调停人、也未能获得联合国授权动武的情况下，义无反顾地加入美国领头的对伊战争。英国力图通过与当今唯一超级大国特殊的军事交往与合作，加强其国际地位和影响。

**（二）积极开展北约组织内的防务合作，是英国军事外交的支柱**

英国是北约集团的创始国和主要成员国，依靠和借助北约集体防务力量，保卫英国本土和欧洲安全。英国认为，冷战结束后，北约应更具外向性和干预性，因而大力支持北约东扩。虽然英国参与欧洲防务建设，支持建立欧洲快速反应部队，但是坚持北约是欧洲防务合作的基石，强调任何密切欧洲防务合作的行动，都应有利于加强大西洋联盟的欧洲支柱，而不是离开大西洋联盟、疏远美国另搞一套。同时，尽管英国承认欧安组织是预防冲突的有效手段，支持其在解决科索沃等危机中发挥作用，但是强调欧安组织不能替代北约的作用，两者应加强合作。

正因为北约对于英国安全的重要性，英国在北约内大力开展防务合作，如交流、联络、训练、演习、协作性的装备采购等。英国军队在北约编队内，开展了广泛的日常与作战合作。英军参与了驻大西洋和地中海的北约海军部队，与荷兰陆战队组成了英荷两栖部队。英国担任欧洲盟军司令部快速反应部队的领导，还参与北约许多其他的陆军编队。北约空中预警部队的1/4来自英军。在许多领域，特别是空中演习、空中加油、搜救、无人机及训练等，英国与芬兰、法国、德国、意大利、荷兰和挪威等国加强合作。英国还协助丹麦、芬兰、挪威和瑞典发展北欧旅。北约组织内的防务合作，对提高英军的能力和促进英军与盟国军队间相互适应性，具有重要作用。①

**（三）协助独联体和东欧国家改造军队，是英国军事外交的重点任务**

苏联解体和华约解散后，英国积极开展与独联体及东欧国家的军事合作，努力将这些国家的军队改造为类似西方的军队。从20世纪90年代初开始，英国国防部发起了一项名为扩展（Outreach）的计划，以促使那些前华约和前南地区国家，加入到合作性军事关系中来。通过双边有时是多边的防务合作，英国力图协助所有中东欧和中亚稳定民主的国家获得发展。目前，英国与上述地区20多个国家开展多种多样的防务合作活动。

作为前苏联的继承国，俄罗斯始终是英国防务合作的优先目标。

① “The Multinational Defence Co-operation Policy Paper”, 2001.

英俄之间高层防务接触与交流，除1999年因科索沃战争而遭受短暂挫折外，一直进展顺利。1995年，英国开始资助并协调，进行一项旨在培训退役军官，使其掌握民用技能的重新安置计划。至2000年，已有近10000名俄罗斯军官接受了训练，其中预计70%左右的人已找到长期职业。作为英俄防务关系的重要方面之一，英国皇家海军与俄联邦海军之间，建立了较紧密的联系。例如，与俄举行联合海上演习、进行港口访问、对俄失事潜艇提供搜寻和营救援助等。

在前苏联和东欧地区，英国同俄罗斯以外的国家也进行了富有成效的防务合作。在匈牙利、波兰、保加利亚、拉脱维亚、立陶宛、罗马尼亚和斯洛文尼亚，派驻文职防务顾问，协助东道国国防部进行防务改革。配备数名军职防务顾问，就北约成员行动计划的发展提出建议，并在捷克、爱沙尼亚、立陶宛、马其顿、罗马尼亚和斯洛文尼亚等国，协助开展军事训练或进行部队重组工作。主持和参与由波罗的海三国和14个援助国组成的波罗的海安全援助论坛，以促进对波罗的海国家防务援助的协调工作。通过高层访问，进一步推动与阿尔巴尼亚、格鲁吉亚、哈萨克、吉尔吉斯、乌兹别克、克罗地亚和波黑的双边防务关系。在中东欧地区建立了英军援助训练队，推行“训练训练者”的原则，帮助训练该地区国家的军官。[①]

## 四、法国的军事外交

法国是联合国安理会常任理事国、欧盟创始国、北约重要成员。除了保持与欧盟、北约其他成员国的安全合作外，法国也十分重视加强与中、俄、印等国之间的军事关系。在法中军事交流与合作方面，两军高层互访频繁，定期会晤；建立了战略对话与磋商机制；在军事人员培训与维和领域的交流也大大加强。仅在1990—2004年期间，法国海军舰艇编队，就7次访问中国，是访华次数最多的外国舰队。2004年3月，两国海军在中国青岛外海，举行了联合海上搜救演习。在法俄军事交流与合作方面，双方多次举行联合军事演习，并准备在

① “The Defence Diplomacy Policy Paper”, 2000.

武器生产领域加强合作。伊拉克战争爆发前，法俄两国都坚决反对美国对伊动武。在法印军事交流与合作方面，法国决定向印度提供包括联合研制、技术转让，以及高技术武器销售等方面在内的长期军事合作，希望印度成为其向亚洲出口军事装备的中心。法国海军军舰一直定期访问印度，并且一直参加包括印度和法国在内的“瓦鲁纳”多边海上演习。

法国认为，苏联解体、东欧剧变后，华约集团的主要威胁不复存在，法国“第一次感到在他的边界附近已不再有什么威胁了”，“第一道防线”已不在本国领土，而在“欧洲和欧洲以外的地方”。[①] 然而，国际和平仍存在不稳定因素，主要包括地区冲突、武器扩散、恐怖主义、宗教极端主义、有组织犯罪等。因此，法国军队的主要使命，由过去以保卫领土为主，转变为干预地区冲突和实施国际维和行动为主。在军事外交政策方面，法国主张世界多极化，反对美国单边主义；坚持维护独立的核威慑力量，视之为保持强大和自主国防的根本；忠于北大西洋公约组织，但坚持不重返军事一体化和自主支配核力量；致力于欧盟独立一极的建设，积极促进欧洲防务一体化；支持联合国在处理危机和维持和平方面发挥更大的作用；在多边关系范围之内，在与伙伴或盟国的合作中，参与预防冲突与维和行动；积极主张有控制的裁军和反对大规模杀伤性武器的扩散，要求主要核大国率先裁军，反对同步裁军，反对美发展战区导弹防御系统和国家导弹防御系统。

当代法国军事外交的特点，主要表现在以下几个方面：

### （一）坚持“防务独立”仍是法国军事外交的重要指导原则

保持和发展独立核力量，是法国坚持“防务独立”最重要的体现。冷战时期，戴高乐政府怀疑美国的核保护承诺，也不满美国在核武器问题上，对盟国亲疏有别的政策，因而独立研制出法国自己的核武器。此后，法国历届政府一直保留发展独立核力量的完全自由，以保持法国防务的独立性。相比之下，自 1962 年签署《拿骚协定》以

---

① 闵振范：《法国的防务改革》，外国军事学术，1997 年第 6 期，第 25 页。

来，英国核力量一直处于英美联合发展状态，实际上是美国核力量的一种扩展，主要作用是加强北约的战略威慑效能。

在当前新形势下，法国已调整了军事战略特别是核战略，但是核力量依旧是法国防务政策独立自主的象征。法国一方面签署了核禁试条约；另一方面正加大投入，实施核试验模拟计划，提升核禁试条件下发展核武器的关键技术。在压缩核力量规模的同时，努力研制新型弹道导弹和核弹头，建设一支有效威慑的核力量。虽然目前法国在国防工业方面，走独立发展、合作研制与直接引进相结合的道路，但是对于核武器及相关技术装备，强调必须完全独立研制和生产。

冷战后，为了继续推行独立的防务政策，法国尽管积极参加北约重大政治和军事决策过程，但坚持不重返军事一体化，坚持自主支配核力量。此外，法国还积极推动欧洲防务一体化，以进一步摆脱欧盟对美国和北约的依赖，增强法国防务独立的能力。

**（二）大力倡导西欧国家之间的防务合作**

长期以来，法国一直呼吁加强欧洲内部的防卫合作，实现欧洲防务的独立，建立由法国主导的“欧洲人的欧洲”。在法国的推动下，1990 年 12 月，法德两国发表联合声明，第一次明确提出，欧共体政治联盟应当包括一项安全政策，“最终导致共同防务”，并主张欧共体与西欧联盟挂钩。1991 年 3 月，欧共体委员会主席、法国人德洛尔正式提出将西欧联盟逐步纳入欧共体，并由西欧联盟建立一支多国快速部队的主张。12 月，欧共体首脑会议确定，西欧联盟在欧共体范畴内发挥防务作用。这是建立欧洲防务实体的一个重要步骤。

法国及时利用西欧防务联合的新势头，拉住德国，以便在欧洲安全问题上发挥主导作用。1992 年 5 月，密特朗与科尔会晤，正式决定在法德混合旅的基础上，组建“欧洲军团”，作为未来欧洲政治联盟的武装力量，归西欧联盟指挥。科索沃战争凸显欧洲与美国军事力量之间的差距。为此，法、德两国首脑 1999 年 5 月会晤时提出，要把欧洲军团改建为欧洲快速反应部队。9 月，法、意首脑举行会议，呼吁要实现加强欧洲防务的共同目标。随后，法、英两国首脑就欧洲防务问题发表联合公报，指出欧盟应当建立一支快速反应部队。12 月，欧盟15国首脑会议决定：欧盟将建立自主决策的军事力量，在没有北约参与的情况下，由欧盟领导对国际危机采取军事行动。为此，将建立一支由5—6万人的欧洲快速反应部队，以便能完成人道主义的救援、维和、平息冲突和调停等使命。2003年4月29日，法国与比利时、德国和卢森堡三国举行首脑会议，提出了加强欧洲防务能力的一揽子措施，其中包括成立欧洲防务联盟和设立欧洲联合部队行动指挥中心。

十几年来，由于法国的大力倡导和推动，建立欧洲共同防务的思想，已从个别国家的主张逐步成为欧盟国家的共识，军事力量也开始从双边或地区性的军事合作，发展为具有战斗实力的欧洲部队。法国推动欧盟建立独立防务，旨在使欧洲最终能够摆脱在安全上，长期依赖美国和受控于美国的局面。然而，目前在建立欧盟独立防务的理念上，特别是在处理欧盟独立防务与美国及北约关系方面，英国与法国之间尚存分歧。

### （三）军火贸易成为国家的一项基本国策

世界上很少有大国像法国那样，将军火贸易确定为国家的一项基本国策。为了维持独立的国防工业的发展，历届法国政府都非常重视军火贸易，并提出“以出口促生产、以出口养军工”，将军火贸易视为补偿昂贵的武器研发费用的唯一途径。对丰厚的经济利益的追求和对国防工业发展的重视，使法国和巴西的军火贸易，形成了国际军火贸易体系中的“法巴模式”，即着眼于经济利益的获取，将军火贸易作为国际贸易的重要组成部分。据统计，法国从事军工生产的就业人口，大约占工业就业人口的20%，在工业生产中占有举足轻重的地位。因此，对国内经济和社会发展影响极大。[①]

世纪之交，由于国际安全形势趋于缓和，多数国家大幅度裁军和削减国防开支，国际军火市场明显萎缩，对法国国防工业冲击很大。为了提高军火的国际竞争力，法国对国防工业进行调整改革，一是鼓励企业按专业合并，以提高科研和生产水平；二是主要针对国营大型

① 王珮明：《当前国际军事交流与合作的主要特点》，外国军事学术，2005年第6期，第48页。

企业实施大改组计划；三是对国有国防企业实行私有化，以利于市场竞争和利润最佳化；四是实行欧洲跨国联合或兼并，使国家航空工业向欧洲航空工业转化。与此同时，法国政府更是直接参与军火推销活动，以政府间协议的方式促成销售合同；要求法军积极配合军品出口工作，在促销、签约、执行合同等各个阶段，更多地参与诸如装备演示、人员培训、售后服务等项活动；还要求金融财政部门，为武器出口提供更加有效的信贷担保。

由于采取了上述措施，法国仍稳居全球第三大军火出口国的地位。据悉，法国已成功地向希腊、印度出口了“幻影”2000 战斗机；向阿曼、沙特出售了导弹护卫舰；向阿联酋出售了“勒克来尔”主战坦克；向印尼、马来西亚出口了自行火炮、装甲运兵车等，势头良好。2003 年 4 月，法国与印度就签署一项价值约 20 亿美元的军工生产合同达成一致，将允许印度利用法国技术，在本国制造六艘先进的柴油动力潜艇。2005 年 2 月，法国与利比亚签署了一项军事合作框架协议，将设立多个联合委员会，以具体讨论包括利比亚从法国购买武器等问题。此外，法国还从政治、经济角度出发，积极推动欧盟解除对华武器军售禁令。

# 第二章

# 中国军事外交思想的历史文化渊源

在整个人类发展史中，中华文明以其源远流长而著称于世，至今已经延续了5000多年。在中国这片古老而神奇的土地上，不仅孕育出灿烂辉煌的人文思想，而且产生了具有深刻哲理的军事思想，广博丰厚，深邃精湛，历经数千年仍闪烁着无比睿智的光芒。它不仅为世人留下了宝贵的精神财富，也为中国军事外交提供了深厚的思想文化渊源。

## 第一节　中国古代的军事外交思想

2500多年前，中国处于群雄并起、战火纷飞的春秋战国时代。在频繁的战争中，外交直接为征战服务，成了征战的有机组成部分。军队统帅部既是国家政权的核心，又是国家最高外交代表，军队征战到哪里，外交便开展到哪里。从一定意义上说，中国外交起始于军事外交。

中国古代军事外交思想博大精深，以孔子、孙子、孟子、庄子、班超等一大批中华民族的先哲为代表，致力于追求“天下太平、天人合一”的境界，主张“以信为先，以诚为本，亲仁善邻，以和为贵，知兵非好战”，创造性地提出了“和合思想”，成为化解国与国之间，不同民族、不同文明之间矛盾和冲突的价值理念和行为准则，并深深地影响着千百年来中国的战略思维和军事外交理念。中华优秀传统文化源远流长，积淀着刚健奋进、自强不息的生命力，积淀着互助互爱、互尊互信的和合精髓，其基本的、重要的功能之一，就是凝聚天下、和谐天下。

## 一、倡导和合

“和合思想”是浸入中华民族血液中的哲学理念，所谓“和”，指和谐、和平、祥和；“合”指结合、融合、合作。在中国传统文化中，“和合”的核心命题为“天人合一”。“天”指内有定数的自然，人指整体化了的社会，认为世界“本一”，人类社会秩序“必本于太一，分而为天地，转而为阴阳，变而为四时，列而为鬼神”①，“天地以合，日月以明，四时以序，星辰以行”②，社会各行为体关系“无一不与天合”③，因而“和合”是主客观统一，是存在的最高境界。“和合”理念是中华民族的主流哲学世界观，既然是“天人合一”，那么“和谐”就必然是世界的本质、人性的本质。而“和谐”作为世界的本质，推导的是“大同”理想，是谓“大道之行也，天下为公”；“和谐”作为人性的本质，推导的是“人之初，性本善”，“兼相爱，交相利”。和谐是人类共同的本质追求，是沟通人类心灵之桥。《礼记·中庸》断言：“致中和，天地位焉，万物育焉。”强调只有达到和谐，才能正天地、育万物。中国传统哲学思维的基本内核是“天人合一”，即把人与自然、人与社会看作一个统一和谐的整体。他们认为，世界本来是统一和谐的整体，顺其自然而不去破坏和谐，就可以达到“天地与我并生，万物与我为一”的境界。

### （一）礼之用，和为贵

在中国先哲的眼中，主宰自然和社会发展变化的总规律，就是和为贵。孔子在《论语·学而》中指出：“礼之用，和为贵。”“礼之用”，就是要按照公正合理的准则处理国与国之间的关系，“和为贵”的意思是和睦相处尤为可贵。

“礼之用，和为贵”的中国古代军事外交思想，源于中国古代文化。自周秦至明清以来建构的文化结构基点，是人与人之间的伦理道

① 《礼记．礼运》。

② 《荀子．礼论》。

③ 《朱子语类·卷八十四》。

德规范。中国殷代文献中已经出现了“德”、“礼”、“孝”等字样。远在西周时期，“敬德”、“保民”即成为统治者的施政大纲，春秋战国百家争鸣，各标异帜，各家所提出的政治主张和人生哲学不尽相同，但“天下之大道曰德”，却大体形成共识。从汉代董仲舒提出“罢黜百家，独尊儒术”以后，以仁义道德为主旨的儒家思想（在其发展进程中也有机地吸收了道、法诸家以及佛教的思想因素）成为中国的主流文化。这样一种文化传统反映在军事外交上，就是国家的安危成败兴衰“在德不在险”[①]，“在德不在强”[②]，“在德不在鼎”[③]。在这种“礼之用，和为贵”的人文思想的影响下，千百年来，中华民族所追求的，就是在自己的故土上，过着安宁而稳定的生活，以“耕读传家”自豪，以“穷兵黩武为戒”。《论语》所谓“善人为邦百年，亦可以胜残去杀矣”；墨子所谓“若使天下兼相爱，国与国不相攻，家与家不相乱，盗贼无有……若此则天下治”。这些便是中华民族圣贤与庶民百姓的理想。

中华民族的贵和思想，不是一团和气，它强调的“和”是有原则性的，凡事必缘理而不径绝。《礼记·中庸》倡导“和而不流”，就是强调与人相和而不随波逐流、同流合污。如果脱离了原则而言“和”，就是“不以礼节之”的“和”，是万万要不得的。贵和思想直接导出“非霸”的思想。世界著名历史学家汤因比，盛赞中华文明的这一内涵，指出中国这个东方大国，从来没有对其疆域之外表示过帝国主义野心，是一个大而不霸的大国。显然，不解决国际社会中以大欺小、以强凌弱、以富压贫的问题，不反对有的大国以“自由”、“民主”、“人权”卫道士自居，恣意干涉别国人民自主选择社会制度和发展道路的做法，很难想象能够出现世界的和谐局面。

中华民族的贵和思想并非是同一，而是强调多样性的辩证统一，这就是中华民族的“和而不同”观。[④] 它在承认差异、承认矛盾的前

---

① 《史记·吴起列传》。
② 《三国志·魏书·张范》。
③ 《梁书·列传·江淹》。
④ 《论语·子路》。

提下，用中庸之道来防止斗争激化，促成矛盾的转化与解决，使双方达到协调与均衡。所谓中庸之道，是在两个极端间取其中项，执两用中，无过无不及，恰到好处，此中即所谓和。这就是“和必中节”的道理。在国际社会里，国家行为总是以国家利益为出发点。由于受主客观因素的影响，国家行为或其代表的国家利益，常常产生过与不及的偏向，从而破坏国际上的和谐状态。在此种情势下，调节之法便是中庸之道，不偏不倚，调和持中。所谓“发而皆中节”[①]，就是“皆安其位而不相夺吁”。这意味着在发生冲突时，国家行为和国家利益的自我克制，以合理的国家利益为基础各退一步，求得妥协解决。所谓“节”，就是两个极端之间的最佳区分点，增之一分则太长，减之一分则太短，不偏向任何极端而又同时包含了两者。这就是对双方均有利的最佳妥协方案，也就是“和”。“和”是自觉意识的结果。这种自觉意识是，相信对立是暂时的，通过和平谈判、对话协商求得和解，即仇必和而解，进而达到新的统一，避免采用武力或武力威胁等极端手段激化矛盾，故而要求“君子无所争”[②]，以“致中和”为最高境界，惟此才能和谐天下。

贵和思想，对于最富含多样性与冲突性的国际社会，具有特别重要的意义。目前，世界上有近200个国家，无论是历史传统、宗教信仰和价值观念，还是社会制度、政治发展和经济水平，都存在着很大的差异。而且，每个国家和民族不管盛衰，都有自己的强点与弱点，即所谓“尺有所短，寸有所长”[③]。孟浩然诗云：“人事有代谢，往来成古今。”[④] 一部国际政治史，就是一部各国兴衰史。因此，首先必须用发展变化的眼光、用祸福相倚的观点，来看待国际社会的万事废兴，不可恃一时之强而妄为，不可“骄恣不论于理”[⑤]，要“视人之国，若视其国”[⑥]。另外，要求同存异，求和平、发展之同，存多样化

---

① 《礼记·中庸》。
② 《论语·八佾》。
③ 《楚辞·卜居》。
④ 《与诸子登岘山》。
⑤ 《史记·扁鹊传》。
⑥ 《墨子·兼爱中》。

之异。只有这样，世界上所有主权国家才能不分大小、强弱、贫富，都成为国际社会的平等成员、拥有平等参与国际事务的权利。“和而不同”，就是要创造多样而和谐的国际政治新秩序。不承认、不尊重世界的多样性，企图建立清一色的一统天下，其结果，必定是纷乱的国际秩序。

根据“礼之用，和为贵”的思想，国际社会中的不同角色应当举措得当、相互协调、有机结合，重在和谐统一。这是中国倡导的和平共处五项原则的源头。新中国成立后，中国领导人汲取优秀传统文化的营养，创造性地提出了和平共处五项原则。这一外交基本思想，闪耀着中华民族的睿智，体现了“以和为贵”的思想精髓。一经提出，就在国际社会产生了深远的影响，成为处理国际关系的行为准则，并大大提升了中国的国际地位。和平共处五项原则，是化解国与国和不同文明冲突的最佳方式，不仅是中国外交的基本原则，而且也成为公认的国际关系准则。正如邓小平所说：“处理国与国之间的关系，和平共处五项原则是最好的方式。”

**（二）兼相爱，交相利**

以墨子为代表的春秋战国时期思想家提出的“兼相爱，交相利”[①]，是“礼之用，和为贵”的基石。墨子推崇建立在“交相利”基础上的“兼相爱”。他说：“兼相爱，交相利，此圣王之法，天下之治道也，不可不务为也。”他们认为社会动乱攻伐，相互残害，就是由人们“不相爱”而造成的，所以墨子提出了“兼相爱，交相利”。也就是不只爱自己，还要爱别人。不是单方面的使自己有利，也要使别人有利。墨子认为，“兼相爱”，就是大家都要把别人的国看作是自己的国，把别人的家看作是自己的家。有了这种思想，就能把别人与自己同等看待了。这样，人与人之间就不会互相残害了。

墨子认为：“天下兼相爱则治，交相恶则乱”[②]。因此，能否兼相爱、交相利，就成了决定国际社会治乱的主要因素。和合是中国传统

① 《墨子》卷四《兼爱中》。
② 《墨子·兼爱上》。

文化的精髓，其理论基础是“兼相爱”或者“仁者，爱人”的人类思想。这种思想的准则，就是孔子所说：“夫仁者，己欲立而立人，己欲达而达人”，“己所不欲，勿施于人”。墨子的兼爱，是普遍的爱，爱无厚薄，人我皆同，大国小国、强国弱国彼此相爱，对待他国像对待本国一样。有了这种人类之爱，天下也就和谐、安宁了。墨子的兼爱，就是仁、义，是以“利”为内涵的。他指出：“仁之事者，必务求兴天下之利，除天下之害，将以为法乎天下。利人乎，即为；不利人乎，即止。”[①] 这就是墨子所谓的“若使天下兼相爱，国与国不相攻，家与家不相乱，盗贼无有……若此则天下治”[②]。他认为义也可以利人，“故曰，义天下之良宝也”[③]。总之，一切以是否“利人”为原则。兼相爱、交相利的思想，是以互爱互利的原则，来处理人与人、国与国之间的关系。这对于建立国际政治新秩序，具有十分重要的意义。在当今仍以民族国家为主体的国际社会中，国家利益的调和与融合，是安定天下的要旨。要增进国际合作、化解矛盾与冲突，一方面，要调整各方相互抵触的国家利益，以互谅互让的精神，在充分考虑到各方合理利益的基础上，求得各方均能接受的妥协方案，避免出现一方全得、一方全失的局面；另一方面，要扩大世界各国共同利益的基础，即尽力使国家利益的共性不断增长。应当说，冷战后，由于相互依存关系，尤其是经济依存关系明显增强，全球化迅速发展，任何国家都不能置身于国际社会之外。在这种情况下，大家都应和平相处，互利互补，共同发展，普遍繁荣。

**（三）仁、义、礼、智、信**

汉代儒学宗师董仲舒把仁、义、礼、智、信尊为五常之道，即五种恒常不易之道德，以修德来达成修身、齐家、治国、平天下。

孔子把“仁”视之为“爱人”[④]，含有相互爱慕之意，“若地若

---

① 《墨子·非乐》。
② 《墨子·兼爱上》。
③ 《墨子·耕柱》。
④ 《论语·颜渊》。

天，孰疏孰亲?”[①] 这是相对内在的道德和伦理思想，用以调整相互关系。“仁者，爱人”包括“忠恕”之道。所谓“忠”，就是“己欲立而立人，己欲达而达人”[②]；就是待人以诚，尽己之心。所谓“恕”，就是“己所不欲，勿施于人”[③]，“我不欲人之加诸我也，吾亦欲无加诸人”[④]；就是要将心比心，要设身处地为他人着想。中华优秀传统文化富蕴着宽容精神，提倡君子之德，恪守自身的社会责任，豁达大度，推己及人，以“忠恕”相待，把爱己与爱人结合起来，让大家都能立得住、都能事事顺畅，让大家的欲求都能得到满足。这是诉诸人心的道德情感，有巨大的心灵震撼力。所以，“忠恕”之道，对于当代国际关系极具指导意义。“仁者，爱人”的最高境界，是以德治世，平治天下。孔子的“为政以德”，要求各国“正己”、“正身”，强化自身的国际道德修养，自觉地进行自我道德约束，“善不可失，恶不可长。”[⑤] “君子成人之美，不成人之恶。”[⑥] 以德行仁是“王道”，以力假仁是“霸道”，“恃德者昌，恃力者亡。”[⑦] 墨子特别提倡“非攻”，反对兼并攻伐战争。若此，世界各国便能相安无事，达到“安民”的目的，使世界各国人民均能安居乐业，共享和平与发展之成果。

孔子将“义”作为处世立身之本，韩愈把义作为所行之宜，这都是思想、行为所要遵循的标准。在国际社会里，人们崇尚大仁大义、仗义执言、见义勇为，鄙弃不仁不义、背信弃义、见利忘义。义是处理国际关系所应遵循的基本准则。国家与国家、国家与国际组织、国际组织与国际组织之间，都应做到恭敬友顺、宽厚慈惠、中正忠信。义也是一定的国际道德规范的实行。在目前的历史条件下，强权与侵略尚未绝迹，贫困与饥饿依然存在，世界需要大家挺身而出，扶弱抑

---

① 《韩非子·扬权》。
② 《论语·雍也》。
③ 《论语·卫灵公》。
④ 《论语·公冶长》。
⑤ 《左传·隐公六年》。
⑥ 《论语·颜渊》。
⑦ 《史记·商君列传》。

强，扶贫济困，使正义与人道主义畅行，人们将这种符合国际道德规范的行为，称之为义行、义举。

中华传统文化中的“礼”，泛指道德行为规范与典章制度。礼是一种外在的伦理行为的道德约束，是仁、义、信等道德品质的规范化，使之成为可操作的道德行为。因此，对礼的借鉴，主要在于国际行为的道德约束，在于合乎正义。同时，礼作为规范、调节社会生活的手段，又是以各种典章制度为标志的，特别是荀子所谓的“礼”，已具有“法”的含义。礼是法的根据、是法的总纲，法是礼的体现、礼的确认。他认为，礼的产生是为了调节“物欲”，防止“争夺”。所以，对礼的借鉴，又主要着眼于国际社会的调节功能。当今日趋完善的国际法体系，已成为国际行为的依据与准则，对国际行为与秩序，带有某种强制性的规范与约束。此外，国际社会的多元化、多样性，要求各种不同类型的国际组织，制订并实施相应的规章制度与行为准则，以便约束自身的行为与活动。总之，孔子认为，就礼的功效而言，礼能调节各种关系，使之和谐。

至于中华传统文化中的“智”，作为一种道德修养、一种高尚品质，其核心在于知仁、知义、知礼，是君子之国必备的“国格”与“国品”。“智者不惑”，表明智是一种处理与外界环境关系时的智慧，即对外在环境的认知与把握。荀子认为，只有当认识与客观事物相符，方可称作智。智对环境的审视，应明大势而审时度势。智也是处理突发危机的智慧，一是猝然临之而不惊，无故加之而不怒，有很强的自制力，镇定自若地化解危机；二是本着“凡事预则立，不预则废”、“人无远虑，必有近忧”的精神，应预设危机处理方案。这对于化解国际危机，防止其演化为战争或其他恶性事件，同样是十分重要的。

中华传统文化中的“信”，泛指诚实不欺、严守信用的品德。信，是国家立于世的根基。孔子强调“主忠信”，认为人而无信犹如大车无车輗，国家亦无信不立。[①] 国之交，信为本。这种信是大信。在国

---

① 《论语·为政》。

际关系中讲信用、守诺言，是对以国家为代表的国际政治行为主体的基本要求，涉及它们在国际社会中的信誉与形象，因而也涉及它们的国际活动空间与成效。“一诺千金”、“君子一言，驷马难追”，已成为守信遵诺的格言。取信于世，是国际政治行为主体，处理国际关系的一个永恒主题。国际政治行为主体，在对外交往、相互沟通、达成协议的过程中，总是希望获得理解、支持与合作，但前提条件是对方对己方的信任感。信是交往、沟通的准则，而任何一方的信用，都是在长期国际实践中树立起来的，一般体现为重诺守约。任何国际条约、协议，都要具有可行性。一旦承诺、签约，就必须兑现。这就是“言必信，行必果”[①] 的美德。轻诺必然寡信，背信则遭鄙弃，因而也无法立足于世。

总之，几千年来，中华民族的先哲们，对“和合”进行了不懈的探索与实践，给世人以极大的启迪。新中国军事外交，秉承了儒家所倡导的立身以仁、处世以信、为政以德、交国以礼、以和为贵、协和万邦的国家关系伦理思想。

## 二、反对战争

中国古代文明以农业文明为主体，而战争对于农业文明的破坏也最为巨大。因此，中国自古就有“兵凶战危”之说法。《孙膑兵法》说：“乐兵者亡，利胜者辱。”穷兵黩武、杀人盈野，历来为圣明之君和有作为的战略家们所不取。中国自古以来的战略家，都不把以战争手段解决问题作为最佳选择，而是在更广阔的视野内，追求战略目标的实现。中国在对待战争与和平问题上，历来崇尚以和为贵，禁残止暴。

### （一）“非战”、“反战”

中国古代军事外交思想主要源于实践。古代传说中，战争的功能主要是惩罚罪恶。这些罪恶包括怠天、叛乱、违令、反道、坏德等等。禹在一次征战前的誓师中说：“蠢兹有苗肆予以尔众士，奉辞伐

① 《论语·子路》。

罪。”夏启有扈氏在甘郊作战之前，动员兵士说：“有扈氏威侮五行，怠弃三征，天用绝其命，今予惟恭行天之罚。”[①] 用兵伐罪的观念，是人们对战争功能与价值的最初觉悟。商末周初，由于朝代更替，战争频繁。《周易》作为现存的第一部反映古代军事思想的著作，对这一阶段的军事活动多有总结。《周易》的军事思想，首先是主张和平相处，认为恃强凌弱是可耻的。其中，《兑》卦“初九”爻辞：“和兑，吉。”“兑”就是“悦”，国与国和谐共悦，就是件吉利的事。《兑》卦“九二”爻辞：“孚兑。吉，悔亡。”“孚”通“俘”，意思是说以俘虏他人为悦，暂时吉利，终归是要倒霉的。《兑》卦“六三”爻辞：“来兑，凶”，某国自恃其强大，威胁他国，强迫其服从自己的意志，是件凶事。从其一些特定战争场合的描述上看，《周易》作者有浓烈的反战情绪。《离》“九三”爻辞：“突如，其来如，焚如，死如，弃如。”这似乎是一场突然的袭击，造成被袭一方的大灾难。作者表述的是一种主张和平相处的非战主义思想，追求的是“庶政为和，万国咸宁”的太平盛世，这与当时西周统治者反复宣扬的“保民而已”、“仁民爱物”的政治理念是比较契合的。

春秋中晚期，出现了以老子、孔子等道、儒学派的“非战”、“反战”思潮。老子对战争持基本反对和否定的态度。他明确认为，战争是不吉利的事物，“兵者不祥之器，非君子之器，不得已而用之，恬淡为上”，并指出“胜而不美”。”[②] 同时提出战争只会带来非常消极的后果，“师之所处，荆棘生焉；大军之后，必有凶年”[③]，势必导致惨重的伤亡，“杀人之众”也违背了“天道”厚生好德的本性。他主张以战争的有无或多少，区分天下是否“有道”。即“天下有道，却走马以粪；天下无道，戎马生于郊。”[④] 为此，他强调应对战争采取远而避之的态度与立场，“故有道者不处”，即主张“以道佐人主”，而反

① 《尚书·虞夏书》。
② 《老子·三十一章》。
③ 《老子·三十章》。
④ 《老子·四十六章》。

对“以兵强天下”。[①] 孔子强调以礼乐治国，以仁德服人，主张“导之以德，齐之以礼”，因此对战争也持基本否定的态度。在他眼里，当时频繁的战争，其性质大多是属于非正义的一类，是“天下无道”的表现。所谓“俎豆之事，则尝闻之矣；军旅之事，未之学也”[②]，贴切地反映了孔子对战争的厌恶情绪。

**（二）慎战**

中国古代就有以德感化、不得已而战的观念。舜帝时代，三苗违抗舜帝命令，“舜帝乃诞敷文德，舞干羽于两附，七旬有苗格”。后来又说：“迪联德，时乃功，惟叙。”[③] 在矛盾实在无法以德解决时，才不得已而进行战争。如《孙膑兵法·见威王》说：“我将欲积仁义、式礼乐，垂衣裳，以禁争夺，此尧舜非弗欲也，不可得，故举兵绳之。”《战国策·秦策》说：“夫徒处而致利，安坐而广地，虽五帝三王、五伯、明主贤君，常欲坐而致之，其势不能，故以战续之。”说明这一观念，在传说中已经存在，并对后世产生了很大影响。更为可贵的是，远古就有师出有因的观念。战争不是无缘无故的，发动一场战争，总有这样或那样的原因。如：“炎帝欲侵陵诸侯，轩辕乃振兵……三战，然后得其志。”“蚩尤作乱，不用帝命。于是黄帝……与蚩尤战于涿鹿之野。”[④] 尧对禹说：“惟时有苗弗率，汝徂征。”“义和湎淫，废时乱日，胤往征之”[⑤]，等等。这些传说表明，发动战争是有原因的，而原因也是多种多样的。这反映人们早就萌发了关于战争起因的观念，即从因果联系上去认识战争。而且进行战争，必须进行战前准备，这在传说中也有所反映。“轩辕之时，神农氏世衰，诸侯相侵伐，暴虐百姓，而神农氏弗能征。于是轩辕乃习用干戈，以征不享。”这里讲的“习用干戈”，即练兵习武。“炎帝欲侵陵诸侯，诸侯咸归轩辕。轩辕乃修德振兵，治五气，艺五种，抚万民，度四方。”[⑥]

---

① 《老子·三十章》。
② 《论语·卫灵公》。
③ 《尚书·虞夏书》。
④ 《史记·五帝本纪》。
⑤ 《尚书·虞夏书》。
⑥ 《史记·五帝本纪》。

这里讲的是进行政治、经济、军事等全方位的准备。同时，要战有谋略。从炎黄时代三次大的战争传说，就可得到充分印证。如“黄帝乃征师诸侯”[①]，出现了争取同盟军的活动；黄帝在涿鹿一举歼蚩尤之传说，反映出注意选择和准备战场；“蚩尤作兵伐黄帝，黄帝乃令应龙攻之冀州之野”[②]，说明充分利用有利于已不利于敌的自然条件。

到春秋战国时期，慎战思想已有了很大的发展。战争关系到军民的“死生”、国家的“存亡”，“亡国不可以复存，死者不可以复生。”著名军事家孙子始终对战争抱着十分慎重的态度，他的“慎战”思想几乎渗透了《孙子兵法》的所有篇章。“兵者，国之大事，死生之地，存亡之道，不可不察也。”[③] 战争关系到国家的存亡，人民的生死，是不能不认真对待的。孙子“慎战”，但不是畏战。他认为，战争的目的是争“利”，是否符合国家利益，应作为国家选择战争与和平的准绳。“夫战胜攻取，而不修其功者凶，命曰‘费留’。故曰：明主虑之，良将修之。非利不动，非得不用，非危不战。主不可以怒而兴师，将不可以愠而致战；合于利而动，不合于利而止。怒可以复喜，愠可以复悦；亡国不可以复存，死者不可以复生。故明君慎之，良将警之，此安国全军之道也。”[④] 相传战国初吴起所著《吴子》，在其《图国第一》中也首先阐述了战争观，认为“修德废武”和“恃众好勇”都是不可取的。战争不是无条件仗恃的手段。《吴子》的战争观较之《孙子兵法》有其新意，“战胜易，守胜难。故曰，天下战国，五胜者祸，四胜者弊，三胜者霸，二胜者王，一胜者帝。是以数胜得天下者稀，以亡者众。”这其实是《孙子兵法》“兵贵胜，不贵久”思想的发挥。其深刻地指明，长期的战争对国力的消耗将会是灾难性的，即使是战胜国，也付不起这种代价。三国时期足智多谋的孔明，在他运筹帷幄的戎马生涯中，也始终以“据道讨淫”为宗旨，并指出：“兵者凶器，不得已而用之”。他的“七擒七纵”的杰作，充分表

① 《史记·五帝本纪》。
② 《山海经·大荒本经》。
③ 《孙子兵法·计篇》。
④ 《孙子兵法·火攻篇》。

现出他那不图杀戮，只求安邦的思想。

在“非战、慎战”思想的影响下，在战争与和平问题上，中国人历来尚和平、恶攻战、扬王道、弃霸权，主张己所不欲，勿施于人，追求“不战而胜，不攻而得，甲兵不劳而天下服”，产生了以和平为战略目标的战争观和基本价值取向，与西方“权力”拜物教和社会达尔文主义的战争观不同，中国兵学传统，把诸子百家的“义”、“仁”、“和为贵”等政治和道德概念，引入战争理论，强调“不争之争”，以“王道”反对“霸道”，特别讲求义战、慎战、守战和谋战。中华民族历史上的战争，都是维护国家统一，抵抗外族侵略的战争，没有侵占别国一寸土地，中国爱好和平的优良传统和形象被世界所公认。举世闻名的万里长城，既是浩大的军事防御工程，也是中国特有的防御性文化的集中体现。宋元明代以降，随着朝贡贸易的发展，更显示了“协和万邦”的思想，明朝航海家郑和，率领当时世界上最强大的舰队，七下西洋，航迹远及非洲东海岸，遍历亚非 30 多个国家和地区。然而中国的舰队没有像西方国家那样去进行武力征服，没有去建立海外殖民地，也没有去掠夺别国财富，而是作为友好使者，去促进中国与外部世界的经济和文化交流。船队所到之处，播撒的是和平的种子，结下的是深厚的友谊，缔造的是共享太平的国家交往局面。郑和的这一历史遗产，直到 600 年后，仍为东南亚等地人民所津津乐道。即使在外侵频仍的清代，中国依旧以“守疆土，保和局”为基本战略目标。抗日战争时期，毛泽东关于“战争的目的在于消灭战争”、“正义战争和非正义战争”等经典论述，新中国建立以来中国始终如一的“积极防御”军事战略思想，都显示了中国兵学传统以一贯之的、永恒的和平目标。这些都充分表明，中华民族是一个反对战争，崇尚和平的民族。一百多年来，中国曾饱受外来势力的侵略与掠夺，饱尝战乱之苦，因此更懂得和平的可贵。正如中国民主革命的先驱孙中山所说：“盖吾中华民族和平守法，根于天性，非出于自卫不得已决不肯轻启战争”。数千年来对和平的渴望和追求，已深深地溶入我们民族的文化和外交思想之中。

## 三、强调伐交

“不战而屈人之兵”思想，最早是在《孙子兵法》这一不朽名著里提出来的。在这部著作中，孙子创造性地提出伐交理论，主张首先应以非战争手段，解决国家之间的矛盾。这一思想具有十分重要的战略意义。它蕴含着对战争与和平关系的深层次领悟，既是对前人军事实践经验的总结，又是对处理国家间关系的创新和发展。它揭示了一个具有普遍意义的战略指导原则，即战争虽是军事实力的较量，但在一定条件下，开展正确的外交斗争，同样可以达到“不战而屈人之兵”的目的。因此，尽量不诉诸武力，通过谋略运筹和外交活动取胜，才是战争的最高境界。

### （一）“伐交”为制胜上策

孙子虽以军事战略家留名于世，但他在研究军事作战规律时，却并不过分强调战争和军事手段的重要性。《孙子兵法》中有一段名言：“夫用兵之法，全国为上，破国次之；全军为上，破军次之；……是故百战百胜，非善之善者也；不战而屈人之兵，善之善者也，故上兵伐谋，其次伐交，其次伐兵，其下攻城。”

伐，征伐，指用武力或以武力相威胁，打击、攻打、征服、战胜敌人。伐谋，是指通过谋略运筹，“知彼知己”，掌握敌国的政治内幕和动向，从而制定比敌人更为高明的战略、策略、计谋，打乱敌之战略部署，揭露敌人的计划、预谋或罪行，瓦解敌人内部营垒，使之胆怯、理亏、惧怕而屈服，或通过用间晓以利害，动之以情，诱之以利，使对方折服或降服；伐交，是指在军事斗争过程中，通过积极的外交活动，声张正义，争取国际同情和援助，揭露敌人的阴谋，争取更多更强的盟友，形成对我军、友军有利，而对敌军及其盟军不利的国际环境和战略态势，孤立打击主要敌人，分化瓦解敌军及其盟军，从而使敌人屈服或战败；伐兵，是指直接出兵打击敌人，在战场上消灭敌军的有生力量，用战争把敌人打败；攻城，则是用战火攻破直至占领敌人城池。

孙子的“三伐一攻”，点破了用兵战略选择的普遍规律：上上策是通过政治谋略运筹取胜，上策是通过外交运筹取胜，下策是通过战场较量消灭敌军有生力量取胜，下下策是不惜以牺牲敌我双方大量生命财产为代价，用战火攻破敌人城池而最后战胜敌军。[①]

所渭“伐交”，就是我们今天所说的“军事外交”的制胜之道。孙子还论述了伐交思想的运用原则：一是伐交要有强大的军事实力作后盾；二是争取同盟国，孤立敌国；三是结交诸侯国时，要切实了解他们的计谋；四是采取威胁、困扰、利诱等手段，使敌国屈服与归附。孙子强调在军事斗争过程中，应通过积极的政治、军事外交手段，分化瓦解敌人的同盟，巩固扩大自己的同盟，形成对己有利而对敌不利的态势，从而使敌人屈服或战败。这一思想，对促进中国古代结盟思想的形成和发展，起到了积极作用。

**（二）“伐交”服从全胜战略**

孙子的“伐交”谋略运筹，服从并且服务于他的“全胜”大战略。《谋攻篇》开头就明确提出全胜的理论：“凡用兵之法，全国为上，破国次之；全军为上，破军次之；全旅为上，破旅次之；全卒为上，破卒次之；全伍为上，破伍次之。是故百战百胜，非善之善者也；不战而屈人之兵，善之善者也。”“故善用兵者，屈人之兵而非战也，拔人之城而非攻也，毁人之国而非久也，必以全争于天下，故兵不顿而利可全，此谋攻之法也。”[②]

孙子认为，战争的最终目的是使敌人屈服，如果能不战而胜，为什么要大动干戈呢？如果能通过政治谋略手段和军事外交手段解决问题（包括以军事实力作威慑手段，迫使敌人屈服），就应尽量避免用战争手段解决。这当然是最理想的战略选择。但实际上，几千年的战争史和国际关系史告诉我们，国家利益的纠纷和争端，并不是都能通过政治、外交手段得以解决的，往往不得不通过战争解决问题。只有当政治手段和外交手段无法解决时，才不得不选择战争手段。一旦发

① 杨松河：《军事外交概论》，军事谊文出版社，1999 年版，第 16 页。

② 《孙子兵法·谋攻》。

生战争，也必须进行战役选择，最好通过野战消灭敌军的有生力量，尽量避免采取破坏性的攻城办法，以免造成大规模的物质损失和平民百姓的伤亡。最后迫不得已，才采取攻城的办法。可见，孙子的“全胜观”是科学严密的决策优选体系，富于辩证法思想，善于分化敌人的力量，扩大自己的力量，以最小的代价获取最大的战果。孙子认为，胜利者未必都是善战者，如果为取得一时一地的胜利，而付出高昂惨重的代价，这样的胜利并不值得骄傲；不战而屈人之兵，才是最最高明的。[①]

**（三）不战而屈人之兵是“善战”的最高境界**

中国古代军事思想，往往以“全胜不斗，大兵无创”和“不战而屈人之兵”、“安国全军”为最高境界和最大利益。中国古代军事思想将“不战而屈人之兵”作为最高目标。如《孙子兵法》在作战指导上追求通过威慑，达到“自保而全胜”的战略目的。意大利学者卡尔利柯夫斯基说，孙子兵法“不仅是一种战争理论，而且也是一种和平理论，一种运用一切可行的手段（政治的和军事的）夺取政权或保持独立的一种方法体系。”

中国古代史表明：无论哪个朝代，只要将伐谋、伐交手段运用得当，就能以最小的代价赢得最大的胜利，就能有效维护国家的安全利益。春秋战国时期，是中国历史上第一个“多极”对抗时期，为了在多极格局下的争霸战争中立于不败之地，各诸侯国纷纷加大政治军事外交的筹码，充分利用、制造矛盾，或合强攻弱，或合弱攻强，离间、孤立敌人，壮大自己的同盟。“烛之武退秦师”、“晏子使楚”等历史故事，都是通过外交斗争取胜的成功范例。尤其是战国时期，七雄之间的缔约联盟活动，更是高潮迭起，“邦无定交，国无定土”，将“合纵连横”、“远交近攻”的战略演绎得淋漓尽致。其它朝代通过伐谋、伐交，不战而屈人之兵的事例也屡见不鲜。汉代的张骞两次出使西域，游说西域各国与汉联合夹击匈奴，为抗击匈奴做出了贡献；班超仅以两千余兵马，在西域开展军事外交活动达 31 年之久，使西域

① 杨松河：《军事外交概论》，军事谊文出版社，1999 年版，第 17 页。

50 多国归顺汉朝，出色地完成了外交使命。三国时期，诸葛亮贯彻实施联孙抗曹的外交盟战策略，为三足鼎立格局的形成，奠定了基础；曹操采用同样的策略，破坏孙刘联盟，改变了斗争形势，为实现统一大业创造了有利条件。隋唐时期，隋文帝运用“远交近攻、离强合弱”的斗争策略，利用矛盾，造成突厥统治集团内部互相残杀，保持了北部边境的安宁。在上述事例中，伐交思想得到了充分的运用和检验，它为后人深入理解伐交思想的精髓，提供了宝贵经验和历史参照。

伐交思想对中外军事外交理论与实践影响很大。在历史的长河中，国与国之间既有刀光剑影的战争交锋，也有纵横捭阖、折冲樽俎的外交较量，外交斗争总是和军事斗争相互配合，相互补充，共同完成维护国家安全利益的任务。伐交思想不仅经受了历史的洗礼，而且具有普遍性和前瞻性，受到世界上许多国家的高度重视和推崇。无论从一些军事大国的集体军事联盟的分化组合、威慑战略理论的运用，还是当代战争开始前的穿梭外交，或是战争过程中的打打谈谈，以及大量的非战争行动，都不难看到这一战略思想的影子。伐交，作为达到“不战而屈人之兵”目的的非军事手段，对于我国倡导的以和平方式解决国际争端的主张，具有重大的现实意义。邓小平同志根据中国处理与邻国争端和国家关系的经验，提出以和平方式处理国际争端和国家关系的指导原则。如对于领土、资源争端，可搁置主权争议，共同开发；对于边界纠纷，要相互让步，合情合理地解决；对于处理国家关系，要考虑双方利益，不计历史恩怨，平等对待等。如果把孙子的伐交理论，放到历史的积淀中去考量，就会发现，这一理论不是纸上谈兵，也不是空穴来风，它既有历史经验作依据，也适应了当时社会发展的客观需要；它不仅有必要，而且在条件成熟时完全可以实现。作为其中的重要组成部分，伐交思想不仅奠定了中国军事外交理论的坚实基础，极大地丰富了中国和世界军事思想宝库，而且对古今中外军事外交理论的发展与实践，也产生了直接或间接的深远影响，至今仍具有很高的学术和现实开发价值。

## 四、注重防御

中国古代军事的防御性质，是得到世界公认的。历代中原政权所实施的军事战略，如慑之以兵威，和之以婚姻，阻之以城塞，施之以禄位，通之以货利，怀之以教化等等，都反映了中国独特的军事外交战略思想。

### （一）保安定

"保安定"的军事外交思想，源于中国特有的民族特点和地理文化。远古时期，华夏民族主要居息于由大河冲积并灌溉滋养的辽阔而肥沃的中原地带，温润的气候和适宜的自然条件，使他们很早就结束了流动性的渔猎生活，而从事定居农业。这使他们对于土地产生了一种特别执着的感情。中华元典这样赞美大地："至哉坤元，万物资生……含弘光大，品物咸亨。"[①] 对大地深深的眷恋，使华夏民族形成了安土垂迁、静穆圆融的心理特征。中国历代的政治家，都孜孜以求建立河清海晏、国泰民安的太平盛世。杜甫的诗句——"淇上健儿归莫懒，城南思妇愁多梦。安得壮士挽天河，洗尽甲兵长不用。"就表达了这样一种民族情感。这样的愿望甚至凝结在中国的大量地名里，如"长安"、"西宁"、"北平"，等等。对于这样一种文明而言，只要能够保证文明内部的平衡、稳定与秩序，保证人和土地的结合，文明就可以得到生存、发展与繁荣。用孟子的话说，是"五亩之宅，树之以桑，五十者可以衣帛矣。鸡豚狗彘之畜，无失其时，七十者可以食肉矣。百亩之田，勿夺其时，数口之家可以无饥矣。谨庠序之教，申之以孝悌之义，颁白者不负戴于道路矣。七十者衣帛食肉，黎民不饥不寒，然而不王者，未之有也"[②]。然而愿望归于愿望，实际上中国数千年来又战火频仍，兵燹不断。其中既有激化的阶级斗争和统治阶级内部的斗争，也有不同生产生活方式的民族在融合的过程中所引起的剧烈的碰撞。

---

① 《易·坤·彖传》。

② 《孟子·梁惠王上》。

中华民族生存的地理环境相对封闭，古代不易受到外部文化因素的入侵。然而中华民族内部，就产业类型而言却有两种。除素称发达的农业文明外，中国的北方和西部地区人民，以“逐水草而居”的游牧生活方式为主。因此，在很长时间里，中华民族内部这两种生产和生活方式的碰撞和交融，构成了国家安全的一条主线。“秦家筑城备胡处，汉家还有烽火燃。”历史上北方的游牧民族不断南下牧马，对中原的生产力造成极大破坏；而中原的统治者，为了消除来自北方的边患，也屡屡向北用兵，使北方少数民族离开他们世世代代的生息地。著名匈奴民歌——“失我祁连山，使我六畜不蕃息；失我燕支山，令我妇女少颜色。”即是对此发出的咏叹。中国历史上的长城，不妨看作境内两种生产和生活方式冲突和碰撞的产物，长城的走向大体与380毫米等雨量线重叠，绝不是偶然的巧合。长城与其说是中国以汉民族为主的中原政权修建筑的防线，毋宁说是中华民族内部农业社区与游牧社区天然的、同时也是人为的分界线。它的军事目的显然是用于防御，但客观上起到了促进民族和睦共处，促进民族交流和融合的作用，是具有积极意义的。中国古代民族战争（实质上是一种更广泛意义上的国内战争）以及国内战争的频繁发生，决定了历朝历代的战略思维都把长治久安作为主要目标。在战略策划的基点上，强调居安思危。“夫安国家之道，先戒为宝”。[①]“若乃居安而不思危，寇至而不知惧，此之谓燕巢于幕，鱼游于鼎。亡不俟夕矣。”[②]“备边足戎，国家之重事；理兵足食，备御之大经。”[③]在策略运用上，强调文武并用，德威兼施。以武为植，以文为种，“有文事者，必有武备，有武事者，必有文备。”[④]在防御纵深上，强调天子“守在四夷”，运用多种手段消弭边患，如对北方少数民族政权慑之以兵威，和之以婚姻，阻之以城塞，施之以禄位，通之于货利，怀之以教化等，并特别注重文化上的怀柔与教化政策，即所谓“夷狄之入中国者则中国之。”

---

① 《吴子》。

② 《将苑·戒备》。

③ 唐陆赞：《陆宣公奏议》。

④ 《孔子家语·相鲁第一》。

### （二）重防御

“重防御”的中国古代军事思想，最早可以追溯到《周易》中的“师左次，无咎”，《尚书》中的“罔或无威，守执非敌”，后来发展到《孙子兵法》中的“先为不可胜以待敌之可胜”。美国著名学者费正清说：“中国的决策人历来强调防御性的地面战争……与欧洲帝国主义行动中所显示的商业扩张主义的进攻理论截然不同。”托马斯·克利瑞说：“中国将武力的使用限于防御目的，是受源出于道家和儒家道德思想的影响。战争只是不得已的手段，而且必须有正当的理由，这通常是指防御战争，但不排除惩罚性战争，以制止以强凌弱的行为。”中国的万里长城从来都是防御的象征，而不是国界的象征。儒家主张：“夷狄之入中国者则中国之”。美国作家蒙特罗说：“征服中国，好像将一把剑投人海中。其抵抗似乎很小，可是不久以后，钢铁就会生锈，而且被合并了。这个合并的过程非常彻底，几代之后，就只有哲学家才知道，谁是征服者，谁是被征服者了。”这个比喻富于文化和哲理含义。

中华文明是一个不需要对外掠夺与扩张的文明，对外扩张对于这个文明而言，只能意味着生产力的破坏，乃至文明的重心失去平衡和整个社会秩序的崩溃。对于封建王朝来说，这几乎是一个铁的规律。在这方面，历史上可供检验的正反两方面的例子，实在是太多了。秦统一中国后，“使蒙恬将兵以北攻强胡，辟地进境，戍于北河，飞刍挽粟，以随其后。又使尉屠将楼船之士攻越，使监禄凿渠运粮深入越地”，“北构于胡，南挂于越，宿兵于无用之地，进而不得退。”结果是“行十余年，丁男披甲，丁女转输，苦不聊生，自经于道路，死者相望。及秦皇帝崩，天下大叛”。[①] 而汉朝文帝年间，将军陈武等倡议对四境用兵，“以一封疆”，文帝以“兵凶器，虽克所愿，动亦耗病，谓百姓远方何”予以拒绝[②]。结果经过数代的休养生息，“至武帝之初七十年间，国家无事。非遇水旱，则民人给家足，都鄙廪庾尽满。而

① 《汉书·严安传》。
② 《史记·律书》。

府库余财，京师之钱累百巨万，贯朽而不可校，太仓之粟陈陈相因”[①]。汉武帝时，“征伐四夷，开置边郡，军旅数发”，造成“盗贼滋起”。武帝晚年下诏罪己，“由是不复出军”，并封丞相车千秋为富民侯，宣称“方今之务，在于力农”[②]，从而为昭宣中兴铺平了道路。儒家的经典《大学》有一段话，叫做“知止而后有定，定而后能静，静而后能安，安而后能虑，虑而后能得”。这里的止、定、静、安等本来都是指个人的修养而言的，然而也未尝不适用于中国文明的发展模式，以及由此决定的王朝兴衰的基本逻辑：中国文明从根本上来说是自给自足的，只要有“止”、有“定”、有“静”、有“安”，就肯定会有“得”的。由此也决定了从总体上说，大一统农业帝国的主导形态的战略文化，必然是“知足”“知止”的文化，是更为关注内部秩序的协调与整合的文化，是更为关注帝国在时间上的长治久安，而不是在空间上的向外扩张的文化。这是中国文明生存与发展的最深层次的需要。

当然，这并不是说中国没有对外战争。正如美国学者德克·卜德指出的那样：“中国毕竟有过著名的将领，有过它的军事上辉煌的时代，无畏的旅行家和海外探险家。中国的版图从它最初的发祥地扩大了许多倍，到纪元前一世纪时，它拥有的领土比同时代的罗马帝国极盛时的疆域还要大。在帝国影响范围的另一方向——过去三四百年间——中国的移民像墨水滴一样，向周边地域扩散，特别是向东南亚的陆地和海岛扩散。”然而卜德接着指出：“不过，中国人的黩武和扩张举措毕竟与欧洲不同。固然有一些皇帝——汉武帝是其中之一——感到迫切需要借助军事扩张，为自己增添光彩。不过总的来说，中国最严重的对外战争，是反抗来自亚洲腹心地带的部落民的似乎无休止的侵入的战争。”[③] 在保安定，重防御的军事思想影响下，中国战略文化中鲜有扩张性的因素。中国版图的历史形成，基本上是文化传播和

---

① 《汉书·食货志上》。

② 同上。

③ Derk Bodde，“Harmony and confliction in Chinese Philosophy”，in *the Essays on Chonese Civilization*，edited by C. Le. Blane&D. Borei'（Princeton University Press，1981），p. 290.

同化的产物，而不是军事征服和扩张的结果。特别是新中国成立以来，我国我军一直坚持“积极防御”的战略方针，以保卫国家安全和领土完整，作为军队的根本目的和职责，坚决反对各种形式的对外扩张行径。

## 五、追求统一

中国古代军事思想具有鲜明的伦理道德色彩，而求统一、反分裂，是中华民族心理积淀中至高无上的道德观念和价值标准。

### （一）求统一

千百年来，中国人民总是把求统一还是搞分裂，看作判断义与不义、德与非德、道与无道的基本分野。凡是有利于统一的战争，都受到人民的拥护和积极评价，所谓“箪食壶浆，以迎王师”，“民之望之，若大旱之望云霓也”。凡是倒行逆施搞分裂，则最终受到人民的唾弃，被钉上历史的耻辱柱。综观中国几千年的历史，军事战略思维的类型不外乎两类：一类是在统一的时期，战略思维的侧重点在于防止分裂。“内重外轻，强干弱枝”，其着眼点都在于此。另一类是在分裂时期，其战略思维的着重点在于实现统一。

在中国历史上，凡是有作为、有才略的皇帝，都把一匡天下，混同宇内，河山一统，金瓯永固作为政治目标。苟且偷安，偏安一隅，不仅当时为朝野所诟病，在后世更受到人们的鄙夷。中国军事发展史的主导趋势是谋求统一。仔细考察中国历史，可以发现一种有趣的现象，即所有的战争，不论其初始如何，最后都发展成为统一战争。中华民族内部各民族组建的政权之间的战争是如此，中央失控、军阀割据所造成的混战是如此，改朝换代战争是如此，农民起义战争亦是如此。要言之，在中国军事、政治斗争的舞台上，凡是胜利者，无不以统一为使命，以统一为基本的政治目标和征战终点。中国历史上，不仅汉民族，其他民族也出现过，实现统一大业的雄才大略的政治家，他们都为中华民族的发展作出了贡献。中国士子文人忧国忧民，也以关注祖国的统一为重要内容。无论是杜甫的“白日放歌须纵酒，青春作伴好还乡”的载欣载奔，还是陆游的“王师北定中原日，家祭毋忘告乃翁”的赍志而去，传达的都是一种念兹在兹的统一情结。

### （二）反分裂

中华文明源远流长。“中国”一词，最早见于周成王时的《尚书》，当时指的是以洛阳为中心的中原地区，与东夷、西戎、南蛮、北狄对举。“华夏”又称“诸夏”、“诸华”，其语最早见于《左传》。孔颖达疏解说：“中国有礼义之大，故称夏；有服章之美，故谓之华。”至战国时期，中国文化已形成了包括少数民族在内的大一统观念，《禹贡》将诸夏划分为九州、五服，“声教讫于四海”，一个华夷五方相配而又统一于“天子”的政治模式，初步形成并深入人心。“秦王扫六合，虎视何雄哉。”秦始皇车同轨，书同文，统一货币和度量衡，对形成统一的多民族国家有重要的意义。秦以后两千多年，中国虽几经分裂，迭历战乱，但最终都归于统一。而且每次统一，都进一步促进了民族的融合，促进了中华文明的发展。中国维持广土众民的大一统局面，历经数千年而不变，与中国文化传统中的尚同贵一精神，有密切的联系。墨曰尚同，孔主大同，孟子言“定于一”，这种哲学思维，反映在政治理想和战略文化上，就是致力于建立和保持一个统一的局面。

中国的古代军事外交在倡导“求统一、反分裂”的同时，也强调多样并存。中国有悠久的历史、辽阔的疆域，这样一种广阔的军事斗争和政治斗争时空，使得中国古代军事外交也强调多样并存。当今世界有近千个民族，近两百个国家。各个民族和国家作为独立的主体，都有其自身的利益、文化传统和价值观念，并组合成一个丰富多彩的多元世界。文明间的冲突，不同民族、宗教的矛盾，给世界留下了惨痛的记忆，时刻提醒人们要承认世界的多样性，尊重文明的多元性，珍惜来之不易的和平环境，坚决反对恃强称霸，不搞以强凌弱。人类进入新的千年，世界形势发生了很大的变化。世界多极化和经济全球化在曲折中不断发展，和平与发展成为不可阻挡的历史潮流。多种文明的全球交流，不但使人们感受到民族的差异性，而且使人们更深切感受到人类文明的共同性，自觉地以“多样并存”的精神，去处理我们面对的各种世界难题。我们生活在一个丰富多彩的世界里，每个国家和民族都有自己的特点和长处。大家只有彼此尊重，求同存异，和睦相处，互相促进，彻底摈弃冷战思维和恃强凌弱的做法，才是处理国与国之间关系的正确途径。

## 第二节　中国近代的军事外交思想

1840 年的鸦片战争，标志着中国社会由古代步入近代。在西方帝国主义势力的冲击下，自给自足的自然经济开始解体，中国由独立的封闭式的封建社会，逐步向半殖民地半封建社会演变。这种状况在鸦片战争之后出现，经过 110 年，到新中国成立之前，一直未能得到改观。经济落后，民族危急，战乱纷起，民不聊生，阶级矛盾和民族矛盾异常尖锐。为了改变国家的落后状况，拯救民族于水火之中，造反、改革、革命，人民武装斗争风起云涌，连绵不绝；同时，为进一步控制中国，帝国主义列强发动了频繁的侵华战争，又印证了“落后必然要挨打”的科学论断；而统治阶级内部为争权夺利，时常制造磨擦和武装冲突。中国近代军事外交思想的发展，正是在这种“奇穷之余”的社会环境下进行的。

近代军事外交思想，反映中国外交思想的战略转变，开始融入现代国际体系，只是这种融入是一种被强行拉进世界体系。“在充满不平等条约的一个世纪，古老的中国和当时居于统治地位并不断向外扩张的西欧和美国等强国的接触日益频繁。在工业革命的推动下，这种接触对古老的中国社会产生了灾难深重的影响：更加强大的外来社会的入侵，在中国内部引发了政治、经济、社会、意识形态和文化等一系列复杂的变化，古老的秩序由此在社会活动的各个领域都受到了挑战、进攻、削弱乃至被征服。”① 鸦片战争后，1860 年，清朝政府建立了“总理各国事务衙门”，但其后的军事和外交都屡战屡败，被迫与

① John King Fairbank & Ssu-Yu Teng, *China's Response to the West* (New York: Atheneum, 1963), p. 1.

帝国主义签订了几十个不平等条约。可以说，近代中国军事外交历史，是伤痕累累、血迹斑斑。但是，“近代中国军事外交史并不完全是一本外祸史，这个外交变化的本身并不全靠外来因素所造成，中国对帝国主义的侵凌有其抵抗力，而不全是被动的，相反，在恶劣的环境下，中国努力寻找出一条适应的道路，在国际社会中奋发图强。”①晚清政府，在被动应对西方列强的冲击和挑战的同时，也在努力适应新的国际环境，调整自己的对外观念和行为，并积极寻求自强的道路。

中国近代军事外交思想的发展逻辑与西方军事外交思想发展不同的原因，应从近代中国社会条件之中寻找。历史的进程表明：以物质生产为前提，循着社会自身进化的顺序而产生和发展，并在各种国际环境下锤炼和提高，是近代西方军事外交思想的发展逻辑。伴随着中国社会由古代进入近代的历史进程，由于中国特有的社会环境和生产力状况，中国近代军事外交思想走过了迂回曲折的道路，其每一个环节，都深深地刻上了社会剧烈变动的印记，显露了中国近代军事外交思想发展的特殊逻辑。

## 一、中体西用

中国近代军事外交思想的发展，是靠迫切的要求改变现状而去模仿西方、学习西方的内在因素推动，在战火熏陶下，在动荡而剧变的历程中，走完了自己的路程。“中体西用”，是中国近代社会变革的重要理论模式，同时也是中国军事外交的重要指导思想。从洋务运动时期到甲午战争之后，它对中国军事近代化的作用，也始终具有明显的两重性：一方面，从理论上为中国人学习西方近代军事找出一种依据；另一方面，又对中国人学习西方近代军事设置了禁区。从根本上说，它在一定的时期内，对中国军事近代化起到了观念牵引作用，又像一道无形的绊索，长期制约着中国近代军事变革运动。

“中体西用”思想，源于林则徐和魏源等提出的“师夷之长技以

① 梁伯华：《近代中国外交的巨变：外交制度与中外关系变化的研究》，商务印书馆 1991 年版，第1—2 页。

制夷”理论。“师夷”，就是要引进西方的军事技术，学习西方的练兵方法，像西人一样，创办军事工业和其他工厂企业。它是囿于形势的发展，迫于战争的需要，形成的以反侵略斗争为主要宗旨的爱国主义军事思想，是中国近代军事思想之发轫。在这一思想基础上，19 世纪 60 年代初，冯桂芬在他的《校邠庐抗议》中，第一个明确地提出“中体西用”理论。其基本思路：“以中国之伦常名教为原本，辅以诸国富强之术”。他在此表明了两个最基本的想法：首先，治理国家需要兼采中国与西方两方面之优长，中国的“伦常名教”和西方的“富强之术”都不可少，而且二者是可以协调的，相互间并不矛盾。其次，他认为，中国的“伦常名教”和西方的“富强之术”，两者间的作用和地位并不是完全平列的，前者应该是“原本”，而后者只能是辅助性的。这样，他从根本上揭示了“中体西用”最本质的内涵。在冯桂芬的心目中，西方的“富强之术”主要是指，包括兵器与农耕机器在内的“洋器”及其与之相联的近代学理，其中尤为重要的，又在于以“坚船利炮”为代表的近代军事技术。他说，在“军旅之事”方面，国“船坚炮利不如夷，有进无退不如夷”。只要中国下决心解决好坚持中国自身的伦常名教原本与学习西方的军事技术两方面的问题，就可以从根本上奠定富强的基础。“夫而后内可以荡平区宇，夫而后外可扯雄长瀛寰，夫而后可以复本有之强，夫而后可以雪从前之耻，夫而后完然为广运万里地球中第一大国，而正本清源之治、久安长治之规，可从容议也。”

冯桂芬所提出的这种思路，很快便得到了一些理论家的响应。汤震、薛福成、王韬、邵作舟等人，纷纷发表自己的见解，一时间，“中体西用”论，便成为一种颇具声势的理论思潮。汤震说：“中国所宗者，形上之道；西人所专者，形下之器。”主张中国要“善用其议，善发其器，求形下之器，以卫形上之道。”[①] 薛福成提出，要“取西人器数之学，以卫吾尧舜禹汤文武周孔之道”。[②] 王韬则说：“形而上者

① 《论中学西学》，《危言》卷 1，光绪十六年本。
② 《筹洋刍议 · 变法》，《薛福成选集》，上海人民出版社，1987 年版，第 556 页。

中国也，以道胜；形而下者西人也，以器胜。"[①] 主张"器则取诸西国，道则备自当躬"。[②] 邵作舟也提出，要"以中国之道，用泰西之器"。[③] 虽然他们在这里所使用的是中国哲学史上的另一对重要范畴"道器"，但它与"体用"、"本末"是直接相通的。其核心思想都是要以中国所固有的伦理纲常为原本，而以西方的器物技术为辅助，以后者服务于前者。在他们的心目中，所谓西方的器物技术，虽不尽限于军事方面的坚船利炮，但军事技术和武器装备是最重要的部分。也就是说，他们都主张大力学习西方军事技术，借以提高中国军队的战斗力，更好地满足国防的需求，更好地服务于固有的国家的根本政治制度。

"中体西用"，作为一种理论思潮，也受到奕訢等内廷大臣和曾国藩、李鸿章、左宗棠、丁日昌、沈葆桢等封疆大吏们的重视。特别是"中体西用"论中有关学习西方近代先进军事技术的主张，在他们的头脑中深深地打下了烙印。奕訢说："探源之策，在于自强，自强之术，必先练兵。"又说："若能添习火器（洋枪洋炮），操演技艺，训练纯熟，则器利兵精，临阵自不虞溃散。"[④] 李鸿章对学习西方军事技术的兴趣最浓，他这方面的想法也更具代表性。他说："洋兵枪炮并发，所当辄靡，其落地开花炸弹真神技也"。[⑤] 在他看来，"中国欲自强，则莫如学习外国利器"。[⑥] "中体西用"由奕訢、李鸿章等人再进而影响到清廷最高决策层。1862 年，清廷谕令各省督抚，"中国员弁学习洋人制造各项火器之法，务须得其密传，能利攻剿，以为自强之计。"[⑦] 这样，一个以追求"自强"为出发点，以学习西方近代军事技术为核心，以维护或不触动中国固有的根本制度和观念（纲常名教），为最高原则的军事变革运动开始在中国出现，并成为洋务运动的基本

① 《弢园尺牍》，光绪癸巳沪北松隐庐刊本，第 30 页。
② 《弢园文录外编》，中华书局，1959 年版，第 323 页。
③ 《邵氏危言·纲纪》，光绪二十四年，上海商务印书馆铅印本。
④ 《筹办夷务始末》（咸丰朝）卷 72，中华书局铅印本，第 2700 页。
⑤ 《李文忠公全书·朋僚函稿》卷 1，光绪末年金陵刊本，第 20 页。
⑥ 《筹办夷务始末》（同治朝），卷 25，第 10 页。
⑦ 《洋务运动》第四册，第 7 页。

主题之一，也当然成为近代中国军事外交的指导思想。毋庸讳言，中体西用思想，无论对中国军事力量的发展，或是对近代军事外交思想的跃进，都曾起过重要的推动作用。

**（一）购买和制造近代武器装备，将近代枪炮和舰船技术引入中国，使中国军队进入火器时代**

引进西方武器技术，既是近代军事变革运动最基本的内容，也是军事外交最重要的成就。19 世纪 50 年代以前，中国的火器技术，还停留在冷兵器与火器并用的时代，舰船技术则停留在帆船时代。60 年代以后，清政府设立了包括江南机器制造总局、福建船政局、金陵机器制造局、天津机器局等在内的数十家近代兵工厂。这些兵工厂，通过进行大规模的技术引进与仿制，使中国的火器技术和蒸汽舰船技术，都得到了迅速的发展，连续实现技术上的重大突破。在火器制造方面，60 年代开始引进西方的前装枪炮，以及在西方刚刚发展起来的后装枪炮。80 年代西方军队开始装备连发枪，清军同时也着手引进，到 90 年代国内厂家仿制成功。西方对无烟火药的研制成功是在 80 年代中期，到 1895 年中国国内便仿制出成品。1897 年法国研制出管退炮，8 年后中国人也生产出了自己的管退炮。经过这种积极的引进和仿制，使清代后期中外的火器技术差距，由原来的大约相差两个世纪，缩短到 10 年左右。在舰船制造方面，19 世纪 60 年代后，中国人也开始大规模地引进西方近代新技术，从而取得了全方位的进步。首先是舰船动力技术的革命性进步，在短短的数年之内，便实现了从风力系统到蒸汽螺旋桨推进系统的划时代跨越。其次是舰体质料从木质改为钢质或铁质，并掌握了装甲防护技术。再次是舰载火器技术的进步，不但基本保持了与陆军火器技术的同步发展，而且对海军所特有的鱼雷技术，也做了技术引进。这样，中国的舰船技术在 19 世纪下半叶，也逐渐接近了西方的水准。①

通过从国外直接进口武器装备，以及国内厂家在技术引进基础上的大规模仿制，19 世纪 60 年代后，清军的装备状况得以迅速改观。

① 皮明勇：《“中体西用”与中国军事近代化》，《中国军事科学》，1997 年第 1 期，第 49 页。

首先是李鸿章的淮军换装洋枪洋炮，接着在湘军及其他各路勇营部队中也大量出现了洋枪洋炮，再后来部分练军也淘汰了旧式的冷兵器。这样，到甲午战争前，尽管清朝陆军的武器装备，从总体上看仍旧是新旧混杂，有不少部队还使用着刀矛弓箭，但作为其主体部分的防军和练军，都已基本上实现了装备的火器化。在海军方面，清政府在19世纪60年代后，着手建立的南北各路海军，均以近代蒸汽舰船作为自己的装备，其规模和水平一度处于东亚的前列。

**（二）外送内引，发展近代军事教育，培育近代军事人才，逐步改善官兵的技术素质**

随着军事近代化的广泛开展和进一步深入，19世纪60年代后，清政府开始认识到培养人才的重要性。李鸿章曾言："造就人才，实为中国自强根本和目前当务之急"。[①] 在奕訢、文祥等朝内大臣和曾国藩、李鸿章、左宗棠、丁日昌、沈葆桢等督抚大臣的共同努力下，清朝开始派遣留学生。

在这一时期，清政府先后派出数批约90余人，到西方国家学习军事，其中派到英、法两国学习航海、驾船技术和海军指挥的就有80人。1871年，李鸿章与曾国藩联名上书清廷，建议选派120名12—16岁的聪颖少年，分4批赴美国学习军政、船政、步算、制造等，以便"西人擅长之技中国皆能请悉"。1876年，李鸿章鉴于"德国陆军枪炮操法最为擅长"，选派七人赴德国学习。此后，适应海防建设的迫切需要，李鸿章把选派留学生的重点，转向学习战舰的制造和驾驶技术方面。1877年初，李鸿章与沈葆桢联名上奏："西洋制造之精，实源本于测算、格致之学，奇才叠出，月异日新……官厂艺徒虽已放手自制，止能循规蹈矩，不能继长增高，即使访询新式，孜孜效法，数年而后，西人别出新奇，中国又成故步，所谓随人作计，终后人也。若不前赴西厂观摩考察，终难探制作之源。至如驾驶之法，近日华员亦能自行管驾，涉历风涛。惟测量天文沙线、遇风保险等事，仍未得其深际。其驾驶铁甲兵船，于大洋狂风巨浪中布阵应敌，离合变化之

① 《李文忠公全书·奏稿》卷53，第16页。

奇，华员皆未经见。自非目接身亲，断难窥其秘钥。”[①] 清政府同意了他们的建议，于这一年批准由福建船政学堂选派学生 26 名、艺徒 9 名，分赴英、法两国学习舰船驾驶和制造，此后，又于 1882 年和 1886 年，续派两批学生赴英、法学习，前后共计 79 人。这些学生学成回国后，成为舰船设计制造的骨干和舰艇的主要管驾人员。

北洋水师创建初期，所有舰船上的管带、大副、二副和轮机长、炮长等，大部为福建船政学堂的毕业生。李鸿章进一步认识到，海军人才的“作养造就之法，以练船为基址，尤以学堂为要源”[②]。于是，他于 1880 年创办了天津水师学堂，以培养北洋海军所需的人才。为了满足各类海军人才的需要，甲午战争前，在李鸿章的支持下，还先后创办了威海水师学堂、大沽水雷学堂、旅顺鱼雷、水雷学堂以及天津海军西医学堂。各类海军学堂的建立，为北洋海军培养了大批人才，保证了北洋海军的顺利建成。这批经过近代军事学堂培训或国外留学的新式军事人才，对晚清军队建设产生了一定的积极影响，特别是北洋海军，受益最为明显。当 1888 年北洋海军成军时，有 2 名总兵、5 名副将、2 名参将以及主力舰只的管带，均由福建船政学堂毕业生担任，其中又有 9 人是学成归国的留学生。李鸿章采取的上述举措，具有创造性的意义，从这一点上讲，他是中国军事近代化的一个重要奠基人。

**（三）引进西方的建军规章，对陆军兵种制度进行了局部变革，并确立了新的近代海军军种制度**

陆军军制的局部变革，首先发生在淮军中。1863 年初，李鸿章在淮军中组建专门的炮兵营，辖炮兵 200 名，装备从国外进口的开花炮。这是中国近代炮兵制度的发轫。到 1864 年以后，淮军全军共计编有炮兵营 6 个。左宗棠部在出关收复新疆的作战时期，也组建了专门的炮兵部队。其间，淮军和湘军的步兵和骑兵也因完全使用近代火器，成为新的近代步兵和骑兵。中国近代海军军种制度的确立，以 1888 年颁

① 《李文忠公全书·奏稿》卷 28，第 20—21 页。
② 《李文忠公全书·奏稿》卷 40，第 47 页。

布《北洋海军章程》为标志。这个章程大半仿效英国海军规章，其未完备处兼采德国海军制度，当然也参照中国的具体情况，做了适当的改动。根据这个章程所建立起来的北洋海军编制制度，实质上是将西方近代海军制度与清朝绿营官制相结合的产物，它虽然未能摆脱旧的绿营官制的外形，但其内核已经是近代海军舰队，按舰船性能编组，分专业设官的办法，因而与清朝旧有的军队编制存在着根本的区别，能够有效地保障对整个舰队的操练和作战的指挥与管理。北洋海军还具有自己较为严密的官兵考核制度、水手招募制度、日常管理制度、训练检阅制度等。可以说，它代表了甲午战争前中国军事制度变革的最高成就。

**（四）参考西方军事制度，陆海两军的训练方式和战术也发生了程度不等的变化**

陆军战术开始在中国萌生，近代海军战术在北洋海军中得以确立。淮军是中国陆军中，最早尝试使用近代陆军战术的部队。它于19世纪60年代初，参照法军战术，在与太平军作战时采用了开花炮队掩护洋枪队实施突击的新战法。至1871年，淮军全军操典《枪炮操法图说》刊发，对其步、骑、炮3个兵种作了比较具体的规定。从总体上看，淮军的战术，属于散兵线与纵队相结合的战术，并开始注意到3种的协同使用问题，处于近代陆军战术的初期阶段。北洋海军的战术，是在引进英国海军操典的基础上逐渐形成的，它集中地体现在1884年天津水师学堂组织编写的《船阵图说》一书中。这种战术重视使用横阵或斜行阵，以便舰首对敌。在攻击手段上，它既看重火炮与鱼雷攻击，又看重用舰首冲舰。在海军战术史上，它处于由横阵战术向纵阵战术过渡的前期。

应该看到，在当时的情况下，中体西用军事外交思想，使中国的变革与外部世界的挑战密切相联，中国以外的现代化模式对中国变革，起着巨大的示范影响。以袁世凯在北洋编练新建陆军和张之洞在南洋创建自强军为其典型，近代军事思想在军队建设方面有了一个大的突破。无论新建陆军还是自强军，都重视武器装备的更新，使清军在武器装备上，逐步实现由冷兵器为主到火器为主的转变。不仅如此，清军还从过去单纯改进兵器、学习西方操典，进而对军队的营制饷章、军官的任用和晋升制度，募兵制度、教育训练制度，以及后勤保障制度等编制体制上，“依照西法”进行改革。袁世凯为编练新建陆军所制订的《练兵要则十三条》、《新建陆军营制饷章》、《训将要言》、《训哨弁要言》、《训兵要言》、《训学堂员生要言》等，都是这一时期治军思想的集中反映。

以“中体西用”军事外交思想为指导的近代军事外交，为洋务运动时期的中国军事变革，提供了一个特有的空间。然而，它所提供的这个空间是极其狭窄的，缺乏应有的宽松度，因而它对中国军事变革所起的推动作用，也就是相当有限的。我们看到，在洋务运动时期，中国军事所发生的各个方面的变化中，引进西方近代军事技术和武器装备是核心和第一位的，给人的印象最深，其他方面则远为逊色。显然，洋务运动时期中国的军事变革，还停留在学习西方科技这一层面上，也就是人们常说的还停留在“器物”变革的层面上。这种情况的出现，无疑是与“中体西用”直接联系在一起的，是受“中体西用”理论框架所提供的狭窄的变革空间制约的结果。

由于洋务运动时期的“中体西用”理论，将军事变革基本上限定在军事技术这一层面上，这一时期中国军事自强运动，自始至终都明显地缺乏力度，缺乏活力，也缺乏真正有助于提高部队战斗力的成果。一方面，这一时期中国人在军事制度和军事观念两方面，没有多少新的建树，与日本在明治维新时期积极接受西方的军事文化观念，积极推行军制改革，形成了鲜明的对照；另一方面，在离开了新制度、新观念支撑的情况下，洋务运动时期中国所推行的军事技术变革，变成了跛足而行的矮子，到了一定时候，技术变革便失去了动力，而且已经引进的新技术新装备效能，也不能得到应有的发挥。

实际上，当时一部分思想敏锐的学者，已经看到了晚清军事变革受“中体西用”束缚这一问题的严重性，并对此提出过尖锐的批评。早在甲午战争之前，钟天纬就这样说过：“刻下中国设局置厂，制造枪炮丸药、兵船铁甲诸务，非不借用西法，刻意经营。但外强中干，徒得其糟粕枝末，而未尝窥其精微，仍是粉饰习气。欲挽回大局，岂仅在船坚炮利区区末艺之间，即小小补苴，仍无补存亡之大计。”[①] 另一位著名的学者宋育仁，也发表过类似的意见：“言海防则鰓鰓然敝精竭力于利炮坚台、鱼雷铁舰之属，岁掷帑金千万，以苟且侥幸于一时，弃其精英而取其糟粕，遗其大体而袭其皮毛。”[②] 在他们看来，西方的军事技术固然重要，当然值得中国人认真学习，但仅仅局限于船坚炮利，又是远远不够的。这是弃本就末的做法，是违背事物发展规律的，因而也是影响中国近代军事进步的关键之所在。在整个洋务运动时期，中国在“中体西用”原则下所进行的军事变革，曾经受到过三次较大规模对外战争的检验。如果说清军收复新疆之战和中法战争，还在一定程度上反映了清政府学习西方先进军事技术的成效的话，那么，甲午战争则更多地暴露出中国军事在深层次上仍然坚持旧的传统，缺乏积极变革所带来的严重问题。清军在甲午战争中海陆同归于败，而且败得如此之惨，尽管有一定的技术上的原因，但中日两国在军事制度和军事观念上的差异，是更为重要的症结所在。正因为如此，一部分从战场上走下来的清军官兵，深切体会到了中国军事只学西方的枪炮技术所带来的灾难性后果。曾亲历黄海海战的“镇远”舰枪炮官曹嘉祥等说：“西人创立海军多年，其中利弊，著书立说，无微不至。我国海军章程，与西不同，缘为我朝制所限，所以难而尽仿，所以难而操胜算也。”[③] 另一位海军军官郑祖彝也痛切地指出：“海军所有章程，除衣冠语言外，均当仿照西法，万不得采择与中国合宜者从之，不合宜者去之。盖去一不合宜，则生一私弊。”[④] 虽然作为海军中下级军官，曹嘉祥、郑祖彝等人未必知道“中体西用”理论，但这种出自实践的结论，却从根本上命中了“中体西用”这个靶子，因而也更能代表历史的真实。

“中体西用”军事外交思想，对中国军事近代化变革实践，集正

① 钟天纬：《刖足集·外篇》，光绪二十七年刊本，第80页。

② 《庸书·自序》。

③ 盛宣怀档案资料选辑之三：《甲午中日战争》（下册），上海人民出版社，1982年版，第400、414页。

④ 同上。

面作用与负面作用于一体的事实，充分地显示了这种理论存在一定的合理性与局限性。此外，我们还可以从中国军事近代化的艰难历程中，体会出一层更深的道理。这就是，任何一种社会变革理论，当它试图满足社会变革操作上的需求时，一定要以服从社会变革的根本规律为前提。先进取代落后，这是大势所趋。在中国军事近代化过程中，尽管“中体西用”在很长的时间内，只提供给“西用”一个非常有限的空间，但当它一旦进入中国之后，便显示出了自身的优越性和生命力。它不断地冲击“中体”，而“中体”只能一步步地退守，直到最后“中体西用”的整个理论体系被冲垮。

## 二、自强御侮

为中国近代军事外交思想增添光彩的，应首推自强御侮思想。综览近代军事外交家的文稿和言论，可以发现，实现自强御侮，是进行军事外交的最高目标追求。

### （一）学习西方，创办近代军事工业，将自强御侮作为终极目标

李鸿章率先在淮军中配备洋枪洋炮，实行西式操练，固然是为了镇压太平军和捻军，同时也是为了有效地抵御外侮。他说：“每思外国兵丁粮贵而人数少，至多以一万人为率，即当大敌。中国兵多至数倍，而经年累月不收功效，实由于枪炮窳滥。若火器能与西洋相埒，平中国有余，敌外国亦无不足。”[①] 他认为：“与洋人争衡，尤以购备西洋精利军器为第一要著。”“军无利器，实不足以御强敌。”[②] “中国欲自强，莫如学习外国利器。欲学习外国利器，则莫如觅制器之器，师其法而不必尽用其人。”[③] “机器制造一事，为今日御侮之资，自强之本。”[④] 在这一认识基础上，李鸿章大力地创办近代军事工业。

李鸿章在随后创办的民用工业，其终极目的也是为了自强御侮。他说：“中国积弱，由于患贫。西洋方千里数万里之国，岁人财富动

---

① 《李文忠公全书·朋僚函稿》卷3，第16—17页。

② 《李文忠公全书·奏稿》卷51，第14页。

③ 《筹办夷务始末·同治朝》，卷25，第10页。

④ 《李文忠公全书·奏稿》卷9，第54页。

以万万计，无非取资于煤铁五金之矿、铁路、电报、信局、丁口等税。酌度时势，若不早图变计，择其至要者逐渐仿行，以贫交富，以弱敌强，未有不终受其敝者。”[①] 也就是说，要能自强御侮，必须以发展近代工业经济作为基础。

### （二）“塞海防”并重，致力于“三洋”海军建设，为自强御侮打基础

早在19世纪70年代中期，清朝统治阶级内部，发生了一场塞防、海防之争。“塞防论”者，主张暂弃海防，专注塞防，“以全力注重西征”，对付沙俄，收复新疆。“海防论”者，认为“中国目前力量，实不及专顾西域”，“新疆不复，于肢体之元气无伤；海疆不防，则腹心之大患愈棘”，因此主张暂弃新疆，专注海防。清廷最高统治者，最后接受了左宗棠的主张，左氏针对西北“形势日迫”，野心勃勃的沙俄“兹复窥吾西陲，蓄谋已久”的现实，以及西方列强频繁入侵中国东部沿海地区的严峻局势，力主“东则海防，西则塞防，两者并重”。在“并重论”战略方针指导下，清廷一面任左宗棠为统帅，出兵新疆，扫荡了统治新疆达13年之久的阿古柏反动政权，在中国近代史上，书写了捍卫祖国神圣领土完整的光辉一页。另一方面，以李鸿章、丁日昌等人为主，致力于“三洋”海军的建设。

李鸿章在筹备海防时指出：“今欲整顿海防，力图自强，非有铁甲船数只，认真操练，不足以控制重洋。”[②] “有了强大海军，不仅可以“渐弭各国轻侮之心”，“以为建威销萌之策”，更重要的是可以抵御日本：“日本狡焉思逞，更甚于西洋诸国，今之所以谋创水师不遗余力者，大半为制驭日本起见。”[③] 1870年，李鸿章就任直隶总督以后，即关注海防问题，着手改善大沽、北塘之间的海口防务。在1874—1875年由于日本侵台而引发的“海防议”中，李鸿章一方面认为，“中土陆多于水”，应有重点地加强海口设防；另一方面，支持丁日昌提出的组建三洋海军的建议，主张在“北、东、南三洋各有铁甲

① 《李文忠公全书·朋僚函稿》卷16，第25页。

② 《洋务运动》（二），第459页。

③ 《清末海军史料》（上），第24页。

大船二号”，“有事六船联络，专为洋面游击之师，而以余船附丽之”；各要口添设小型炮舰，以“辅岸上炮台，四面伏击，阻遏中流”。1875年5月，李鸿章就任北洋大臣后，便积极筹办北洋海防和组建北洋海军。1875—1879年，他从英国订购了8艘小型炮舰，并订造超勇、扬威2艘巡洋舰。1879年日本吞并琉球，并窥视中国台湾、朝鲜，李鸿章致函驻德公使李凤苞，令其在欧洲各国船厂，访询铁甲船图式，以便订造。最后在德国订造了定远、镇远两艘铁甲舰和济远号巡洋舰。同年，从英国订购的镇乐、镇西、镇北等炮舰到货。1881年9月、10月，镇中、镇边两艘炮舰和超勇、扬威两艘巡洋舰也先后驶回。这样，北洋海军加上原有的练船、运输船，共拥有14艘船只，已初具规模。1885年6月，清廷总结中法战争的经验教训，提出了“自以大治水师为主”的方针，并设立海军衙门。此后，李鸿章又购进了舰艇13只，其中包括以前订造的定远、镇远、济远3舰，以及新订造的致远、靖远、经远、来远4艘巡洋舰和6艘鱼雷艇。这样，北洋舰队已拥有大小军舰25艘，基本上达到了成军的标准。1888年10月，清廷批准了《北洋海军章程》。至此，堪称当时远东之首的北洋海军正式成军，这是中国军队近代化建设史上，取得的一个重大成就。李鸿章在筹建北洋海军期间，还修建了“进可以战，退可以守”的旅顺和威海两个环抱渤海的海军基地，以及沿海地区的海岸防御工程，初步形成了陆地、海口和海上相结合的近代海防体系。这一时期提出的建立海军的“三洋”方针，不仅为中国近代建军思想增加了新的内容，更重要的是，作为一个濒临海洋的大国，缺乏和轻视制海权思想所造成的可悲局面，终于得到了一定的反思。而“塞海防”思想的统一及其实施，是包括近代国防思想在内的中国近代军事思想达到一个新水平的鲜明标志。

## 三、诚信守约

经过武力征服，西方列强打开中国大门，面对西方近代文明，统治集团中的一部分人，以及一些逐渐转变对外观念，从儒家理想主义态度到实用主义态度转变，受其影响，中国军事外交政策发生了巨大变化。

### （一）重新认识时局，实施诚信外交

基于对外观念的转变，1861 年后的晚清政府，开始施行诚信外交。[①] 1860 年《北京条约》签订之后，英法联军如约撤出北京，退回天津。1861 年 1 月 13 日，奕訢、文祥、桂良等大臣，对“夷人”的看法开始发生转变，他们上奏指出：“自换约以后，该夷退回天津，纷纷南驶，而所请尚执条约为据，是该夷并不利我土地人民。”建议将传统“恩威兼施”的“驭夷之策”，改为“信义笼络”的政策，“犹可以信义笼络，驯服其性，自图振兴”。[②] 1861 年 1 月 20 日，咸丰帝同意了奕訢等人的奏请，批准设立总理衙门。奕訢奏折中关于对西方关系问题的阐述，代表了清廷最高权力集团的立场。11 月宫廷政变后，奕訢成为清廷最具实力的政治家，是晚清政府内政外交的重要决策者和实际操作者，这就为在中央政府一级实施诚信外交、寻求和解提供了可能。

缘于对外观念的变化，当时朝廷许多大臣，也主张实行对外信睦的政策。曾国藩认为：“夷务本难措置，然根本不外孔子忠信笃敬四字。笃者，厚也。敬者，慎也。信，只不说假话耳，然却难。吾辈当从此一字下手，今日说定之话，明日勿因小利害而变。”[③] 李鸿章更是诚信外交的积极支持者，“与洋人交际，以吾师忠信笃敬为把握”[④]。郭嵩焘则指出，“办理洋务非有他长也，言忠信、行笃敬以立其体”[⑤]，“处今日之势，惟有倾诚以与各国相接，舍是无能自立者”[⑥]。

### （二）与西方谋求和解，创造较为良好的环境

诚信外交的具体表现，是要执行和西方列强签订的条约，忠实履

---

① 张效民：《晚清政府的条约外交》，(历史档案)，2006 年第 1 期，第 78—83 页。

② 《筹办夷务始末》(咸丰朝) 第 71 卷，第 5740—5741 页。

③ 《曾文正公全集·书札》第 18 卷，第 15 页。

④ 胡秋原编：《近代中国对西方及列强认识资料汇编》(第二辑)，台北，“中央”研究院近代史研究所，1984 年版，第 102 页。

⑤ 雷广臻编：《晚清外交使节文选译》，第 28 页。

⑥ 钟叔河编：《郭嵩焘：伦敦与巴黎日记》，第 91 页。

行条约的内容。奕訢提出："若就目前之计，按照条约，不使稍有侵越，外敦信睦，而隐示羁縻……。"[1] 执行条约成为晚清诚信外交的指导方针。此后，一些关涉外交的大臣，也都将条约作为处理对外关系的依据，"中外交涉，总以条约为凭"[2]。李鸿章执掌晚清外交长达30年，其指导思想是"各国条约已定，断难更改"[3]。薛福成也认为，"办理洋务，守定约章，出以情理，固亦无他谬巧"[4]。郭嵩焘则主张，"凡办洋务，必先持和约以相周全，可者许之，不可者拒之"[5]。

诚信守约，为清王朝带来了同治时期的和平局面，为晚清的自强运动，提供了较为良好的环境。曾国藩在给同治皇帝的奏折中，对道光、咸丰、同治三朝的外交进行了比较，指出了诚信的成效："道光庚子以后，办理夷务失在朝和夕战，无一定之至计，遂使外患渐深，不可收拾。皇上登基以来，外国强盛如故，惟赖守定和议，绝无改更，用能中外相安，十年无事，此已事之成效。"[6]

虽然中国近代军事外交史，有其可赞赏的一面，但是由于中国近代社会遭受列强压迫，国际地位逐渐低落，领土和主权被破坏，军事外交没有发展的空间，近代军事外交思想的特点进一步印证了弱国无外交的理论。据《中美关系辞典》记载，1903年（清光绪二十九年）8月13日，清朝政府驻美国公使馆陆军武官谭锦镛，从华盛顿赴旧金山处理外交事务，美国警察公然侵犯谭武官享有的外交特权与豁免权，对他无理辱骂殴打，并把他强行关押至深夜。后经华侨商人多方疏通，谭武官才被释放。作为一个外交官，竟然连人的尊严都难以自保，有何脸面代表国家？谭武官悲愤至极，遂跳海自杀，以示抗议。事件发生后，清朝政府驻美国公使，即向美国政府进行交涉，但毫无结果。中国近代军事外交，由于清政府腐败无能，只能是屈辱和悲哀。

---

① 贾桢等编：《筹办夷务始末》（咸丰朝）第7卷，第2564—2567页。
② 《曾文正公全集·书札》第29卷，第14页。
③ 《李文忠公全集·奏稿》卷24，第10页。
④ 薛福成：《庸庵文别集》，第179页。
⑤ 转引自袁伟时：《帝国落日大变局》，江西人民出版社，2003年版，第167页。
⑥ 《曾文正公全集·奏议》第29卷，第49页。

## 第三节　中国共产党的早期军事外交思想

20世纪20年代以后，以毛泽东为代表的中国共产党，领导中国人民开始了伟大的革命战争，对历史留下的军事外交思想进行了科学的扬弃，在新的历史条件下，传统外交战略思想的精华被赋予新的意义。中国共产党早期军事外交思想划时代的里程碑，是毛泽东思想的创立。中国共产党早期军事外交思想，批判地继承了中国传统的思想文化，总结了中国革命战争的实践经验，针对当时的国际战略形势，提出了积极防御的战略思想，并一直延续到今天。它强调：人不犯我，我不犯人；人若犯我，我必犯人。不要别国的一寸土地；也不许别国侵占我国的一寸土地。战略上的积极防御，避免了消极保守被动的一面，发挥了积极主动的一面，主张和平解决历史遗留的领土争端。在军事与政治外交相结合的斗争中，掌握有理、有利、有节的原则。在军事外交的具体措施上，强调区别对待、具体问题具体分析。如抗日战争中，中国始终把日本统治阶级与日本人民区别开来。抗日战争胜利后，中国放弃日本战争赔款；教育改造并释放日本战犯；抚养日本侵略者丢下的遗孤，表现了中国人民的宽大胸怀和以德报怨的文化传统。

### 一、正确处理与共产国际的关系

中国共产党早期的军事外交与共产国际有着十分密切的关系。

#### （一）来自共产国际的革命理论、经验和物资支援了中国共产党和中国革命

由于俄国十月革命的影响，1919年以后，特别是在俄国共产党人的代表维经斯基等人来到中国以后，马克思主义作为一种革命的理论形态，首先是以强调暴力革命与无产阶级专政为主要特色的列宁主义的形式传入到中国来的。而且在维经斯基等人帮助之下，组成了中国最早的共产主义组织，进而又在俄国共产党和共产国际代表的帮助之

下，建立起中国共产党。十月革命一声炮响，给我们送来了马克思列宁主义。1919年3月，全世界共产党的领导机构共产国际成立。在共产国际帮助下，1921年中国共产党成立。由于这种特殊的关系，中国共产党作为依照俄国党的模式组织起来的共产国际的下级支部，最初自然以俄国共产党人为榜样，十分重视自己与俄国党和共产国际的关系，一些早期共产党人曾得出结论："中国改造与存在，大部分都要靠国际社会主义的运动帮助"，即中国革命"必与俄国打成一片，一切均借俄助"①。"一切均借俄助"，突出地反映了当时中国共产主义者的心理和中国革命的初期特点。

历史本身并没有为中国提供足够的实行社会主义运动的阶级条件与理论条件，然而时代和环境，客观上却促使中国的共产主义者只能选择社会主义，作为自己国家未来的发展方向。在这种情况下，来自毗邻俄国的革命理论、革命经验及其援助，无疑大大地满足了中国共产主义者在精神方面和物质方面的需要。1924年，苏联帮助建立的黄埔军校，培养了国共双方第一代军事干部。在中共建党至大革命期间，党的活动经费九成以上靠苏联提供。② 在土地革命战争和抗战期间，党的地下活动经费，仍多靠苏联资助。在20多年中国革命战争中，苏联是共产党人总的战略后方，称为"背靠沙发"。另外，共产国际也为中国共产党提供思想上的指导。如列宁领导的共产国际，从中国的客观实际出发，率先提出了建立民族民主革命的联合战线，并具体实行国共两党合作的策略主张。毫无疑问，运用马克思主义关于革命阶段论的思想和统一战线的策略主张，来解决中国革命的实际，这是一次成功的范例。正是由于中国共产党接受并切实实行了这样的方针和主张，中国革命和中国共产党，才能够在20世纪20年代中期取得令人瞩目的发展。

### （二）抵制消极面，与中国客观实际相结合

共产国际虽然给予中国共产党和中国革命以巨大的支持，但不可

① 陈独秀：《社会主义批评》，《广东群报》，1921年1月19日；《蔡和森给毛泽东的信》，1920年8月13日，《新民学会资料》，人民出版社，1980年版，第132页。

② 杨奎松：《关于共产国际与中共关系史研究的进展问题》，摘自杨奎松个人网页。

否认的是，共产国际派来的驻华代表多数不了解中国实际，而犯了瞎指挥错误（包括王明）。他们忽视了中国革命的实际，忽视了当时中国还远比俄国落后的社会现实。在1928年召开的中共六大上，苏共领导以唯成分论，指定工人出身的向忠发为中共总书记，后见其不称职，又扶植莫斯科中山大学毕业的王明掌握中共领导权。这些党内教条主义领导人，多半不仅不敢越雷池半步，并且对党内一切不同见解实行“残酷斗争，无情打击”。事实证明，他们远不具备领导中国革命的能力。

1935年1月，长征途中召开的遵义会议，是中国共产党人完全自主决定自己命运的第一次中央会议。会上确立了毛泽东的领导地位，结束了照搬苏联教条的博古、李德的领导。红军长征到达陕北后，毛泽东总结“左”倾教条主义者照搬苏俄经验招致反“围剿”失败被迫长征的教训，特别指出：“苏联的规律和条令，包含着苏联内战和苏联红军的特殊性，如果我们一模一样地抄了来，不允许任何的变更，也同样是削足适履，要打败仗。”1938年10月，毛泽东在正式成为党的最高领导人之后，开始向全党提出了“使马克思主义在中国具体化”的任务。强调“必须学会把马克思列宁主义的理论应用于中国的具体的环境”。他公开号召：“洋八股必须废止，空洞抽象的调头必须少唱，教条主义必须休息，而代之以新鲜活泼的、为中国老百姓所喜闻乐见的中国作风和中国气派。”① 从中可见其辩证吸收共产国际的思想，坚持独立自主，从民族利益出发的思想。

## 二、把握世界形势

中国共产党早期军事外交，十分强调纵观大局、利用矛盾。

### （一）纵观国际大局

共产党早期的军事外交思想，十分重视在分析世界国际形势的基础上，进行科学判断和筹划。毛泽东认为，战略不仅要考虑到国内因素，还要考虑到国际因素。在无产阶级革命和帝国主义时代，任何一

① 《毛泽东选集》（合订本），第500页。

个国家发生的战争，绝不是孤立的内部事情，而是与整个国际形势联系在一起的。只有充分利用国际环境的一切有利因素和避免不利因素，才能确定正确的战略。他指出："自从帝国主义这个怪物出世之后，世界的事情就联成一气了，要想割开也不可能了。"① 中国国内战争的各种矛盾斗争同国际上的斗争是有联系的，在制定中国革命战争战略时，必须考虑与此相关的国际战略问题。

毛泽东在领导中国革命战争和保卫国防的斗争中，始终把国际政治、经济、军事形势以及所产生的影响，作为制定战略的前提条件之一。早在土地革命战争时期，他就把根据地战略同国际问题联系起来认识，指出，中国内部各派军阀的矛盾和斗争，反映着帝国主义各国的矛盾和斗争。这是中国有一小块或若干小块红色政权的区域能长期存在的一个重要原因。抗日战争中，毛泽东全面分析当时的国际形势，深刻地揭示战争的根源，及时指出抗日战争和世界大战的不可避免性。从 1935 年 12 月至芦沟桥事变之前，毛泽东曾多次提醒全国人民：日本帝国主义企图吞并中国，中国人民的全面抗战，是不可避免的。抗日战争爆发后不久，毛泽东又指出爆发新的世界大战的必然性。这种科学预见，是基于对当时国际形势和帝国主义法西斯侵略本质的深刻分析。当时国际形势的基本特点是，席卷了整个资本主义世界并持续达四年之久的经济危机，使帝国主义国家之间、帝国主义和殖民地半殖民地之间、资本主义国家内部的各阶级之间的矛盾空前尖锐和激化。毛泽东指出："由于这种总危机，逼使各资本主义国家走入新的战争，首先逼使各法西斯国家从事于新战争的冒险。"② 从 30 年代初开始，德、意、日法西斯集团，为转嫁国内矛盾，先后在世界各地，发动了疯狂的侵略战争。而英、法统治集团则采取绥靖政策，纵容法西斯侵略，力图将法西斯的侵略矛头引向苏联，进一步助长了法西斯的侵略气焰。于是，德、意、日法西斯集团，肆无忌惮地把战争扩大到更大的范围。1931 年，日本不宣而战，侵占中国东北。以后

① 《毛泽东选集》第 1 卷，人民出版社，1991 年版，第 161 页。
② 《毛泽东选集》（第 2 版），第 2 卷，第 475 页。

又频繁挑起事端，图谋侵占全中国。当时国民党政府，对日本的侵略一味采取不抵抗政策，以为再牺牲一些国土便可图苟安。毛泽东同志严正指出："日本的大陆政策已经确定了，那些以为同日本妥协，再牺牲一些中国的领土主权就能够停止日本进攻的人们，他们的想法只是一种幻想。"[①] 英、法、美统治集团，对日本的侵略行径采取所谓"不干涉政策"，隔岸观火，企图坐收渔翁之利。日本正好利用帝国主义国家之间的矛盾，于1937年发动了全面的侵华战争。毛泽东洞察日本军国主义的野心，批驳了英、法、美的损人利己的政策。他指出，日本的野心很大，侵占中国只是其野心的一部分，其更大的野心是要独占西南太平洋，必然要侵略南太平洋各国。后来形势的发展，完全被毛泽东所言中。

**（二）充分利用矛盾**

中国共产党早期的军事外交，十分善于利用矛盾，使形势朝有利于已的方向发展。中国的抗日战争，作为第二次世界大战的一个重要组成部分，有着错综复杂的国际背景。在战争爆发前后，各种国际力量，都想对中国战场施加有利于自己的影响。毛泽东不是孤立地分析某一个帝国主义国家的情况，而是把世界主要资本主义国家的情形及其相互关系，联系起来进行分析；不是片面地分析日本军国主义的某一次侵略行为，而是从总体上分析日本军国主义的战略企图；不被法西斯的种种假象所迷惑，而是通过对现象的分析，牢牢抓住法西斯的侵略本质，从中利用矛盾。毛泽东指出，日本在国际上处境孤立，世界的多数国家会援助中国，这是持久战战略的一个重要条件。抗日战争结束后，毛泽东正确分析了国际形势，深刻认识到，全世界反帝力量的发展、美国及其资本主义世界内部所面临着的种种矛盾，决定了美国对蒋介石的援助和支持都是有限度的，国际优势是在我们方面而不是在敌人方面。毛泽东对于国际形势的精确判断，为世人所折服。他的敏锐洞察力，源于科学的分析方法。

以毛泽东同志为首的共产党人，在分析国际形势，制定对外政策

---

① 《毛泽东选集》（第2版），第2卷，第443—444页。

时，不仅善于进行矛盾分析，而且善于从不断地分化、组合中的国际政治力量中，指出有利于中国和世界人民的基本力量，形成对外工作的战略思想。第二次世界大战后，面对苏美之间的紧张关系，当时有不少人对国际形势的发展持悲观估计，认为“苏美必战”。在这种情况下，毛泽东同志以冷静的观察，从分析战后世界矛盾的全局入手，于1946年4月写下了《关于目前国际形势的几点估计》，他认为“世界反动力量确在准备发动第三次世界大战，战争的危险是存在的，但是，世界人民的民主力量超过了世界反动力量，并且正在向前发展，必须和必能克服战争危险。”因此，美、英、法与苏联之间迟早将达成妥协，且美、英、法与苏联之间的妥协，并不要求“各国人民随之实行国内的妥协，各国人民仍将按照不同情况进行不同斗争。”这个重大战略判断，又使中国共产党人，能够摆脱几大国之间妥协格局的束缚，独立自主地抓住时机，放手发展，将中国革命推向前进。

## 三、争取广泛的国际支持

中国共产党早期的军事外交思想，积极倡导团结一切可以团结的力量，争取广泛的国际支持。在抗日战争时期，中国共产党和毛泽东，科学分析了复杂多变的国际形势和矛盾关系，提出了建立以维护我国民族利益为中心的，国内国际两条抗日统一战线的正确方针，争取和创造了于我有利的国内抗日环境和国际抗日形势。国际抗日统一战线，是在国内抗日民族统一战线的基础上建立起来的。国际抗日统一战线的形成，又有利于维护和巩固国内抗日民族统一战线。我们党根据毛泽东关于国际战略和国内战略的思想，坚持了正确的原则立场，有效地利用帝国主义的矛盾和国际力量的制约作用，多次挫败了国民党的反共高潮，始终遏制住了蒋介石集团的妥协投降倾向，推动国民党军队共同抗日，壮大了我国的抗日力量，使日本帝国主义的诱降阴谋和吞并中国的野心不能得逞。

### （一）确定我党全民族抗战路线

在抗日战争时期，共产党坚持维护民族利益，团结一切可以团结的力量。1937年5月，中国共产党在延安召开全国代表会议，毛泽东代表中共中央政治局，作了《中国共产党在抗日时期的任务》和《为争取千百万群众进入抗日民族统一战线而斗争》的报告。毛泽东正确分析"九一八"事变，特别是1935年华北事变以来国际国内矛盾的发展变化，指出由于中日矛盾上升为主要矛盾，国内矛盾降到次要和服从地位，从而导致国内阶级关系的变动，把资产阶级推上了抗日救亡的道路。为推动全国抗战局面的到来，争取抗战最后胜利，我们必须建立包括资产阶级在内的抗日民族统一战线。基于上述目的和要求，我们要适当地调整国内国际现时可能和必须调整的矛盾，使之适合团结抗日的总任务。中国共产党在致国民党三中全会的电报中，为实现全国和平统一、团结抗日的方针，做出了四项保证。毛泽东指出，这些保证是必需的和许可的，因为只有如此，才能根据民族矛盾和国内矛盾在政治比重上的变化，而改变国内两个政权敌对的状态，团结一致，共同赴敌。

民族矛盾上升为主要矛盾，但这并不意味着阶级矛盾的消失。因此，我们在同民族敌人进行殊死战斗的同时，对内要保持一定的阶级警觉，在政治上、组织上及行动上坚持独立自主。毛泽东分析考察国民党对日政策转变的背景，指出蒋介石走向抗日不是自觉自愿的，是迫于国内外形势和舆论的巨大压力，而不得不作出这样的选择。就其对内政策而言，蒋介石一贯坚持反共反人民的立场。他不愿实行民主政治，不给人民以自由，坚持其一党派一阶级的独裁，企图利用一切机会进攻乃至消灭中国共产党及其领导的人民军队。民族矛盾突出，阶级矛盾依然尖锐存在，这是现时形势的一大突出特点，并将在整个抗战过程中始终存在下去。面对这种复杂的斗争形势，我们一方面要坚定不移地贯彻我党坚决抗战的政治主张，把推动民族抗战，争取民族解放大业放在首位；另一方面又要保持清醒头脑，提高阶级警觉，在努力同国民党结成并注意巩固抗日民族统一战线的同时，必须坚持自己的独立性，独立自主地确定自己的政策和行动纲领，并在一定限度内，同反共势力作必要而又坚决的斗争。这既是确保我党我军生存、发展的需要，也是保证抗日战争得以胜利进行的需要。为了民族利益，我们在某些方面可以实行有原则的让步，然而让步是有限度的。毛泽东明确指出，在特区和红军中坚持共产党的领导，在国共两党关系上坚持共产党的独立性和批评自由，这就是让步的限度，超过了这种限度是不许可的。

**（二）建立国际抗日统一战线**

中国共产党在国内抗日统一战线的基础上，积极倡导国际抗日统一战线。在中华民族危机空前严重的形势下，1936 年 7 月，毛泽东通过与美国记者斯诺的谈话，公开向国际社会阐明了中国共产党关于建立国际抗日统一战线的主张。毛泽东强调指出："日本帝国主义不仅是中国的敌人，同时也是要求和平的世界各国人民的敌人。""中国苏维埃和中国人民因此要同各国、各国人民、各党派和各群众组织团结起来，组成反对日本帝国主义统一战线。"正是在这样的基础上，毛泽东同志在 1937 年 5 月中国共产党全国代表会议上，进一步提出了"中国的抗日统一战线和世界的和平阵线相结合"的战略思想。他指出："中国不但应当和中国人民的始终一贯的良友苏联相联合，而且应当按照可能，和那些在现时愿意保持和平而反对新的侵略战争的帝国主义国家建立共同反对日本帝国主义的关系。"根据这样的战略思想，毛泽东在 1937 年 7、8 月间发表的《反对日本进攻的方针、方法和前途》、《为动员一切力量争取抗战胜利而斗争》等著作中，提出了"抗日的外交政策"，其要点是：对日绝交；和苏联订立军事政治同盟，争取英、美、法同情我们抗日，在不丧失领土主权的条件下争取他们的援助；联合朝鲜和日本国内的人民反对日本帝国主义。后来种种的事实证明，毛泽东同志的分析和主张是富有远见的。这些形成于抗日战争时期的毛泽东对外工作思想和方法，不仅使得我党在八年抗战中树立了良好的国际形象，而且实际上成为我们党在军事外交方面的指导思想，为解放战争和新中国成立后的军事外交奠定了思想政治基础。

王真在《中国共产党对建立和发展世界反法西斯统一战线的贡献》一文中，认为中国共产党倡导并建立的中国抗日民族统一战线，不仅是民族的抗日统一战线，而且是世界反法西斯统一战线的重要组成部分；中国共产党及时号召和组织国际抗日统一战线，争取英、美、法建立国际反法西斯同盟，形成了世界反法西斯统一战线的东方一翼；在实践中，中国共产党正确地提出了划分法西斯与反法西斯两大阵线的标准，并努力维护盟国间的团结与合作，促进了世界反法西斯统一战线的巩固和发展。中国共产党对建立世界反法西斯统一战线的伟大贡献，“进一步加强了中国抗日战争在世界反法西斯战争中的地位和作用”，为世界反法西斯战争取得胜利创造了条件。同时事实证明，建立国际统一战线对中国抗日战争起了巨大的支援与配合。由于抗日战争的国际性，中国抗日战争也得到了苏联、美国、英国、法国等各国的支援，这些支援对中国的抗战起到了一定的作用。第一，在经济上的援助，以及提供国际交通口岸方面的帮助，维持了中国国统区抗战经济以及外援接济，打破了日本对于中国长期实行的陆地和海空的严密封锁和禁运；第二，在政治上和道义上给予中国抗战以声援，鼓舞了中国抗日军民的抗战士气，振奋了中华民族必胜的信念；第三，在武器装备上的援助，改善了中国抗战武器落后和匮乏的状况，在一定程度上提高了国民党军队的作战能力，扭转了正面战场数度出现的危局。第四，各国派遣来华的陆海空军武装人员和其他人员，补充了中国正面战场各类专业技术和参谋人员等的不足。虽然世界各反法西斯主要国家，对中国抗日战争的援助与中国对世界反法西斯战争的贡献相比是次要的，且其援助非常有限。但这一外交思想是十分正确和有效的。

## 四、军事行动与外交斗争有机配合

军事外交与军事行动、国际政治、国内政治、经济、文化等各方面密切相关。中国共产党提出，军事外交作为配合军事斗争的手段，要与军事、政治、经济、文化战线的斗争有机配合。

### （一）加强国际舆论，坚决反对不义战争

中国共产党的军事外交思想，重视加强舆论，坚决反对不义战争。为了防止战争，毛泽东要求在认真做好抗击不义战争准备的基础

上，强调利用国际舆论，广泛开展维护世界和平的宣传，揭露敌人的战争阴谋，并以此教育人民和团结人民，共同反对不义战争。在极其艰难的战争年代，毛泽东等中国共产党领导人，通过简陋的新闻媒介和宣传工具，发表声明、谈话、文章等，表明反对日本帝国主义侵华战争和国民党蒋介石打内战的鲜明态度和严正立场，曾赢得了国际社会的广泛关注与热情支持。如1944年5月，一大批中外记者组成的参观团来到延安，利用他们对边区和前线一些地方进行访问的机会，叶剑英同志代表八路军、新四军延安总部，向他们作了一个内容详尽而丰富的解放军抗战情况报告，这就是1944年6月22日发表的著名的《中共抗战一般情况介绍》，叶剑英同志在这次谈话中，列举了各战场特别是敌后战场的战绩，公布了大量具体数字，对我党在抗日战场上的行动进行了有力的宣传。又如在解放战争中，为了团结社会上各阶层结成反蒋反美统一战线，最大限度地孤立和打击最主要的敌人，以配合解放区战场的军事斗争，毛泽东曾设想“应当努力学会合法斗争的一切方法，加紧国民党区域城市、农村、军队三大工作（均是我之弱点）”。[①] 在同国民党进行谈判斗争中，毛泽东、周恩来进行大量的宣传和统战工作，联络民主党派和国民党内的反蒋势力，鼓动各阶层群众进行反对美蒋反动派的斗争。经过统战工作，代表民族资产阶级和部分小资产阶级利益的“第三方面”势力大部倾向我党，并和我党一起抵制了1946年11月国民党一党包办的伪“国民大会”；国民党内具有民主倾向的派别，也和我党建立了反蒋统一战线。这样，以蒋介石为首的国民党反动派，不仅在政治上完全陷入孤立，其军事斗争也受到很大的影响。使它的内战计划和动员遭到严重的破坏，从而大大加速了全国解放战争的进程。

### （二）与美直接接触，积极谋划合作

抗日战争开始以来，特别是1941年12月太平洋战争爆发之后，中国国内物资非常匮乏，中国共党在争取苏联帮助的同时，积极开展与美关系。但是，美国基于其在亚太地区的利益以及世界反法西斯战

① 《毛泽东选集》第4卷，人民出版社，1991年版，第1153页。

争全局的考虑，从军事到政治、经济诸方面全力扶持国民党政府，而无视中国共产党的存在。毛泽东从大局出发，仍然重视美国在中国抗战中的作用，期望与美国进行长期的全面的合作。1943 年夏天，消极抗日的国民党政府发动了第三次反共高潮，国共关系严重恶化。为了防止中国的“崩溃”，促使国共两党军队一致抗日，从 1943 年下半年起，美国开始谋求同中国共产党直接接触和合作的机会。1944 年 7 月，美国向延安派出军事观察组。9 月，美国将军赫尔利作为罗斯福总统的特使来到了中国，并于两个月后飞往延安。赫尔利对调处国共关系踌躇满志，兴趣颇浓。在延安期间，他与毛泽东签订了关于组建联合政府的五点协议，自以为大功告成。但他根本不了解中国，在他与中共签订的协议遭到蒋介石拒绝后，就见风转舵，反过来劝说中共方面接受蒋介石提出的交出军队，服从国民政府。这显然不能为中共所接受，国共谈判由此陷入僵局。

蒋介石的顽固作梗与赫尔利的出尔反尔，使毛泽东大为生气，但他并未放弃与美国进行合作的希望。而美国罗斯福也曾致电毛泽东明确表示：“为着击败日本侵略者，愿和中国一切抗日力量作强有力的合作。”1944 年底，在华的一些美国军方人士，向中共提出了一系列军事合作建议，更使毛泽东看到了与美国进行合作的曙光。但他也认识到，与美国合作的进程将十分艰难，关键在于美国领导人不了解中国的实际情况，在于蒋介石和赫尔利的阻挠与破坏。

## 第四节 中国战略文化对军事外交的影响

世界上每一种文化传统，都包含着关于战争和外交的思想；每一种战略思想，又都与一定的思想文化相联系。战略服从和服务于当时的国家政治，但战略又深刻地反映一个国家和民族的历史文化及战略传统。也就是说，战略的底蕴和根基是思想文化，而且战略思想最终要汇入到一个国家或民族的思想文化的发展历史中去。战略文化，是在一定的历史和民族文化传统的基础上所形成的战略思想和战略理论，并以这种思想和理论指导战略行动和影响社会文化与思潮。它具有观念形态、历史继承性、国体与区域特征等属性。战略文化作为一种亚文化，构成了中国传统文化的一个重要源头，是其中极具华采和魅力的组成部分。

文化不是行为，但文化可以影响行为。一种文化之所以成为一个民族的主流文化，一种价值观念之所以成为一个民族的主导性价值观念，在于它体现了这个民族生存与发展的最深层次的需要。这是文化影响行为的现实基础。西方地缘战略学家麦金德有一句名言："政治的进程是驱动和导航两种力量的产物。这种驱动的力量源于过去，它植根于一个民族的特质和传统的历史之中。"美国的文化史学者认为，"文化范式对个人形成制约，为他们提供了基本的设想以及观察和思考的工具，确定了他们的生活框架。文化决定制度的形式，决定将被发展的个性类型和被认可的行为类型。""政治领袖必须在符合国家价值观念的前提下才能形成政策，国家价值观只是个人价值观的集合。关于美国国家利益的问题只有研究国家价值观才能找到回音。"[①] 中国学者也指出："战略的底蕴和根基是思想文化"，战略文化"是制定现实战略的潜在意识和历史文化情结"。[②] 人类永远在创造文化，也永远处于文化传统的长河之中。无论是哪个国家、哪个民族的战略行为，都离不开战略文化的孕育。只有揭示出民族、国家与文明的战略文化的特性，才能准确把握住其战略行为的走向。

中华民族素以发达的战略思维著称于世，在中国五千年文明史和军事史的大背景上，勾勒出战略文化发展的基本脉络。中国"天人合一"的哲学思维、以儒家为主流的经邦济世思想，对战略文化的发育产生了深刻的影响；中国悠久的历史、辽阔的疆域，为战略文化的发展提供了得天独厚的条件。中华民族战略文化传统在价值取向上的特点是：重仁德，倡义战；求统一，反分裂；保安定，重防御；慎干戈，贵全胜。在思维方式上以朴素的唯物主义、早熟的辩证思维、原始的系统观念和多采的谋略艺术为主要特色。

---

① 王晓德：《美国文化与外交》，世界知识出版社，2000年版，第5页。

② 李际均：《论战略文化》，中国军事科学，1997年第1期，第9页。

中国军事外交思想，根植于中国特有的社会土壤，吸吮着中国特有的文化营养，反映了颇具中国特色的战略文化。战略文化是制定现实外交战略的潜在意识和历史文化情结，因为战略家只能在特定的历史文化环境和教养中，进行认识和实践创造活动。外交战略制定者的个人风格，正是其文化底蕴的外在表现。因此，从战略文化的角度，分析有关国家的军事外交方略，挖掘其深层次的思想文化与哲学背景，及其对思想文化的反作用，并且揭示其未来的发展趋势，这是军事外交战略研究的一个重要方面。

## 一、中国战略文化是军事外交思想的底蕴和根基

不同国家和民族的生存环境和历史发展的差异，决定其社会结构、文化心理结构的区别，从而也影响到军事外交思想行为。也就是说，军事外交的底蕴和根基是战略文化，而且军事外交思想，最终要汇集到一个国家或民族的战略文化的发展历史中去。

中华民族是一个战略思维十分活跃而成熟的民族。在源远流长、博大精深的中国传统文化中，蕴含着丰富的战略思想的宝藏。中国的战略文化起源很早，从夏商周到春秋战国时代，“国之大事，在祀与戎”。当时的华夏文明，培育了《孙子兵法》、《吴起兵法》、《孙膑兵法》、《六韬》等战略思想和理论，同时在《周易》、《老子》、《尚书》、《论语》、《孟子》中，也包含有若干大战略的观念。它们都成为先秦文化的重要组成部分。中国古代战略文化基于“天人合一”的哲学思想，追求人与自然、人与人的整体和谐。其内容极为丰富，如果用最简洁的语言来概括，表现为道德观念上的“和为贵”、“仇必和而解”；政治上的“兼爱”、“非攻”、“以战止战”；军事上的“不战而屈人之兵”、“全胜不斗，大兵无创”等。

中华文明赋予其军事外交的灵魂就是求和平、谋统一、重防御。这种军事外交思想，在中国历史的大部分时间里，为中国人民带来了自身的繁荣和睦邻友好关系。但是，到了封建社会的后期，腐败的政治体制和无能的军事官僚，没能将防御传统的积极成分加以发扬，而

是承袭传统战略文化中的保守性的一面，实行消极防御，封边禁海，放弃海疆。特别是在对待军事技术的基本态度上，古代中国多突出“道”与“器”之辨，重道轻器，忽视军事技术的发展与应用。这种弊端在封建社会全盛、外部压力较少之时，尚能被掩盖，然而，当封建社会步入衰世，西方列强不断入侵之时，其恶果便暴露出来。清王朝后期，对外敌入侵抵抗不力，甚至不战而退、不战而降，从而给中国近代史蒙上屈辱的阴影。

中华民族是一个珍视统一的民族。中国军事外交思想的一个非常重要的内涵就是统一观念。反对分裂，谋求统一，促进中华民族的大团结与大融合，这是中国几千年战争史的主流。无论一个时期内国家如何分裂、各民族间如何对立，最终的结局仍是在民族和解中产生出新的更大范围统一的中国。在中国这块广袤的土地上繁衍和生息的人民，无论他们生活在哪个时代，无论他们属于哪个民族，也无论他们信仰什么宗教，甚至无论他们迁徙到什么地方，都始终保持着对一种统一文化和一个统一国家的高度认同。中华战略文化是一个包容性很强的文化体系，不同的宗教信仰和习俗，都可以在这个博大的文化体系内融汇与发展。在中国历史上，从来不曾发生过西方历史上那样惨烈的宗教战争，这正是中华战略文化对军事外交思想的影响。

战略文化作为一种亚文化，构成了中国传统文化的一条重要的支脉、一个重要的源头。它传承绵延为中华文化之苑的一条绚丽的风景线。中国传统文化的特色，决定了中华民族战略文化的特色。中国发达的战略文化又对中国军事外交思想的发展，产生了深刻的影响。在人类跨入一个新的世纪的时候，在世界各国的战略家们都在关注着和平与发展的时候，回顾和探讨一下中华民族的战略文化不无裨益。而作为中国的军事外交战略家们，继承这笔丰厚的遗产，从中汲取营养并使之不断升华，更是义不容辞的责任。

## 二、中国战略文化是军事外交思想产生的重要背景之一

军事外交思想，虽然产生于一定的社会物质生产和战争实践的基础之上，但它的形成和发展，离不开本民族历史和现实的文化背景。来自台湾地区的钮先钟学者在《现代战略思潮》中明确指出："任何从事战略研究的人都必须重视战略思想的文化背景。"① 他认为，必须首先明了某一国家的民族性，然后始能深入了解其战略思想。这种战略思想当然包括军事外交思想。他还举例说明，"美国人所代表的是一个急功好利的民族，缺乏远大眼光，常犯欲速则不达、见小利则大事不成的毛病。美国文化是一种高度工业化社会的产品，一般美国人都是重技术而不重思想，重管理而不重战略。"② 而且，美国还有其特殊的岛国文化背景，孤立的地理位置，养成了孤立的政治思想，这也是孤立主义外交思想在美国得以产生和发展的重要原因。

从思想文化上来说，中国追求一种"圣人"的境界，视野相对地集中于人们的社会关系及人的自身道德修炼。因而从中国的历史发展来看，建立了一种齐整的、完备的伦理道德体系，那些淡泊名利、思想行为符合一定的社会伦理规范的人备受推崇。修炼成圣的基本准则是"仁"，而"仁者爱人"，所讲求的是"四海之内皆兄弟"，所追求的是"大同"。在这种战略文化背景下，中国自古以来，就形成了追求和爱好和平的传统观念，主张和为贵、以和致利、不战而屈人之兵。实在是要进行战争，就强调自卫的原则、主张后发制人，在不得已的情况下才可进行战争。这种认识是以现实主义态度来衡量战争的，它构成了中国对战争理性选择的一个重要因素，在观念上体现了中华民族慎战的民族精神。

毛泽东军事战略思想产生于中国革命战争和国防外交的伟大实践，但它也批判地汲取了中华民族优秀的文化遗产和军事战略理论的

① ［台］纽先钟：《现代战略思潮》，黎明文化事业股份有限公司出版，1985 年版，第 24 页。
② 同上。

精华。毛泽东在湖南第一师范学习时，便对中国传统文化产生了浓厚兴趣，在其《讲堂录》中，注记了大量的军事语录和历史名将的经历。青少年时期的毛泽东，十分爱读中国历史性书籍和小说，如《左传》、《资治通鉴》、《二十四史》、《三国演义》、《水浒传》等。这些对毛泽东战略思想的形成与发展有重大影响。他很好地吸收、借鉴了古人研究、制定战略方面许多有价值的认识方法，如“知彼知己，百战不殆”；注意在新的历史条件下发展古人提出的一些战略思想和战略指导原则，如“避实击虚”、“因粮于敌”、“先胜而后求战”、“我专而敌分”等。有的外国学者认为，毛泽东“以弱胜强战略”的基础即是民族传统文化，“从毛泽东整个一生看，可以认为，他的思想核心部分是中国文化传统培育起来的，他通过吸收马克思主义，使这种文化传统发展到能适应现代中国的情况和问题，他的思想的基本性格终于在中国大地上深深扎根。”①

周恩来外交思想非常强调，我们在国际交往中一定要遵守信用，说话算数，做不到的事决不说，说过的事一定要做到。美国前国务卿基辛格，对中国这种外交风格体会很深。他在回忆录中指出，中国外交家证明是完全可靠的。他们信守协议的意义和精神，是可以认真与之打交道的。除了遵守信用，说话算数之外，中国外交风格还有实事求是、坚持正义、不畏强暴、待人以诚等。这些也都或多或少受到中国传统文化的影响。因为一个国家外交风格的形成，除了受时代、阶级的制约之外，民族特性也是一个重要的因素。当然，国家领袖的素质、修养、阅历、风度，也对该国的外交风格产生重要影响。

## 三、战略文化对军事外交战略的制定与实施具有重要影响

军事外交战略的制定和实施，不是统帅个人意志的自由创作，而是为当时的客观物质条件所制约的。但同时，战略指导者的主观指

① ［日］伊藤宪一：《国家与战略》（中译本），军事科学出版社，1988年版，第82页。

导，也受到各种因素的影响和制约，其中带有战略文化特征的思维方式、道德观念、价值取向，无形中对外交决策产生着潜在的影响。

战略文化对军事外交行为的影响，还表现在对战略环境的认知上。人类总是通过一定的文化模式，来认识这个世界的。世界只有一个，然而不同的文化，对于同一个世界却有不同的理解。战略文化的意义首先在于，它为决策者对战略环境的认知，提供了一种基本的图式。不同的战略文化提供不同的认知图式，从而使人们对战略环境形成不同的判断。从整体性的世界观念出发，中国战略文化倾向于认同世界的一体性与相互依存性，认同于国际行为主体之间的和平共处与良性互动。这是当代中国军事外交所奉行的和平共处五项基本原则的深层文化底蕴。在西方近代主流战略文化中，社会达尔文主义式的"生存竞争"、"弱肉强食"是认知世界的基本图式，永无休止的竞争与冲突，被认为是人类的天性，世界始终"处于一种潜在的'战争状态'，国家行为受始终存在的军事冲突危险所支配"，弱肉强食被认为是国际社会的基本法则，国家不分大小强弱平等相处，被认为是浪漫的乌托邦。因而，生存的惟一法则就是强者法则，而强权政治则由此具有了文化的合法性。用俾斯麦的话说，是"如果强者压服了弱者，那只是一种无可非议的生存竞争的规律"。以冲突的认知前提始，以强权的行为偏好终，也就成了西方近代主流战略文化的基本逻辑。在当代西方战略文化中，这种冲突性的战略认知依然占据着重要的地位。正是从冲突的认知出发，西方某些军事外交政策，表现出了一种强烈的无限夸大分歧与对抗，以寻找敌人乃至是制造敌人的内在驱动力。

中国的传统战略文化是以儒学为核心的，它渗透到中国古代、近代社会生活的各个领域：传统的伦理道德直接制约着历代战略决策者，使得中国历代军事外交战略具有以下特征：

### （一）强调"非攻"、"仁本第一"，一向把防御摆在重要地位

在中国，仁爱学说居于古代伦理思想的核心地位。儒家讲仁，孔子认为仁就是爱人；墨子宣扬"兼爱"，要求无差别地爱一切人；老子推崇"慈"，提倡像父母子女那样的自然纯朴的爱。汉以后，韩愈

倡导“博爱”，张载宣传“民吾同胞”。这些人道主义思想，使历代决策者大多数推崇防御，精于守御之道。几乎与中国封建制度同时出现的古长城，经历了20多个世纪，是防御思想根深蒂固的绝好证明。

**（二）重视战争道德，强调“有德不可敌”，主张仁义用兵**

古代中国传统文化认为，仁者无敌于天下，有德者无往而不胜。因此，中国古代的政治家和军事家们，在用兵时把是否“师出有名”看得很重，挖空心思为发动战争找到符合“德”的理由，并竭力把自己的军队标榜为正义之师，同时从道德上贬斥对手，以争取民心。还有，中国传统文化一向肯定统一，否定分裂，认为维护统一是正义的，符合道德的。因此，统治阶级的平藩战争，就容易得到社会和民族的认同。

**（三）在战略部署上强调“居中御外”，内重外轻**

古代中国常有“攘外必先安内”之说，把安内作为军事战略之首务，历代战争大多属于内战。期间虽有对外战争，但与中国古代战争总数相比微乎其微。

**（四）在外交战略目标上，把不战而屈人之兵作为最高追求**

“中国自古有兵凶战危之说，用武是迫不得已的事，目的是为了罢兵息战。明智的将帅极为重视发挥军事力量的威慑作用，注重伐谋伐交，寻求不动用武力而实现战争目的的最佳途径”。[①] 相反，西方的民族文化传统中，则较少考虑道德因素，更多考虑的是实际利益。地中海沿岸的民族，以原始商品交换和海外殖民为致富手段，其战略思想的意向是向外拓展。欧亚大陆上多次崛起的游牧民族，也是以军事征服为荣耀的。因此，在战略上往往无视战争道德，对战争的利益之争直言不讳，强调对外侵略扩张和战略进攻。这样使得西方的战争更残酷、更野蛮。正如一位西方学者所指出的那样：古希腊城邦国家之间的频繁战争，带来了“浩劫与毁灭”，以及“各种野蛮的报仇行为”；中世纪战争中，民主化的瑞士人“完全不顾邻国的权利”，“他们以具有一种蓄意的无情残酷而出名”；“在中世纪时代，最惨得的祸

① 姚有志：《古代中西军事传统之比较》，《中国军事科学》，1995年第3期，第93—100页。

害，是对敌人、俘虏、军人和异端的残酷行为。”

中国的传统战略文化的主要特征，是全局性和系统性。如果说古代西方的思维方式是偏于分析性的，古代中国人的思维方式则趋于综合性，即注重从整体上、宏观上把握世界。这样一种文化特质和思维方式，反映在对战争的观察和认识上。推而广之，也反映在治国兴邦和对外交往上，决定了中国决策者特别注重从战略的层次观察和回答问题。目前，中国崛起的大战略，要求中国军事外交思想的核心是稳定。中国首先需要一个稳定的周边环境，全力以赴地发展经济。在这一大战略下，中国新一代领导人确立了以“四不”为核心的战略原则：不搞霸权主义、不搞强权政治、不结盟、不搞军备竞赛，目的是建立信任、缓和矛盾、加强合作、避免冲突。提出了非常灵活的外交策略——“全方位外交”；在积极参与地区组织的同时，优先发展双边关系；在缓和过去遗留的领土争端的同时，全面加强经济联系。

## 四、军事外交决策应充分考虑本民族的特点和传统

民族作为一种社会历史现象，由于其共同语言、共同地域、共同经济生活，以及表现在共同民族文化上的共同心理素质等特征，都不是在短期内能够形成的，也不是在短期内能够消失的，因而具有相对的稳定性。文化随着民族的产生和发展而具有民族特性，它对一个国家的政治、经济、军事产生着深远的影响。在长期历史发展过程中形成的民族特点和传统，是决定一个民族凝聚力的重要因素，同时也作为一种相对稳定的因素对民族国家的行为方式产生重要作用。因此，外交战略决策者，要充分考虑到本民族的特点和传统，制定相应对外政策，发挥本民族的优势和潜力。美国学者摩根索认为，“民族性格不锐不影响国家权力，因为，那些在和平和战争时期为了国家而行动，制定、执行和支持它的政策的人，那些选举人和被选举人，那些塑造公共舆论的人，那些生产者和消费者——所有这些人都在或大或

小的程度上带有那些构成民族性格的文化和道德品质的烙印。”[①] 他举例说明，俄国人的基本力量是坚韧性，美国人的个人主动性和创造性，英国人的不拘于教条的常识观念，德国人的纪律性和彻底性，都是民族性格特点中的一部分。而它们无论是起好作用还是起坏作用，都要在国家成员可能参加的所有个人的或集体的行动中表现出来。因而，由于民族性格特点的不同，德国和俄国实行的政策，在美国和英国就可能难以实行，反之亦然。沙皇俄国在历史上曾成功地利用军事威胁手段和实际使用军事力量来扩张领土，沿着漫长的边界以武力兼并其毗邻地区，并竭力在本国和预想敌国之间建立起广大的缓冲地带。苏联建国后各个时期的军事战略，也在一定程度上体现出这些特点，如推行霸权主义的军事战略、强调战略进攻、试图建立战争缓冲区等。

中国则与之完全不同：一是中国一贯奉行防御性的战略方针，这也是由民族特点和民族传统决定的。邓小平在谈到积极防御战略方针时指出，中国有几个特点，一个不信邪，一个我们有持久战的传统，还有以劣势装备战胜优势装备的传统。“这是我们人民军队有信心、增强信心的根据。我们总是要立足以弱胜强，以劣势装备战胜现代化装备，以持久战消耗敌人。所以战略方针是积极防御。”[②] 二是中国的民族特点是注重智谋。《六韬》讲谋略，主张“文伐”，采取权谋的诡诈手段；利用矛盾，分化、瓦解、削弱敌方，并提出了十二法。在谋略运用上，主张“全胜不斗，大兵无创”。春秋战国时期，诸侯纷争，不少谋臣策士于其中纵横捭阖，体现了中国古代谋略运用的玄机和微妙。三国时期，魏、蜀、吴你争我夺、斗智斗勇，涌现出一大批攻于心计、善使谋略的军事人才，极大地丰富和系统了中国古代的韬略宝库。其中像诸葛亮，成为中国古代谋略家的化身，为世人景仰。唐《太白阴经》发挥前人的思想，提出“以权术用兵，则天下不能敌”，所谓以权术用兵，亦即重视谋略运用，“夫善战者，胜败生于两阵之

---

① ［美］汉斯·J. 摩根索：《国家间政治：寻求权力与和平的斗争》（中译本），中国人民公安大学出版社，1990 年版，第 180—181 页。

② 《邓小平论国防和军队建设》，军事科学出版社，1992 年版，第 99 页。

间，其谋也”。[①]《太白阴经》最有价值的思想，是在强调物质条件的基础上，注重发挥人的主观能动作用。它认为“天”是自然现象，人能掌握其规律，便能避其害。因此，天道阴阳是不能决定战争胜负的，主张“人谋成败”。北宋《何博士备论》有“以智全胜”的思想，它说“夫兵以势举者，势侧则溃；以勇合者，勇竭则擒，唯能应之以智，则常以全用，而制其二者之弊。”《百战奇略》更是提出“凡用兵之道，以计为首”，“凡用兵之法，要在其变”[②] 的思想，揭示了计谋和权变在战争中的首要地位和关键作用。把谋略摆到根本位置的，要算是《投肤笔谈》了，它重视军事谋略，看成是叫“师之本”，“谋乃行师之本，非谋无以制胜于万全”，从而极主张“尚谋”。三是中国的民族特点是内合。纵观中国历史，不乏有孙子、吴子、尉缭子、诸葛亮、戚继光等战争理论家的宏谋伟略，也不乏有张骞通西域、玄奘出葱岭遍游南亚次大陆和郑和七下西洋的壮举。但是，中华民族所追求的却始终是谋求四夷宾服的“协和万邦”，而不是征服与扩张。如果讲征服和扩张，郑和七下西洋，在当时的世界上其船队也算得上是最庞大、先进的“舰队”了，是没有谁能够与之抗衡的，但是它并没有攻城掠地，而是播撒友谊与和平的种子。杜甫说得好：“杀人亦有限，列国自有疆，苟能制侵凌，岂在多杀伤?”这首诗非常形象而又十分准确地反映了中国的战争观以防御敌人、封疆立国、重和恶杀为基本立足点的特征，而丝毫不热衷于无限扩张、滥杀生灵。明代万历年间来华的意大利传教士利玛窦，参观了中国的军队以后，非常惊奇和纳闷，他说：中国明朝的军队是他所见过的世界上数量最庞大、装备最精良的军队，但这支军队却完全是用来防御的，中国人从来就没有想过用这支部队，去侵略别的国家。利玛窦的惊奇是可以理解的，因为他的参照系是西方的军队。西方国家始终有一种生存竞争的危机感和向外扩张的紧迫感。战争在他们手里，是作为地理征服和对外扩张的工具，这与中国战争观立足于国家民族统一、巩固领土

① 《太白阴经》卷一，《术有阴谋篇》。

② 《百战奇略·奇战》。

完整迥然不同。

## 五、民族的感情和情绪可影响军事外交的行为

民族感情是对民族利益、民族形式、民族历史、民族风俗习惯等认同或喜爱的一种心理反应，它是维系一个民族成员之间的纽带。每个民族都有自己的民族感情。民族感情受到外界刺激时，很容易转化成为民族情绪。民族情绪是民族感情的发展和宣泄。民族感情和民族情绪作为民族共同心理素质，是通过民族文化的特点表现出来的，也是战略文化的有机构成部分。这种民族感情和情绪，直接影响人们对外交的态度，进而影响到外交战略的制定与执行。1937 年，日本发动全面侵华战争，中华民族处于生死存亡的危急关头。全体中国人民（包括各阶级、各阶层在内）都产生了一种维护民族生存、反抗外来侵略的共同愿望和要求。这种感情是建立在各民族共同利益和根本利益的基础之上的。这既是中国共产党制定持久战战略总方针和建立抗日统一战场的基本依据之一，也是这一战略方针得以贯彻执行，中国人民最终战胜日本侵略者的一个重要原因。

能够说明民族感情和民族情绪制约外交战略制定和实施的中外例子很多。比如，美国的公众舆论和国民意愿，向来成为影响美国内外政策、军事战略的一个重要因素。国民对战争的态度，直接关系到战略的命运。有的学者在分析美国制定核战略受到民众道德力量的制约时指出："就道德观而论，也许最棘手的问题是先发制人的核战略"，尽管"期望出现一个没有核武器的世界纯属痴心妄想。也许连考虑制订理想的，符合道德标准的核战略都是一场徒劳无益的白日梦。然而，道德问题又是核战略必须考虑的因素。即使没有一致公认的道德标准，美国人民对道德问题的敏感性也使其领导人受到约束。"① 有的学者将公众意志、国会意志、总统和行政当局的意志，作为军事外交战略的重要约束因素。美国人威廉·施托登迈尔曾指出："公众坚定

---

① ［美］斯蒂芬·米利特：《道义上左右为难的核威慑战略》，转引自美国陆军军事学院编《军事战略》（中译本），军事科学出版社，1986 年版，第 355—357 页。

的呼声可以起决定性的作用。”① 因此，美国制定和实行外交战略，特别是带有风险的战略时，往往要考虑本国的民族情绪，需要寻求公众的支持。例如，克林顿政府推行新干涉主义，在索马里的军事行动未取得明显成效，而美军士兵出现比较大的伤亡时，国内民情沸腾，强烈谴责政府的索马里政策。美国政府不得不承认其战略的失误，并调整了对索马里的军事战略。

我国的战略指导者，应当客观地认识民族感情和民族情绪对外交战略的影响，善于动员和激发民族精神，增强民族凝聚力，去保证军事外交战略的执行。同时，又要防止和避免对民族感情消极性、歧视性甚至污辱性的刺激，以防止民族间的隔阂、不信任、矛盾和冲突，进而影响整个战略目标的达成。

我们在研究战略文化对军事外交思想的影响时，要特别注意正确估价战略文化对军事外交思想的影响，防止片面性和极端化。战略文化，往往以潜移默化的方式，对军事外交战略产生影响，而且这种影响主要是潜在的、深层次的、间接的，但它不能代替政治、经济、军事等因素对军事外交战略的决定性影响，它往往是融入政治、经济、军事等因素之中而对军事外交战略产生影响。因此，我们既要重视战略文化的作用，又不能夸大其对军事外交的影响。

① ［美］威廉·施托登迈尔：《八十年代的战略思想》，转引自美国陆军军事学院编《军事战略》（中译本），军事科学出版社，1986 年版，第 858 页。

# 第三章

# 中国军事外交的理论指导

新中国领导人高度重视国家的独立、主权与安全，善于洞察世界形势，准确把握时代特征，科学确立安全战略，巧妙借重国际力量，灵活应对各种挑战，不断增强自身安全，谋求国家根本利益。他们在长期领导中国革命斗争实践中，在领导国防和军队现代化建设中，逐渐形成了丰富的军事外交思想。这些思想继承性与创新性相统一，理论性与实践性相统一，具有强大的生命力。几代领导人的军事外交思想，既具有连续传承性，又适应时代需要，不断有所发展；既具有突出的共性，又具有鲜明的个性，是我们极其宝贵的精神财富，是中国军事外交的行动指南。

## 第一节 毛泽东的军事外交思想

毛泽东同志是中国共产党、中华人民共和国和人民军队的缔造者，也是新中国军事外交的主要奠基者。他始终关注国际风云变幻，把握世界发展大势，适时制定和调整中国军事外交方针和政策。毛泽东军事外交思想博大精深，是毛泽东思想的重要组成部分，体现了一个无产阶级革命家、外交家的远见卓识和务实精神，为中国军事外交理论做出了开创性贡献。毛泽东军事外交思想概括起来，主要有以下几个方面：

### 一、坚持独立自主

鉴于中国近代史上丧权辱国的惨痛历史教训，以及中国共产党在长期革命斗争中积累的基本经验，毛泽东在处理对外军事关系时，始终坚持独立自主，把国家主权和安全放在高于一切的地位。可以说，独立自主，是毛泽东军事外交思想的精髓，也是中国军事外交的重要指导原则。

### （一）创建新型军事外交

早在新中国成立前夕，毛泽东就明确指出："中国必须独立，中国必须解放，中国的事情必须由中国人民自己作主张，自己来处理，不容许任何帝国主义国家再有一丝一毫的干涉。"[①] 为了从根本上与旧中国半殖民地的屈辱外交划清界限，并且争取国际社会正义、民主、和平力量的支持，使中国人民在帝国主义面前真正站起来，毛泽东于1949年春，提出了"另起炉灶"、"打扫干净屋子再请客"和"一边倒"的三大外交政策。其中"一边倒"政策，构成了新中国在一个较长时间内的对外方针。

新中国"一边倒"政策，首先具体体现于签订《中苏友好同盟互助条约》这一重大军事外交举措。建国初期，中国共产党宣布，不承认旧政府与外国签订的任何不平等条约，将对所有旧条约进行重新审查，区别情况予以不同处理。这就涉及到，如何对待国民党政府与苏联签订的《中苏友好同盟条约》问题。这项条约把中国东北的数项权益让与苏联。如果新政府因为要与苏联友好，而不触及这项条约，就显然损害国家的独立主权。为了签订中苏新约，毛泽东率领中国政府代表团前往苏联访问。经过毛泽东的努力，1950年1月，两国签订了《中苏友好同盟互助条约》、《关于中国长春铁路、旅顺口及大连的协定》等。这是毛泽东独立自主军事外交思想所取得的重要胜利。

《中苏友好同盟互助条约》的签订，使得新中国与苏联结成了军事同盟。中苏同盟的核心是，防止日本军国主义之再起及其对中国的侵略。中国刚刚遭受了日本的侵略，对于日本可能发动新的侵略战争，当然特别警惕。尤其是当时日本处于美国的控制之下，而美国出于反共的需要，不但不对日本的军国主义势力加以彻底肃清，反而扶植日本，把日本作为敌视中、苏两国的前哨。鉴于当时美国对华政策的性质，中国完全有理由担心美国利用日本进攻中国的问题。因此，

---

① 《毛泽东选集》第4卷，人民出版社，1991年版，第1465页。

中苏同盟的核心，实际上又是防止美国利用日本进攻中国。条约正文第一条规定“一旦缔约国任何一方受到日本或与日本同盟的国家之侵袭，因而处于战争状态时，缔约国另一方即尽其全力给予军事及其他援助”。[①] 毛泽东曾阐述过订立这一军事同盟的原因：我们虽然取得了胜利，但国外还有帝国主义，国内也还困难，在这种情况下，我们需要朋友。我们同苏联的关系，我们同苏联的友谊，应该在一种法律上，就是说在条约上，把它固定下来，用条约把中苏两国的友谊固定下来，建立同盟关系。帝国主义如果准备打我们的时候，我们就请好了一个帮手。[②]

《关于中国长春铁路、旅顺口及大连的协定》的签订，是通过谈判手段，解决历史争端，维护国家主权的范例。它规定，苏联将在不迟于1952年末的时间内，撤走其驻扎在旅顺口海军基地的军队，并将该地区的设备移交给中华人民共和国等。中国于1952年，按时收回了中长铁路及附属财产，旅顺口海军基地因后来朝鲜战争爆发，中国为防止美国将战火扩大至中国东北，提议苏联延迟交回基地，至1955年5月也告收回。

坚持独立自主，并不意味着新中国要奉行自绝于世的孤立主义政策，因此毛泽东特别强调：“为了和平和建设的利益，我们愿意和世界上一切国家，包括美国在内，建立友好关系。”“我们是愿意按照平等原则同一切国家建立外交关系的”，但是其基本前提，是对方应当采取有步骤地摧毁帝国主义在中国的控制权。[③] 建国后，中国首先与社会主义阵营国家，建立了军事交往关系。从1950年开始，除苏联外，中国还陆续向波兰、捷克斯洛伐克、保加利亚、朝鲜和越南等社会主义国家派出了武官。此后，中国向缅甸、印尼、印度、瑞典、丹麦、瑞士、埃及、伊拉克等友好国家，也派出了武官。到1959年，中国已在亚洲、欧洲和非洲18个国家建立了武官处。进入70年代，随着国际形势的变化和中国对外政策的调整，中国对外军事关系又有了

---

① 谢益显主编：《中国当代外交史》，中国青年出版社，2002年版，第35页。

② 《毛泽东外交文选》，中央文献出版社、世界知识出版社，1994年版，第132页。

③ 《毛泽东外交文选》，中央文献出版社，1994年版，第78、246页。

新的发展，尤其是对西欧和拉美的军事关系，取得了较大突破。从1972—1978年，中国先后向苏丹、加拿大、英国、黎巴嫩、伊朗、奥地利、土耳其、日本、阿根廷、扎伊尔、柬埔寨、墨西哥、联邦德国、希腊、比利时、秘鲁、孟加拉、赞比亚、芬兰、泰国和约旦等21个国家派出武官，中国同上述国家军队的关系走上了正常发展道路。

**（二）在争取外援中坚持自力更生**

无论是革命战争时期，还是新中国建设时期，毛泽东都主张，必须以自力更生为立足点，同时努力争取国际援助。

抗战初期，毛泽东在谈到抗战与外援的关系时说："在伟大抗战中，基本依靠中国自力胜敌，中国的力量也正在发动，不但将成为不可战胜的力量，且将压倒敌人而驱除之，这是没有疑义的。"① 毛泽东认为，要通过抗日民族解放战争，改变中国的半殖民地半封建地位，必须首先依靠自己的努力奋斗。1939—1943年，在没有外援的情况下，中国共产党领导根据地军民艰苦奋斗，开展大生产运动，精兵简政，克服重重经济困难，从而战胜了日本侵略者的分割、封锁和扫荡，也粉碎了国民党先后发动的三次反共高潮。

在强调坚持自力更生的前提下，毛泽东十分重视争取外援。他认为，"中国的外交政策，很明显的，应该是抗日的外交政策。这个政策以自力更生为主，同时不放弃一切可能争取的外援。"② 毛泽东强调指出，中国的抗日战争"需要外援的配合，我们的敌人是世界性的敌人，中国的抗战是世界性的抗战"。他批评说，"不要国际援助也可以胜利"的想法是错误的，还尖锐地指出，美英等民主国家内尚存在孤立战争的观点，是很不合时宜的，其实"援助中国就是援助他们自己"，"为了中国的利益，也为了世界利益。"③

新中国成立后，为了加快国防和军队建设，毛泽东主张，大力发展与苏联及其他社会主义国家的军事关系，努力争取军事援助。中国与苏联签订一系列军事协定，大量引进武器装备及技术。例如1951

① 《抗战与外援的关系》，《毛泽东军事文选》，第205页。

② 《苏联利益和人类利益的一致》，《毛泽东选集》第2卷，第600页。

③ 《八路军军政杂志》第2期，第10页。

年，中苏签署了有偿转让8种轻武器技术的协议；1953年，又签订了《关于海军订货和在建造军舰方面给予中国技术援助的协定》。同时，中国派出军事留学生去苏联学习，苏联则派出援华国防技术和军事专家。从苏联获得的军事援助，有力地促进了中国的国防和军队建设。

在努力加强与苏联进行军事、经济等合作的过程中，毛泽东多次强调“要自力更生为主、争取外援为辅”。[①] 虽然当时我国的科学技术水平十分落后，但国内还有一批爱国科学家和工程技术人员，还可从国外争取一批科学家和留学生回国。为调动广大科技人员的积极性，毛泽东表示，高级知识分子的工资可以超过他的工资。著名科学家钱学森从美国归来后，毛泽东亲自接见他，并授予他当时许多经历过长征的老红军也未得到的少将军衔。在党和国家的关怀下，广大科技工作者，将满腔热情投入到祖国的国防和军队建设中。中苏关系恶化后，中国主要依靠自己的力量，克服苏联撤走专家、撕毁合同带来的种种困难，成功地研制出自己的原子弹和氢弹，取得了国防工业的巨大成就。

**（三）在军事合作中维护国家主权和安全**

中国与苏联结盟，是在特定的历史条件下采取的特殊政策，是战略上的联合，其目的是“使我们的保障人民革命胜利成果和反对内外敌人复辟阴谋的斗争中不致处于孤立地位”。但这并不意味着中国要事事听命于苏联，服从苏联的战略需要。毛泽东一再告诫大家，“要用自己的脑袋思考，要用自己的腿走路”。[②] 事实上，即使是在中苏军事关系十分密切的时期，新中国军事外交也仍然保持了独立自主的地位，从未在重大原则问题上，做出过有损国家主权和安全的让步。

抗美援朝战争中，美国曾一度公开扬言，要对中国使用核武器。出于反对帝国主义核威胁和保卫我国安全的需要，发展自己的核武器这一重大现实课题，摆在了毛泽东等领导人面前。毛泽东很懂得核武器的分量，他说：“还有那个原子弹，听说就这么大一个东西，没有那个东西，人家就说你不算数。那么好，我们就搞一点。”并很有把

---

① 《毛泽东著作选读》下册，第831页。转引自康绍邦、宫力等著：《马克思主义国际战略理论》，九州出版社，2006年版，第137页。

② 康绍邦、宫力等：《马克思主义国际战略理论》，九州出版社，2006年版，第135页。

握地说："搞一点原子弹、氢弹、洲际导弹，我看有十年功夫是完全可能的。"但是，苏联领导人赫鲁晓夫1954年来华访问时，对于毛泽东想搞核武器大感意外，当即表示，我们这个大家庭有个保护伞就行了，无须大家都来搞。这显示出，苏联企图以提供核保护伞为条件，对中国进行约束。为了避免出现受制于人的局面，有效地捍卫国家主权和安全，毛泽东还是坚持启动核武器研制工作。1960年8月，苏联撤回了全部专家，带走了图纸资料，给正在建设中的我国核工业带来了困难。但我国克服重重困难，继续自力更生研制核武器，终于在1964年10月成功爆炸了第一颗原子弹，有了自己的核武器。

苏联出于军事上控制和驾驭中国的企图，提出共建"长波电台"和"联合舰队"的问题。1958年4月，苏联国防部长马利诺夫斯基致函中国，提出中苏共建一座大功率长波发报无线电中心和一座特种收报无线电中心（即长波电台）。信中提出：由苏联负担大部分费用。这涉及到长波电台主权属谁的问题，理所当然，毛泽东对此十分慎重。他作出批示："如苏方以高压加人，则不要回答，拖一时期再说"，又表示，"这是中国的意见，不是我个人的意见"。[①] 后来，由于中方坚持拟议中的电台，由中国建设和管理，苏联可提供某些军事技术援助，因此苏联的如意打算未得逞。同年7月，苏联大使尤金会见毛主席时，以苏联领导人赫鲁晓夫的名义提出，要同中国商议建立一支共同的潜艇舰队。毛主席认为，如同合资建设长波电台一样，建立联合舰队，也是一个涉及主权的政治问题。他对尤金大使说："你们帮助我们建设海军嘛！你们可以作顾问。为什么要提出所有权各半的问题？这是一个政治问题。""要讲政治条件，连半个指头都不行。"毛泽东拒绝这两个建议，显示了中国独立自主、捍卫主权的决心。[②]

## 二、反对霸权主义

所谓霸权主义，就是指大国、强国不尊重别国的主权和独立，对

① 《毛泽东外交文选》，中央文献出版社、世界知识出版社，1994年版，第316—317页。

② 谢益显主编：《中国当代外交史》，中国青年出版社，2002年版，第197—198页。

他国进行侵略、干涉、控制或统治的政策及行为。霸权主义是建立在弱肉强食和追求财富与权力的强权政治的基础上，其实质是对利益的争夺和侵占，同帝国主义、殖民主义等有着密切的联系。在确立新中国军事外交的基本目标时，毛泽东始终如一地表达这样一种思想：反对霸权主义，并与霸权主义进行坚决的毫不妥协的斗争。

**（一）主张与形形色色的霸权主义作坚决斗争**

在毛泽东看来，帝国主义、殖民主义、大国主义、沙文主义，统统都是霸权主义。他认为，帝国主义是现代战争的根源。毛泽东说，“帝国主义除了把自己的命运寄托在对国内人民和殖民地半殖民地人民的迫害以外，还指望战争。”“只有帝国主义被消灭了，才会有太平。”为了鼓舞世界人民的勇气，他指出：帝国主义既是真老虎，又是纸老虎。[①]“所有帝国主义都怕亚洲、非洲、拉丁美洲人民。过去是我们怕帝国主义的时代，这个时代已经过去；现在是帝国主义怕我们的时代。”[②]“要破除迷信，不要迷信那个什么帝国主义。”[③]

毛泽东一贯把支持亚非拉人民反帝、反殖，争取和维护民族独立的斗争，看作是中国人民义不容辞的责任。1956 年，埃及人民维护苏伊士运河主权的正义斗争，得到毛泽东和中国人民的有力支持。毛泽东明确指出：“我们坚决支持埃及政府收回苏伊士运河公司的完全合法的行动，坚决反对任何侵略埃及主权和对于埃及实行武装干涉的企图。”1961 年，当古巴人民面临着美国武装干涉的严重威胁时，毛泽东亲自出席了古巴驻华大使为庆祝古巴革命胜利两周年而举行的招待会，并且对古巴大使说：你们是会胜利的，中国人民决心从各方面采取一切必要措施，支持古巴人民的爱国正义斗争。1970 年 5 月，美国把战火烧到了柬埔寨，毛泽东发表了著名的“五二〇”声明，表示：“热烈支持柬埔寨国家元首诺罗敦·西哈罗克亲王反对美帝及其走狗的斗争精神，热烈支持印度支那人民最高级会议的联合声明”。可以说，哪里有反对帝国主义和殖民主义的斗争，哪里就会得到毛泽东和

① 金正昆：《外交学》，中国人民大学出版社，2004 年版，第 283 页。

② 李宝俊：《当代中国外交概论》，中国人民大学出版社，1999 年版，第 160 页。

③ 《毛泽东外交文选》，中央文献出版社、世界知识出版社，1994 年版，第 587—588 页。

广大中国人民的热情支持。

在坚决与帝国主义、殖民主义作斗争的同时，毛泽东明确提出："在国际上，我们反对大国主义"。因为"有大国主义的人，只顾本国的利益，不顾人家"。[①] 毛泽东认为："所谓大国小国只是一种心理状态，大国小国应该平等相待。"他指出，那种认为"大国是不好惹的，小国可以随便欺侮的"论调，是"绝对没有道理的"。[②] 毛泽东坚决反对某些大国、强国倚仗实力欺压弱小民族的做法，同时也反对某些大国在所谓"社会主义大家庭内"，搞所谓的"有限主权论"。

早在中苏关系关系尚处于友好时期，毛泽东等中国领导人，就反对苏联的大国主义行为。1956 年波兹南事件发生后，波共中央决定在政策上作出重大改变，并要求任国防部长的苏联元帅罗科索夫斯基离职返回苏联。面对紧张的波苏关系，苏联驻军出动坦克包围华沙，赫鲁晓夫则率领党政军代表团访问波兰。波兰在事态中态度强硬，苏联准备运用武力。对此，毛泽东等领导人明确表示，不同意苏联准备动武的做法，并派中共代表团赴苏，当面向苏共领导人指出，在社会主义阵营内部，必须承认国与国之间的独立、平等原则。赫鲁晓夫最后同意了中国的看法，一场武装干涉得以避免。然而，随着时间的推移，苏联大国沙主义倾向越来越严重。到了 1968 年 8 月，苏联公然派军队入侵捷克斯洛克，以阻止其改革进程。这一以大欺小、以强凌弱的霸权主义行径，理所当然遭到了中国共产党的强烈谴责。同年 9 月，毛泽东、周恩来在致阿尔巴尼亚领导人的电报中指出："一个反对美帝苏修的历史新时期已经开始。"[③]

### （二）在反对霸权主义的过程中注意区分侧重点

20 世纪 60 年代末、70 年代初，国际形势出现较大转折，苏联登上了与美国争霸全球的舞台。在反对两个超级大国争霸的斗争中，毛泽东并非平均使用力量。无论谁搞霸权主义，都要一概反对。谁搞霸权主义对中国和世界和平威胁更大，就突出反对谁。当时，美国因伸

---

① 《毛泽东外交文选》，中央文献出版社、世界知识出版社，1994 年版，第 256 页。

② 同上书，第 334 页。

③ 谢益显主编：《中国当代外交史》，中国青年出版社，2002 年版，第 243 页。

手过长，顾此失彼，实力相对削弱，处于守势；而苏联则处于攻势，它出兵占领盟国捷克斯洛伐克，策动战争肢解巴基斯坦，并在中国北面陈兵百万，不时挑起边界冲突。因此，对中国和世界人民来说，当时的苏联是更为危险的战争策源地。显然，这一时期，中国在反对美苏争霸的过程中，重点是反对苏联霸权主义。

为了与霸权主义特别是苏联霸权主义作坚决的斗争，毛泽东把发展中国家看作是反霸的中坚力量，同时把处于美苏超级大国和发展中国家之间的资本主义发达国家，视为反霸斗争中可以争取和团结的力量。1970 年 10 月，他明确指出："要争取他们，如英国、法国、西德等。" 1973 年 9 月，毛泽东曾提醒西欧国家领导人说："苏联野心很大呢，整个欧洲、亚洲、非洲，它都想拿到手。"[①] 当时，苏联在其东欧盟国派驻大量军队，摆开同美国争夺西欧的架势，还从欧洲南北水域向西欧包围。在远东，苏联也保持着庞大数量的军队，这既有对付中国的一面，也有对付美国和日本的一面。为了重点对付苏联，建立一个最为广泛的国际反霸统一战线，1973 年至 1974 年间，毛泽东先后提出了"一条线"、"一大片" 和 "三个世界" 的思想。

### （三）中国永远不称霸

中国有过一百多年遭受帝国主义侵略和压迫的苦难历史，直到中华人民共和国成立，才在国际社会中争得平等的地位。因此，中国人民决不接受任何不平等的地位，同时也决不愿意欺侮、压迫或控制任何其他国家和民族。建国以后，毛泽东曾反复告诫大家，不要翘尾巴，要防止我们自己在国际交往中搞大国沙文主义。1956 年 9 月 29 日，毛泽东在接见南共联盟代表团的谈话中，曾诚恳地表示："在国际上，我们反对大国主义……将来中国如果要翘尾巴，翘到一万公尺以上，要批评它，要监督中国，要全世界都来监督中国。"[②]

到了 20 世纪 70 年代，在提出 "三个世界" 理论时，毛泽东明确指出：中国是一个社会主义国家，同时又是一个发展中国家，所以中

---

① 康绍邦、宫力等：《马克思主义国际战略理论》，九州出版社，2006 年版，第 154 页。

② 《毛泽东会见南共联盟代表团的谈话》，1956 年 9 月 29 日。

国属于第三世界。这就等于，划清了中国与属于第一世界霸权主义超级大国的界限。与此同时，毛泽东对国内提出了“深挖洞，广积粮，不称霸”的思想，向全世界表明，中国永远不做超级大国，永远不称霸的鲜明立场。中国政府还公开宣布：“如果中国有朝一日变了颜色，变成了一个超级大国，也在世界上称王称霸，到处欺负人家，侵略人家，剥削人家”，那么世界人民就有权给中国戴上一顶霸权主义的帽子，“就应当揭露它，反对它，并且同中国人民一道，打倒它”。①

可以说，中国既反对别国称霸，自己也不会称霸，是同一问题的两个不同侧面。直至今日，中国军事外交依然恪守这一点。

## 三、建立国际统一战线

争取建立有利于自己的国际统一战线，是毛泽东军事外交思想的主要内容之一。无论是革命战争年代，还是新中国成立以后，他都始终予以高度重视。

### （一）建立抗日国际统一战线

毛泽东同志一贯注重建立广泛的统一战线，团结一切可以团结的力量，同敌人作有力的斗争。1935 年 12 月，在民族危机空前严重的形势下，中国共产党根据毛泽东提出的建立国际统一战线的思想，调整了对外政策。中共中央政治局瓦窑堡会议通过的政治决议明确指出：“日本帝国主义单独吞并中国的行动，使帝国主义内部的矛盾，达到空前紧张的程度。”因此，我们对待日本帝国主义以外的其他帝国主义的策略，是使他们处于“暂时不积极反对反日战线的地位”；对于那些同情帮助中国抗日，或持善意中立态度的民族或国家，应“建立亲密的友谊关系”。②

1936 年 7 月，毛泽东通过与美国记者斯诺的谈话，首次向国际社会阐明中共关于建立国际抗日统一战线的主张。毛泽东强调指出：日本帝国主义不仅是中国的敌人，同时也是要求和平的世界各国人民的

① 康绍邦、宫力等：《马克思主义国际战略理论》，九州出版社，2006 年版，第 156 页。
② 中央档案馆编：《中共中央文件集》第 10 册，中共中央党校出版社，第 599—609 页

敌人，特别是和太平洋有利害关系的各国，即美、英、法、苏等国人民的敌人。日本的大陆政策和海洋政策不仅指向中国，而且也指向这些国家。这样，日本的侵略就不仅是中国的问题，而且是应由太平洋地区所有国家来对付的问题。中国苏维埃和中国人民因此要同各国、各国人民、各党派和各群众组织团结起来，组成反对日本帝国主义统一战线。

1937年5月，毛泽东在中国共产党全国代表会议上，正式提出“中国的抗日民族统一战线和世界的和平阵线相结合”的任务。他指出：“中国不但应当和中国人民的始终一贯的良友苏联相联合，而且应当按照可能，和那些在现时愿意保持和平而反对新的侵略战争的帝国主义国家建立共同反对日本帝国主义的关系。我们的统一战线应当以抗日为目的，不是同时反对一切帝国主义”。[①]

后来的事实证明，毛泽东的主张是有远见的，虽然英美曾在中国抗战初期一度实行“不干涉”中日战争的消极政策，而且在1941年还一度企图以牺牲中国利益为代价，同日本妥协。对此，毛泽东曾批示要予以揭穿和反对。但日本的胃口是英美满足不了的。1941年12月7日，日本偷袭美国海军基地珍珠港，美英对日宣战。太平洋战争的爆发，终于使中、美、英在抗日的基础上走到了一起。1944年7月，美国政府派美军观察组访问延安，受到中共方面的极大重视，中共中央称这是我们“外交工作的开始”。[②]

### （二）建立反对美帝国主义国际统一战线

在新中国成立前夕，毛泽东明确表示：“在国外，联合世界上以平等待我的民族和各国人民，共同奋斗。这就是联合苏联，联合各人民民主国家，联合其他各国的无产阶级和广大人民，结成国际的统一战线”[③]，以对付以美国为首的帝国主义者。根据毛泽东提出的“一边倒”战略决策，新中国首先与苏联结成军事同盟，并与其他社会主义

---

① 毛泽东：《中国共产党在抗日时期的任务》，《毛泽东选集》第1卷，人民出版社，1991年版，第253页。

② 康绍邦、宫力等：《马克思主义国际战略理论》，九州出版社，2006年版，第129页。

③ 《毛泽东外交文选》，中央文献出版社、世界知识出版社，1994年版，第93页。

国家建立军事外交关系。这对于粉碎美国对华实施的遏制政策，起到了重要作用。

毛泽东十分重视团结亚非拉人民，与他们结成统一战线，共同进行反对美帝国主义的斗争。1960 年 5 月，他对来访的亚非拉朋友指出："我们共同的敌人是美帝国主义，我们大家都站在一条战线上，大家需要互相团结、互相支持"。"为了战胜帝国主义的反动统治，必须结成广泛的统一战线，必须团结不包括敌人在内的一切可以团结的力量，继续进行艰巨的斗争。"[①] 在军事外交实践中，中国先后进行了援朝抗美、援老抗美、援越抗美等斗争，给予这些国家大量人力和物力援助。此外，毛泽东还多次发表声明或讲话，支持亚非拉各国反对美国的霸权主义和强权政治行径。

在团结亚非拉发展中国家的同时，毛泽东也十分注意争取发达资本主义国家，寻找打破美国对华孤立、封锁的突破口。在细致分析帝国主义国家之间的矛盾发展后，他提出了英、法等西方国家可以作为人民的"间接同盟者"的重要思想。1963 年 1 月 3 日，毛泽东在同安井郁的谈话中指出："英国和法国是帝国主义，但它们是大帝国主义美国想吃掉的中等帝国主义国家，同美国有矛盾，它们也很难混，可以做为人民的间接同盟者。日本的松村谦三、石桥湛三、高崎达之助等人，他们不大喜欢美国，同池田等有区别，可以做为人民的间接同盟者。"随着国际形势的不断发展，毛泽东关于"两个中间地带"的观点越来越清晰，也越来越完善。1964 年 7 月 10 日，他在会见佐佐木更三等日本社会党人士的谈话中指出："整个亚洲、非洲、拉丁美洲的人民都反对美帝国主义。欧洲、北美、大洋洲也有许多人反对帝国主义。有的帝国主义者也反对美帝国主义，戴高乐反对美国就是证明。我们现在提出这么一个看法，就是有两个中间地带：亚洲、非洲、拉丁美洲是第一个中间地带；欧洲、北美加拿大、大洋洲是第二个中间地带。日本也属于第二个中间地带。日本的垄断资本是不满意美国的。现在已经有一部分人公开反对美国；另一部分依靠美国，但

① 《人民日报》，1960 年 5 月 9 日、10 日。

我看，随着时间的延长，日本这一部分中的许多人也会把骑在头上的美国人赶走。”①

毛泽东的这些论述说明，为了反对对中国和世界和平威胁最大的美国，应当利用帝国主义营垒中的矛盾，建立起最广泛的反对美帝国主义的统一战线。而在这条统一战线中，“第一中间地带”的亚、非、拉国家是反对美帝国主义的主力军，“第二中间地带”的西方国家是“间接的同盟者”。根据毛泽东的上述观点，中国不仅对发展与亚、非、拉国家的关系，继续采取积极的态度，同时对建立和改善同西方国家的关系，给予了某种程度的重视。在中法两国的共同努力下，20世纪60年代中期，双方建立外交关系，并互派武官。法国成为西方大国中第一个同中国建立正式军事关系的国家。

**（三）建立反对苏联霸权主义国际统一战线**

20世纪60年代末、70年代初，美国由于在侵越战争中失利，进行战略收缩，而当时处在军事实力增强阶段的苏联，则急剧地开始了它的全球扩张。在这种国际局势下，中国领导人从反对霸权主义和捍卫国家安全的角度出发，调整了对外政策，实行“一条线”和“一大片”的方针。1973年2月17日，毛泽东在中南海会见美国国务卿基辛格时指出：“我跟一个外国朋友谈过，我说要搞一条横线，就是纬度，美国、日本、中国、巴基斯坦、伊朗、土耳其、欧洲。”1974年1月，他在会见日本外相大平正芳时，则同时谈到“一条线”和“一大片”的问题，即：中国、美国、日本、巴基斯坦、伊朗、土耳其、欧洲等大致处在同一条纬度线的各国，以及亚非拉一大片国家都团结起来。“一条线”和“一大片”，组成了包括美国在内的最广泛的国际反霸统一战线，有效地维护了自身的国家安全，遏制了苏联的全球扩张势头。

为了适应国际形势的新发展，更好地反对苏联霸权主义，毛泽东还提出了划分三个世界的战略思想。1974年2月22日，毛泽东在会见赞比亚总统卡翁达时，首次全面提出了划分三个世界的观点。他

① 《毛泽东外交文选》，中央文献出版社、世界知识出版社，1994年版，第508—509页。

说："我看美国、苏联是第一世界。中间派，日本、欧洲、加拿大，是第二世界。咱们是第三世界。"毛泽东又说："美国、苏联原子弹多，也比较富。第二世界，欧洲、日本、澳大利亚、加拿大，原子弹没那么多，也没有那么富。但是比第三世界要富。""第三世界人口很多。亚洲除了日本，都是第三世界。整个非洲都是第三世界，拉丁美洲是第三世界。"① 毛泽东的这几段话，不是一时的即兴之谈，而是经过长期的观察和思考提出的一个新论断。

从三个世界的思想，可以看出，毛泽东划分三个世界的标准，不再是根据每个或每类国家的阶级属性，而是根据它们在国际社会中所处的经济地位，以及在国际事务中实行的政策而确定的。在毛泽东看来，苏联已经取代美国，成为中国人民和世界人民最危险的敌人。因此，反对美苏两霸并不是等量齐观，而是区别对待，抓住主要矛盾，着重反对和打击当时最为危险的苏联霸权主义。换言之，毛泽东划分三个世界战略的实质，主要是为了对付苏联，建立一个最为广泛的国际反霸统一战线。在这条国际统一战线中，包括中国在内的第三世界，是革命的动力，是反霸斗争中的主要力量；具有两重性的第二世界，是可以争取和联合的力量；甚至美国，也成为一支既要与之斗争，又可加以利用乃至联合的力量。

## 四、主张"文武"紧密配合

毛泽东多次指出，新的世界大战打或不打，两种可能性都存在。对于可能发生的战争，我们"有两种打法：文打和武打。基本上是文打，用和平的方法打它，但是我们也准备武打。"② 他一贯主张，要将文打与武打两种手段紧密地结合在一起，以制止战争，争取和维护世界及地区的和平与稳定。

### （一）提出"和平为上"

毛泽东认为，战争总是毁灭性的，因此我们不要战争，就是西方

① 《毛泽东外交文选》，中央文献出版社、世界知识出版社，1994 年版，第 600 页。

② 同上书，第 354 页。

国家，只要它们愿意，我们也愿意同它们合作。我们愿意用和平的方法来解决存在的问题。打仗总是不好的，特别是对西方国家是没有好结果的。他指出："过去西方国家吓了我们几百年，现在到底是它们吓倒了我们，还是我们吓倒了他们呢？因此，结论是第三次世界大战最好不打，如果打，结果不是对我们不利，不是对亚非国家不利，而是对西方国家不利……正是考虑了这一点，我们说，用谈判来解决问题……因此，结论还是一个：和平为上"。[①] 毛泽东提出的"和平为上"这一主张，是与一些国家推行的战争政策和侵略政策针锋相对的，是运用辩证唯物论和历史唯物论，分析当代战争与和平的科学结论，对于世界人民维护和平、反对战争，具有深远的意义。

"和平为上"，既体现了中华民族热爱和平的历史传统，也体现了中国作为社会主义国家的基本原则。毛泽东在处理对外军事关系时，始终反对使用武力或以武力相威胁，解决国家之间的争端。建国之初，中国同不少邻国存在悬而未决的边界问题。公平合理地解决这个问题，对于维护国家主权和领土完整以及边境的安宁，起着至关重要的作用。毛泽东一贯主张，对历史上遗留下来的边界问题，应通过和平谈判，求得友好解决，而不是诉诸武力。20 世纪 60 年代初期，本着友好协商、互谅互让的原则，中国先后与缅甸、尼泊尔、蒙古、巴基斯坦、阿富汗等国签订条约，公平合理地解决了边界问题。这充分表明，只要本着"和平为上"的方针，求同存异，用谈判代替对抗，国家之间的争端是能够解决的。

### （二）坚持建设强大的国防

中国人民爱好和平，但战争的爆发取决于帝国主义侵略势力。毛泽东认为，对待战争的态度有两种，一是反对，二是不怕。因此，必须做好准备。要和平只能不怕战争，备战才能制止战争。他指出："我们是坚持和平反对战争的。但是，如果帝国主义一定要发动战争，我们也不要害怕。"[②] 毛泽东深知革命阵线如果光有文的一手，而没有

---

① 《毛泽东外交文选》，中央文献出版社、世界知识出版社，1994 年版，第 210—212 页。

② 同上书，第 284 页。

准备武的一手，就会被反革命的两手所消灭。为此，毛泽东主张大力加强国防和军队建设，以争取和维护世界和平。

早在建国初期，毛泽东就明确提出："中国人民必须建设自己强大的国防。"为此，中国积极发展与苏联等社会主义国家的军事关系，努力获取军事援助，初步建立起自己的国防体系，促进了军队正规化建设。面对美国的核威胁，毛泽东指出，我们不但要有更多的飞机大炮，而且还要有原子弹，在今天的世界上，我们要不受人家欺负，就不能没有这个东西。在广大科技工作者的努力下，我国不仅有了原子弹，而且相继研制出氢弹、核潜艇、弹道导弹等，从而大大提高了中国争取和维护世界和平的能力。

**（三）强调"武戏文唱"**

毛泽东主张，在我被迫进行战争的情况下，应将作战行动与军事外交紧密结合起来，有效遏制战争规模，加快胜利进程。在抗美援朝战争的谈判桌上，在炮击金门行动的舆论战中，军事外交都成为军事斗争的另一个重要战场。

1950 年，在美帝国主义将战火烧至鸭绿江畔的紧急时刻，毛泽东毅然决定出兵朝鲜。他为抗美援朝制定的指导方针是，"充分准备持久作战和争取和谈达到结束战争"。中国人民志愿军赴朝参战，一方面，在战场上狠狠打击了美帝国主义；另一方面，在停战谈判桌上"武戏文唱"，创造了作战行动与军事外交默契配合的典范。在长达两年的时间里，中朝军队始终牢牢地掌握斗争的主动权，边打边谈、又打又谈，最终赢得了战争胜利。

1958 年 8 月 23 日，我军福建前线部队开始炮击金门。实质上，这既是一个军事行动，也是一场军事外交仗。因为中国当时并非要武力解放台湾地区，只是要惩罚蒋匪帮对大陆的骚扰和破坏，阻止美国搞"两个中国"的阴谋，并配合阿拉伯人民反对美国入侵黎巴嫩的斗争。遵循毛泽东的方针，中国在战略上敢于同美国进行必要的斗争，而在战术上又十分审慎，只打蒋军舰只，不打美军护航舰艇，避免与美国发生直接军事冲突。后来，我军又实行"打打停停，半打半停"的策略。"打"是为了惩罚蒋帮，也是为了政治上打击美国的干涉；

“停”是由于中国人民不想马上去解放这些岛屿，粉碎美国“划峡而治”的图谋。与此同时，我通过中美大使级会谈，表明在台湾问题上的严正立场。应当说，由于军事外交与军事行动的密切配合，我军炮击金门达成了既定目的。

## 第二节　邓小平的军事外交思想

十一届三中全会召开后，作为新中国第二代领导核心，邓小平把握时代潮流，将中国引入一个改革开放的新时代，并使中国在世界安全格局中的地位发生了深刻变化。作为邓小平外交思想重要组成部分的军事外交思想，既是对毛泽东军事外交思想的继承，更是对这一思想的发展与创新。深入研究邓小平军事外交思想，不仅具有重要的学术价值，而且对于处理当今错综复杂的国际军事关系，维护地区与世界的和平与稳定，具有重要的现实意义。

### 一、不同任何国家结盟

建国初期，中国奉行的对外政策，实际上是军事结盟下的独立自主。由于当时特殊的国际国内背景，中国与苏联签订了《中苏友好合作互助条约》，结成军事联盟。到了20世纪60年代中期，中苏关系完全破裂，两国同盟条约虽未废止，但同盟关系名存实亡。70年代，为了对付日益严峻的苏联威胁，中国与美国改善关系，结成反对苏联的国际统一战线，形成联美抗苏的战略关系。

进入20世纪80年代后，国际局势逐渐发生了变化。美国由于摆脱了越战的包袱，实力有所恢复和增强，特别是里根政府上台后，大幅增加军费开支，志在从苏联手中夺回争霸的主动权，为此不惜在地区“热点”搞“低烈度战争”。而苏联由于四处伸手，特别是深陷阿富汗泥潭，逐渐从扩张的顶峰衰落下来，失去了战略优势。由此，美苏形成了从对峙转入僵持、互有攻守的局面，美国在某些方面甚至重新占了上风。在美苏关系趋于紧张的同时，中美关系也因台湾问题，出现了一系列的波折、困难和摩擦。特别是美国对台军售问题，几乎引起中美关系的倒退。另一方面，长期紧张的中苏关系也出现了缓和的迹象。经协商，双方确定在北京和莫斯科，轮流举行两国副外长级特使的磋商，讨论和解决消除两国关系正常化的障碍问题。

随着世界安全形势的变化，邓小平感到，中国作为国际舞台上的一支重要力量，块头大，分量重，如果加在美苏任何一方，都会使国际战略格局失去平衡，不利于国际局势的稳定。在这种情况下，邓小平做出新的战略决策，及时改变联美抗苏的“一条线”战略，与美国拉开了一定的距离，实行真正的“不结盟”政策。

1982 年 8 月 21 日，邓小平会见来中国访问的联合国秘书长佩雷斯·德奎利亚尔，并详尽阐明中国的对外政策。他说：“中国是联合国安全理事会的常任理事国，中国理解自己的责任。有两条大家是信得过的，一条是坚持原则，一条是讲话算数。我们不搞政治游戏，不搞语言游戏。我个人爱好打桥牌，但中国在政治上不爱好打牌。”这样，美国就不再被列入反霸统一战线内，相反，邓小平恢复了对美国与苏联争夺世界霸权的批评。他说：“霸权主义的受害者是谁？难道是美国、苏联？美国和苏联是搞霸权主义的，他们不是受害者。欧洲、日本、大洋洲、加拿大等发达国家，也不是受害者。东欧有一点受害。如果世界和平被破坏，首先受害的是谁？第二次世界大战以后，实际上没有什么和平，大战没有打，但小战不断。小战在哪里打？在第三世界。根源还不是超级大国霸权主义在那里挑拨，在那里插手！”①

在 1982 年 9 月 1 日召开的中国共产党第十二次全国代表大会上，邓小平在开幕词中指出了中国外交调整的方向。他说：“中国的事情要按照中国的情况来办，要依靠中国人自己的力量来办。独立自主，自力更生，无论过去、现在和将来，都是我们的立足点。中国人民珍惜同其他国家和人民的友谊和合作，更加珍惜自己经过长期奋斗而得来的独立自主权利。任何外国不要指望中国做他们的附庸，不要指望

---

① 《邓小平文选》第 2 卷，人民出版社，1994 年版，第 415—416 页。

中国会吞下损害我们利益的苦果。”[①] 这后一段话，显然他是针对此前中美关系有感而发的。邓小平在十二大上所作的讲话表明，为适应新时期的新情况，使中国的现代化建设有一个相对稳定的国际环境，中国在十二大之后，对外方针将更加强调独立自主，不再同任何国家结盟或结成战略关系。由此出发，今后同美国的关系将会拉开一定距离，不再形成一种战略合作关系去对付苏联。

1986 年 3 月，邓小平在会见新西兰总理时指出：“我们奉行反对霸权主义、维护世界和平的外交政策。谁搞和平，我们就拥护；谁搞战争和霸权，我们就反对。我们同美苏两个超级大国都改善关系，但是他们哪件事做得不对，我们就批评，就不投赞成票。”[②] 同年 6 月 18 日，邓小平在会见荣氏亲属观光团时，进一步指出：“我们坚持独立自主的和平外交政策，不参加任何集团。同谁都来往，同谁都交朋友，谁搞霸权主义我们就反对谁，谁侵略别人我们就反对谁。我们讲公道话，办公道事。这样，我们国家的政治分量就更加重了。这个政策很见效，我们要坚持到底。”[③] 这些讲话都充分表明，对一切国际问题，中国都根据事情本身的是非曲直，独立自主地决定自己的态度和政策。既不打美国牌，也不打苏联牌，同谁都来往，同谁都交朋友。中国不参加任何军事集团，自己也不搞军事集团，不进行军备扩张，这有利于中国不断拓展外交活动空间。

总之，20 世纪 80 年代，邓小平坚决主张：“中国的对外政策是独立自主的，是真正的不结盟。”换言之，中国不同任何大国建立结盟关系，在国际事务中，中国不依附于任何一个大国，也不屈服于任何一个国家的压力，在任何情况下都坚持独立自主的原则。其结果最终是，中国在改善了对苏关系的同时，也与美国保持了正常的关系，从而成功地在美苏争霸格局下，采取了一种相对超脱的姿态，成为独立于东西方两大政治、军事集团之外的一支重要力量。但是，这种与超级大国之间的安全关系，并非完全等距离的军事外交，而是对美国有

① 康绍邦、宫力等：《马克思主义国际战略理论》，九州出版社，2006 年版，第 179 页。

② 《邓小平文选》第 3 卷，人民出版社，1993 年版，第 156 页。

③ 同上书，第 162 页。

所侧重。因为在苏联尚未把改善对华安全关系的言论变成行动之前，中国仍对苏联怀有戒心，中美之间仍存在着解除苏联威胁的共同利益。

## 二、秉持国家利益至上

国家利益是主权国家生存和发展的基本需求，是国家外交和军事外交的根本动因。然而，在改革开放以前，中国外交有时过于强调意识形态，甚至有的同志以世界革命为外交目标，把维护国家利益与坚持国际主义对立起来。

在新中国历史上，邓小平同志是第一位明确提出国家利益至上原则的领导人。从十一届三中全会起，邓小平逐渐形成一套较为系统的国家利益观，国家利益成了他分析国际国内形势，指导国家外交和军事外交的主要依据。1979 年，邓小平从国内政治的角度指出，社会主义现代化建设是中国人民的最大、最根本的利益。不久，他又从国际政治的角度，分析中国的国家利益，提出："我们的对外政策，就本国来说，是要寻求一个和平的环境来实现四个现代化。"1989 年 10 月，他在会见美国前总统尼克松时指出："我们都是以自己的国家利益为最高准则来谈问题和处理问题的。""考虑国与国之间的关系主要应从国家自身的战略利益出发。着眼于自身长远的战略利益，同时也尊重对方的利益，而不去计较历史恩怨，不去计较社会制度和意识形态的差别，并且国家不分大小强弱都相互尊重，平等相待。"① 邓小平的这些论述，以马克思主义国家学说为指导，明确指出了新时期我国军事外交的根本出发点和落脚点。

国家利益代表着一个国家广大人民的共同利益。军队作为国家机器的主要组成部分，是维护和实现国家利益的重要工具。国家利益是军队必须维护的利益，也是军事外交致力谋求的利益。邓小平指出："我们这个军队是党领导下的军队，永远是国家的捍卫者，永远是社会主义的捍卫者，永远是人民利益的捍卫者。"② 这清楚地表明了国家

① 《邓小平文选》第 3 卷，人民出版社，1993 年版，第 330 页。

② 同上书，第 304 页。

利益、人民利益的高度一致性。我国军事外交着眼于维护国家利益，也就是维护全国各族人民的利益。

国家利益的具体内容非常广泛，其中，安全利益和发展利益是国家利益最根本的两个方面。一方面，考虑军事外交问题，要以国家安全利益为最高准则。确保国家安全，是一个主权国家在国际舞台上作为独立的利益主体，所必须具有的基本条件和根本标志。国家的安全是发展的基础，是发展的先决条件。安全利益得不到有效的保护，没有和平稳定的环境，经济发展就无从谈起。正因为如此，邓小平指出："国家的主权、国家的安全要始终放在第一位。"[①] 在霸权主义和强权政治依然存在的情况下，维护国家利益，特别是维护国家主权与安全，是我军的神圣职责和历史使命，也是军事外交的基本指导原则。另一方面，考虑军事外交问题，要同国家的发展利益联系起来。国家的发展利益，也是国家具有长远性和根本性的利益。邓小平指出，中国是一个和平力量，制约战争的力量，中国的主要目标是要让自己尽快发展起来。现在国家还穷，还很落后，尤其需要一个和平环境，集中力量解决自己的发展问题。军事外交理应服从和服务于国家发展战略，把国家最高利益作为军事外交工作的核心问题。

在实践中，邓小平一贯坚持国家利益至上原则。在中美建交谈判过程中，邓小平始终反对美国干涉中国内政，坚决拒绝美国一再提出的要中国首先承诺放弃使用武力解决台湾问题。1974 年 11 月，美国总统福特派基辛格访华。当时周恩来生病住院，由邓小平副总理同基辛格会谈。基辛格一方面表示愿按"日本方式"解决中美关系正常化问题，但要在台湾地区设立"联络处"。对此，邓小平明确指出：基辛格提出的并不是"日本方式"[②]，而是"一中一台"方式，在建交问题上无非是一个"倒联络处"[③] 方案，这是中国不能接受的。至于

① 《邓小平文选》第 3 卷，人民出版社，1993 年版，第 348 页。

② "日本方式"，是指中日建立正式外交关系，日本可与台湾地区保持贸易、文化等非官方往来。

③ "倒联络处"，是指当时美台有外交关系，中国与美国有官方的"联络处"，而基辛格建议的则是中美建立外交关系，让台湾地区与美国保持官方的"联络处"关系。

《共同防御条约》，必须加以废除。在美台断交、废约和美国从台湾地区撤军后，台湾问题应由中国人自己去解决，那是中国的内政，用什么方式解决也是中国人自己的事。邓小平的表态使美国明白无误地了解了中方的立场。同年 12 月，福特总统访华时，邓小平再次强调：按照“日本方式”，也就是接受断交、废约和撤军三个原则实现中美建交。至于用什么方式解决台湾问题，应该由中国自己来决定。1977 年 8 月，卡特政府派遣万斯国务卿来中国进行会谈。万斯同邓小平会谈时表示，美方愿按一个中国原则实现中美关系正常化，要求中方允许美国政府人员“在非正式安排下”继续留在台湾地区。他还表示，美国政府将发表声明，重申美国关心中国人自己和平解决台湾问题，希望中方不要发表反对的声明，不要强调以武力解决问题。邓小平当即反对万斯的“倒联络处”方案。他表示，如果要解决，干干脆脆就是三条——废约、撤军、断交；为了照顾现实，我们可以允许保持美台间非官方的民间往来；至于台湾地区和大陆的统一问题，还是让中国人自己来解决。1979 年 1 月 1 日，按照邓小平提出的有关原则，中美实现建交。

20 世纪 70 年代末、80 年代初，中国仍实行联美制苏的政策，美国自认为中国在战略上有求于它，因此可以在台湾问题上迫使中国做出让步。但邓小平则表示，宁可中美关系倒退，也决不迁就，表现出在原则问题上的坚定性。中美建交后不久，美国国会便于 1979 年 3 月，正式通过了一个违背中美建交联合公报原则的《与台湾关系法》，规定美国将继续向台湾地区出售军火，一旦台湾地区有事，美国还要干预。此后，针对美国售台武器问题，中国与美国进行了激烈的斗争，中美关系存在着倒退的危险。1982 年 5 月，邓小平在会见时任美国副总统的布什时指出：《与台湾关系法》是侵犯中国主权的行为，美国向台湾地区出售武器是中美关系中的一个阴影，今天来说是一个潜伏的危机。在邓小平的指导下，中国方面据理力争，与美方进行多次谈判，终于在同年 8 月 17 日，就分步骤直到最后彻底解决美国向台湾地区出售武器问题，发表了中美联合公报，即中美《八一七公报》，有力地维护了中国的安全利益。

## 三、以和平方式解决国际争端

20世纪80年代，国际局势逐渐出现由对抗转为对话，由紧张转为缓和的迹象。邓小平及时、敏感地注意到这种重大变化，逐步改变了过去中国曾一度认为，世界大战不可避免而且迫在眉睫的战略判断。他科学地提出，和平与发展是当今世界两大主题。

在变化了的世界形势下，邓小平认为，对于国际争端的解决，“要根据新情况、新问题，提出新办法”。他说：“世界上有许多争端，总要找个解决问题的出路。我多年来一直在想，找个什么办法，不用战争手段而用和平方式，来解决这种问题。”“假如能够采取合情合理的办法，就可以消除爆发点，稳定国际局势。”① 为此，他提出了若干切实可行的解决国际争端问题的具体办法。一是双方互谅互让。你让一点，我也让一点，这样对本国人民也能有一个交代。二是搁置争端。先把争端放在一边，彼此积极发展往来，进行合作，增进了解和友谊。可能的话，还可以共同开发争议的地区。三是维持现状。避免武装冲突，寻求和平解决的时机和方式。四是尊重历史和现实。不吵架，不动武，而是进行和平协商。“一国两制”，也是邓小平所提出的一种解决类似争端的重要办法。既可解决中国统一问题，又可适用于解决其他一些国际争端。

“搁置争议、共同开发”的思想，是邓小平同志于20世纪70年代末、80年代初提出来的。最早是针对中日钓鱼岛争端，后扩大到用于处理我国与其他国家之间的一些海上争端。1978年8月，邓小平在会见日本外相园田时，一方面严肃强调，钓鱼岛等岛屿自古以来就是中国的领土，另一方面他又说，钓鱼岛问题，“一如既往，搁置它20年、30年嘛！”同年10月，邓小平在回答日本记者提问时进一步指出，关于钓鱼岛问题，“我们认为两国政府把这个问题避开是比较明智的。这样的问题放一下不要紧，等十年也没有关系。我们这一代缺少智慧，谈这个问题达不成一致意见，下一代总比我们聪明，一定会

① 金正昆：《外交学》，中国人民大学出版社，2004年版，第288页。

找到彼此都能接受的方法。”[①] 邓小平的这一想法，后来发展成为“搁置争议，共同开发”的主张。

1986年6月，菲律宾副总统劳雷尔访华时，邓小平向他提出，“南沙问题可以先搁置一下，先放一放，我们不会让这个问题妨碍与菲律宾和其他国家的友好关系。”此后，随着世界各沿海国对海上资源争夺的加剧，南海周边各国围绕海洋权益的斗争日趋激烈。在各自相持不下的情况下，1991年开始，中国政府从维护地区稳定的愿望出发，提出在承认主权归属中国的前提下，愿与南海周边国家共同开发南海资源的主张。

在处理中国与其他国家之间的争端时，邓小平还创造性地提出了“一国两制”的基本构想。所谓“一国两制”，亦称“一个国家，两种制度”。邓小平指出：“‘一国两制’也要讲两个方面。一方面，社会主义国家里允许一些特殊地区搞资本主义，不是搞一段时间，而是搞几十年、成百年。另一方面，也要确定整个国家的主体社会主义。”具体地说，“一国两制”就是，在坚持一个中国即中华人民共和国不可分割的前提下，大陆实行社会主义制度；香港、澳门、台湾作为中华人民共和国不可分割的部分，可以成立特别行政区，保持其原有的资本主义制度和生活方式，并且长期不变。

“一国两制”的构想，首先是就解决台湾问题提出来的。台湾问题本是中国的内政，但由于历史和现实的原因，成为中美关系的核心问题。1979年1月30日，邓小平访问美国时宣布：我们不再用“解放台湾”的提法了。只要祖国统一，我们将尊重台湾地区的现实和现行制度。这是邓小平首次提出用“一国两制”的构想解决台湾问题。根据这一构想，先是与英国解决了香港问题，后又与葡萄牙一起，圆满地解决了澳门问题。“一国两制”的构想，也随之不断得到完善和充实。

邓小平认为，“一国两制”的构想，可以适用于解决其他一些国际争端。他说：“我们提出‘一个国家，两种制度’的构想，也考虑

---

① 王泰平主编：《新中国外交50年》，北京出版社，1999年版，第486页。

到解决国际争端应该采取什么办法。因为世界上这里那里有很多疙瘩，很难解开。我认为有些国际争端用这种办法解决是可能的。我们就是要找出一个能为各方所接受的方式，使问题得到解决。”① 从本质上讲，“一国两制”也是一种和平共处。这种构想，理所当然地对和平解决国际争端，具有重要的启迪作用。

在邓小平的关于坚持通过和平方式解决国际争端的军事外交思想指导下，20 世纪 80 年代以来，中国与其他国家发生战争或冲突的数量和频率大大降低。通过和平谈判的方式，中国同俄罗斯、哈萨克斯坦、吉尔吉斯斯坦、塔吉克斯坦和越南等国解决了边界划分问题，与印度就边界问题达成了建立信任安全措施，同时把南沙群岛等问题，控制在不引发军事冲突的程度上。

## 四、在对美军事关系中既斗争又合作

美国是世界上最大的发达国家和唯一的超级大国，中国是世界上最大的发展中国家。美国是与中国利害关系最大的国家，中国的安全和发展，都同美国有着重大关系。中国与美国曾有过两次大的军事较量，两国军队在朝鲜战场进行了正面交战，在越南战场进行了间接较量。第一次较量，迫使美国首次在没有取得胜利的停战协议上签字；第二次较量，迫使美国从越南撤军，同时遭受了比朝鲜战争更大的损失。1972 年 2 月，以美国总统尼克松访华为标志，中美两国结束了长达 20 多年的敌对状态，从而大大改善了中国的安全环境。1979 年中美建交后，美国在处理对华军事关系中既有合作的一面，又有防范和遏制的一面。邓小平则坚持“以两手对两手”，一方面与美国积极开展军事交往与合作；另一方面在美国售台武器等问题上与美国进行有理、有利、有节的斗争。

20 世纪 70 年代末、80 年代初，苏联奉行的扩张性侵略政策，仍对中美双方构成重大的战略威胁。正如 1979 年 2 月邓小平访美时指出：“战争的危险来自苏联”，“对霸权主义真正起到遏制或约束作用

① 金正昆：《外交学》，中国人民大学出版社，2004 年版，第 288 页。

的不是这样或那样的条约和决议，而是坚决的、扎扎实实的联合行动”。[①] 为了对付中美共同面临的威胁，邓小平重申建立国际统一战线的主张。在美国国内也有一种强烈的看法，认为同中国进行军事合作符合美国利益。

1979 年 12 月底，苏军入侵阿富汗，引起了美苏关系新的危机。这是苏联第一次派兵直接占领一个苏联集团以外的国家。苏联南下波斯湾，直接威胁到西方赖以生存的石油产区和战略通道，引起美国乃至整个西方世界的恐慌。阿富汗事件给中美关系注入了强大推动力。美国更加重视中国在抗苏中的作用，决心进一步把两国的合作扩大到防务领域。1980 年 1 月，美国国防部长布朗访华，这是自 1949 年以来美国第一位国防部长访华，也是中美两国军事领导人进行的第一次正式交往。邓小平在会见布朗时再次指出，两国在反对苏联霸权主义问题上，有共同的战略利益和合作基础，应努力发展安全合作关系。此后，两国军队之间的交往渐入高潮。直至 1989 年，美国国防部副部长佩里、国防部长温伯格（两访）、海军部长莱曼、参谋长联席会议主席维西、太平洋美军总部司令克劳、空军参谋长加尔布里埃、国防部长卡卢奇等先后访华。中国国务院副总理兼国防部长耿飚、国防部长张爱萍、海军司令员刘华清、总参谋长杨得志、空军司令员王海、副总参谋长徐惠滋、海军司令员张连忠等先后访美。

在军工合作方面，1983 年起，中美双方开始选定项目，包括歼八Ⅱ型飞机改装、大口径炮弹生产线、TBO 鱼雷项目。两国的最高军事学府国防大学，也建立起联系。在整个 20 世纪 80 年代，即使是在苏联威胁有所减弱，中国与美国拉开一定距离后，邓小平仍然从战略的角度来看待中美关系，重视两国军事交往与合作，以确保完全消除苏联所构成的军事威胁和推动我国防现代化。这段时期，常被人们看作是中美军事合作的“蜜月期”。

在与美国加强军事交往与合作的同时，邓小平围绕对台军售等问题，与美国展开针锋相对的斗争。中美建交后，美国颁布了《与台湾

① 谢益显主编：《中国当代外交史》，中国青年出版社，2002 年版，第 360 页。

关系法》，并继续向台湾地区出售武器，对中美关系的健康发展构成重大障碍。根据邓小平的战略部署，中国政府制定了关于美国售台武器问题的斗争方案，提出了与美国“又联合又斗争，以斗争求联合”的方针，要求美国限期停止向台湾地区出售武器，或“逐年削弱直至完全停止”。

1981 年 6 月，美国国务卿黑格访问中国。在他出访前夕，美国防部宣布，“美国目前政策允许美国公司向中国出口某些可以应用于军事的技术和非杀伤性辅助装备。”黑格又在北京宣布，美国将取消向中国出口杀伤性武器的禁令，并在技术转让中，把中国列入友好的非结盟国家。美方想用向中国出售武器，来换取中国对美售台武器的默许，这是不可能的。邓小平对黑格指出，向台湾地区出售武器，会使蒋经国的尾巴翘到一万公尺高。这样的问题涉及中国最大的政策之一，即统一祖国。同年 10 月，中国政府领导人借出席在墨西哥坎昆召开的关于南北问题首脑会议之机，当面向时任美国总统的里根提出了对台军售问题。除了表示中方立场外，首次提出了两点具体要求：一是美国售台的武器，在规定期限内、性能和数量上，均不得超过卡特政府时期的水平；二是美国售台武器应逐年减少，直至完全停止。双方态度都很强硬，但谁都不愿关系破裂。最后，双方商定，将就此事在北京继续举行会谈。12 月 4 日，中美就美售台武器问题开始进行谈判。在谈判陷入僵局的情况下，1982 年 5 月，布什副总统来华访问。邓小平对他指出，美对台军售是中美关系一个潜伏的危机。如果两国关系中的这个疙瘩能够解开，将对全球战略有利。他要布什转告里根总统，美国领导人要承诺，在一定时期内逐步减少并终止向台湾地区出售武器。[①] 谈判历时 8 个月，最终于 8 月 17 日双方同时发表联合公报，通称为《八一七公报》。在联合公报中，美方承诺“不寻求执行一项长期向台湾出售武器的政策”，“它向台湾出售的武器性能和数量上不超过中美建交后近几年供应的水平，它准备逐步减少它对台湾的武器出售，并经过一段时间导致最后解决”。在邓小平的领导下，中

① 王泰平主编：《新中国外交 50 年》，北京出版社，1999 年版，第 1383—1384 页。

美进行了一番意志的较量，在美对台军事售问题上取得了一定胜利，稳定了中美关系的大局，维持了双方军事交往与合作的发展势头。

冷战结束以后，美苏两极对抗的国际战略格局不复存在，中美共同对付苏联威胁的战略基础也随之消失。两国关系不再是对付共同敌人的“统一战线”式的关系。但是，中美同处太平洋两岸，双方都希望保持亚太地区的和平与稳定，以便为本国的经济发展创造一个良好的周边环境。由于政治、经济、历史等各种原因，亚太地区仍旧存在着一些容易导致冲突和战争的不稳定因素。消除这些不稳定因素，显然需要中美双方的协调与合作。针对美国对华政策的两面性，邓小平采取刚柔并济的两手策略，与之周旋，斗智斗勇。一方面坚决顶住了美国所施加的种种压力，并且在台湾、西藏等涉及到中国主权、领土完整的问题上，坚持原则，据理力争，坚决反对美国干涉别国内政的霸权主义做法；另一方面，又十分讲究策略，做到着眼于长远，进退有序，争而不裂，有理、有利、有节。可以说，在处理中美安全关系方面，邓小平始终坚持以“两手对两手”，既斗争又合作，在斗争中求合作的军事外交思想。

## 第三节　江泽民的军事外交思想

江泽民同志 1989 年担任中共中央总书记、特别是当选为军委主席以后，根据国际战略格局的新变化、世界军事发展的新趋势、我国改革开放的新形势，以及祖国统一大业的使命任务，解放思想，实事求是，与时俱进，在继承毛泽东和邓小平军事外交思想的同时，提出了一系列重要的军事外交思想。这些思想富有鲜明的时代性、系统的理论性和科学的指导性，是“三个代表”重要思想的有机组成部分，对当代中国军事外交实践，具有重要的指导意义。

### 一、确立新安全观

人类经历过无数次战争，最近 100 年更是经受了两次世界大战和

40 年冷战对峙的磨难。历史证明，以使用武力或以武力相威胁，不可能真正解决国际争端，难以维持持久的世界和平。冷战结束后，两极战略格局崩溃，国际安全形势出现新的情况，江泽民提出抛弃冷战思维，树立新型安全观等一系列新观念。江泽民的新安全观，把国家安全与国际安全有机结合起来，代表了当代先进的战略文化和安全理念，反映了世界多数国家，特别是广大发展中国家的利益和要求，在国际社会产生了良好的影响。

1996 年 4 月，中、俄、哈、吉、塔五国元首，在上海讨论边境地区的信任与合作问题时，江泽民首次提出了确立新安全观的问题。1997 年 4 月，他与叶利钦总统共同签署声明，指出："双方主张确立新的具有普遍意义的安全观，认为必须摒弃'冷战思维'，反对集团政治，必须以和平方式解决国家之间的分歧或争端，不诉诸武力或以武力相威胁，以对话协商促进建立相互了解，通过双边、多边协调合作寻求和平与安全。"[①] 1999 年 3 月，江泽民在日内瓦裁军谈判会议上发表题为《推动裁军进程，维护国际安全》的讲话，第一次全面阐述了中国的新安全观。他明确指出："新安全观的核心，应该是互信、互利、平等、协作。各国相互尊重主权和领土完整、互不侵犯、互不干涉内政、平等互利、和平共处五项原则以及其他公认的国际关系准则，是维护和平的政治基础。互利合作、共同繁荣，是维护和平的经济保障。建立在平等基础上的对话、协商和谈判，是解决争端、维护和平的正确途径。只有建立新安全观和公正合理的国际新秩序，才能从根本上促进裁军进程的健康发展，使世界和平与国际安全得到保障。"[②] 2002 年 10 月，在党的十六大上，江泽民再次阐明了我党在安全问题上的立场："安全上应相互信任，共同维护，树立互信、互利、平等和协作的新安全观，通过对话和合作解决争端，而不应诉诸武力

---

① 苏志荣：《新世纪新阶段的科学指南：江泽民国防和军队建设思想研究》，军事科学出版社，2005 年版，第 439—440 页。

② 江泽民：《推动裁军进程，维护国际安全：在日内瓦裁军谈判会议上的讲话》，《人民日报》，1999 年 3 月 27 日。

或以武力相威胁。"[①]

江泽民所积极倡导的新安全观，是在吸收现有的共同安全、相互安全、合作安全和综合安全等安全观念合理成分的基础上提出来的。其内容是综合安全，即在传统的政治军事安全基础上，增加非传统安全；其手段是合作安全，即通过国家之间平等互利的安全合作，以消除不必要的紧张与敌意，实现双方和多方的共同安全，而非单方面的绝对安全；其核心则是"互信、互利、平等、协作"的原则，其中互信是基础，互利是目的，平等是保证，协作是方式。

"互信"是新安全观的基础。江泽民认为："互信就是以诚相待，言而有信，就是必须遵守应尽的国际条约和义务，遵循公认的国际法准则。互信意味着以合作求安全，通过友好协商和平解决争端。各国的安全是相互依存的，再强大的国家，离开国际合作也难以有真正的安全。"[②] 各国只有通过对话、谈判等各种渠道，增加相互信任，减少相互猜疑，逐步裁减军备，消除以军事联盟为基础的旧安全观，才能建立长期稳定、安全可靠的国际和平环境。

"互利"是新安全观的目的。冷战结束后，发展问题成为突出问题，许多不稳定、不安全的因素都与发展问题有关，贫富差距、南北差距扩大，既是许多社会经济问题的根源，也是导致世界许多地区冲突、战争的根源。因此，解决安全问题，必须坚持互利原则。在经济全球化加快发展的背景下，国际社会更应加强互利合作，共同解决面临的问题，促进世界的共同发展，从而根本解决世界的和平问题，保障各国的共同安全。江泽民就曾指出："发达国家有责任帮助发展中国家发展经济，缩小南北差距。这不仅是实现共同发展的重要条件，也是维护世界和平与稳定的要求。"[③]

"平等"是新安全观的保证。新安全观，主张国家不论大小强弱，都是国际社会的一员，应相互尊重，平等相待，不干涉内政，促进世界各国的共同安全和普遍安全，特别是要保障广大发展中国家和弱小

---

① 《中国共产党第十六次全国代表大会文件汇编》，人民出版社，2002年版，第237页。

② 江泽民：《弘扬"上海精神"，促进世界和平》，人民日报，2002年6月8日。

③ 江泽民：《阔步前进中的中国与世界》，人民日报，1995年7月14日。

国家的安全。江泽民指出："安全必须是各国的普遍安全。国家无论大小、贫富、强弱，都享有安全的平等权利。如果广大发展中国家得不到安全，整个世界也就不可能安宁。"① 新安全观要求我们坚持大小国家一律平等，承认并尊重世界的多样性，承认并尊重各国各民族在社会制度、发展道路、文化传统和宗教信仰等方面的差异。

"协作"是新安全观的方式。新安全观主张以和平谈判的方式解决争端，并就共同关心的安全问题进行深入广泛的合作，消除隐患，防止战争和冲突的发生。各国要以信任代替猜疑，以对话代替对抗，以互谅互让的和谈与合作代替争夺与冲突。江泽民多次强调，维护国际安全，必须彻底摒弃冷战思维，努力把国际社会的持久和平，建立在促进各国相互信任和相互协作的基础上，各国通过平等参与、协商，共同解决国际和地区安全问题。

以江泽民为核心的第三代领导集体，不仅多次深刻地阐明以互信、互利、平等和协作为核心的新安全观，而且在实践中积极推动这种新安全观的建立。中国积极寻求通过和平谈判，解决与邻国的争议问题。目前已同绝大多数周边国家，解决了陆地边界问题，同越南签署了北部湾划界协定，与东盟国家签署了《南海行为准则宣言》。在未决争议问题上，中国与有关国家达成建立信任安全措施。中国作为联合国常任理事国，积极参与国际合作，支持联合国及其安理会为维护世界和平、解决国际争端所作的努力。我国还积极参加各种国际和区域性国际组织，开展多边外交，增进中国与周边国家和世界各国的互信、互利，促进我国与世界各国在各个领域的平等合作，促进共同安全和世界和平。

## 二、建立新型大国战略伙伴关系

在国际关系中，我们历来主张，国家不分大小、强弱、贫富，应当一律平等。然而，由于历史和现实的原因，大国在世界格局中始终处于重要地位，对国际事务的影响作用，比中小国家要大得多，对和

① 康绍邦、宫力等：《马克思主义国际战略理论》，九州出版社，2006年版，第238页。

平与发展担负的责任和应有的贡献，也大得多。正如江泽民指出，在今日世界上，中国坚决反对大国主宰世界和垄断国际事务，但也必须承认这样一种客观现实："大国在维护世界和平与稳定，裁减军备，促进各国发展和保护人类生存环境等方面，应承担起更大的责任与义务"①。

很显然，大国之间关系状况，对世界的总体和平与稳定至关重要。如果大国关系处理得当，就能使世界整体和平局面得以维护，反之，就有可能导致大规模冲突。因此，江泽民强调，要重视处理大国之间的关系，发挥大国的作用，维护世界和平。1998 年 11 月，在他与叶利钦总统举行第六次中俄高级别会晤后共同发表的联合声明指出：为了建立国际政治经济新秩序，必须保持和加强大国间的合作，创造条件使各大国不扩大现有的或建立新的军事政治联盟，不搞对抗或形形色色的相互遏制，放弃瓜分各地区势力范围的意图。当今世界各大国，只要本着伙伴和合作的精神，就能通过平等对话解决相互间存在的一些问题。

世纪之交，江泽民积极推进中国与世界其他国家、特别是大国，建立各种战略伙伴关系。1996 年，与叶利钦总统一起宣布，中俄两国建立"战略协作伙伴关系"。1997 年，与希拉克总统一道宣布，中法两国建立"长期的全面伙伴关系"。1998 年，与克林顿总统发表联合公报，宣布中美致力于建立面向 21 世纪的"建设性战略伙伴关系"。同年，与欧盟确立了"面向 21 世纪的长期稳定的建设性伙伴关系"，还与英国共同宣布建立"面向未来全面伙伴关系"等。

中国与世界主要大国之间的战略伙伴关系，是为寻求共同利益而建立的一种合作关系。这是一种既非结盟又非对抗的新型国家间关系，其基本特征是，以共同利益为基础，以互不对抗为前提，以不结盟、不针对第三国为要求，以接触与对话为形式，以协商与合作为目的。中国与有关大国建立战略伙伴关系，有利于改善中国的国际环境和周边环境，有利于推动世界多极化格局发展，也有利于进一步密切

① 倪健民、陈子舜：《中国国际战略》，人民出版社，2003 年版，第 365 页。

大国间军事交往与合作。

**（一）与美国建立建设性战略伙伴关系**

中美关系，是中国最重要的对外关系之一。美国是当今世界综合国力最强的国家，对其西方盟国和一些发展中国家具有很大影响力。1979年中美建交后，两国关系在三个公报基础上得到相对平稳的发展。然而1989年春夏之交的政治风波和此后的苏东剧变，美国错误地判断形势，在各个领域对中国施加压力，并对华实施制裁。对此，中国进行了坚决的斗争。中美关系如何发展，是对抗还是合作，成为世人关注的焦点，也是两国政治家必须面对的问题。

实际上，中美交恶，既不符合两国的战略利益，也不利于世界的和平与稳定。在后冷战时期，中美之间的共同利益不是在缩小而是在扩大，合作的基础不是在削弱而是在加强，发展两国关系的有利因素不是在减少而是在增多。江泽民指出："中国和美国，在事关人类生存和发展的许多重大问题上，例如维护世界和平与安全，防止大规模杀伤性武器扩散，保护人类生存环境，打击国际犯罪等，有着广泛的共同利益，肩负着共同责任。这些都是中美两国发展友好合作的重要基础。"他认为，美国是最发达的资本主义国家，中国是最大的发展中国家，中美两国都是联合国安理会的常任理事国，两国关系无疑是世界上最重要的双边关系之一，其演变发展对世界军事形势的稳定与平衡、亚太地区的安全与稳定都将产生重大影响，具有牵动世界全局的战略意义。[①] 正是基于上述认识，江泽民坚持从中美两国长远战略利益出发，既斗争又合作，将高度的原则性和灵活性结合起来，使中美关系一步步走出低谷。

1992年底，江泽民在会见到访的美国国会议员时，提出了正确处理中美关系的"十六字"基本方针："增加信任、减少麻烦、发展合作、不搞对抗"，从而确定了中美关系的基本走向。1993年11月，他在美国西雅图，向克林顿总统当面阐释了这"十六字"方针

① 苏志荣：《新世纪新阶段的科学指南：江泽民国防和军队建设思想研究》，军事科学出版社，2005年版，第457页。

的涵义："增加信任、减少麻烦"，就是为改善和发展两国关系创造必要条件，而"发展合作、不搞对抗"，则是发展两国关系的内容和目的。随着中美两国关系的改善和发展，1997 年 10 月，他对美国进行国事访问时，又适时提出了处理两国关系的新"十六字"方针，即"增进了解、扩大共识、发展合作、共创未来"。正是在这次国事访问中，双方确定，为了促进世界和平与发展的崇高事业，中美两国应该加强合作，"共同致力于建立中美建设性战略伙伴关系"。这标志着中美两国关系自 20 世纪 80 年代末以来，终于有了新的契机，进入了新的发展阶段。2002 年 2 月，江泽民与来访的布什总统会谈时，满怀信心地寄望：中美双方应以史为鉴，面向未来，站在新世纪的起点，共同推动两国关系，在今后的岁月里取得更大的发展。

两国建设性伙伴关系，有力地促进了中美军事交流与合作：签署了两国首份军事协定和信任措施协定，即《关于建立加强海上军事安全磋商机制协定》；达成了香港回归后美舰可继续照常访问香港的协议；实现了中国舰艇编队对美国本土的首次访问；承诺两军不把各自控制下的战略核武器瞄准对方；两军就人道主义救援和减灾、军事环境保护以及互派人员观摩对方联合训练演习等，达成合作协议；两国同意在平等和相互尊重的基础上，继续进行关于全球安全和防扩散问题的对话；双方还发表了《中美两国元首关于"生物武器公约"协定书的联合声明》和《中美两国元首关于杀伤人员地雷问题的联合声明》等。中美军事关系在一定战略认同的基础上，逐步走向成熟，在促进世界和亚太地区的和平与安全，缓和与消除各种紧张局势，防止大规模杀伤性武器的扩散和打击国际恐怖主义活动等方面，发挥了重大作用。①

**（二）与俄罗斯建立战略协作伙伴关系**

以江泽民为核心的第三代领导集体，十分重视发展与俄罗斯这

---

① 苏志荣：《新世纪新阶段的科学指南：江泽民国防和军队建设思想研究》，军事科学出版社，2005 年版，第 459—460 页。

个中国最大邻国的睦邻友好合作关系，将中俄关系视为我对外关系的重要方面。正如江泽民指出："'亲仁善邻，国之宝也'。中俄时代的睦邻友好不仅仅是两国政治家的抉择，也是两国人民的共同愿望。"

1991 年底苏联解体后，中国率先与俄罗斯建立了外交关系。1992 年 12 月，在叶利钦总统首次访华时，中俄宣布互视为"友好国家"，两国建立了睦邻友好和互利合作的关系，此后，两国双边关系得到全面发展。1994 年 9 月，叶利钦致电江泽民，提出两国"建立面向 21 世纪的建设性伙伴关系"的倡议。同年，江泽民首次访俄时强调指出："中国愿同俄罗斯一道，站在面向 21 世纪的高度，共同构筑两国关系的未来，把两国关系提高到一个崭新的水平，使两国睦邻友好关系精心培养和发展下去并带入下个世纪，传给我们的子孙后代。"期间，中俄双方就构筑面向 21 世纪新型伙伴关系达成共识，江泽民还明确提出了发展中俄友好关系的一些具体主张，为中俄新型伙伴关系的建立提供了重要理论指导。1995 年，江泽民与叶利钦再次会晤，重申了中俄两国建立和发展建设性伙伴关系的重要性，并一致认为，这是两国在总结双边关系的历史教训和近年来两国关系顺利发展的经验基础上达成的共识。

1996 年 4 月，中俄正式宣布建立"平等信任、面向 21 世纪的战略协作伙伴关系"，从而为两国关系的发展确立了明确的方向。在谈到中俄战略协作伙伴关系的实质与内容时，江泽民提出："当前，中俄两国正致力于建立和发展平等信任、面向 21 世纪的战略协作伙伴关系，这是一种新型的国家关系。它的基本宗旨是：深入发展双边合作，保持长久的睦邻友好，促进两国共同发展与繁荣，造福于两国人民；密切双方在国际事务中的磋商与协调，维护各自的独立、主权和民族尊严，维护各自在国际上应有的地位和正当权益；通过双方合作和共同努力，促进国际局势的缓和与稳定，推动世界多极化趋势的发展和公正合理的国际新秩序的建立。中俄的这种新型关系，只是双方的协作友好关系，而不是结盟关系。它不针对任何第三国，更不对任何国家构成威胁。它有利于维护本地区和世界的和平与安全，完全符合世界局势与国际关系发展的潮流和需要。”[①] 中俄建立战略协作伙伴关系，无疑有利于世界和亚太地区的和平与发展。

此后，两国战略协作伙伴关系，得到了不断的充实，取得了重大进展。2000 年 7 月 18 日，发表了《中华人民共和国主席和俄罗斯联邦总统关于反导问题的联合声明》，强调：“美国建立《反导条约》所禁止的国家导弹防御系统的计划令人深感忧虑。”“中国和俄罗斯对某些国家在亚太地区部署带来上述消极影响的非战略性导弹防御系统的计划表示严重忧虑和坚决反对。以任何形式将台湾纳入外国导弹防御系统都是不可接受的，都将严重破坏地区稳定。”2001 年 7 月，江泽民与普京签署了《中俄睦邻友好合作条约》。该条约明确规定：双方根据公认的国际法原则和准则及和平共处五项原则，长期全面地发展两国睦邻、友好、合作和平等信任的战略协作伙伴关系；反对可能对国际稳定、安全与和平造成威胁的行为，将在预防国际冲突及其政治解决方面相互协作；不参加任何损害缔约另一方主权、安全和领土完整的联盟或集团；在相互关系中不使用武力或以武力相威胁，也不相互采取经济及其他施压手段，以和平方式解决彼此间分歧。该条约“将两国世代友好、永不为敌的和平思想和永做好邻居、好朋友、好伙伴的坚定意愿，以法律的形式确定下来”，标志着中俄关系进入一个新的阶段。

中俄军事关系，是两国战略协作伙伴关系的重要组成部分，两国关系的发展，促进了两军的交往与合作。1991 年 5 月 16 日签署了《中苏国界东段协定》，1994 年 9 月 3 日签署了《中俄国界西段协定》。中俄双方不仅通过协商，圆满地解决了边界问题，而且增加了互信，使双方关系定位于相互信任与合作、不以军事手段维系的相互安全模式。中俄双方领导人签署了《关于预防危险军事活动的协定》、《中华人民共和国主席和俄罗斯联邦总统关于互不首先使用核武器和互不将战略核武器瞄准对方的联合声明》等几十个政府间文件。特别是 1996 年 4 月，中、俄、哈、吉、塔五国元首，在上海共同签署的《关于在

① 康绍邦、宫力等：《马克思主义国际战略理论》，九州出版社，2006 年版，第 261 页。

边境地区加强军事领域信任的协定》、《关于在边境地区相互裁减军事力量的协定》，掀开了中俄关系的新篇章。中俄两军领导人交往也越来越密切，军工技术、人员培训、联合训练等方面的合作不断得到加强。

**（三）与欧盟国家建立全面合作伙伴关系**

欧洲联盟，是世界上一体化程度最高的区域性政治与经济实体。以江泽民为核心的第三代领导集体，非常重视发展与欧盟国家的关系。中国和欧盟国家都是世界舞台上的重要力量，在推动世界多极化格局、维护国际和地区安全等方面，中欧之间存在着广泛共识。

江泽民把发展同欧盟国家之间的关系，概括为四项原则：一是面向 21 世纪，努力发展长期稳定的友好合作关系；二是相互尊重，求同存异；三是互补互利，促进共同发展；四是加强在国际事务中的磋商与合作。[①] 他指出："中国与欧洲国家走过了不同的历史进程，相互之间在社会制度、经济水平、文化传统和价值观念等方面存在差异，对一些问题有不同看法，这并不奇怪。只要双方按照相互尊重、平等对待、求同存异、协商一致的原则，积极开展政治对话，就可以增进了解、减少分歧、增加信任、扩大共识，寻求共同利益的交汇点，从而使双方的平等互利合作在新世纪结出更加丰硕的果实。"[②]

按照江泽民提出的上述原则和方针，中国努力与欧盟国家发展互利合作关系。江泽民 1993 年 11 月顺访葡萄牙、1994 年 9 月访问法国，标志着中国与欧盟国家因政治风波受到损害的政治关系基本恢复正常。1995 年 7 月，欧盟通过了"中欧关系长期政策"，这是"欧盟有史以来制定的第一个全面对华政策"。它认为，同中国发展关系、加强合作，不仅有利于亚洲和世界的稳定，也"符合欧盟国家的利益"。1998 年 4 月，中欧领导人在伦敦举行了首次中国—欧盟领导人会晤，建立了中欧年度会晤机制，并就中欧建立面向 21 世纪的"长期稳定的建设性伙伴关系"达成共识。同年 6 月 30 日，欧盟委员会正式通过

---

① 江泽民：《发展中欧友好合作，推动建立国际新秩序》，人民日报，1999 年 3 月 28 日。

② 江泽民：《在法国雇主协会、巴黎工商会和法中委员会举办的演讲会上的演讲》，人民日报，1994 年 9 月 13 日。

了《与中国建立全面伙伴关系》的新文件，强调欧盟将着眼于长远利益，致力于与中国建立一种新型的全面的平等伙伴关系。2001 年 5 月 15 日，欧盟公布了它的又一个对华政策文件《欧盟对华战略：1998 年文件执行情况与今后使欧盟政策更有成效的步骤》，明确指出，实践证明，欧盟在 1998 年确定的“与中国建立全面伙伴关系”的基本方针是正确的，将继续予以推行。

中国在发展同欧盟全面伙伴关系的同时，也大力加强同欧盟各成员国的双边关系。法国是最早与中国建立外交关系的西方大国，中国历来十分重视中法关系。正如江泽民 1996 年 9 月访法时指出的那样：中法两国都是联合国常任理事国，在联合国事务中处于重要地位，对维护国际和平与安全负有重要责任。中法在许多重大国际问题上，有着相近或类似的看法，并在多边外交领域有着良好的合作关系。1997 年 5 月，在法国总统访华期间，双方决定建立面向 21 世纪的全面伙伴关系。2001 年 10 月，江泽民与来华访问的希拉克总统进一步达成共识：军备竞赛仍然是对世界和平的重大威胁，各国都应严格遵守现有的国际军控和裁军条约。中法两国更应密切在国际事务中的协调与合作，巩固与加强两国面向 21 世纪的全面伙伴关系。中国也很重视与英国发展长期、稳定的友好合作关系。1997 年 7 月 1 日，中英实现了香港政权的顺利交接和平稳过渡，两国关系进入了新的发展阶段。1998 年 10 月，中英两国宣布建立“面向未来全面伙伴关系”。此外，中国还与德国达成了塑造中德面向 21 世纪的全面合作关系的共识。目前，我国与法国、英国、德国等欧盟国家，建立了不同形式的、定期和不定期的安全防务磋商机制。

### 三、参与地区安全机制

冷战时期，不少亚太国家都曾通过建立军事同盟来寻求安全保障。同盟国家通过共同威慑敌手来寻求安全，因此是一种排他性的合作模式，是均势政策的必然结果。这种军事同盟机制加剧了本地区的紧张局势，也使有关国家陷入“安全困境”。冷战后，中国倡导新安全观，支持建立新的地区安全对话合作机制。中国主张，相互尊重而不是恃强凌弱，相互合作而不是彼此对抗，协商一致而不是强加于人，这些应该成为亚太地区多边安全对话与合作的方向和特征。中国大力推动上海合作组织的形成与发展，参与了东盟地区论坛、亚洲相互协作与建立信任措施会议、亚太安全合作理事会、东北亚合作对话会等多边安全对话合作进程。我军参与亚太多边安全活动日益活跃，多次派员参加亚太地区多边安全会议、亚太地区防卫当局官员论坛、东北亚合作对话会、东盟地区论坛会议、西太平洋地区海军论坛以及各类多边安全研讨会等活动，有力地宣传了中国外交和国防政策，起到了增信释疑、建立信任的作用。

**（一）上海合作组织**

上海合作组织是中国倡导成立并以中国城市命名的首个区域性安全合作组织。其前身“上海五国”机制，发源于20世纪90年代初，以中国为一方和以俄、哈、吉、塔四国为另一方的，关于加强边境地区信任和裁军问题的谈判进程。1996年4月，中、俄、哈、吉、塔五国元首在上海举行了第一次首脑会晤，签署了《关于在边境地区加强军事领域信任的协定》（简称《上海协定》）。此后，五国建立了首脑定期会晤机制。1997年、1998年、1999年，五国领导人先后在莫斯科、阿拉木图、比什凯克举行了三次会晤。2000年7月，“上海五国”元首在杜尚别举行了第五次会晤，乌兹别克斯坦总统卡里莫夫以观察员身份，首次参加了会晤。在会晤中，江泽民提出倡议：充实和完善“上海五国”机制，在“上海五国”框架内形成多层次、多领域的会晤，并逐步将五国会晤机制发展成为五国合作机制；深化安全领域的合作，联合打击“三股势力”，建立和完善法律基础和协作机制等。

2001年1月，乌兹别克斯坦领导人通过外交渠道，向当年担任“上海五国”第六届峰会轮值主席国的中国政府，提出了加入“上海五国”机制的要求。对于乌方的表态，“上海五国”成员中的一些国家认为，乌兹别克斯坦政府没有参加1996年《上海协定》以来所有文件的签署，担心其不能以一个成熟合作伙伴加入“上海五国”机制。对此，中国方面在俄罗斯政府的有力配合下，做了大量的说服工作，逐渐使各国对乌兹别克斯坦在维护地区安全与稳定中的重要作用，达成了共识。另外，有的成员国对“上海五国”升级为正式地区合作组织的国际法地位心存疑虑，认为如不能结成正式联盟，各国间合作的有效性将大打折扣。对此，中方进一步阐述了“上海五国”建立以来开创的不结盟、不对抗、不针对第三国的原则，使“上海五国”机制突出实效、不图虚名、以“睦邻互信、平等互利、团结协作、共同发展”的精神和促进地区稳定与繁荣的准则更加深入人心。2001 年 6 月，五国首脑和乌兹别克斯坦总统在上海举行会晤，吸收乌兹别克斯坦加入“上海五国”机制。随后，“上海合作组织”正式成立。此次会议签署了《打击恐怖主义、分裂主义和极端主义上海公约》，标志着上海合作组织安全合作的机制化和法律化程度得到了提高。①

上海合作组织自成立之日起，经过中国的积极推动，在建立起完善的机构体系和法律基础后，又启动了安全、经济等领域的合作，发展成为促进地区安全、稳定和发展的重要机制。正如江泽民在 2002 年彼得堡会议上指出的那样：“成立上海合作组织，是我们登高望远、审时度势，共同作出的重大战略决策。上海合作组织已显示出深厚的发展潜力，引起了国际社会的广泛关注。上海合作组织的宗旨和目标得到了越来越多国家的认同和肯定。形势的发展有力地证明，我们共同作出的这一决策是正确的、富有远见的。上海合作组织的诞生，符合六国人民的根本利益和共同愿望，也顺应了和平与发展这一时代潮流。”

### （二）东盟地区论坛

东南亚国家联盟，是亚洲发展中国家的重要区域组织。发展与东南亚国家的睦邻友好关系，加强与它们的互利合作，是我国外交政策的重要组成部分。江泽民就曾提出：要在联合国、亚太经合组织、亚欧会议以及东盟地区论坛中，加强双方的相互对话、相互协调、相互支持，共同维护发展中国家的正当权益；要继续通过平等友好协商，处理彼此间存在的一些分歧和争议，寻求问题的逐步解决。

---

① 阎学通、金德湘主编：《东亚和平与安全》，时事出版社，2005 年版，第 97—102 页。

东盟地区论坛成立于1994年，它是目前亚太地区唯一的泛地区官方多边安全对话与合作论坛。最初，东盟国家在发起和组织东盟地区论坛的时候，一个重要的战略考虑，是试图把中国纳入一个多边框架之中。为了消除“中国威胁论”的影响，加强与东盟国家以及其他东亚国家之间的相互信任，中国政府仍然参与建立和启动“东盟地区论坛”，并一直积极参加东盟地区论坛的外长会议、高官会议以及非正式会议。中国支持东盟地区论坛在建立信任措施领域创造性的探索，积极倡导在东盟地区论坛框架内进行军事医学、军事法学和军转民多边合作，倡议建立东盟地区论坛海洋信息资料中心，鼓励高层军事互访、军舰互访和人员交流，支持抢险救灾合作以及海上航行安全、海洋环保合作等。中国主办了在东盟地区论坛框架内的热区卫生与热带病防治军事医学研讨会、中国安全政策培训班、军队后勤保障社会化研讨会，承办并正式开通了该论坛的海洋信息网站。中国还每年向论坛提交国防政策声明和其他相关文件。

中国积极参与东盟地区论坛进程，是建立地区多边信任措施的重要推动力量。通过东盟地区论坛的发展，中国与周边国家加强了相互了解和信任，为维护地区与和平奠定了基础。

**（三）亚洲相互协作与建立信任措施会议**

中国从一开始就积极参加了“亚洲相互协作与建立信任措施会议”（简称“亚信”）进程的各项活动，积极支持哈萨克斯坦所提出的这一倡议。早在1995年9月中国国家主席江泽民访问哈萨克斯坦时，就明确表示：“从本地区多样化的实际出发，遵循协商一致和循序渐进的原则，进行双边和区域性多形式、多层次、多渠道的安全对话；促进中亚各国同亚太地区国家发展多方面联系，为加强亚太地区的安全与合作作出贡献。基于这一立场，中方积极支持哈萨克斯坦总统纳扎尔巴耶夫倡议的亚洲相互协作与信任措施会议，愿同亚太各国一道共同探讨真正安全与平等合作的有效途径。”[①] 1996年2月，中国外交部副部长张德广率团出席在哈萨克斯坦首都阿拉木图举行的“亚信”

① 苏浩：《亚太合作安全研究》，世界知识出版社，2003年版，第138页。

会议副外长级会议。中国对哈萨克斯坦为促进中亚地区稳定与和平所做的努力给予了积极的肯定。

在经过充分的准备之后，2002 年 6 月 4 日，首届“亚洲相互协作与信任措施会议”在哈萨克斯坦首都阿拉木图正式举行。参加会议的有包括中国在内的16 个成员国，此外还有美、日、韩等11 个国家和4 个国际组织为观察员。江泽民出席了这次会议，并发表题为《加强对话与合作，促进和平与安全》的重要演讲。他指出，在世界多极化和经济全球化继续发展的情况下，亚洲各国应该而且必须相互取长补短、团结协作、共同努力，在新世纪把亚洲建设成亚洲各国人民的美好家园；“亚信”会议已逐步发展成为探讨亚洲安全与合作问题的独特而有益的论坛；强调中国作为维护世界和平、促进共同发展的力量，为亚洲的和平和稳定作出了贡献。江泽民还称赞“亚信”是一个旨在促进地区安全对话与交流的区域性论坛，对促进地区安全和稳定具有积极作用。

**（四）东北亚合作对话会**

东北亚存在着许多源于冷战时代的意识形态和领土冲突问题，中国、美国、日本和俄罗斯等大国都汇集在这一地区。能否协调东北亚次区域国家间的安全关系，直接影响到整个亚太地区安全形势的稳定。“东北亚合作对话”（NEACD），是一个主要讨论东北亚次区域安全问题的第二轨道机制，为本地区国家提供了一个在多边框架中进行交流的机会。

1993 年 7 月下旬，在美国加州大学全球冲突与合作研究所的倡导和美国政府的支持下，中国、日本、俄罗斯、美国、韩国、朝鲜等六国的官员和学者召开会议，讨论如何建立多边安全问题对话机制。会议基本确定了“东北亚合作对话”会议的运行机制。各成员国派代表与会，其中，有的来自外交部和国防部的政策层面的官员，有的是现役军官，还有学者参加。可以看出，“东北亚合作对话”会议虽属于“第二轨道”的安全对话活动，但官方色彩较浓，而且国防部和军方都有与会者，讨论的问题大多集中在政治安全领域。

自 1993 年东北亚合作对话会机制形成以来，中国参加了历次会议，并于1996年、1999年，先后在北京主办了第四次、第九次东北亚合作对话会全体大会，中国还与其他成员一道推动对话会就东北亚国家合作指导原则达成了一致。迄今为止，东北亚合作对话，是这一次区域唯一存在的多边安全对话机制。它填补了亚太地区多边合作安全框架的空白，并且涵盖了所有次区域内的国家。东北亚合作对话，由于较早地建立起各方的国防和军事官员间的直接对话渠道，从而在亚太地区合作安全框架中，具有独特的意义。

### （五）亚太安全合作理事会

亚太安全合作理事会（CSCAP），于1994年1月在马来西亚首都吉隆坡正式成立，是迄今为止亚太地区规模最大的第二轨道非政府组织，也是组织最完善、最具开放性、活动最积极的非官方多边对话机制。理事会参照太平洋经济合作会议配合亚太经济合作组织的经验，进行非官方交流与对话，推动和配合东盟地区论坛的安全对话。依据成立大会所通过的有关章程，亚太安全合作理事会的宗旨是，为亚太地区国家和地区，提供一个建立信任措施和进行安全合作的结构性进程。

中国认为，通过参加这一机制的活动，能够促进地区内国家对中国的了解，增进相互信任，从而有助于地区安全与稳定。然而，由于涉及台湾当局加入亚太安全合作理事会的问题，中国没有成为亚太安全合作理事会的创始成员。1996年底，中国正式加入亚太安全合作理事会，并于次年成立亚太安全合作理事会中国委员会，认真参与理事会的活动。同时，来自台湾地区的学者以个人身份开始参与亚太安全理事会的工作组活动。亚太安全合作理事会中国委员会和马来西亚、新西兰委员会一起，负责综合安全与合作安全工作组的活动，向东盟地区论坛提交了关于综合安全与合作安全概念的备忘录，为东亚国家建立统一的安全观念，做出了自己的贡献。

## 第四节　胡锦涛的军事外交思想

2002年10月，中国共产党第十六次代表大会胜利召开，以胡锦涛为总书记的新一届中央领导集体顺利产生。以胡锦涛为总书记的党中央和中央军委，敏锐洞察世界形势，准确把握时代特征，着眼国家长远发展，总揽军队建设全局，提出了一系列新观点、新论断、新思想，继承和创造性的发展了毛泽东、邓小平、江泽民军事外交思想，为新世纪新阶段我国军事外交指明了前进方向。

## 一、建设和谐世界

中国自古以来，一直倡导“和合”思想，追求国与国之间的和睦共处。特别是当今世界进入了一个全新的相互依存、共同发展的时代，和谐相处、共同解决世界面临的各种问题，成为时代发展的大势。胡锦涛顺应时代潮流，创造性地提出了建设“和谐世界”的理念。

2005 年 4 月 22 日，胡锦涛参加雅加达亚非峰会，在讲话中提出，亚非国家应“推动不同文明友好相处、平等对话、发展繁荣，共同构建一个和谐世界”。这是“和谐世界”理念第一次展现于国际舞台。同年 7 月 1 日，胡锦涛出访莫斯科，“和谐世界”被写入《中俄关于 21 世纪国际秩序的联合声明》，第一次被确认为国与国之间的共识。同年 9 月 15 日，在联合国成立 60 周年首脑会议上，他发表了题为《努力建设持久和平、共同繁荣的和谐世界》的演讲，全面阐述了“和谐世界”的深刻内涵。2006 年 6 月 17 日，胡锦涛在亚洲相互协作与信任措施会议成员国领导人第二次会议上提议：“所有亚洲国家应该携手建设一个持久和平、共同繁荣的和谐亚洲。”显然，“和谐亚洲”也是“和谐世界”的重要组成部分。在中国领导人的大力倡导和推动下，“和谐世界”的理念在国际上产生了极大反响。世界舆论普遍认为，该理念向世界传递了中国渴望和平发展、愿做负责任大国，并希望与其他各国共建和平、繁荣、和谐世界的信息。

胡锦涛在 2006 年 8 月中央外事工作会议上，把中国推动建设“和谐世界”的政策主张，概括为四个方面：在政治上，致力于同各国相互尊重、扩大共识、和谐相处，尊重各国人民自主选择社会制度和发展道路的权利，坚持各国平等参与国际事务，促进国际关系民主化；在经济上，致力于同各国深化合作、共同发展、互利共赢，推动共享经济全球化和科技进步的成果，促进世界普遍繁荣；在文化上，致力于促进不同文明加强交流、增进了解、相互促进，倡导世界多样性，推动人类文明发展进步；在安全上，致力于同各国加深互信、加强对话、增强合作，共同应对人类面临的各种全球性问题，促进和平解决国际争端，维护世界和地区安全稳定。[①] 这种政策主张，将中国近年来在国际上所倡导的新秩序观、新安全观、新发展观、新文明观等有机联系在一起，既继承了中华民族在对外交往中爱好和平、讲信修睦、协和万邦的文化传统，又结合国际形势与我国的发展，做出的重大理论创新。

胡锦涛提出的“和谐世界”理念，是国防总体外交和军事外交的重要指导思想。从军事安全角度分析，贯彻和谐世界思想，推动建立和谐世界，主要包含以下四个方面的内容：

### （一）坚持奉行防御性国防政策

中国的国防服从和服务于国家发展战略和安全战略，旨在维护国家安全统一，确保实现全面建设小康社会的宏伟目标。中国在经济不断发展的基础上推进国防和军队现代化建设，完全是为了提高自我防御能力以及做好反“台独”军事斗争准备。中国军费占国内生产总值和财政支出比重，在世界上一直都是比较低的。中国不与任何国家结成军事同盟，不与任何国家进行军备竞赛，也不在海外驻军和建立军事基地，永远是一支维护世界和平、安全、稳定的重要力量。

### （二）坚持通过和平方式解决国际争端

正如胡锦涛指出的那样，应以和平方式，通过协商、谈判解决国际争端或冲突，反对侵犯别国主权的行径，反对强行干涉一国内政，反对任意使用武力或以武力相威胁。[②] 历史证明，以武力方式解决国际争议问题，必定会造成地区乃至世界局势的动荡和不安，必定会在

---

① 《中央外事工作会议在京举行，胡锦涛作重要讲话》，新华网，2006 年 8 月 23 日。

② 胡锦涛：《在联合国成立 60 周年首脑会议上的讲话》，《人民日报》，2005 年 9 月 16 日第 1 版。

有关国家之间播下怨恨和敌意的种子，难以营造持久和平与稳定。基于此，中国通过谈判协商，与绝大多数陆上邻国解决了边界划分问题，与东南亚国家达成了保持南海局势稳定的共识。同时，中国还在朝鲜核问题、伊朗核问题、中东冲突等重大国际问题上努力劝和促谈，以维护世界的和平与稳定。

### （三）坚持开展国际安全合作

胡锦涛指出："当今世界，和平与发展仍然是时代主题，全球总体上保持和平稳定。但是，世界还很不安宁。边界纠纷、领土争端、地区冲突等传统安全问题时有发生，贫困、恐怖主义、跨国犯罪、重大传染性疾病等非传统安全问题层出不穷。"① 因此，他提出，要倡导互信互利的国际安全合作，加强磋商和协调，共同应对各类全球性安全威胁和挑战。② 中国一贯高度重视自己作为联合国安理会常任理事国和亚太大国应有的责任，积极开展国际安全合作，已经并将继续努力促进国家间安全信任，不断加强军事领域的交往与合作，积极参与在《联合国宪章》精神指导下的维和行动，主动推进国际军控与裁军进程。

### （四）坚持多边主义

联合国是最重要的国际安全机制，是实践多边主义的最佳场所。胡锦涛明确指出："联合国作为集体安全机制的核心，在保障全球安全的国际合作中发挥着不可替代的作用。其作用只能加强，不能削弱。《联合国宪章》确定的宗旨和原则，对维护世界和平与安全发挥着举足轻重的作用，已经成为公认的国际关系基本准则，必须得到切实遵循。安理会作为联合国维护世界和平与安全的专门机构，其维护世界和平与安全的权威必须得到切实维护。"③ 中国一贯支持联合国在国际安全事务中发挥主导作用，坚决反对某些国家的单边主义行径。此外，中国还支持和参与上海合作组织、东盟地区论坛等多边安全机制的建立和发展。

---

① 胡锦涛：《维护安理会权威，加强集体安全机制》，《十六大以来重要文献选编》（中），中央文献出版社，2006年版，第990—992页。

② 胡锦涛：《中国愿同非洲国家在五项领域加强合作》，人民网，2006年11月4日。

③ 胡锦涛：《在联合国成立60周年首脑会议上的讲话》，人民日报，2005年9月16日。

## 二、提升军队软实力

根据国际政治学理论，一国综合实力可分为硬实力和软实力两个部分。硬实力主要包括一个国家的军事实力和经济实力。它通过威胁或诱导、打击或制裁，以达到所预期的目的。软实力通常是指由核心价值、政治制度、文化理念、民族精神等要素蕴涵的力量资源及其内化于国家行为而产生的影响力和驱动力。它通过吸引而不是施压或施惠，以达到所预期的目的。同样，一国军队也是由硬实力和软实力两个部分组成的。在传统意义上，军队主要展示出的是其硬实力，例如武器装备的质量和数量、人员的素质、整体作战能力等。实际上，军队也可通过军事外交等领域的工作，塑造军队良好的形象，确立军队应有的国际地位，从而培育和提高军队的软实力。

新世纪新阶段，党中央、中央军委在不断加强军队硬实力建设的同时，高度重视军队软实力建设。胡锦涛明确指示，军队要加强软实力建设，营造有利的国际舆论环境，树立良好的军队形象，增强军队的软实力。由于军事外交工作是展示我军形象和扩大我军影响的重要窗口，是我军软实力建设的重要领域，因此必须加强对外军事交流和合作，积极整合资源，不断改进方式，努力增强军队软实力。

### （一）促进树立中国负责任的大国形象

改革开放以来，中国经济持续发展，社会详和安定，主要得益于外部环境的大体和平与稳定。树立负责任的大国形象，维护和平稳定的国际环境，始终是中国军事外交不懈的追求。

新中国成立后，一直把追求世界的和平与安宁作为自己的重要使命。1954 年新中国制定的第一部宪法，就提出为世界的和平和人类的进步而努力。中国拥有核武器后，单方面明确承诺不首先使用核武器，反对军备竞赛，积极推动国际军控和裁军。冷战结束后，两个超级军事大国对峙的格局瓦解，世界人民普遍期望由此进入一个长久的和平时期，但是局部战争和地区冲突频繁发生，非传统安全威胁不期而至。如何化解矛盾，解决争端，消除战争，是各国面临的共同问题。英国著名历史学家汤因比曾说过："战争是外交失败的回报。"中国军事外交的最大目标就是防止战争，拒绝这种回报。

在维护世界和平的过程中，中国一直是一个积极与者，而非"免费搭车者"。在联合国维和行动中，我军向有关国家和地区派遣大量军事观察员，工兵、运输、医疗等维和部队。目前，在世界主要大国中，我国派出的维和人员最多。在人道主义紧急救援行动中，我军坚决贯彻党中央、中央军委的决策意图，向一些受灾国紧急运送大批救灾物资，并提供其他力所能及的援助。在国际军控与裁军方面，我军参与制定或完善有关条约、协定，帮助组织和协调国内履约工作，并派员参加国际核查。在多边安全对话方面，我军积极参加东盟地区论坛、亚太安全理事会、西太平洋海军论坛等安全对话活动，还与一些外国军队建立定期磋商机制。这些行动对展示我负责任大国形象，提高我军软实力，起到了有力的促进作用。

**（二）促进理解中国的防御性国防政策**

中国是一个和平、内敛的民族，即使在历史上最辉煌的时代，眼光也仅限于中原大地，陶然于享有的太平盛世，全然没有把这种辉煌外化为一种扩张动力。基于传统文化精神以及农业社会的认识视角，中国对世界的姿态始终是防御型的，从古至今皆为如此。而历史上一些列强国家的文化，则蕴含着侵略和扩张因素。20 世纪，美苏为了争霸全球，各自在亚洲开辟战场，但无论是美国发动的朝鲜战争、越南战争，还是苏联发动的阿富汗战争，不仅在战场上未能最终赢得胜利，而且在政治上也无一例外地陷入了困境，美苏在世界各国的形象严重受损。21 世纪初，美国先后又发动了阿富汗战争和伊拉克战争，虽然军事上快速取胜，但是政治上未能摆脱困境。美国与伊斯兰世界的矛盾越积越深，其道义形象在国际上也受到严重损坏，软实力影响大大下降。

新中国建立后，坚持奉行积极防御的国防政策。建国后几次大的军事行动，无论是抗美援朝战争、中苏珍宝岛冲突、中印边境反击战等，都不是中国开的第一枪，都是在被动情况下的反击。20 世纪 90 年代以来，我国综合国力迅速增长，引起了一些国家的疑虑。客观上讲，一个强大的国家，即使没有任何外向扩张的意图，也会因其力量本身所产生的威慑力而引起一些国家的猜疑和多虑。而某些西方国家从自身的战略利益出发，歪曲中国军队现代化建设的防御性目标，甚至肆意编造谎言，制造“中国威胁论”。

在这种情况下，中国军事外交事实上有必要宣示并阐释中国的国防政策，让世界理解中国的国防政策本质是内敛而非扩张，是防卫而非进攻。为些，我国先后于 1998 年、2000 年、2002 年、2004 年、2006 年、2008 年、2010 年和 2013 年 8 次发表《中国的国防》白皮书，此外还于 1995 年、2005 分别发表了两份与国防相关的白皮书《中国的军备控制与裁军》和《中国的军控、裁军与防扩散努力》。在这些白皮书中，对于中国的国防政策、国防费等国外最为关注的所谓的敏感问题，从不回避，而且阐述越来越全面、深入，越来越坦率、直接、透明，向世界传达出一个强烈的信号：中国国防和军队建设在不断开放的历程中走向世界，走向和平。与此同时，中国通过“走出去”和“请进来”的双向交流方式，平等对话，坦诚交流，加深理解，缓解了个别国家的疑虑。

未来，随着我国综合国力的不断增强，“中国威胁论”不可能完全消失，甚至有可能在一定情况下愈加严重，中国军事外交应积极主动地开展工作，全方位阐释国防政策，尽最大努力消除疑虑，增进了解。

### （三）促进持久有效的军事文化交流

文化是软实力的一个重要方面。在中国古代和近代，许多外国人因仰慕悠久的中华文明而来到中国，既了解了中国的优秀传统文化，又传播了他国的文化思想，从而形成了中外文化交流。

文化交流是消除疑虑的一种基础手段。文化能够渗入到人们的思想意识中，进而影响到国家大政方针的决策。所以文化交流非常重要，发挥着无可替代的作用。在许多外国人看来，中国文化充满了神秘感。事实证明，只要走近中国文化，走近中国军营，走近中国军人，就会发现中国文化的厚重和哲理。法国总统希拉克对中国文化情有独钟，理解中国文化的精髓，不仅直接推动了两军文化的交流，而且有助于中法两国关系发展。同样，由于中俄两国文化交流源远流长，因此，中俄两国军人只要共同唱起反法西斯和友好合作的老歌，就会掀起历史记忆中那种久有于心的真挚感情，加深了两国两军之间的友谊。

在军事外交领域，对外文化交流是培育和提高军队软实力的重要力量。胡锦涛指出，文化对国际关系的影响增大，文化实力日益成为综合国力的重要因素。各国特别是主要国家更加重视文化在发展对外关系、增强本国影响力中的重要作用，注重加强以思想文化为核心的国家软实力建设。他强调，要大力开展对外文化交流，实施对外文化精品战略，推动中华优秀文化走向世界，让世界更多更好地了解中国。[①] 为此，在对外军事关系中，一方面，我军文艺团体要加强对外交流，不断扩大中国优秀传统文化的感召力和影响力，充分展示我国我军的新面貌和新成就；另一方面，也要通过各种形式，介绍中国的传统文化思想，阐释中国建立和谐世界的理念，进一步提升我军的软实力。

## 三、突出务实性军事合作

胡锦涛同志在担任中共中央总书记和中央军委主席期间，高度重视军事外交工作，在军队一些重要会议以及许多重要专业代表团和院校代表团出访报告上，做过许多明确指示，要求加强务实性军事合作，促进军队现代化建设，增强我军参与维护世界和平与地区稳定的能力。这些指示精神，对于更好地开展军事外交工作，具有非常重要的指导意义。

建国以来，尤其是20世纪90年代后，军事外交服从服务于国家的外交战略和军事战略，主动应对各种挑战，稳妥、灵活地开展工作，取得了可喜成绩。不过，无可否认的是，军事外交工作也存在不足之处，需要进一步加以改善。例如：礼节性的迎来送往工作固然不可缺少，但务实性军事合作有待加强；组团出访的目的，不仅仅是开阔眼界、增进了解，而且是要取得成实实在在的成果，促进我军各项

---

① 《中央外事工作会议在京举行，胡锦涛作重要讲话》，新华网，2006年8月23日。

建设和发展。贯彻落实胡锦涛主席的重要指示精神，推动务实性军事合作，主要包含以下几个方面的内容：

### （一）加强军事理论领域的务实性合作

从世界范围看，军事理论创新十分活跃，各种新概念、新学说不断涌现，对推进军事变革有着重要的先导作用。对此，胡锦涛强调指出，要密切关注世界安全形势和世界军事发展趋势，立足我国的国情和军情，着眼推进中国特色军事变革，努力构建具有我军特色、体现时代特征、充满发展活力的军事科学体系，充分发挥军事理论指导军事实践、引领军事变革的重要作用。[①] 军事外交是我军与外军联系的桥梁，能够在学习和掌握外军先进理论，创新中国特色军事理论方面大有作为。可通过互派访问学者、参加国际学术会议、出国访问考察等多种形式，借鉴外军在信息化建设、联合作战指挥、军队改革与管理等方面的有益经验，深化对信息化条件下军队建设和作战的特点规律认识，不断丰富和发展我国军事理论。

### （二）加强武器装备领域的务实性合作

经过建国后50多年的发展，我军武器装备建设取得了很大成就。新世纪新阶段我军历史使命，对装备建设提出了更高的要求。正如胡锦涛强调的那样，当前，我军装备建设正处在一个新的历史起点上。要坚持作战需求牵引和科技推动相结合，科学确定武器装备发展方向和建设重点，着力构建适应信息化条件下局部战争要求、具有我军特色的武器装备体系。[②] 加强武器装备领域务实性合作，可增强我军自主研发能力，并可在相对较短的时间内明显提高我军武器装备水平。因此，应与有关国家建立和完善装备技术合作机制，引进一批先进武器装备及技术，解决我军装备技术发展的部分“瓶颈”问题，促进武器装备建设的快速发展，努力提升我军作战能力。

### （三）加强军事训练领域的务实性合作

胡锦涛站在军队建设大局和军事斗争需要的高度，提出一定要把

---

① 胡锦涛：《推进军事理论创新，提高军事科研新水平》，新华社北京2006年12月8日电。

② 胡锦涛：《推动我军装备建设又快又好地向前发展》，新华社北京2006年9月26日电。

军事训练摆在战略地位。[1] 他认为，军事训练作为和平时期生成和发展部队战斗力的基本途径，对于确保我军打赢信息化条件下局部战争，增强应对多种安全威胁、完成多样化军事任务的能力，具有至关重要的作用。[2] 这些重要指示精神，揭示了军事训练的本质和作用。加强军事训练领域的对外合作，是提高我军信息化条件下作战能力的重要途径。要努力推进与外军的联合训练和演习，通过图上作业、网上推演、实兵演练等多种形式，提高我军一体化训练水平。要大力推进人才战略工程，加强军事留学生外派工作，适当扩大派遣规模，优化派遣院校，拓宽派遣专业，把学成归来的留学生用在军队建设的重要岗位，充分发挥他们的聪明才智。要加强对外军训练演习的观摩和研究，大胆借鉴外军的成功做法，促进我军的训练改革和创新。

总之，要着眼维护国家发展的重要战略机遇期，把握世界军事在竞争中合作、在交流中发展的趋势，紧密结合我军建设和发展实际，选准合作对象，精选合作项目，讲究合作方式，坚持以我为主、合作共赢、互通有无、有予有取，努力加强军事外交各领域的务实性合作，促进我军建设由半机械化机械化向信息化发展，提高部队战斗力水平。

习近平就任中共中央总书记、国家主席和中央军委主席以来，高度重视国家的主权、安全与发展，强调军队建设的重要地位作用，多次深入陆、海、空军和二炮部队，了解作战训练、武器装备、管理教育和思想政治建设情况，作出了一系列重大决策和指示，为新形势下军队建设发展指明了前进方向，为军事外交工作提供了重要指导。军事外交战线应该深入学习研究，把握主要精神内涵，紧紧围绕“听党指挥，能打胜仗，作风优良”军队建设总要求，转变思维模式，加强决策研究，搞好战略筹划，充分发挥军事外交的独特地位作用，为实现习主席提出的“中国梦”、“强军梦”做出应有的贡献。

---

① 中国人民解放军军事科学院编：《国防和军队建设贯彻落实科学发展观笔会文集》，军事科学出版社，2006年版，第285页。

② 胡锦涛：《强军必须兴训，治训务必从严》，新华社北京2006年6月27日电。

# 第四章

# 中国军事外交的基本原则

中国军事外交的基本原则，是中国军队进行对外军事交往和处理国际军事关系的准绳，是国家总体外交基本原则在军事领域的延伸。它集中反映了中国在处理纷繁复杂的国际军事事务中的基本立场、观点和方法，集中反映了中国的国家利益、价值观念和文化传统，集中反映了中国国家安全战略、外交战略和军事战略的基本思想理论，具有突出的中国特色及军事特色。

中国军事外交的基本原则，是在中国军事外交的实践中形成和发展的。特别是在和平发展的国际大势和中国改革开放的发展大潮中，在围绕国家核心利益进行军事斗争准备和军队现代化建设中，中国军事外交的实践日益丰富，理论不断成长，中国军事外交的基本原则也逐步走向成熟。

## 第一节 服从服务于国家政治外交战略

根据马克思主义的国家学说，军队是国家的工具，是国家机器的重要组成部分，军队没有自己的特殊利益。中国人民解放军是中国共产党的军队、人民的军队、社会主义国家的军队，中国的军事外交是实现党的对外政策目标的工具，坚持“外交工作授权有限，一切权力集中在中央”，是中国军事外交本质属性的要求，也是军事外交永远沿着正确方向发展的保证。因此，军事外交以服从服务于国家政治外交战略为基本原则，并根据不同历史时期国家政治外交战略的特点调整其任务重点。具体表现在以下方面：

## 一、维护国家利益，保障国家安全

现代国际关系是以主权国家为基本单位的。国家利益是主权国家在国际关系格局中生存和发展需求的总和。国家作为一个政治实体，有一定的领土和疆域，有自己的民族和人民，国家政治外交战略的首要目标，就是维护国家的生存利益和发展利益，保障国家及其人民的安全。军事外交服从和服务于国家政治外交战略，首先也表现在以国家利益为最高准则，努力“为维护国家利益提供有力的战略支撑”，切实保障国家安全。

维护国家领土完整和统一。国家领土，是指国家生存的空间以及这些空间里所有的自然资源，包括国家的大陆、岛屿，也包括国家的领海，它是国家赖以生存与发展的物质基础和条件，也是一种表示国家独立和完整的“有形”象征，属于国家的核心利益。因此，维护国家领土完整和统一，是国家在任何历史时期永恒的政治外交战略目标。伴随着新中国的诞生，军事外交就作为军事战略的一部分，为维护国家领土完整和统一，斡旋于“战争”与“和平”之间。建国初期，虽然军事斗争的主要形态是战争，但在反对美国军事进入台湾地区、抗美援朝、援越抗法等斗争中，军事外交作为国家战时外交的一部分，在宣传舆论、军事谈判、军事合作中发挥着重要作用。进入和平时期，台湾问题作为国家领土完整和统一的最大问题，日益成为中国政治外交战略的首要问题；与周边国家的陆上边界和领土纷争也时起时伏；20 世纪 80 年代后，海洋岛屿主权和海域划界的纠纷日益突出。而随着国家对外开放政策的实施，随着中国崛起日益强大的进程，中国维护国家领土完整和统一日益复杂，不但需要军队运用实力或显示实力直接维护国家统一和领土的完整，更需要军事外交在各项军事事务中、特别是在维护日益拓展的国家利益中发挥作用。近十几年来，我国与俄罗斯、哈萨克、塔吉克和吉尔吉斯等国划定了边界，使北部的陆地边界问题基本解决；加强了在上海合作组织框架内的安全合作，有效打击国内外的民族分离主义、恐怖主义、极端主义三股恶势力，震慑“疆独”和“藏独”分子；加强与东南亚国家的政治、军事交往与合作，与有关国家签署《南海各方行为宣言》，遏制了我南沙岛礁被进一步侵占的势头；与越南解决了两国陆上边界问题，完成了国家第一条海上边界的划界谈判，解决了北部湾海域划界问题，中国人民解放军都参与了这些谈判。进入新世纪，陈水扁一意孤行推动“台独”，一度造成两岸极为严峻的军事态势；2008 年台湾地区政权交替形势趋缓，但台独势力仍旧是我维护统一大业的主要威胁。台湾问题的根子是美国问题，美日若明若暗的干预是重要因素。多年来，我利用军事外交舞台，就对台军售、导弹防御系统、人员培训以及海空军事侦察等问题与美国进行了针锋相对的斗争，反对日本“周边事态法案”将防御范围包括台湾海峡，反对美日同盟干涉台湾问题。人民解放军还在东南沿海举行导弹试射演习，向国际社会表明了我维护国家领土完整和统一的坚定决心。

维护国家主权独立。国家主权是一个国家在其域内拥有的最高权力，它是显示国家存在的一种“无形”标志。主权对内表现为国家有权按照自己的意志确定自己的政治制度和社会经济制度，而不受任何外国的干涉；对外则表现为国家与国家之间具有平等关系。新中国建立以后，中国彻底摆脱了半殖民地的境遇，拥有了真正意义上的、独立的国家主权，也始终注意维护这种来之不易的国家主权。为了捍卫国家主权独立，20 世纪 50 年代后期，毛泽东曾经拒绝了苏联共建长波台和“联合舰队”的要求，依靠自己力量发展中国海军及其潜艇兵力；80 年代，邓小平针对英国政府不归还香港的企图，义正辞严的说，“主权问题是不可以讨论的”。90 年代，中国的军事外交官员先后参与香港和澳门回归的谈判，并根据国家政治外交战略的要求，筹划了人民解放军进驻港澳地区和执行防务任务以显示主权的工作，并与美国谈判解决了香港回归后美国军舰继续访问和进泊香港的问题。近年来，随着经济全球化的发展，以美国为首的西方国家推出“主权弱化”的理论，鼓吹人权高于主权，频频以武力干涉别国内政，强行推广其所谓民主的价值观，这对于以国家为基本单位的国际安全和国家安全的理论和实践形成挑战。对此，我充分利用军事外交平台，在同美国及西方的军方来访团队、特别是军方高级领导人，进行了针锋相对的坚决斗争。

维护国家发展利益。冷战结束以后，经济全球化深入发展，和平发展成为时代主流。党的十六大以来，我党做出了“战略机遇期”的重大判断，确定了集中力量发展自己，全面建设小康社会的战略目标。进入21世纪，我国家利益迅速向外拓展，突出表现在发展利益及国家可持续发展方面。1980年，我国对外贸易总额仅381亿美元，2000年达到4743亿美元，2002年达到6207.9亿美元，2004年突破11000亿美元，2010年接近了30000亿美元，稳居全球第2位，国民经济的对外依存度已经超过60%、工业与国际经济的融合度高达40%。从1993年开始，我国成为石油净进口国，2002年原油进口量超过1亿吨，2004年达到1.2亿吨，2010年达到2.39亿吨，已经占到我国实际需求的一半以上。据有关统计，我国80%的石油运输经过马六甲海峡，从中东进口石油的60%通过苏伊士运河、红海及亚丁湾海域，中国的远洋渔船队在世界三大洋开辟了渔场，海上战略通道已成为我国国民经济和社会发展的生命线。我国的海外投资、海外企业和工作人员，以及海外华侨的数量迅速增加，2010年非金属类海外投资总计达到2588亿美元，2011年仅在利比亚一地撤侨就达到3.5万人。中国对其他公海权益的利用开发也在发展，如我国在太平洋获得了夏威夷东南约15万平方公里国际海底多金属结核矿区的开发权，并拥有其中7.5万平方公里的实际开采权。中国的可持续发展需要更大的战略空间，中国的政治外交战略更加关注国家的发展安全，军事外交也必须坚持发展与安全的统一，致力于提高国家战略能力，运用多元化的安全手段，谋求国家政治、经济、军事和社会的综合安全，保证重要战略机遇期的目标实现。

维护国家稳定和制度安全。国家稳定是指国家保持正常、有序的一种状态，制度安全则是指我国必须在坚持社会主义制度、坚持中国共产党的领导、坚持改革开放、坚持马克思主义的前提下发展。这是我们国家生存和发展的基础，是我们国家的根本利益，决不允许动摇。目前，我国家内部还存在不安定的因素，存在反对共产党领导、反对社会主义制度的组织和个人，尤其是国际上的敌对势力，千方百计与这些组织和个人相联系，妄图从内部打开缺口。而西方大国传统的思维定势，也始终在进行着分化和西化中国的努力，企图以“人权”为武器，以西方的“民主价值观”和意识形态改造中国的社会制度和政治体制。在与西方的军事交往中，我军官兵必须始终保持清醒的政治头脑和忧患意识，增强拒腐防变的能力。同时，我军事外交必须利用一切可能的机会做工作。近年来，我军全面加强了对外军事交往，“走出去”，“请进来”，加强对外军事宣传，为西方军事代表团安排丰富的学习和参观活动，促进西方对中国全面、正确的了解。同时，我在全军若干学校开设外训课程，尤其是在第三世界国家中，培训高、中、青不同层次得到军官，广交朋友，立足中长期发展，为国家的稳定和制度安全服务。

维护国家地位与国家尊严。国家地位意味着国家在国际上的发言权，国家尊严则是指国家对其在国际社会中应有地位和威望及其维护。维护国家地位和国家尊严对国家安全至关重要，也是我重要的国家利益。中国从鸦片战争开始，为争取民族独立进行了前赴后继的英勇斗争。新中国成立以后，面对帝国主义的封锁禁运，中国人民解放军先后与苏联、东欧、朝鲜等社会主义国家和印度、缅甸建立了军事关系。20 世纪 60 年代以后，致力于与广大发展中国家建立军事关系和军事合作。1970 年我国进入联合国并成为安理会成员后，我军在 1972 年向联合国派出军参团，正式出现在国际军事舞台上，成为我大国地位和尊严的标志之一。改革开放以后，特别是随着党和国家工作重点的转移，军事外交的作用日益凸现。截至 2010 年，我国已与 150 多个国家建立军事关系，在 112 个国家设立武官处，同时有 102 个国家在中国设立武官处，[①] 军事代表团的高层互访，维和部队的派遣，军舰出访五大洲，根据联合国决议参与亚丁湾、索马里反海盗护航行动，等等，都有力支持了我国的大国地位和尊严。21 世纪，中国政治外交战略的核心内容将是支持中国的和平发展，支持中华民族的伟大

① 中华人民共和国国务院新闻办公室：《2010 年中国的国防》白皮书。

复兴。中国作为一个世界性的大国，将在国际事务中发挥重要作用，国际地位进一步提高，中国军事外交必须保障国家的和平发展，为日益提高的大国地位和国家尊严提供支撑。

## 二、反对侵略战争，坚持和平共处

中国是一个有着悠久文明历史和文化传统的伟大国家，但从1840年鸦片战争开始，近代中国遭到世界上几乎所有帝国主义国家的武装侵略。中华人民共和国的建立，开创了历史新纪元。中国共产党领导的、实行社会主义制度的人民共和国，是中国国家性质的基本定位。这一国家性质决定了中国的政治外交战略以反对侵略战争，坚持和平共处为基本政治主张。中国军事外交的一切努力，必须维护和支持这一政治主张。

反对侵略战争。早在民主革命时期，毛泽东同志就区分战争为“正义”和“非正义”的不同性质，坚决反对非正义的侵略战争。新中国的政治外交将反侵略作为首要任务，以永远结束长达百余年的帝国主义侵略的黑暗历史。1949 年 9 月 30 日，中国人民政治协商会议通过的《共同纲领》指出，“中华人民共和国外交政策的原则，为保障本国独立、自由和领土的完整，拥护国际的持久和平和各国人民间的友好合作，反对帝国主义的侵略政策和战争政策。”1950 年，党中央在反对美帝国主义侵略中国台湾的同时，毅然决策抗美援朝。中国人民志愿军赴朝参战，一方面在战场上狠狠打击了美帝国主义；另一方面在停战谈判桌上“武戏文唱”，创造了在反对侵略战争中军事行动和军事外交配合默契的典范。20 世纪 60 年代前后，在以反帝反殖、争取民族独立的国际背景下，中国军事外交在援越抗法、援越抗美、援老抗美等斗争，在支持中小国家摆脱帝国主义和殖民主义奴役的斗争中，忠实履行了中国政府“联合世界上一切爱好和平、自由的国家和人民”，反对帝国主义侵略战争，支持民族独立的政治主张。此外，在中印边界战争、中苏珍宝岛之战和中越边界自卫反击战中，我军事外交也都发挥了应有的作用，始终体现了坚决反对侵略的思想。

坚持和平共处。中华民族是热爱和平的民族。早在春秋战国时期的诸侯征战中，就产生了以“伐交”、“和合”为代表的军事外交思想，主张“以信为先，以诚为本，亲仁善邻，以和为贵，知兵非好战”。新中国成立后，中国军事外交根据“平等、互利、相互尊重主权和领土完整”的原则，开始与社会主义国家和平待我的国家建立军事关系。1955 年，中国提出了和平共处五项基本原则，这一体现我国政治外交战略核心的基本原则也立即贯彻于军事外交的实践中，使我对外军事工作和对外军事关系的建立，逐步超越意识形态，从社会主义国家到友好国家。至 1959 年，我国在 18 个国家设立了武官处，15 个国家也在华设立了武官处，对外军事援助、接受中小国家军事留学生工作也逐步展开，军事外交领域迅速扩大。贯彻我国和平共处外交战略的基本原则，到 20 世纪 70 年代末，我国与所有西方资本主义大国都建立了外交关系，互设武官处，开展正常的军事交往。而时至今日，我国通过开展积极的军事外交活动，基本形成对我有利的国际军事关系格局。

## 三、反对霸权主义，维护世界和平

二战以后，世界笼罩在美苏争霸的冷战阴影下。特别是 20 世纪 60 年代后，美苏两霸核军备竞赛登峰造极，并动辄威胁使用核武器，给世界带来不安宁。90 年代后，美国推行“一超”独霸世界的单边主义政策，新干涉主义横行。中国的政治外交战略始终以反对霸权主义，维护世界和平为宗旨，中国军事外交在其中扮演着越来越重要的角色。

反霸坚定不移。中国一贯坚持反霸原则，在国际上树立了独立、公正的形象，赢得广大第三世界国家的尊重和支持。冷战时期，中国一度在美苏两霸的共同威胁下，腹背受敌，处于非常艰难境地。在极端困难的情况下，我军积极备战，军事外交加强配合，积极发展与第三世界发展中国家的军事关系，坚持反对霸权主义，维护世界和平的基本立场不动摇。20 世纪 70 年代后，在毛泽东“一条线”和“一大片”的政治外交战略指导下，军事外交创造性地执行我党“团结第三世界‘反对两霸、侧重打击苏霸’”的对外政策重心，积极开拓与西方国家的军事关系，包括与美国发展某种程度的战略协调关系，这标志中国军事外交在努力坚持服从服务于国家政治外交战略基本原则的同时，讲究反霸斗争策略，注意创造性发挥作用，日益走向理性化。冷战结束后，中国仍然坚持反对霸权主义和强权政治，坚决反对美国为首的西方国家干涉别国主权和内政的战争行动和霸权行径，如发动海湾、科索沃、阿富汗和伊拉克战争，反对美国对朝鲜、伊朗的无理打压，顶着以美国为首的西方国家的巨大压力，与这些国家发展军事关系，从军事外交的渠道表达了中国政府反对霸权主义的坚定立场。

推动多极化发展。20 世纪 90 年代，邓小平关于和平与发展是当今世界两大主题、有可能争取和平的国际环境，避免新的世界大战的战略判断不断被证实。两极格局终结，世界走向多极化，成为国际形势的一个突出特点。中国政府把握这一大趋势，提出了关于世界多极化和建立国际新秩序、促进国际关系民主化的政治主张，而开展全方位的外交，积极推动多极化发展，成为国家外交战略重大举措。近年来，中国军事外交根据国家政治外交战略的新要求，加强与世界各国和地区处于不同发展阶段的国家在相互尊重的基础上进行平等的军事交流，互利合作，尤其是加强与非洲、拉美等第三世界国家的军事交往，加强与巴西、南非、印度等第三世界新兴大国的军事关系，从军事上实现反对单边主义，反对大国争霸，反对瓜分势力范围的旧剧，在推动世界的多极化和国际关系民主化、推动建立一个公平合理的国际政治经济新秩序、维护全人类的共同利益方面发挥了积极作用。

倡导新安全观与和谐世界理念。20 世纪 90 年代中期，中国领导人提出了以“互利、互信、平等、协作”为核心的新安全观，在国际社会公开树立反映自己政治文化理念和引领世界文明走向的新的安全哲学，中国军事外交也在国际军事领域担负起新安全观倡导者的角色。从 1994 年开始，中国国防部的官员就参加了亚太地区唯一的、也是第一个由发展中国家主导的东盟地区论坛高官会议和外长会议，参加了非官方的亚太安全理事会会议。此后，越来越多的多边国际和地区安全论坛中，有了中国军人的身影，如慕尼黑安全政策会议、新加坡安全政策会议、西太平洋海军论坛会议，等等，积极宣传新安全观和中国的国防政策。1996 年建立并发展起来的上海合作组织，更是中国军事外交的重要舞台。新世纪新阶段，胡锦涛主席提出了“和谐世界”的理论，并在 2009 年中国海军成立 60 周年的多国海军庆典活动中进一步提出了“和谐海洋”的理念，建立了新的国际政治和外交战略的理论基础。未来中国的和平发展将会更加充满中国传统文化的“和合”精神，并将为中国军事外交的纵横驰骋提供更加宽广的舞台。

## 四、睦邻友好周边，谈判解决争端

从全球的海陆分布看，中国位于欧亚大陆东部，太平洋西岸，既是一个大陆国家，也是一个海洋国家。我国陆上与 15 个国家接壤，陆地边界线长 22000 公里；沿海地区濒临渤海、黄海、东海和南海，海岸线长 18000 多公里，与 8 个国家海上毗邻。由于历史的、地理的、文化的原因，尤其是进入现代社会以来复杂的政治、经济等原因，我国与周边邻国不可避免的存在多种矛盾甚至争端。新世纪新阶段，为了实现全面建设小康社会和本世纪中叶建设中等发达国家的战略目标，我国进一步明确了“与邻为善、以邻为伴”，“睦邻、安邻、富邻”的周边外交战略和政策。军事外交服从和服务于国家这一政治和外交战略，着力与周边国家建立互信，谈判解决各种不同的矛盾和争端，睦邻友好，营造良好的周边环境。

俄罗斯和中亚方向。直接继承苏联国际法地位的俄罗斯和从苏联独立出来的中亚国家，位于欧亚大陆的腹地，与中国有着漫长的边界线。边境地区少数民族众多，宗教信仰复杂，民族分离主义、恐怖主义和宗教极端主义三股恶势力活动猖獗。积极开展同俄罗斯及中亚国家的军事交往与合作，对于促进该地区的稳定和保持中国西北边陲的安全具有极其重要的意义。中国与苏联曾经是最亲密的朋友和邻邦，也曾经反目为仇，相互为敌。20 世纪 90 年代初，中苏两军恢复交往，签署了《关于在中苏边境地区相互裁减军事力量和加强军事领域互信措施的指导原则协定》。苏联解体以后，中俄领导人保持积极互动，两军合作逐步发展。1994年，中俄两国发表《关于互不首先使用核武器和互相不将战略武器瞄准对方的联合声明》，签署了《关于预防危险军事活动协议》；1995年，双方军事技术合作取得突破性进展；1996年，双方宣布建立"平等信任的、面向21世纪的战略协作伙伴关系"，并联合中亚国家建立了"上海五国"机制，五国元首共同签署了《在边境地区加强军事领域信任的协定》。2001年"上海五国"机制进一步发展为上海合作组织后，建立了国防部长会议机制，迄今军事领域的信任与合作不断加强，联合军事演习等军事合作逐步展开，成为倡导新型安全观、创建新型区域合作模式的范例。

东南亚方向。东南亚位于太平洋与印度洋、欧亚大陆与澳洲大陆之间，战略地位重要，自然资源丰富。中国与东南亚国家同属发展中国家，有着传统友谊，历史文化、价值观念和共同利益都有诸多相通之处。东南亚国家联盟创立的"东盟方式"，以及20世纪90年代创立的东盟地区论坛，在亚太地区安全中发挥了重要作用。然而，东盟国家在处理对华问题上的心态一直很矛盾。一方面，惧怕中国的强大对本地区安全带来巨大冲击；另一方面，又需要中国这个巨大市场，并在政治上平衡来自美国、日本和印度等区域外大国的压力。近十多年来，中国大力发展与东盟国家的军事交往，中国军队在积极参与东盟地区论坛等区域安全机制中，努力消除"中国威胁论"的影响，打消东南亚国家对我军现代化建设的忧虑，增信释疑。特别是在亚洲金融危机及东南亚国家政治经济遇到困难的情况下，中国政府及其军队给与东盟国家以积极的支持。2003年，中国与东盟建立了全面战略合作伙伴关系，此后进一步提出逐步扩大国防官员的参与，促进各国军方交流与合作，发挥各国军方在增进相互信任方面的重要作用等建议，军事领域加强相互信任的活动不断深化。中国与东南亚国家在南海岛屿主权和海域划界问题上的争议仍旧突出，对此，我军始终贯彻党中央和中国政府"主权归我，搁置争议，共同开发"的方针，遵循《南海各方行为宣言》的准则，加强与东南亚国家的军事高层互访、军舰互访以及军方合作，积极致力于化解矛盾，争取主动，稳定南海局势。我军积极参与了与越南方面的北部湾划界谈判，2004 年底成功签署了我国第一个海上划界协议《中越北部湾划界协议》。2005 年我海军与越南海军达成北部湾联合巡逻的协议，并于 2006 年开始付诸实施，成为双边海上军事合作的示范。在非传统安全领域，2004 年《中国与东盟关于非传统安全领域合作谅解备忘录》签署后，双方在非传统安全领域的合作进入了一个新阶段，高层互访、军舰互访、联合军事演习、各层级人员的培训和交流等，东南亚成为军事外交最活跃、军事交流最密集的地区。

东北亚方向。东北亚向西楔入欧亚大陆心脏地带，北濒北冰洋，东踞西太平洋岛链。它历来是大国争夺战略利益的交汇地区，在地缘上具有重要的缓冲作用。该地区存在着严重的民族矛盾、领土纷争、政治交锋和军事对峙，安全态势极其复杂。既有美日、美韩军事联盟的发展，又有随时可能爆发的朝鲜半岛核问题；既有与日本右翼势力的斗争问题，又有开展广泛合作的需求。近年来，中国政府在东北亚安全合作中做了大量努力，军事外交进行了积极配合。2003 年 10 月，中国、日本和韩国领导人举行第五次会晤，发表《中日韩三方推进合作联合宣言》，决定三国在东亚地区加强包括安全对话，促进国防或军事人员之间广泛交流，裁军、防扩散和实现朝鲜半岛无核化等领域的合作。中国与中日、中韩国防部建立了防务安全磋商机制，不断推动两军交流。中日青年军官交流活动已经进行了多年，双边海上联络机制开始启动；中国与韩国实现了军舰互访，双方建立了海上热线。中国还倡议并参加了 2004 年 1 月在曼谷举行的首届东盟与中日韩打击跨国犯罪部长级会议，提交了概念文件，并推动通过了《首次东盟与中日韩打击跨国犯罪部长级会议联合公报》，使中日韩在非传统安全领域合作得以发展。在朝鲜半岛六方会谈中，中国以与朝鲜传统友谊的特殊关系，积极发挥在半岛事务中的军事外交的作用，多次派代表团访问朝鲜。目前，朝鲜半岛局势持续紧张，促进六方会谈，防止半岛局势进一步恶化，将是中国军事外交面临的重大课题。

南亚方向。南亚是亚洲大陆上相对独立的半封闭型的地理单元，地缘上可掌控印度洋的海上交通要道。印度与巴基斯坦之间长期的军事对峙和中印边界问题，都直接影响中国西南边陲的安全与稳定，而1998年印巴相继突破核门槛，阿富汗成为反恐前沿后，印巴局势进一步复杂化。中国与巴基斯坦有着传统友谊，也是最亲密的朋友和伙伴之一，在军贸军援、人员技术交流方面的军事合作也有着长期和深厚的历史渊源，巩固和加强与巴基斯坦的军事关系和安全合作，是军事外交在南亚方向的基本政策。印度是与中国最早建交的国家，也是1955年积极推进和平共处五项原则的友好国家。1962年中印边界争端以后，中国与印度关系恶化。冷战期间，印巴为领土问题的战争频仍，同时，大国争霸在这一地区也表现十分明显。改革开放以后，特别是20世纪90年代后，在我国周边外交战略的指导下，中印关系开始改善。1996年，中印签署了《在边境地区加强相互信任的协议》，中国努力在军事这一最敏感的领域做增信释疑的工作，中印军事关系得到积极发展，两国的边界谈判也已经启动。2003年，中国海军首次开启海上联合军事演习，就选择了南亚国家，先后与来访的巴基斯坦、印度海军舰艇编队在中国沿海举行了海上联合搜救演习。目前，中巴、中印国防部之间的防务安全磋商机制定期进行，为加强双边军事关系、协调立场、加强合作发挥着重要作用，中巴、中印的双边陆上和海上的联合军事演习也在不断向深入发展。中国军事外交同时也对印度联美、联俄的军事格局予以重视，在稳定南亚局势、运筹大国战略方面发挥作用，维护西南边疆的稳定。

## 第二节　贯彻积极防御的军事战略方针

中华人民共和国成立后，基于社会主义的制度和社会主义国家的性质，我国始终奉行“积极防御”的军事战略，在战略上坚持防御、自卫和后发制人。1950年，我军以积极的外线出击，抗美援朝，保家卫国。1956年，中央军委制定了建国后第一个“积极防御”战略方针。此后，军事战略方针几经调整。1993年，中央军委制定了新时期积极防御军事战略方针；新世纪新阶段，新一代中央军委领导集体调整充实了这一方针，并赋予了军队新的使命任务。军事外交，“军事”

是其本质属性，“外交”是其表现形式。因此，贯彻积极防御军事战略方针是军事外交本质属性的要求，也是军事外交最重要的基本原则之一。其内涵主要包括：

## 一、配合军事斗争，决胜第二战场

古往今来，军队的基本职能是打仗，是军事斗争，是以战争为手段解决国家的主权和安全问题。因此，军事战略本质上是谋“战”、谋“打赢”的。中国积极防御的军事战略方针，是以建国以后的和平时期为背景的，但这并没有改变军事战略的本质属性，没有改变军事战略谋“战”、谋“打赢”，进行和平时期的军事斗争和军事斗争准备，维护国家主权和安全的基本目标和任务。中国军事外交贯彻积极防御的军事战略方针，从“武戏文唱”的角色看，军事外交是军事斗争的配角，但其始终斡旋于战争与和平之间，始终围绕着战争、结束战争、准备战争去工作，开辟了军事斗争的第二战场，决胜于军事斗争的第二战场，显示了不可或缺的地位和作用。

新中国建立之初，我们面临国家统一尚未实现、帝国主义封锁包围、新生政权还不巩固的严峻形势，维护国家主权和安全的斗争一开始就是国际斗争，敌强我弱的态势十分明显。在这一军事斗争形势特别紧张、战争随时可能发生的时期，中国的军事外交及时为军事斗争开辟了第二战场，在抗美援朝战争中的谈判桌上，在反对美台《共同防御条约》和炮击金门斗争的舆论战中，在打破美国为首的西方国家对我国的经济、政治和军事封锁等方面，发挥了不可替代的作用。其后，在中印边界、中苏珍宝岛、中越等自卫反击作战的斗争中，军事外交都是维护国家主权和安全的重要领域。这一方面是因为中国人民解放军成为执政党的军队，成为主权国家的政治工具，已经可以作为国家行为主体的一部分发挥作用；另一方面是因为在相对和平时期，军事外交能够运用自身优势，努力发展军事斗争形式，创造性地实现积极防御的军事战略方针的要求。

20 世纪 90 年代以后，中国国家主权和安全问题聚焦于台湾问题。

根据军委新时期军事战略方针，要把未来军事斗争准备的基点，放在打赢现代技术条件下特别是高技术条件下的局部战争上。针对台湾问题的美国背景，针对西方国家可能的干预行动，涉台军事外交坚持贯彻积极防御的军事战略方针，为维护国家主权这一核心利益发挥独特作用。一是与美国进行双边战略磋商，将坚持“一个中国的原则”作为发展中美军事关系的首要前提，将售台武器问题和美舰机抵近侦察问题放在突出的地位，遏制美台关系的发展，营造有利于台湾问题解决的国际战略态势，加强顶层设计和战略规划，增强涉台军事外交的前瞻性、针对性和有效性。二是加大与发展中国家的军事关系，打击台湾地区的“弹性务实外交”。90 年代，我开启了对非洲、西亚和拉美国家的高层互访，特别是对那些对台湾地区推行“相互承认或双重承认”的重点国家开展军事外交。1996 年，我促成了苏里南国防部长和巴西总参谋长的首次访华，1997 年我军委副主席张万年访问巴西、阿根廷，2000 年军委、总部领导访问了 15 个非洲国家，举办以涉台外交工作为主要内容的非洲高中级军官研讨班，加强工作，挤压台湾地区的“外交空间”。三是积极支持国防科技、部队装备和人才建设的发展，加强与俄罗斯等技术先进国家的引进装备技术和人员培训方面的谈判磋商，推动专业技术合作，引进高新技术，加速我军“杀手锏”武器装备的现代化建设，提高威慑和打赢能力。四是在 2008 年台湾地区政权交替、两岸出现政治缓和之时，一方面坚持反对和遏制美国对台军售，坚持一个中国的政策；另一方面抓住一切时机推进两岸军事交流，促进两岸军事互信。

世纪之交，国际战略形势不断发展变化，霸权主义有新的发展，非传统安全问题日益突出，军事斗争面临前所未有的复杂局面。1999 年，美国在科索沃战争中悍然袭击我国驻南联盟使馆，造成我人员和财产重大伤亡。根据国家政治外交部署，我军毅然决然停止了与美国的一切军事交往；2001 年，中美发生“撞机事件”，我军再次停止了除中美海上军事安全磋商机制以外的所有对美军事交往。在处理事件的过程中，我国与美国的强权行径进行了坚决的斗争，从军事外交的渠道表达了中国政府反对霸权主义、维护国家利益的坚定立场；“9 ·

11”事件后，美国一方面出于国际反恐怖主义的需要与中国展开军事合作；另一方面又通过强化在亚太地区的传统军事同盟、增加和增强售台武器的数量和质量、构筑新的弧形基地链加强前沿存在，遏制中国的崛起，而我国利用军事外交的各级平台，与美展开斗争。此外，国际军事格局的变化，中国周边非传统安全问题的发展，等等，都对中国军事外交不断提出新的挑战，军事外交作为和平时期军事斗争第二战场的地位更加突出，决胜第二战场的任务日益繁重。

## 二、谋局布势，营造有利战略环境

积极防御的军事战略方针，基本性质是防御，核心要义和活力要素则在于“积极”二字。一般来说，军事外交作为一种战略手段，它不表现为直接使用武力。但是，在谋划战略主动，营造战略环境，争取“不战而屈人之兵”方面，军事外交手段的使用极具战略性、主动性，最体现“积极防御”的精神。从1998年开始，中国连续6次发表了《中国的国防》白皮书，就是突出的例证。

军事外交是高层的战略运筹。它既与国家的政治外交目标密切联系，又与国家的军事战略目标密切联系，通过对国际军事关系的运筹及对外军事交往，把积极防御的军事战略方针寓于国家外交大战略之中，进行谋势布局，营造对国家、对军事斗争有利的战略环境。新中国建立之初，为了同以美国为首的西方帝国主义的侵略和威胁作斗争，中国军事外交围绕加强与苏联等社会主义国家的战略合作，营造打破帝国主义封锁的战略环境。《中苏友好互助条约》等一系列军事援助协定的签署，与东欧社会主义国家的军事外交关系的建立，以及通过抗美援朝、援越抗法，与朝鲜、越南等亚洲社会主义国家建立“同志加兄弟”的关系，努力改善新中国建立之初极其困难的局面。1969年中苏“珍宝岛事件”后，苏联成为中国的主要威胁。贯彻党中央“一条线”和“一大片”的外交战略，中国军事外交发展了与美国的军事关系，利用美苏矛盾，扩大了与西方国家的军事交流，为国家走出两面出击的困局作出贡献。进入新世纪，根据中央军委对新时期军事战略方针的调整，军事外交积极构筑以“大国为关键、周边为首要、发展中国家为基础”的外交战略布局，正确处理中美、中俄、中日关系，正确处理中国与东盟国家的关系，开展全方位外交，主动作为，发挥着越来越重要的作用。目前，我国军事外交正向着日趋务实的方向发展，其最重要的表现就是各类多边军事对话与磋商非常活跃。目前，我国与俄罗斯、美国、英国、法国、德国、加拿大、澳大利亚、日本、巴基斯坦、哈萨克斯坦、泰国、南非等10多个国家建立了不同形式的、定期和不定期的安全防务磋商机制；我国与世界各国间的平均各类军事交往团组每年达360多个，其中我国的出访代表团就有160余批，全军各类出国人员近2000人次；我军还积极参与双边和多边安全合作对话机制，广泛开展军事理论与军事技术合作研究等，整个军事外交显示了全方位、宽领域、多层次和更加务实的特点。

军事外交是特殊的军事手段，和合相安，以慑止战，是军事外交营造战略环境，争取不战而屈人之兵的最高境界，也是军事外交贯彻积极防御战略方针、谋局布势的特殊方式。在中亚方向，上海合作组织开始多次进行了大规模反恐联合军事演习，增进互信，加强合作，并率先解决了全部北部边界问题，巩固了军事关系和北疆的稳定。在海上，1986年开始中国海军舰艇编队首次出访南亚三国，1996年登陆美国本土，1999年首次访问非洲大陆，2000首次访问欧洲，2002年中国海军实现环球航行，至2009年，中国海军共出访23次，舰船44艘次，访问了37个国家，形成了海上方向全方位军事外交态势。近年来，中国还加强了与非洲国家的军事外交，特别是2008年12月，中国海军护航编队根据联合国决议决然挺进亚丁湾、索马里海域执行反海盗护航任务后，中国与非洲国家的军事关系明显加强。2010年我海军医院船还访问了非洲四国并首次展开医疗救助活动，大大增加了中国的影响力。与此同时，随着中国军队不断对外开放，中国与国外军队日益展开了联合军事演习。从上海合作组织开始，反恐联合军事演习展开了多次，2005年进行了规模空前的中俄联合军演；在朱日和训练场，中国广泛邀请世界各国驻华武官参观机械化步兵的实战演练。在海上，从2002年开始，中国海军与巴基斯坦、印度、法国、英国、澳大利亚在中国海域展开了海上搜救联合军事演习。2005 年以后，中国海军越来越多地走出去，在相关国家近海及国际海域与外军进行双边或多边海上联合军事演习，包括实兵演习。2009 年，中国精心组织新中国成立 60 周年大庆相关活动，海军、空军集中接待了 29 国海军领导人和 33 国空军领导人，有力宣示了我国和平发展理念和防御性国防政策。中国军队文明之师、威武之师的形象，显示着中国的综合国力，这本身就是一种威慑，就是一种宣示，起到了慑战并举，以慑止战，遏制战争的目的，同时也是中国和合相安历史文化传统的展示，张扬中国的新安全观，对于周边战略环境的营造、特别是稳定周边外交战略的实施，发挥了不可替代的作用。

## 三、主动作为，服务军队现代化建设

1993 年，新时期军事战略方针确定，把军事斗争准备基点由应付一般技术条件下的局部战争转到打赢现代技术特别是高技术条件下的局部战争上，实现了一系列重大战略转变。2004 年，根据新军事变革条件下信息化战争正在取代机械化战争成为未来战争的基本形态的发展趋势，军事战略方针将军事斗争基点进一步由打赢一场高技术条件下的局部战争调整为打赢信息化条件下的局部战争，以遏制战争，控制战局，打赢战争为新的作战指导思想，实现军队由机械化向信息化的转型。新世纪新阶段，军事外交作为我军直接进行对外联系、发展对外军事合作的桥梁和纽带，根据积极防御军事战略方针的调整，利用对外交往渠道，主动作为，服务于军队的现代化建设。

一是积极调研、谈判和引进外军先进装备和技术，高起点进行信息化建设，实现武器装备的跨越式发展。20 世纪 90 年代后，为打破西方对我国的军事制裁，我军重点改善了与俄罗斯的关系，发展军事技术合作，引进了陆、海、空军的大批军事装备，推动火力、机动力和信息能力的协调发展，特别是加强以海军、空军和第二炮兵为重点的作战力量建设，引进了一批重要的武器装备和武器系统，全面提高了军队的威慑和实战能力。

二是充分利用军事外交广辟渠道，采取“走出去，请进来”等方式，加强高层互访和专业技术团组的交往，广泛深入地了解外军，学习和借鉴外军先进军事思想、作战理论、编制体制、教育训练方法以及各种管理经验，促进我军的现代化建设。近年来，我高级军事代表团和外国高级代表团年均约互访30多个国家。各种专业技术团组的出国交流合作更是军事外交工作的重要内容。1995年以后，我军派出的专业技术团组占全年对外交往总数的50%以上，1996年达到80%，涉及作战、训练、装备、管理、后勤、学术等诸多领域，获取了大量信息，有力地促进了军队现代化建设。

三是借助国际军事教育资源，加速高素质人才队伍的培养。从1996年开始，我军扩大了派出和接受军事留学生的规模。2007—2008年，两年向30多个国家派出军事留学生900余名。20所军队院校分别与美国、俄罗斯、日本、巴基斯坦等20多个国家的相应院校建立和保持了校际对口交流关系。共接纳130多个国家的4000余名军事人员到中国军队院校学习。[①] 目前，有90多个国家的军事人员到中国军事院校学习；国防大学和军事科学院等教学科研机构与外国军事院校和机构建立了相对稳定的交流机制，每年有数十个国家的高级军官参加国防大学国际问题研讨班。我国国防部也先后与美国、法国、德国、英国以及日本、新加坡等国家开辟了高中级军官论坛，等等。这些军事交流活动，开阔了我军各级军官的眼界，丰富了知识，提高了素质，为军队现代化建设培养了人才。

四是大力参与和开展联合军事演习和训练，加速提高我军的联合和协同作战能力。2003年，我军与外军交往方面实现了多个“零的突破”：第一次组织并参加多边联合军事演习，第一次分别与巴基斯坦、印度军队举行联合军事演习，第一次邀请外国军事观察员观摩中国军队演习等。2005年中国与俄罗斯第一次进行了成建制部队和重装备进入对方领土的大规模联合军事演习，2006年中国海军与美国在两国海域开展了海上联合搜救演习。2007—2008年，我军共与20多个国家

① 中华人民共和国国务院新闻办公室：《2008年中国的国防》白皮书。

举行了20余次联合军事演习或综合演练。[1] 其中，上海合作组织框架内6个国家在中国新疆和俄罗斯车里雅宾斯克共同举行的联合反恐军事演习，是人民解放军第一次在境外参加的较大规模的陆空联合演习；而在阿拉伯海与巴基斯坦等7个国家共同举行“和平—07”海上联合演练，是我国海军首次在境外使用武器的实兵演习，取得了优异成绩。这些演习，既作为积极防御军事战略方针的具体实施，也是中国军事外交的重大举措，有力促进了我军的现代化建设。

五是成建制走出去维护日益外向拓展的国家利益，全面提高中国军队完成多样化任务的能力。自2008年12月开始至2011年1月，我国共派出七批护航编队进入印度洋在亚丁湾、索马里海域执行护航任务，截至到2010年12月11日，共完成为3097艘船舶的护航任务，接护被海盗抓扣和袭击的船舶8艘，解救遭海盗追击的船舶29艘。[2] 2011年，在利比亚撤侨行动中，我国海空兵力首次进入了地中海及利比亚周边国家，海军战斗舰艇为撤侨行动护航，空军运输机远程飞行直接撤出转移到第三国的中国公民，再次开辟海外军事行动的新领域。这些“走出去”的军事行动，不但全面提高了我军应对多种威胁、完成多样化任务能力，而且通过与外军的实际合作，拓展了军事外交的新渠道，对于提高国家影响力、树立国家形象具有不可替代的作用。

## 第三节　独立自主处理对外军事关系

中华人民共和国是中国共产党领导中国革命的胜利成果，标志着二战后一个被压迫民族的新生和一个社会主义国家的发端。新中国建立后，根据我国独立自主的和平外交政策，军事外交坚定奉行独立自主处理对外军事关系的原则，不断有所作为，打破了帝国主义的对华禁运及海上封锁，渡过了苏联撕毁合同带来的困难时期，逐步突破了意识形态的禁锢，展开了全方位对外军事交往，迎来了军事外交大有

① 中华人民共和国国务院新闻办公室：《2008年中国的国防》白皮书。

② 中国海军护航行动大事记，新浪网，2010年12月22日。

作为的时期。

## 一、依据国家利益，经略大国军事关系

中国是一个大国，是世界上最大的发展中国家。中国对外关系的处理，最重要、影响最大的是大国关系。处理大国军事关系，必须坚持国家利益至上，贯彻独立自主的原则，以“两手”对“两手”，既合作又斗争，在合作与斗争中实现国家利益的最大化。这必须根据对国际形势的正确判断，对我国大国地位的正确定位，以及对党和国家总体外交政策的深刻理解，特别是对每个时期具体的对外方针政策的领悟，进而创造性地展开工作。中国军事外交致力于经略大国关系，基本目标在于以多边制衡为基点，积极促成一个相互借重、相互制约、相互妥协的大国关系框架。在加强运筹中美关系、中俄关系、中日关系等双边关系的同时，促成中、美、俄、日、欧盟之间形成的多边关系、特别是各种三边关系的良性战略互动和战略制衡，对于营造对我国有利的国际战略格局，全面推进小康社会和实现祖国统一大业创造条件，亦非常重要。

1. 中美俄军事关系

中、美、俄（苏联）同属安理会常任理事国，都对世界的和平与安全负有特殊责任。美国与苏联两个超级大国进行了近50年的冷战，苏联解体后，美国成了世界上唯一具有超强实力的国家，而俄罗斯则依然保存着仅次于美国的庞大核武库。无论是在全球范围内还是在亚太地区，无论是冷战前还是冷战后，中、美、俄（苏联）之间的双边和大三角关系，始终是我国大国关系中最重要的关系，也是当代军事外交经略大国军事关系的最重要的内容。

新中国成立后，美国采取敌视政策，妄图将我国扼死于摇篮之中。为此，毛泽东提出“另起炉灶”、“打扫干净屋子再请客”和“一边倒”三大方针，构筑起新中国新型外交政策的原则框架。军事外交努力调动其军事力量资源，力鼎社会主义新中国独立自主的国家风骨。1950年2月，中国与苏联签订了《中苏友好同盟互助条约》。此

后一段时间，军事外交以中苏同盟互助为核心，集中发展与苏联及社会主义国家的军事关系。这对于同美国展开军事斗争和巩固新生政权发挥了重要作用。

20世纪70年代，苏联与美国争霸渐入顶峰，霸气高涨。其摆出全球进攻态势，在处理国际关系中推行大国沙文主义，中苏关系急剧恶化。“珍宝岛事件”后，苏联在我国北方陈兵百万，对我国安全造成严重威胁。当此时，美国由于深陷越南战争的泥潭，经济、政治和社会危机四伏，不得不另寻出路。美国在困境中决意要利用中苏矛盾，而苏联也想利用中美矛盾，中国共产党人则在变化了的国际格局中也看到了可资利用的机会，决定改变策略，实施联美制苏，建立从日本到西欧到美国“一条线”战略。军事外交在这一新战略的指导下，与美国形成了战略协调关系，与西方的军事技术合作也由此打开大门。从总体上看，这一战略决策，缓解了我国的安全态势，制止了可能发生的中苏战争。

20世纪90年代，苏联解体，美国“一超独霸”，先后发动海湾战争、科索沃战争、阿富汗战争和伊拉克战争，新干涉主义横行。在亚太地区，美国不断强化美日、美澳等传统军事同盟，对中国接触和遏制两手并用，企图达到西化和分化的目的。针对国际战略格局的新变化，党中央制定了新的对美方针，并着手改善与俄罗斯的战略关系。从1993年开始，中俄关系大踏步进展，而军事关系的发展在其中占据极其重要的地位。1996年，在中俄建立“平等信任的、面向21世纪的战略协作伙伴关系”后，中俄《两国国防部关于武器装备和军事技术合作的协定》随即签署，随着引俄装备不断列编、形成战斗力，我军现代化建设有了长足的进步。与此同时，中美军事关系也积极配合中美两国国家关系和外交关系的大局，努力寻求中美在军事领域的利益共同点，加强战略磋商，保持高层互访，不同层级的军事交流逐步深入，保持了正常发展。新世纪新阶段，中美俄之间的战略平衡，日益成为地区安全的积极因素。

2. 中美日军事关系

从地缘关系来看，中国、美国、日本都是亚太国家。日本是中国一衣带水的邻邦，经济力量居于世界第三位，军事潜力巨大。美国本土与中国隔着辽阔的太平洋，然而又通过在日本、韩国、菲律宾的驻军，以及美国海、空军长年累月在西太平洋水域和空域的游弋和巡航，与中国近在咫尺。虽然中美日不属于世界性的战略三角关系，但作为亚太地区的重要国家，在处理地区安全事务中不可避免存在重要的互动关系。三国中任何一国针对亚太安全事务，甚至仅仅是有可能引起地区安全形势变化的政策调整，都会引起另外两国的关注，甚至以实际行动做出反应。中美日军事、安全关系的状况，直接影响到亚太地区的和平与稳定。

时至今日，中美日三国之间军事、安全关系的发展并不均衡。这主要表现在长期以来美日结成军事同盟，日美关系远远高于中美关系。就中日关系而言，从 20 世纪 70 年代末中日开始军事交流以后，双边军事关系发展曲折。1989 年后两国军事交流一度中断，1995 年日本防卫厅参联会主席西元彻也访华实现了中日军方高层交往的恢复，1998 年两国国防部长互访，2000 年两军总参谋长互访。1997 年至 2002 年中日举行了三次副部级年度防务磋商，双方还在防卫医学、院校和学术研究等领域开展交流。然而，由于日本高层的参拜靖国神社活动，以及钓鱼岛问题、东海石油和划界问题等，成为阻碍中日关系发展的负面因素，以至于直至 2007 和 2008 年，中日才首次实现了军舰互访。中美日三国关系，美国因素仍是极为重要的因素。美日军事同盟的发展和美日对台湾当局若明若暗的军事援助，成为中日、中美双边和中美日三边政治和军事关系上难以逾越的障碍。日本是我国近邻，中日关系对双方都很重要，中美日三边关系也很重要，但中国政府都不会拿原则做交易。因此，近年来，中国军事外交围绕美日军事同盟和美日台军事合作问题不断展开斗争，围绕历史问题和台湾问题对日本的斗争也时而发生。然而，从另一方面说，中美日双边和三边关系之间存在着诸多分歧和矛盾，但是各方在保障稳定的能源供应、反对恐怖主义，以及朝鲜半岛无核化等方面又存在共同利益，存在安全对话与合作的共同意愿，中国军事外交有理由在中美日军事关系的发展中进一步积极作为。

3. 中美欧军事关系

欧盟有25个国家，近5亿人口，政治、经济和安全日益一体化，是当今世界公认的一极。其中，英、法是联合国安理会常任理事国和核大国，对国际安全肩负着重要责任。长期以来，在中美欧三角关系中，中欧关系远不及美欧关系。毋庸置疑，中国与欧盟的相互接近，可在一定程度上改变中欧美三角关系不均衡的格局。欧盟是美国的盟友，但是已经越来越多地意识到自己在国际社会上应该扮演的角色和应该发挥的作用。这种意识的增长必然导致与美国政策的不一致性和不协调性。在维护欧洲安全方面，欧盟越来越多地强调建立欧洲独立防务力量，重点是建立欧洲自己的快速反应队伍，而不是全部依赖美国军队。在对待伊拉克军事行动、伊朗核危机、美国国家导弹防御系统等方面，欧盟多数国家也与美国存在分歧。在地缘政治上，中国与欧盟无根本利益冲突，相互之间的吸引力增加，战略伙伴关系进入渐行渐近、渐行渐热的相对稳定时期。中国和欧盟在多极化问题上看法一致，都认为应当进一步发挥联合国在解决重大国际问题中的作用，以制约美国的单极霸权。近年来，中欧高层互访频繁，双方定期举行首脑会议，在防止核扩散、军备控制、装备发展、人员培训等方面的军事交流与合作稳步发展。伊拉克战争结束后，欧盟有解除对华军售禁令的声音，进一步拉近了双方的军事关系。在亚丁湾、索马里海域反海盗护航行动中，中国与欧盟465编队在情报信息交流、解救遇险船只等方面进行了很好的合作。

必须清醒地看到，在未来一段历史时期内，由于美国仍是世界唯一的超级大国，大西洋联盟不会解体，欧盟在安全方面也将主要依赖于美国和北约组织，欧盟与美国在演变中国、遏制中国方面具有一致性。然而，中国是具有重要影响的发展中大国，在应对恐怖主义、大规模杀伤性武器扩散、地区性冲突等安全威胁方面，美国和欧盟需要中国携手行动。大力加强中美欧之间的军事互信与合作，积极促进三角关系的平衡，有利于增进世界的和平与稳定。从战略上考虑，中国努力发展和加强与欧盟的关系，可以有效地抵消和减少来自美国方面的压力；而中国加强与美国的关系，也将进一步促进中欧关系。随着国际局势的发展和力量的演变，中美欧这组三角安全关系中各个“边”之间的相互作用和相互影响将越来越明显，并成为国际局势中的一个重要特色。

## 二、坚持不结盟，开展全方位交往

二战结束后，欧洲出现了北约和华约两个长期对峙的军事同盟；亚太形成了美日、美韩、美澳等双边军事同盟。结盟的基本内涵是两个或多个国家签订带有防务性质的同盟条约，共同防守来自非同盟国对同盟国的军事入侵；在一个成员国遭到这种入侵时，其他成员国必须视为对自己的入侵，从而必须履行保卫该成员国的军事义务。1956年，南斯拉夫总统铁托、埃及总统纳赛尔和印度总理尼赫鲁，针对当时东西方两大军事集团严重对抗使夹在其中的广大中、小国家深受其害的情况，共同提出了不结盟的主张，其核心是奉行独立、自主和非集团的宗旨和原则，维护民族独立、捍卫国家主权。至2009年，不结盟运动发展到118个国家。中国虽然是在1992年才成为不结盟运动观察员国的，但中国一贯支持不结盟运动。1955年，中国与不结盟运动的首倡者印度等国家，共同倡导了和平共处五项原则，成为我国独立自主和平外交政策的重要内容。20世纪80年代初，针对两个超级大国处于的均势局面，为避免国际战略格局的失衡，中国对外政策的调整突出强调了不结盟政策。邓小平指出，“中国的对外政策是独立自主的，是真正的不结盟。中国不打美国牌，也不打苏联牌，中国也不允许别人打中国牌。”并说，中国的不结盟政策，包括不与任何大国结成同盟，不参加任何集团，不坐到任何人的车子上去，也不把一些中小国家拉到自己身边，自己当盟主。这样我们就可以同谁都来往，同谁都交朋友。也就是说，中国不结盟政策意味全方位对外交往。进入90年代以后的全方位发展时期，中国继续坚持不结盟政策，在经略大国军事关系的同时，也十分重视与广大发展中国家之间的军事交往与合作。

中国与东盟的军事关系。90年代以后，中国与东盟对话合作关系发展迅速。2001年“10+1”领导人会议同意10年内建立中国—东盟自由贸易区，2002 年东盟与中日韩（“10 + 3”）和东盟与中国（“10 +1”）领导人会议正式启动在非传统安全领域的全面合作，并签署了《南海各方行为宣言》。2003 年，中国加入《东南亚友好合作条约》，双方发表了题为《面向和平与繁荣的战略伙伴关系》的联合宣言。中国与东盟的这一系列条约、协议，意味着为了该地区的友好合作与安全稳定，双方要遵守某些原则、规则，履行某些义务，做出某些承诺，但不具有军事同盟性质。在处理与东盟国家的军事关系中，突出反映中国坚持从维护世界和平出发，对于一切国际事务根据事情本身的是非曲直决定立场，特别是注意维护发展中国家的利益，反对国际关系中的不公正、不民主，反对以大欺小、以强凌弱、以富压贫、侵犯别国主权、干涉他国内政的霸权行径。

中国与南亚国家的军事关系。进入新世纪，南亚的两个主要国家印度和巴基斯坦双双突破核门槛，相互展开军备竞赛，给南亚乃至世界带来了不安定的因素。中国对南亚安全态势给与关注，并积极发挥大国作用。2005 年 4 月，中国国务院总理温家宝访问了巴基斯坦、斯里兰卡、孟加拉、印度等南亚四国。其中最重要的成果，一是与巴基斯坦缔结睦邻友好条约；二是中印建立面向和平与繁荣的战略合作伙伴关系。有评论说，《中国巴基斯坦睦邻友好合作条约》第四条和第六条的规定，突破了中国的不结盟政策，“至少是一个消极的结盟条约”。事实上，中巴条约仍旧是一个睦邻友好条约，第四条关于“缔约一方不参加任何损害对方主权、安全和领土完整的联盟或集团，不采取任何此类行动，包括不同第三国缔结此类条约。缔约一方不得允许第三国利用其领土损害缔约另一方的国家主权、安全和领土完整。缔约一方不得允许在本国领土上成立损害缔约另一方主权、安全和领土完整的组织或机构”的规定，属于政治层面的承诺，并未涉及军事义务。而第六条关于“缔约双方将扩大和加强军事和安全领域的信任和合作，巩固缔约双方的安全”的规定，的确充分展示了中巴双方军事关系的深入，但也并不意味中国改变了不结盟政策，因为中国军事外交在处理任何国家间关系时，都是以互信、互利、平等、协作为核心的新安全观为指导的，所不同的是与各个国家军事关系的程度有差别，而差别就是政策，差别体现战略，这是毫无疑义的。

中国与非洲国家的军事关系。中国人民解放军在国家总体外交的框架下，积极发展同非洲各国的军事关系。在22个国家设立了武官处，27个国家在华设立了武官处。近年来，中国对非洲军事交流日趋活跃。中非军事人员往来频繁。非洲国家军队领导人和我国高级将领频繁互访。随着我国综合国力的提高，我国在力所能及的前提下，加强了中非军事合作，特别是不断加强对非洲的军事援助，接收和培训军事留学生来华学习，向20余个国家派出军事专家。我国积极参加联合国在利比里亚、西撒、刚果（金）、卢旺达的维和行动，组织人员赴厄立特里亚执行扫雷援助任务，参加了阿尔及利亚地震抢险救灾工作，随着国家利益拓展和中国在亚丁湾、索马里海域护航行动的常态化，非洲将成为中国军事交往的重点地区，与非洲国家的军事合作也将会进一步得到深化。

中国与拉丁美洲国家的军事关系。近年来，中国与拉丁美洲国家政治、经济交往不断密切，军事关系呈现良好发展势头，友好合作进展顺利。自2000年起，我军高级将领率领的代表团就不断对拉美国家进行友好访问。2002年，中国海军环球航行舰艇编队首次访问巴西。对古巴、委内瑞拉等国家的高层友好访问也不断进行，军事关系健康发展。应联合国的要求，中国向海地派遣了维和警察部队，2009年海地发生大地震，中国人民解放军迅速派出救援队参加人道主义救援。越来越多的拉美国家高级军官进入我军各类高级培训班学习，成为我国在拉美国家开展军事外交和军事合作的重要桥梁。

## 三、求同存异，运用灵活务实策略

军事外交工作强调执行政策、运用策略、注重技巧，因而可以说策略是军事外交的生命线，也是军事外交工作的创造性和活力所在。军事外交策略的基础是原则的坚定性，即在涉及国家核心利益等重大问题上扭住不放，坚定不移；而军事外交策略的灵魂则是灵活性，即在强硬中有理有节，斗争时留有余地，既要韬光养晦，又要有所作为。当今世界，面对日益错综复杂国际军事关系，中国军事外交坚持独立自主处理国家军事关系基本原则，必须原则的坚定性和策略的灵活性相统一，有时候甚至需要以退为进。

灵活务实，善于打破僵局。20 世纪 50 年代，在朝鲜停战谈判中，为了促进停战谈判的恢复并打破谈判双方在战俘问题上陷入的僵局，朝鲜和中国方面改变了过去坚持在停战协定签字后，双方应在尽可能短的时间内，分批释放和遣返完毕各自所收容的全部战俘的政策，提出了新的建议：谈判双方应保证在停战后立即遣返其所收容的一切坚持遣返的战俘，对其余的战俘同意将其转交中立国，以保证他们的遣返权利得到公正的解决。这一灵活的策略，最终促成了朝鲜停战协定的签字。80 年代，在中苏关系改善的过程中，中国方面曾经提出三原则：第一，减少和撤退苏联在中苏、中蒙边境的驻军；第二，苏联从阿富汗撤军；第三，停止支持越南侵略柬埔寨。但在具体操作过程中，为了打破僵局，采取了灵活务实的策略。在苏联开始逐步撤减中蒙边境苏军的情况下，中方主动向苏联让步，以“达成谅解，敦促越南从柬埔寨撤军”为条件，实现两国最高领导人的会晤，从而打破了中苏关系的僵局。

求同存异，注重从长计议。20 世纪 90 年代以后，中美两国互有战略需求，两国关系成为相互间最重要的关系。为了国家的整体利益，从长计议，党中央制定了“增加信任、减少麻烦、发展合作、不搞对抗”十六字方针，决策与美国建立战略关系。我军事外交根据党的方针政策处理中美军事关系，善于以灵活务实的策略争取国家利益的最大化。1995 年，美国政府允许李登辉访问美国，我国坚决维护国家主权，推迟我国防部长访美，暂时停止美军方高层和一切重要代表团的来访。但在坚持斗争的同时，又保持了中美两军专业级别的接触和交往，保持了一定的弹性。小布什上台后，两国关系发生倒退。但 2001 年“9·11”事件后，恐怖主义成为美国的主要威胁。我国抓住机会，求同存异，改善中美关系，如中美两国在防扩散、反恐和双边军事安全合作等领域保持磋商。近年来，中美举行了三轮副外长级战略安全、多边军控和防扩散磋商，每年举行国防部副部长级防务磋商，形成机制化。中美海上军事安全磋商机制自1998年开始保持了基本正常的运行，并开辟了反恐合作的新领域。我国还从国家的长远利益出发，以灵活务实、求同存异的精神，基本解决了与俄罗斯的边界问题，与越南的北部湾划界问题，与印度的边界谈判也正在进行。

利用矛盾，优化战略选择。国际军事关系是一个复杂的系统，任何国家都是以国家安全利益为第一位，权衡利弊，进行战略选择的。现代社会，国家安全与国际安全往往不可分离，由于地缘的关系，由于经济、政治、社会以及传统、宗教等各种因素，国与国之间的利益点和矛盾点往往交织在一起，需要战略家的纵横捭阖，军事外交的运筹及其实践就是这样一个过程。建国以来，党的三代领导集体利用国际矛盾，有“合纵”、也有“连横”，看准了就果断决策，实施进行战略选择，并保证其选择的科学、优化。20世纪70年代，毛泽东关于“一条线”、“一大片”和三个世界理论的指导下，我军开拓了与欧美的军事关系，减轻了来自苏联的压力；20世纪90年代，我国在亚太地区与东盟国家集团加强军事关系，发展东亚地区的安全合作，对于制衡大国关系发挥了重要作用；当前，我国广泛发展与非洲、拉美国家的军事关系，全方位发展与美、俄、欧盟等发达国家的关系，为实现战略平衡发挥了重要作用。这些都是军事外交的典型作为。

## 四、互信互利，全面推进军事合作

20世纪90年代以来，在我国政府提出的以“互信、互利、平等、协作”为核心新安全观的指导下，军事外交创造性地发展了独立自主处理对外军事关系的基本原则，积极性、主动性得到了充分的展示，军事外交领域逐步扩大，内容日趋丰富，形式更加灵活多样，而其基本手段就是大力倡导军事互信、互利，开展广泛的对外军事交流与合作。

积极发展与世界各国的军事关系。在和平共处五项原则基础上，中国一贯重视同世界各国进行军事交往与合作。积极发展同周边国家睦邻友好的军事关系，是中国军事外交政策的重要组成部分。加强同广大发展中国家的军事关系，是中国军事外交政策的基本立足点。中国也重视改善和发展同发达国家的军事关系，主张国与国之间应超越社会制度和意识形态的差异，相互尊重，求同存异，扩大互利合作。近年来，我国每年都保持一定数量的高层互访，仅2007—2008年两年期间，人民解放军高级军事代表团出访40多个国家，有60多个国家的国防部长、总参谋长来访。[①] 中俄两军深化战略互信，高层互访频繁，两国国防部长率先通过直通电话联络，多层次、多领域务实合作继续深入发展。中国各级军事代表团、沿边军区与相邻国家开展互访和交流，加强与东北亚、东南亚、南亚、中亚地区等周边国家和西亚、非洲、拉美等发展中国家的军事关系，积极拓展新的交往领域。

推动各种形式的双边战略磋商和对话。根据《联合国宪章》的宗旨和原则，我国坚持在和平共处五项原则的基础上，加强同有关国家在安全与防务领域的双边及多边战略磋商和对话，促进相互信任、交流与协作。随着中俄两国战略协作伙伴关系深入发展，中俄两军于1997年建立磋商机制，每年两国总参谋部举行了一轮战略磋商。中美两国在防扩散、反恐和双边军事安全合作等领域保持磋商，国防部副部长级防务磋商每年举行，中美国防政策会议、海上军事安全磋商机制的对话与交流逐步深入。中国广泛开展与其他国家的战略磋商和对话。1997年中法两军建立战略对话关系，迄今已进行七轮磋商。目前，我国已经与美国、俄罗斯、法国、英国、德国、日本、巴基斯坦、印度、南非等20多个国家的国防部或军队建立了防务安全磋商机制，与加拿大、墨西哥、意大利、波兰、新西兰等国开展了卓有成效的安全磋商和对话。

加强区域军事互信与合作。坚持与邻为善、以邻为伴，同亚太国家加强区域军事互信与合作，是中国亚太安全政策和睦邻友好政策的组成部分，也是中国军事外交的重要内容。上海合作组织是中国军事外交的主要平台，我国积极推动新型安全观、新型区域合作模式和新型国家关系的建立，推动加强军事领域的信任与合作，强化了在打击

① 中华人民共和国国务院新闻办公室：《2008年中国的国防》白皮书。

恐怖主义、分裂主义和极端主义方面的实质性协作，达成了在防止与和平解决国际冲突中相互协助的共识。中国高度重视东盟地区论坛(ARF)、中国与东盟（“10+1”)、东盟与中日韩（“10+3”）合作等区域合作，我军自1995年参加以东盟地区论坛为代表的亚太地区多边安全合作以来，先后派出近百人次参加了近百个不同层次的东盟地区论坛会议，包括各类建立信任措施、维和培训、海上搜救、抢险救灾、排雷、国防院校长会议、高官会、外长会等一系列官方和非官方会议，并承办了建立信任措施、军事医学会议、第四届国防院校长会议、军队后勤保障社会化研讨会等。我军还派员参加了亚太地区防卫当局官员论坛、东北亚合作对话会、东盟地区论坛会议、西太平洋地区海军论坛亚洲相互协作与建立信任措施会议（CICA)、亚太安全合作理事会（CSCAP）等各类多边安全研讨会等活动，支持在平等参与、协商一致、求同存异、循序渐进的基础上开展多形式、多层次、多渠道的地区安全对话与合作。中国特别重视并积极推进与周边国家建立军事信任措施，相互尊重而不是恃强凌弱，相互合作而不是彼此对抗，协商一致而不是强加于人，积极倡导按照平等对话、不干涉别国内政、不针对第三国、不威胁和损害他国的安全与稳定的原则，通过谈判协商达成各种形式的边境协定、协议，维护各方相互同等安全和地区的和平与稳定。

加强非传统安全领域的合作。随着美苏两极对抗体制的结束和经济全球化的迅猛发展，非传统安全问题越来越突出。非传统安全问题往往具有国际性的特征：一方面，在当今经济全球化的时代，一国的非传统安全问题常常波及到他国、地区乃至世界的安全，造成连锁式危害；另一方面，非传统安全问题的这种国际性特征必然需要各国密切合作，共同应对。例如民族分裂主义、宗教极端主义和国际恐怖主义这三股势力在中国新疆、中亚国家、阿富汗、巴基斯坦、俄罗斯车臣等地方肆虐、蔓延，需要依靠国家间、地区和国际机构的相互合作，共同努力，才能有效地进行遏制和打击。近些年来，中国高度重视与各国在非传统安全领域的合作，支持联合国特别是安理会发挥主导作用，主张采取综合措施，标本兼治，共同应对非传统安全威胁。

支持和参与制订《关于国际恐怖主义的全面公约》和《关于制止核恐怖主义行为的国际公约》的工作，认真执行安理会有关反恐问题决议。在安理会反恐问题外长会议上，中国提出深化国际反恐合作的四项主张。为了促进东亚地区的和平与稳定，中国还倡议并推动建立了东盟与中日韩打击跨国犯罪合作机制。人民解放军积极参与联合反恐、海上搜救、打击海盗、打击制贩毒品等非传统安全领域的合作。我军多次派员参加各种双边或多边安全机制就非传统安全问题进行的对话与磋商，探讨进一步加强合作的措施。在上海合作组织框架内，中国、哈萨克、吉尔吉斯、俄罗斯、塔吉克五国成功地举行了首次多边联合反恐军事演习，与塔吉克、巴基斯坦分别举行了双边联合反恐军事演习。中国军事外交在与各国加强非传统安全领域合作中发挥着日益重要的作用。

## 第四节　奉行负责任的军事安全政策

中国是联合国安理会五个常任理事国之一，是世界上最大的发展中国家，也是五个有核国家之一。随着中国改革开放和经济快速发展，中国的大国地位在上升，奉行负责任的军事安全政策，日益成为我国重要的军事外交基本原则。

### 一、坚持防御性的核军事政策

1945 年 7 月 16 日，人类第一颗原子弹在美国新墨西哥州的沙漠中爆炸成功。随后，1945 年 8 月 6 日和 9 日，美国先后向日本广岛和长崎投下两颗原子弹，核武器的使用从此登上历史舞台。中国在 1964 年爆炸了第一颗原子弹，正式成为有核国家。此后，中国以维护国家核安全、慑止核战争为基本目标，一以贯之地奉行严肃认真、负责任的核军事政策。

坚持核力量的防御性质。中国的核力量是在美苏冷战时期强大的核威胁和核讹诈中发展起来的。但是，中国奉行防御性的国防政策，中国发展少量核武器，完全是出于自卫的需要，主要立足于预防、制止和反击外部力量对中国的核打击，维护国家安全。冷战期间，世界核环境的特点是美苏核竞赛占据主导地位；而冷战后，苏联分裂为十几个国家，世界核力量对比进一步失衡，美国成为最强大的超级核大国。俄罗斯继承了苏联的核力量，规模仍然很大，足以毁灭任何对手，但总体实力下降。近年来，世界的核态势发生了很大的变化：有核国家之间爆发核大战的危险降低，但世界上的核国家、核门槛国家、虚拟核国家越来越多，核技术、核材料、核人才、核武器的扩散不断发生，恐怖主义掌握核武器、实施核恐怖袭击的可能性与日俱增。从总体上来说，世界核态势趋于复杂化，中国与世界其他国家一样，面临复杂的核安全威胁，这对中国的核战略空间产生影响，使中国维护国家安全的难度增加。然而，中国仍旧一如既往地坚持核力量的防御性质。中国不参加核军备竞赛，也不在国外部署核武器。中国的核政策以遏制核战争为首要，以实施核反击为重任。中国的核武器是慑止核战争的手段，而不是打赢核战争的工具。中国的核力量永远只会用于维护国家安全，不会对外侵略扩张，更不会用核武器对外侵略扩张。

不首先使用核武器。中国自拥有核武器的第一天起就郑重声明，在任何时候、任何情况下，都不首先使用核武器。这是中国在有核国家中首先而且是惟一一家提出而且长期信守的诺言。相比之下，美、英、法拒绝承诺不首先使用核武器，而俄罗斯则于1993年放弃了过去苏联不首先使用核武器的承诺。而“不首先使用”始终是中国核政策的核心和基本点。其一，充分体现中国核政策的防御性质，完全不采取核武器先发制人；其二，中国核武器不首先使用不等于不使用，当国家面临生死存亡的核威胁时，我国必将后发制人，这足以让对中国挥舞核大棒的任何国家三思而后行，为中国赢得了足够的安全空间；其三，“不首先使用”的核政策为国家提供高效费比的核安全保障，小规模的核武库发挥的是等效威慑的作用，同时对于非核武器国家来说是一种保障，可以给无核国家一种信心；其四，“不首先使用”的核政策使中国长期立于道义制高点，从而为维护国家安全提供了最大的战略空间，在今天仍有很大可操作性。

不对无核国家和无核地区使用核武器。中国明确承诺无条件不对无核武器国家和无核武器区使用或威胁使用核武器，这一核政策不仅是对第三世界、发展中国家有意义，而且对一些发达的无核国家同样具有重大意义。与此同时，中国与核大国也建立了核安全关系及其信任措施。1994 年，中俄两国发表《关于互不首先使用核武器和互相不将战略武器瞄准对方的联合声明》，1995 年 4 月，中国政府发表声明，重申无条件向所有无核武器国家提供消极安全保证，并承诺向这些国家提供积极安全保证。2000 年，中国与其他核武器国家发表联合声明，重申 1995 年在联合国安理会第 984 号决议中作出的安全保证承诺。中国呼吁其他核武器国家，无条件向所有无核武器国家提供消极和积极安全保证，并就此尽早谈判缔结国际法律文书。中国积极支持有关国家在自愿基础上建立无核武器区的努力。中国签署并批准了《拉丁美洲及加勒比禁止核武器条约》、《南太平洋无核区条约》和《非洲无核武器区条约》的相关议定书。中国已就《东南亚无核武器区条约》议定书有关问题达成一致，并欢迎中亚五国签署《中亚无核武器区条约》。中国尊重和欢迎蒙古的无核武器地位，坚持朝鲜半岛无核化立场，并积极斡旋朝鲜半岛六方会谈。

坚持发展有限的核报复及其打击能力。中国多少年来始终坚持“有一点，少一点，好一点”的核发展方针，不与超级核大国比数量，比规模，不参与世界性的核军备竞赛，而是依据自己的国情、军情实际，有限制地少量发展和自主发展，并由此取得了核发展问题上的灵活余地。当前，中国面对着不同方向、不同形式的核威胁。冷战时期美苏之间达成的“反弹道导弹条约”（ABM）已遭废弃，“先发制人”的思想已经纳入美国核作战条令；中国的近邻中即有印巴这样事实上的新核国家，还有朝鲜这样努力追求核能力的国家，更有日本这样声称自己能在两周内制造百枚核武器的“虚拟核国家”；数十年来在国际社会中形成的“核禁忌”无法约束恐怖集团等非国家行为者，如此这般，不一而足。当前，美国凭借一纸《与台湾关系法》，把自己绑在台湾地区的战车之上，甚至将“有关台湾地位引发的军事对抗”列为其考虑使用核武器的背景之一，台湾问题、“台独”势力仍是中国最现实的安全问题。面对世界军事技术革命的发展，中国在不首先使用核武器的前提下，需要进一步充实和加强有限的核威慑能力。中国坚持发展有限的核报复及其打击能力，坚持核力量的有限性和有效性。有限性是指核规模有限，中国核武库规模仅保持在自卫所需的最低水平，维持最低限度的核威慑力量；有效性是指生存能力、突防能力、毁伤能力、精确打击能力和机动能力的可靠性，我国始终坚持这一方针，以提高预防和慑止核战争的能力。

主张全面禁止和彻底销毁核武器。彻底销毁核武器、实现无核武器世界，是国际社会的共同夙愿，也是中国的目标。也就是说，中国发展核武器的目的是寻求最终全面彻底的销毁核武器，中国主张全世界所有国家共同努力销毁核武器，实现一个真正的无核世界。从这一根本立场出发，我国历来对核试验采取十分克制的态度，进行核试验的次数极为有限。截止 1993 年底，与美国的 942 次、苏联的 715 次、法国的 192 次和英国的 44 次核试验相比，我国仅进行过 39 次。中国坚定支持《全面禁止核试验条约》，为推动达成条约作出了重要贡献，是首批签署条约的国家之一。中国政府宣布从 1996 年 7 月起暂停核试验，并一直恪守这一承诺。然而，当前最发达的核国家拒绝批准《全面禁止核试验条约》（CTBT），给国际社会核裁军进程蒙上阴影。中国将推动《全面禁止核试验条约》早日生效，希望所有国家尽快签批条约，呼吁核武器国家及其他有关国家在条约生效前继续维持暂停试。与此同时，中国将一如既往为全面禁止和彻底销毁核武器做不懈的努力，寻求最终全面彻底销毁核武器的目标不会变。

## 二、强调公正合理的军控裁军政策

军控与裁军问题是军事外交的重要领域。早在新中国诞生之初，反对军备竞赛、争取实现裁军就已成为中国外交政策的重要组成部分。中国相继加入并切实履行了有关国际军控条约，积极参加国际军控和裁军领域的各项重大活动。1995 年中国发表《中国的军备控制与裁军》白皮书，2003 年发表《中国的防扩散政策和措施》白皮书，2005 年又进一步发表《中国的军控、裁军与防扩散努力》白皮书，向国际社会公开、透明地阐述了中国军控与裁军的基本政策主张。中国军事外交贯彻中国政府关于军控与裁军的基本政策，致力于推动公正、合理的国际军控与裁军努力，推动国际军控与裁军进程的健康发展，是这一领域成为维护世界和平、增进各国安全的重要途径。

关于核裁军问题。作为核武器国家，中国从不回避自己在核裁军方面应尽的责任和义务。在 1964 年第一次核试验后，中国政府即发表声明，向世界各国政府郑重建议：召开世界各国首脑会议，讨论全面禁止和彻底销毁核武器问题。中国是核武器国家中核试验次数最少的，从未在外国领土上部署核武器，并于 20 世纪 90 年代关闭了青海核武器研制基地。中国军事外交努力贯彻中国政府的核政策，积极宣传中国的核裁军主张：核武器国家尽早就全面禁止和彻底销毁核武器缔结国际法律文书；遵循公正合理、逐步削减、向下平衡的原则进行核裁军，应以两个拥有最大核武库的国家对核裁军负有特殊和优先责任；在实现全面禁止和彻底销毁核武器的目标之前，核武器国家应承诺不首先使用核武器，并承诺无条件不对无核武器国家和无核武器区使用或威胁使用核武器；核武器国家应放弃以首先使用核武器为基础的核威慑政策，降低核武器在国家安全中的作用；核裁军措施，包括各种中间措施，均应以“维护全球战略平衡与稳定”和“各国安全不受减损”为指针；重视日内瓦裁军谈判会议的作用，支持达成全面平衡的工作计划，以尽早就“禁止生产用于核武器或其他核爆炸装置裂变材料条约”、防止外空军备竞赛、核裁军、向无核武器国家提供安全保证等问题开展实质性工作。

关于禁止和销毁生物武器和化学武器问题。中国在历史上曾深受外国生物武器和化学武器的伤害。中国主张全面禁止和彻底销毁生物武器和化学武器，坚决反对此类武器的扩散。中国严格履行《禁止生物武器公约》义务，支持旨在加强公约有效性的多边努力，以积极务实的态度参加公约缔约国年会和专家组会议。中国建立了较完备的履约法律体系，设立了国家履约联络点，积极开展国际交流与合作。中国认真履行《禁止化学武器公约》各项义务，建立了从中央到地方的各级履约机构，按时完整地提交各类年度宣布及年度国家防护方案。2007年军事医学科学院毒物分析实验室成为禁化武组织指定实验室，2008年中国与禁化武组织在北京联合举办防护与援助培训班。为推动处理日本遗弃在华化武进程，中国协助日本进行了100余次现场调查，回收日本遗弃化武4万余件。中国敦促日本切实履行公约义务，尽早启动实质性销毁工作。中国军事外交以实际行动支持国际社会禁止生物武器和化学武器的努力。

关于导弹防御问题。中国在导弹防御问题上的立场是一贯的和明确的，认为全球导弹防御计划将损害战略平衡与稳定，不利于国际和地区安全，并对核裁军进程产生消极影响。中国对《反弹道导弹条约》失效感到遗憾，希望有关国家认真听取国际社会的意见在反导问题上慎重行事。中国欢迎美俄新签署《消减和限制进攻性战略武器条约》。中国理解有关国家在大规模杀伤性武器及其运载工具扩散问题上的安全关切，但同许多国家一样，认为这一问题应在国际社会共同努力下，通过政治和外交手段加以解决，研制和部署导弹防御系统不是解决问题的有效办法。台湾问题涉及中国的核心利益，中国反对任何国家以任何方式在导弹防御方面向台湾地区提供帮助或保护。

关于防扩散问题。中国坚决反对大规模杀伤性武器及其运载工具扩散，积极参与国际防扩散努力，主张防扩散应标本兼治，综合处理，摒弃双重标准。应坚持通过对话和谈判处理有关分歧，并妥善处理防扩散与和平利用科学技术之间的关系，既确保各国和平利用的权利，又有效防止扩散。中国参加了防扩散领域所有的国际条约和相关国际组织，高度重视《不扩散核武器条约》、《禁止生物武器公约》和《禁止化学武器公约》在防止大规模杀伤性武器扩散方面发挥的重要作用。中国支持联合国在防扩散领域发挥应有的作用，认真执行安理会相关决议，支持“打击核恐怖主义全球倡议”的目标和原则。中国致力于实现朝鲜半岛无核化，坚定推动朝鲜半岛核问题六方会谈进程，主张通过政治和外交途径和平解决伊朗核问题。中国高度重视防扩散出口管制工作，已建立起一套涵盖核、生物、化学、导弹及相关两用物项和技术的完备的出口管制法规体系，并根据承担的国际义务和出口管制工作的需要，不断对有关法规进行更新：2006 年修订了《中华人民共和国核出口管制条例》，2007 年修订了《中华人民共和国核两用品及相关技术出口管制条例》和《核两用品及相关技术出口管制清单》。中国始终认为，维护全球战略稳定及国际军控、裁军和防扩散体系至关重要，符合各国的根本利益。

关于和平利用外层空间问题。当前外空面临武器化的危险，防止外空武器化和外空军备竞赛，已成为十分紧迫的现实问题。中国积极推动国际社会重视并处理防止外空军备竞赛和防止外空武器化问题，主张日内瓦裁军谈判会议设立防止外空军备竞赛问题特委会，谈判相关国际法律文书。作为第一步，裁谈会应尽早就防止外空军备竞赛问题开展实质性工作。近年来，中国多次向裁谈会提交工作文件和专题文件，敦促国际社会将防止外空军备竞赛应成为裁谈会最优先议题之一，建议重建特委会，谈判缔结有关国际法律文书。2005 年，中国与俄罗斯、联合国裁军问题研究所、加拿大西蒙斯基金会在日内瓦联合举办了“确保外空安全：防止外空军备竞赛”国际研讨会；2008 年 2 月，中国与俄罗斯共同向日内瓦裁军谈判会议提交了《防止在外空放置武器、对外空物体使用或威胁使用武力条约》草案，希望尽快就这一草案开展实质性讨论，推动国际社会和平利用外层空间。

关于裁减军队员额和国防开支问题。中国坚定不移地奉行防御性的国防政策。在确保国家安全利益的前提下，中国始终将军队的数量和规模控制在维护国家安全需要最低限度内，多次主动采取单方面的裁军行动，范围之广、裁减幅度之大为国际军控与裁军史所少见，充分体现了中国政府和人民对军控与裁军事业的坚定信念和爱和平、求发展的真诚愿望。1985 年中国军队决定裁减军队员额 100 万，至 1990 年，实际共裁减 103.9 万，全军总员额减到 319.9 万。1997 年，中国决定在三年内再次裁减军队员额 50 万，使中国军队规模降至 250 万的水平。2003 年，中国决定在两年内再裁减军队员额 20 万，使军队总规模降至 230 万。中国一贯主张控制国防费的规模，按照统筹经济建设和国防建设相协调的方针，合理安排国防费用。改革开放后的十多年，为集中力量进行经济建设，中国政府严格控制国防支出，国防费总额大大低于世界一些主要大国的水平。自20世纪90年代起，伴随着经济的高速发展，中国年度国防费曾一度保持两位数的增幅，2008年、2009年增幅分别达到17.5%和18.5%，2010年增幅回落到7.5%。2011年中国国防费预算为6011亿元人民币，比上年预算执行数增长12.7%，占当年全国财政支出预算的6%，增加部分主要用于适当增加装备建设、军事训练和人才培养经费，加大基层部队基础设施建设投入，适当提高与官兵生活密切相关的经费保障标准和调整军队津贴、补贴标准等。从国家国防费负担的相对比例看，中国国防费不到国内生产总值的1.5%，而其他主要国家则都在2%以上，仍低于主要大国。美国2012年的常规国防预算和战争拨款达到6700多亿美元，是中国的7倍多，军人人均数额更是中国的数十倍。中国坚持走和平发展道路，实行防御性的国防政策。中国国防费保持相对稳定、适度的增长，完全是为了维护国家独立、主权和领土完整，不会对任何国家构成威胁。与此同时，中国政府依据国防法、预算法等法律法规对国防费进行管理，接受国家和军队审计部门的监督，中国的国防费是透明的，不存在所谓的隐性军费问题。

## 三、不在国外驻军或建立军事基地的政策

中国是一个有5000年文明历史的国家，有爱好和平的传统；中国又是一个社会主义国家，始终坚持维护世界和平，反对侵略扩张的基本立场。不搞霸权主义，不搞军事集团，不进行军事扩张是中国的基本政策。与此相关联，中国长期奉行不在国外驻军或建立军事基地的政策。

中国决不允许外国在我领土上驻军和设立军事基地。近代以来，帝国主义列强曾把一个个不平等条约强加在中国人民头上。直到新中国成立为止，一些国家在中国境内还享有驻军、领土租借等各种特权。新中国成立前夕，美国在中国的青岛、上海等港口驻有海军，经交涉后撤出。1950年1月，中国政府收回和征用美国、法国、荷兰等

根据不平等条约占据的原兵营地产和建筑，意味着彻底取消了帝国主义列强在中国驻军和占有兵营的权利。二战后，根据国民党政府与苏联签订的《中苏友好同盟条约》及有关协定，苏联获得了中国东北的某些权利。通过谈判，1950年2月，中华人民共和国政府与苏联签订了《关于中国长春铁路、旅顺口及大连的协定》。该协定规定，苏联将在不迟于1952年末的时间内撤走其驻扎在旅顺口海军基地的军队，并将该地区的设备移交中国政府。后因朝鲜战争爆发，中国为防止美国将战火扩大到中国东北，提议苏联延迟交回基地，至1955年最终收回了该基地。至此，中国领土上不再有任何外国的驻军和军事基地，从而为我国奉行独立自主的和平外交政策奠定了更为坚实的基础。

中国原则上不赞成任何国家在外国驻军和建立军事基地。在外国驻军和建立军事基地，常常不是用作防御目的，而是为了向外扩张，争夺霸权，或者对驻在国实行控制，谋取不正当的利益。正是基于此，20世纪60年代，不结盟运动制定的原则之一，就是反对在外国驻军和建立军事基地。被邀请国不得赞成在其领土上为两大阵营之一的利益建立军事基地，是参加不结盟国家首脑会议的一项标准。冷战期间，为了与苏联争夺世界霸权和遏制社会主义国家，美国逐步建成了以本土军事基地为依托的全球军事“基地网”，大小军事基地（设施）高峰时总数曾高达5000多个，其中近半数在海外。1990年以来，由于苏联的解体、国防费用有限和驻在国人民的反对，美国将海外基地的数量减少了58%。近些年，美国加强在亚太地区的驻军，并向东半球开辟新的军事基地，已经在包括阿富汗、吉尔吉斯、乌兹别克、塔吉克等国在内的中亚9国建立了13处军事基地，还积极谋求在泰国、菲律宾、越南、新加坡和印尼等东南亚国家租用军事基地。这表明美国根据国际格局和安全环境的变化，重新配置战略资源，加强了针对中国的军事部署。对此，中国不赞成并保持高度警惕。

中国坚持不在外国驻军和设立军事基地。建国以来，我国历届政府一再申明奉行防御性的国防政策，承诺不谋求世界或地区的霸权，不在外国派驻军队，也不在外国建立军事基地。抗美援朝战争结束后，中国人民志愿军开始从朝鲜撤出部分兵力。余下的志愿军暂留朝鲜，帮助当地人民恢复被战争破坏的家园。到了1958年10月，志愿军全部撤回国内，表现了中国无意在外国驻军的立场和中国人民希望和平解决朝鲜问题的诚意。2005年5月，吉尔吉斯斯坦总理、代总统巴基耶夫在接受俄罗斯国际文传电讯社和《生意人报》联合专访时表示，吉尔吉斯将同意以俄罗斯为中心的独联体集体安全条约和包括中国在内的上海合作组织成员国在吉南部城市奥什建立军事基地。一时间，中国是否向海外派兵问题引起国内外关注。诚然，在吉尔吉斯斯坦南部驻留军队，对于打击恐怖主义、分裂主义和极端主义三股势力而言“也许是有利的”。但是，正如中国外交部发言人所说，“中国没有这样的历史。”“不在国外驻军是中国的传统政策。到目前为止，中国在其他国家没有部署过一兵一卒。”近年来，随着中国海军护航行动的常态化，海外补给基地的问题十分突出。但海外补给基地是任务需要的后勤设施，与传统意义的驻军、建设军事基地完全不是一个概念。中国不搞霸权主义、不搞军事集团、不进行军事扩张是中国的既定政策，未来即使根据护航、保护海上交通线的需要设立一定的海外补给基地，任务也仅限于海外维护国家利益的有限军事行动的补给需要，而没有所谓兵力部署性质。

## 四、不附加任何政治条件的军援政策

新中国建立60多年来，无论是在经济极其困难时期，还是在经济发展、国情看好的今天，作为负责任大国的中国军事外交，依据独立自主的和平外交政策，依据自己的核心价值观，对一些发展中国家进行了无私的援助，这些援助是不附加任何政治条件的。其中最具代表性的有：

援助周边弱小国家的反侵略战争。建国初期和其后的一段时期内，中国应周边一些弱小国家的请求，派出军队援助其抗击西方大国的军事侵略和干涉的斗争。例如，1950年10月派出中国人民志愿军入朝作战，先后派出了总兵力约300万人，还有数十万民工入朝支持战勤。战争期间和战争后，中国向朝鲜提供了大批武器装备的援助。

1950 年援越抗法期间，中国人民解放军向越南派出近 300 人的军事顾问团，并提供越方所需要的武器装备、粮食和医药物资。顾问团先后帮助越军组织实施了边界战役、和平战役和奠边府战役等一系列成功的作战行动，沉重打击了侵法越军，促成了印度支那问题的和平解决。1960 年，在老挝人民抗美救国战争期间，我军先后派出防空、工程、地面警卫和后勤等部队共 11 万余人赴老挝修筑公路和进行防空作战，并向老挝爱国军队提供军用物资和军事技术援助。20 世纪 60 年代，我国全力支援了越南的抗美战争，向越南提供了一切可能而有效的援助，在“中共中央国务院支援越南小组”的领导下，我军派出防空、工程、铁道和后勤部队，并表示，“为支援越南人民的抗美救国斗争，中国人民准备承担最大的民族牺牲。”从 1970 到 1974 年，我国先后与越南签署了十多个军援协定和议定书，派出海军扫雷工作队，以打破美国对越南实施的海上封锁。70 年代末 80 年代初，我国还向柬埔寨提供了大批抗越军事援助，向巴基斯坦、并通过巴基斯坦向阿富汗提供了军事援助，帮助他们抗击苏联的侵略。

支援亚非拉民族解放运动。20 世纪 60—70 年代，为落实反帝反修“两条战线”和“两条统一战线”，打破西方大国占主导地位的国际关系体系，我军以对外军事援助的方式，大力支持亚非拉民族解放运动。首先是将援外武器装备纳入国家军工生产计划；其次是确立对外军事援助的基本原则，这就是“平等互利。不将援助看作单方面赐予，援助是互相的；严格尊重受援国主权，决不要求任何特权；帮助受援国逐步走上自力更生、独立发展道路；提供自己所能生产的质量最好的设备和物资；保证受援国人员充分掌握技术；中国专家不容许有任何特殊要求”等，在亚非拉国家产生广泛影响，促进了中国对外军事援助规模和范围的扩展。这一时期重点援助的国家，还有阿尔巴尼亚、巴基斯坦、阿尔及利亚、坦桑尼亚等，1961—1971 年，中国与阿尔巴尼亚先后签订了 9 个军援协议和议定书，提供了价值 14.95 亿元人民币的军援物资和装备。中国还向古巴、阿尔巴尼亚、朝鲜、柬埔寨、罗马尼亚、坦桑尼亚、埃及等 25 个国家派出军事专家 1500 人，接受越南、刚果（布）、阿尔巴尼亚、朝鲜、古巴、缅甸、老挝、委内瑞拉、加纳、坦桑尼亚、厄立特里亚等40个国家军事留学生7500人。

多种方式和互利合作的对外军援。1979年1月，中国调整了对外军援政策，摆脱了“不做军火商”的僵化观念，从以往单一无偿援助，调整为使受援国情况，分别采取无偿、收成本、贷款或延期付款等多种方式。军事装备援助也从以往轻武器为主，转变为以飞机、坦克、火炮等大型装备和成套军工生产设备为主。80年代中期，我国陆续展开了弹道导弹、反舰导弹及相关系统的出口。我国除继续对朝鲜、巴基斯坦、孟加拉、坦桑尼亚、扎伊尔、津巴布韦等40多个国家提供军事援助外，又对毛里塔尼亚、佛得角、泰国、布基纳法索等10多个国家开始提供武器装备援助。其中，采取无偿方式援助的有30多个国家，采取其他方式援助的有20多个国家。与此同时，我国与友好国家，如巴基斯坦，开展了军事装备联合研制工作。我国还开展了军转民领域的国际合作，如承接外国卫星发射任务，开辟了军事外交与国防科技相互配合，为国家经济建设服务的新途径。

## 五、国际维和行动的有选择参与政策

《联合国宪章》规定，联合国安理会在维护世界和平与安全方面负有首要责任，其第48条规定了国际维持和平行动由安理会决定的原则。随着联合国维持和平行动在缓解和促进政治解决国际争端与地区冲突方面不断取得进展并富有成果，1989年以来，我军有选择地参与国际维和行动，成为中国军事外交发挥作用、展示风采的重要舞台。

负责任地参与国际维和行动。中国是联合国五个常任理事国之一，作为负责任的大国，负责任的参与联合国维和行动，是中国军事外交必须贯彻的基本精神。1990年，中国首次向联合国维和行动派遣军事观察员，1992年首次成建制地派出工程兵部队参加联合国驻柬埔寨临时权力机构的维持和平行动，1997年原则上参加联合国维和待命安排，2002年正式参加联合国维和行动第一级待命安排机制，并准备在适当时候向联合国维和行动提供工程、医疗、运输等后勤保障分队，可向联合国维和行动提供1个联合国标准工程营、1个联合国标准医疗分队、2个联合国标准运输连。截至2008年9月底，中国军队已先后参与了联合国18项维和行动，累计派出维和官兵近1.1万人次，先后有数十名维和军事人员在执行任务中牺牲，数十人负伤。中国维和人员的优秀素质和出色表现受到联合国和当地人民的赞誉。中国实施有选择参与国际维和行动的政策，是因为由于一些大国的操纵，并不是所有维和行动都是完全符合《联合国宪章》精神的。例如，在索马里，维和部队把冲突中的一方艾迪德的部队视为敌人，采取军事打击手段干预国内冲突，违反了此类维和行动的中立原则和非武力强制性质。中国一贯支持并积极参与符合《联合国宪章》精神的维和行动。为使联合国维和行动取得成功并健康发展，中国主张：联合国维和行动应遵循《联合国宪章》的宗旨和原则，特别是尊重国家主权和不干涉内政的原则；维和行动应事先征得当事国同意、严守中立以及除自卫外不得使用武力；应坚持以斡旋、调解、谈判等和平手段解决争端，不应动辄采取强制行动，不能实行双重标准，不能借联合国之名进行军事干涉；应坚持实事求是，量力而行，不在条件不成熟时实施维和行动，更不应使之成为冲突一方，偏离维和的根本方向。中国支持联合国维和行动改革，希望进一步加强联合国的维和能力，并将不断扩大参与，负起大国责任。

## 第五节　遵守和创制国际军事法规

军事外交是在国际舞台上进行的国家行为，必须以遵守现行的国际法规为基本原则。同时，必须认识到国际法及国际军事规则都是不断发展的，任何国家都有平等的创制国际法及国际军事规则的权利。从广义上说，国际性的条约、公约、协定、议定书、宪章、盟约、换文、宣言、以及声明和联合公报等，都具有法律效力，属国际法的范围。军事条约则是国家间涉及军事方面的专门协议。由于军事行动的国家行为性质，国际军事法规的遵守和创制往往不仅是对军事条约而言，而且是对相关的国际法而言。中国军事外交以积极的态度参与国际游戏规则的制定，以遵守和创制国际军事法规为军事外交的基本原则。

## 一、恪守《联合国宪章》和平精神

1945年，50个国家的代表在美国旧金山签署了《联合国宪章》。同年10月24日，《联合国宪章》生效，联合国正式成立。它承载着世界人民对第二次世界大战的沉重反思，和“欲免后世再遭今代人类两度身历惨不堪言之战祸”，建立一个和平、发展、合作世界的美好理想，代表着各国政府对多边主义和集体行动的承诺，是人类历史上具有划时代意义的大事。维护国际和平与安全是联合国的首要宗旨，和平精神是作为世界性根本大法《联合国宪章》的基本精神。中国的军事外交致力于维护《联合国宪章》的宗旨和原则，其中最重要的是恪守《联合国宪章》的和平精神。

致力于遏制战争和武装冲突的发生。《联合国宪章》规定，任何争端的当事方，在争端的继续存在足以危及国际和平与安全时，应首先设法通过谈判、调查、调停、和解等措施来解决争端。如果有必要，安理会可实行经济和外交制裁措施，甚至采取必要的军事行动，例如联合国成员国的陆海空军队举行示威、封锁及其他军事行动。战争和武装冲突多是历史遗留问题和长期积压矛盾的大爆发，作为一个过程来看，是有规律可循的。中国的传统文化提倡“和为贵”，“己所不欲，勿施于人”。因此，反映在战争文化上以“不战而屈人之兵”为最高境界，所谓“上兵伐谋，其次伐交，其次伐兵，其下攻城”。中国军事外交致力于“伐谋”和“伐交”，致力于消除战争和冲突的诱因和根源，致力于建立军事互信并增信释疑，立足于遏制战争和武装冲突的发生。

坚持和平谈判方式。和平解决国际争端是《联合国宪章》的重要原则。实践证明，动辄实施制裁或采取军事干预，只会激化矛盾，并留下较大的后遗症。中国军事外交对于一切争端和纠纷，都主张用和平谈判方式去解决，预防冲突的发生。正是通过和平谈判，中国与英国、葡萄牙分别解决了香港、澳门回归祖国的问题，与绝大多数周边国家划定了陆上边界。而一旦发生冲突，亦主张用和平谈判的方式显示政治诚意，妥善解决冲突，控制冲突升级为战争。即使在战争发生的情况下，还是主张加强和平谈判控制战局发展，尽可能减少和降低战争带来的危害。

坚持多边主义和集体行动。《联合国宪章》代表着各国政府对多边主义和集体行动的承诺，联合国安理会在维护国际和平与安全方面负有首要责任，代表全体会员国的意志行事。中国军事外交积极推动在联合国框架内解决地区冲突，主张通过联合国采取集体行动，应对威胁和挑战，维护世界和平。地区组织采取的集体行动，亦应该在协商一致的基础上做出决定，以体现大家的共识和决心。作为实践多边主义的最佳场所，联合国作用只能加强，中国军事外交在一切国际场合都努力维护联合国的权威。

主张慎重采取强制性行动。当前世界面临的威胁五花八门。只有弄清楚威胁是由什么构成的、来自何方，究竟有多大等等，才能得出正确的判断，并做出相应的反应。中国军事外交主张要准确判断威胁，将尊重国家主权，不干涉本质上属于一国内部事务，作为一道重要的门槛。要正确理解和实施《联合国宪章》对采取军事干预行动对付外来侵略和威胁的规定。军事干预行动属于强制性行动，必然伴随战争，需要三思而后行。历史是最好的教科书。从朝鲜战争到伊拉克战争，从索马里的强行收缴武器到波黑的空中随意袭击，人们看到战争给人类带来的只是灾难。因此，中国军事外交反对随意解释国家"自卫权"，认为"先发制人"战略的提出和实施，是单边主义的表现，给世界和平带来的是负面影响。

## 二、遵守和运用战争法开展战时外交

人类的历史是战争与和平交替的历史。辩证地看，战争毁坏了和平，也在制造新的和平。战争的全程包括：战争准备－战斗－停战。而军事外交的主要任务之一，就是在战争的全过程中斡旋和平，从某种意义上说，军事外交就是从战争中诞生的。经过战争与和平的历史更替，为规范不可避免的战争现象，降低人道主义危害，外交谈判使战争法应运而生并不断发展，从这一意义上说，军事外交也是战争法的催生者。中国军事外交一贯遵守和运用战争法，在战时努力斡旋和平，实现和平。

遵守战争法。战争法是指战争或武装冲突中，通过条约和历史上形成的惯例或习惯法，调整交战国之间、交战国与中立国或非中立国之间关系和交战行为的原则、规则和制度的总称。一是关于限制战争、禁止非法使用武力以及制裁和惩办侵略和战争罪犯（反和平罪）的原则和公约，如《和平解决国际争端公约》、《非战公约》、《联合国宪章》，以及欧洲和远东国际军事法庭宪章、判决书等；二是关于战争和武装冲突的开始和结束，以及在此期间调整交战国、非交战国和中立国之间法律关系的原则、规则和制度，如《战争开始公约》、《中立国和人民在陆战中的权利和义务的公约》、《关于中立国和人民在海战中的权利和义务的公约》，以及传统国际法中关于宣战、媾和、中立等方面的规则和制度；三是关于交战行为的原则和规则，即通常所说的战争法规，包括二战以来发展起来的国际人道主义法。其中，一类是以《海牙公约》和《海牙宣言》为代表的关于限制作战手段和作战方法的条约，一类是以《日内瓦公约》为代表的关于保护平民、战争受害者的条约。中国军事外交强调严格遵守现行的战争法原则、规则和制度，在抗美援朝战争中，在抗美援越、援老、援柬的战争中，在金门炮战和处理台湾问题的长期斗争中，中国军事外交按照现行的战争法原则和规则处理战前、战中、战后的一切问题，努力斡旋和平，减少和降低人道主义灾害。

运用战争法。当今世界，尽管有限制战争、禁止非法使用武力以及制裁和惩办侵略和战争罪犯的原则和公约存在，但没有彻底否定战争与武装冲突的存在，也没有否定战争就是暴力对抗，因此世界上仍旧有合法与不合法的战争和武装冲突的大量存在。有国际政治家说，“在危机中，即使是最有法律头脑的政治家，为了达成国家的目标，也会采取必要的政治手段或行动，即便这些手段或行动违反条约或法律原则。”这正是战争法与战争关系无奈和悲哀的现实。同时，战争法并非一个完美无缺的由逻辑推论出来的理论体系，而是历史积累的结果，它必然带有历史上的矛盾痕迹。特别是在制定战争法过程中，为求得缔约国之间矛盾的妥协，有时故意使用一些含糊其辞的术语。因此，面对不可避免的战争和武装冲突的可能，中国军事外交在强调遵守国际法基本原则和规则的同时，还必须强调运用战争法处理战争和武装冲突的问题，最大限度地维护国际社会共同的价值观，最大限度地维护国家利益。这既不是鼓励违法，也不是鼓励畏法，而是强调以辩证的观点和实事求是的态度对待它。如，对台军事斗争中的战争法运用问题很多，其中有些是关于战争全局的法律问题，如中立条件和标准的制定、海上禁区和海上封锁区域的划定、海上禁制品名单的确定等；有些是关于战役筹划中的法律问题，如军事目标的选择和确定、打击手段和方法的确定等；但更多的则是关于战斗行动中的具体法律问题，如交战规则、临检和拿捕程序、海军轰击规则、对战争受难者包括战俘的处置问题等。这些问题都需要立足于战争的全局，拟制适用于自己的战争法计划，规范部队的作战行为，并运用法律武器与敌方违反战争法的行为进行斗争。

## 三、根据国家利益和国际规则谈判签约

根据国家利益要求谈判签约是军事外交的重要任务，谈判签约又必须遵守国际规则，这是一个问题的两个方面，同样涉及遵守国际法和运用国际法的问题。新中国建立60多年来，中国军事外交根据国家和军事战略的要求，通过参加相关国际组织和国际会议，通过与相关国家建立协商机制、边防会谈、会晤机制等谈判平台，通过谈判斗争，签署并加入了多项国际条约，签订了大量双边和多边协议，建立军事互信机制，有效维护了国家安全。

参加军控、裁军和防扩散谈判和签约。从1980年开始，参与向日内瓦裁军谈判委员会（后更名为裁军谈判会议）派出的代表团，参加国际军控与裁军谈判成为中国军事外交的一项重要任务。迄今，在核

领域，我国已参加了《不扩散核武器条约》、《全面禁止核试验条约》等十项国际公约，在化学领域、生物领域、常规领域以及其他领域，我国参加了《禁止化学武器公约》、《禁止或限制使用某些可被认为具有过分伤害力或滥杀滥伤作用的常规武器公约》、《联合国打击跨国有组织犯罪公约》所附的《关于打击非法制造和贩运枪支及其零部件和弹药的补充议定书》、《禁止为军事或任何其他敌对目的使用改变环境的技术的公约》等大量国际公约，承担相关义务，树立了应有的国家形象，并通过国际协调一致地限制、迟滞军备竞赛，维护了国家的安全。

致力于军控领域的人道主义努力。近年来，中国军事外交利用国际军控会议的平台，支持联合国在打击小武器非法贸易方面发挥主导作用，重视并认真落实联合国小武器大会通过的《行动纲领》，支持谈判缔结一项“识别和追查非法小武器”的国际文书，并以建设性态度参与谈判工作。中国已于2002年签署《枪支议定书》，目前正在为批准议定书做准备。中国继续支持并参与《特定常规武器公约》专家组工作，推动有关工作取得进展。继批准公约第一条的修正案之后，正准备批准《战争遗留爆炸物议定书》。中国一贯重视解决地雷引发的人道主义问题，在严格履行经修订的《地雷议定书》的同时，加强与《渥太华禁雷公约》缔约国的沟通与交流，继续开展国际扫雷援助活动，向厄立特里亚提供扫雷援助，加入总部设在纽约的“地雷行动支助小组”，举办“人道主义扫雷技术与合作国际研讨会”等。

与有关国家达成建立信任措施协定。近年来，中国军事外交贯彻新安全观的精神，与大国特别是许多周边国家建立了协商机制、边防会谈、会晤机制等平台，谈判签署建立信任措施协定。在中亚及俄罗斯方向，《中俄关于预防危险军事活动的协定》、《中华人民共和国主席和俄罗斯联邦总统关于互不首先使用核武器和互不将战略核武器瞄准对方的联合声明》、《中华人民共和国和哈萨克斯坦共和国、吉尔吉斯共和国、俄罗斯联邦、塔吉克斯坦共和国关于在边境地区加强军事领域信任的协定》、《中华人民共和国和哈萨克斯坦共和国、吉尔吉斯共和国、俄罗斯联邦、塔吉克斯坦共和国关于在边境地区相互裁减军事力量的协定》等，都是具有里程碑意义的军事互信协定，促进了我国北部边境地区的和平与稳定。在南亚方向，从1993—2005年，中国与印度为解决边界问题先后签署了三个协定，特别是2005年4月《关于在中印边境实际控制线地区军事领域建立信任措施的实施办法的议定书》，标志中印军事互信达到了一个全新阶段，和平友好的边界氛围逐步形成。在南海方向，2002年的《南海各方行为宣言》对于妥善处理岛屿主权和海域划界纠纷、加强中国与东盟相关国家互信合作，维护南海稳定方面起了重要作用。2005年，中国和越南还签署了《中越北部湾联合巡逻协定》，开启了两国海军合作的新篇章。在中美关系方面，1998年双方签署的《中美两国国防部关于建立加强海上军事安全磋商机制的协定》，在处理中美"撞机事件"、保证海上航行安全和减少误解方面发挥了作用，成为中美两军具有实质性内容的交流机制和谈判平台。

在谈判签约中维护我国国家利益。在当今国际社会，美国仍旧主导军控进程，以军控为手段，削弱他国实力，增强自身优势。特别是借反恐反扩散，至今不签署《全面禁止核试验条约》，并退出了《反导条约》，同时并视我国为军控、裁军和防扩散重点，利用军控问题向我国施压，遏制我国军事现代化进程，中国军事外交在这一领域必须承担起维护国家利益的重任。在核裁军问题上，我国利用各种场合，加强宣传，争取主动，确保我国核威慑有效性；在反导问题上，我国积极利用联大、裁军谈判会议等多边场合，反对美国及其盟国发展部署国家和战区导弹防御系统；在防扩散问题上，针对美与我国在《导弹及其技术控制制度》及防止核生化技术扩散出口控制问题上的摩擦，针对我国对美售台武器等问题的斗争，明确利益关系，长期周旋，最大限度的维护国家安全利益。

## 四、信守承诺认真履约

中国军事外交不仅致力于谈判签约，也同样致力于履行条约。谈判签约的意义在于相互承担义务，履约的意义在于信守承诺。中国是一个礼仪之邦，“言必信，行必果”是中国军事外交的基本风格，因此，信守承诺认真履约是中国军事外交贯彻遵守国际法规原则的最好体现。

认真履行有关防不扩散条约。中国重视防扩散问题，奉行不支持、不鼓励、不帮助别国发展大规模杀伤性武器的政策，坚决反对大规模杀伤性武器的扩散，积极参与国际社会解决有关防扩散问题的外交努力。通过颁布实施了一系列法律、法规和规章，中国目前已建立起一整套涵盖核、生、化和导弹等各类敏感物项和技术的出口控制法规体系，采用了出口经营登记管理制度、最终用户和最终用途保证制度、许可证管理制度、清单控制方法、全面控制原则等国际通行的出口管制措施，明确了有关违法、违规行为处罚措施（条款）。中国的防扩散出口控制与国际通行做法基本一致。中国建立了出口管制跨部门审批协调机制；组建了国家出口管制专家支持体系；颁布实施了《敏感物项和技术出口许可证管理目录》；正在修订有关出口管制条例及其控制清单；为迅速、有效地处理突发性扩散个案，建立了应急协调机制；依法对违反出口管制法规的行为进行处罚。中国积极发展与有关多边出口控制机制的关系，已正式加入“核供应国集团”，并提出加入“导弹及其技术控制制度”的申请。中国与“瓦森纳安排”建立了对话机制，与“澳大利亚集团”也保持着接触。中国还加强了与有关国家的防扩散出口控制情报交流和执法合作。中国支持和参与国际原子能机构的保障监督活动，是五个核武器国家中第一个完成保障监督协定附加议定书生效所需国内法律程序的国家。

认真履行《禁止化学武器公约》各项义务。作为公约原始缔约国，中国为有效履行《禁止化学武器公约》及增进其普遍性做出了积极贡献。中国建立并不断完善国内履约法律体系和国家履约措施，加强国家履约机构能力建设。根据《禁止化学武器公约》的规定和本国国情，中国建立了中央和地方两级履约机构，形成了覆盖全国、管理有效的履约体系。在部分化学工业发达地区，还建立了市、县级履约机构。中国根据公约规定，按时、完整地提交了初始宣布和各类年度宣布，中国接受了禁止化学武器组织的现场核查，同时不断推动《禁止化学武器公约》在香港特别行政区和澳门特别行政区的实施。

认真履行《特定常规武器公约》的义务。中国采取了切实措施确保现役杀伤人员地雷达到经修订的《地雷议定书》有关技术要求，积极参与集束弹药问题政府专家组谈判工作，继续开展公约所附《战争遗留爆炸物议定书》批约筹备工作。中国继续积极参与国际人道主义扫雷援助，两年来分别为安哥拉、莫桑比克、乍得、布隆迪、几内亚比绍以及苏丹北南方培训扫雷技术人员，并无偿向上述国家和埃及捐赠扫雷器材，向秘鲁、厄瓜多尔、埃塞俄比亚提供地雷行动资金。中国还积极参与打击轻小武器非法贸易的国际努力，认真落实联合国轻小武器《行动纲领》与《识别和追查非法轻小武器国际文书》，制订实施了轻小武器标志细则。中国派专家参加了联合国“武器贸易条约”问题政府专家组工作。

认真进行军费透明和常规武器转让登记工作。中国在提高军事透明度、增进与世界各国军事互信方面作出了不懈努力。中国自2007年起开始参加联合国军费透明制度，向联合国提交上一财政年度的军事开支基本数据。中国对联合国常规武器登记册的建立和发展做出了重要贡献，并每年向登记册提供七大类常规武器的进出口情况。由于个别国家自1996年起向登记册提供其向台湾地区出售武器的情况，违背了联大有关决议的精神及登记册的宗旨和原则，曾迫使中方暂停登记。2007年，鉴于有关国家已停止上述做法，中国恢复了每年向登记册提供七大类常规武器的进出口情况。

## 五、积极参与创制国际军事法规

国际法是从国际实践中形成和发展起来的，先有国际实践，后有国际法的产生和发展，是一般规律。国际实践每天都在进行，国际法的发展也永远不会停止。因此，任何国家、任何国际组织、任何法律意义上的个体，都有平等的创制国际法规、包括国际军事法规的权利和义务。更为重要的是，当今国际法律体系是西方主导的，并且国际军事法律法规严重滞后于国际军事实践，一些大量涉及军事领域问题的国际法规不适用于军队，存在许多法律空白和罅隙。中国军事外交不但努力遵守现行国际法和有关的国际军事法规，而且积极参与国际军事法律法规的创制和发展，并在其中努力建树国际社会共同的价值观，努力倡导新安全观。

树立联合国安理会在国际军事法规创制中的权威。《联合国宪章》把和平解决国际争端作为一项基本原则，禁止国家进行侵略战争，禁止非法使用武力，奠定了战后现代国际军事法规的基础。联合国从成立之日起，各会员国就把维护世界和平与安全的职责赋予安理会。60余年的实践证明，安理会在解决事关世界和平与安全的重大全球和地区问题上具有不可替代的作用，其日内瓦裁军谈判会议在建立国际军控、裁军和防扩散各项规约中发挥了及其重要的作用。历史已经进入了新千年，和平发展仍然是时代主题，全球总体上保持和平稳定。但世界还很不安宁，边界纠纷、领土争端、地区冲突等传统安全问题时有发生，贫困、恐怖主义、跨国犯罪、重大传染性疾病等非传统安全问题层出不穷。现代国际军事法规创制的目的就是为了应对新形势下已经发展了的国际军事实践，维护世界和平。中国军事外交主张在创制国际军事法规的过程中坚持多边主义，维护安理会权威。因为只有加强多边合作，特别是加强联合国作用、维护安理会权威，才能使新法规更加反映各国的共同利益，有利于未来采取集体行动时的协调一致，有效应对日益增多的全球性威胁和挑战，真正实现普遍安全。

参与联合国内各项裁军和军控国际军事法规的修订和创制。1971年，联合国恢复了我国的合法席位。自1980年起，我国正式参加了日内瓦裁军谈判会议，参与了各项裁军和军控问题的国际军事法规的创制工作。在核武器领域，中国积极参与了有关《全面禁止核试验条约》的谈判，为该条约的达成作出了重要贡献，并于1996年首批签约。作为一个核武器国家，中国从不回避自己应负的责任，主张核武器国家应承诺不首先使用核武器。1994年1月，中国正式向美、俄、英、法等国提出了《不首先使用核武器条约》草案，并建议五个核国家尽早在北京就此进行首轮磋商。中国还将积极推动和参与《禁止生产用于核武器或其他核爆炸装置裂变材料条约》的谈判工作。在化学和生物武器领域，中国积极参与了《禁止化学武器公约》的谈判，公约的基本义务和重要条款体现了我方的立场，纳入了相应的建议。例如将公约的范围由原来的禁止发展、生产和储存化学武器扩大到也包括禁止使用化学武器；二战期间日本在我国遗留了大量化武，公约中在有关遗留老化武的问题上纳入了我方主张的应由遗留国承担销毁责任的条款；有关质疑视察的条款也在一定程度上反映了我方的关切；在民用化工监控方面列入了我方坚持的、可减少对化工企业侵扰的原则等。与此同时，中国积极致力于加强《禁止生物武器公约》有效性的国际努力，认真参与《公约》议定书的谈判。在外层空间领域。中国积极推动国际社会重视并处理防止外空军备竞赛和防止外空武器化问题，主张日内瓦裁军谈判会议设立防止外空军备竞赛问题特委会，谈判相关国际法律文书。自1984年起，中国曾多次在联大提出关于防止外空军备竞赛的决议草案。2000年，中国向裁谈会提交了题为“中国关于裁谈会处理防止外空军备竞赛问题的立场和建议”的工作文件。2002年6月，中国与其他五个国家一道联合向裁谈会提交了关于“防止在外空部署武器、对外空物体使用或威胁使用武力国际法律文书要点”的工作文件，就未来国际法律文书的主要内容提出了具体建议，得到了许多国家的支持。2004年8月、2005年6月，中国与俄罗斯在裁谈会两次联合散发了关于防止外空武器化及防止外空军备竞赛方面的专题文件。在导弹和常规武器领域。中国以建设性的姿态参加了“联合国导弹问题政府专家组”的工作和“防止弹道导弹扩散国际行为准则”草案、“全球导弹监控机制”等国际倡议的讨论。中国也以建设性态度参与了《战争遗留爆炸物议定书》的谈判缔结，支持议定书早日生效，目前正积极准备批准该议定书。中国还支持打击轻、小武器非法贸易的多边努力，为《枪支议定书》的谈判缔结发挥了建设性作用，并于2002年12月签署《枪支议定书》，等等。

将创制国际军事法规的思想贯穿于军事外交和军事实践中。国际法的发展、包括国际军事法规的发展，是一个长期的过程。当今的国际法体系是西方主导，许多国际条约并不完全符合发展中国家的利益，也不完全符合我国国家利益。从现代国际法的渊源看，习惯法、双边和多边条约、公约、协定、议定书、宣言、宪章以及声明和联合公报都具有重要地位。因此，我国需要利用各种国际条约修订、增加附加议定书等机会，在多种形式的谈判签约中，参与国际法规、包括军事法规的创制工作。目前，中国已加入包括国际原子能机构在内的130多个政府间国际组织，加入了《不扩散核武器条约》等267个国际多边条约，其中，涉及核生化武器控制、裁军、防扩散和反恐的国际条约20余个，参加了大量的国际军事法规修订和订立工作。特别是，从20世纪90年代以来，中国军事外交积极推动双边和多边军事互信措施协定的建立，并在其中倡导新安全观理念及国际关系民主化、建立公正合理国际政治经济新秩序等主张。在中亚方向，《中俄关于预防危险军事活动的协定》、《中华人民共和国主席和俄罗斯联邦总统关于互不首先使用核武器和互不将战略核武器瞄准对方的联合声明》、《中华人民共和国和哈萨克斯坦共和国、吉尔吉斯共和国、俄罗斯联邦、塔吉克斯坦共和国关于在边境地区加强军事领域信任的协定》、《中华人民共和国和哈萨克斯坦共和国、吉尔吉斯共和国、俄罗斯联邦、塔吉克斯坦共和国关于在边境地区相互裁减军事力量的协定》等，都是具有里程碑意义的军事互信协定。2007年比什凯克峰会上，上海合作组织成员国缔结《长期睦邻友好合作条约》，为安全合作奠定坚实的政治法律基础，标志着成员国政治互信进入了新的阶段。此后两年来，成员国签署《关于举行联合军事演习的协定》、《国防部合作协定》、《政府间合作打击非法贩运武器、弹药和爆炸物品的协定》，完成《反恐专业人员培训协定》等法律文件的制定工作，并启动信息安全等新领域的合作，制订《保障国际信息安全行动计划》。在中印方向，从1993年至2005年，中国与印度为解决边界问题先后签署了三个协定，特别是2005年4月《关于在中印边境实际控制线地区军事领域建立信任措施的实施办法的议定书》，标志中印军事互信达到了一个全新阶段，和平友好的边界氛围逐步形成。在南海方向，2002年的《南海各方行为宣言》对于妥善处理岛屿主权和海域划界纠纷、加强中国与东盟相关国家互信合作，维护南海稳定方面起了重要作用。此外，中国和越南签署的《中越北部湾联合巡逻协定》、中俄签署的《联合军演的部队地位协议》、中美国防部 1998 年签署的《关于建立加强海上军事安全磋商机制的协定》等，一批新的国际协定在新的国际事件中产生。这种多渠道以具有法律效力的文件推广新安全观，并通过联合军事演习、通过我军涉外军事斗争行动和军事训练等方式，将我军的军事实践活动融入国际军事领域，成为创制国际法规的国际实践，这必将对未来具有普遍意义的国际军事法规的建立产生重要影响。

# 第五章

# 新中国军事外交的实践

伴随着中华人民共和国的诞生，新中国军事外交艰难起步。60多年来，在以毛泽东、邓小平、江泽民为核心的党的三代领导集体和以胡锦涛、习近平为总书记的党中央的正确领导下，新中国军事外交始终围绕国家和军队的战略部署，服从服务于国家总体外交与军队建设，在曲折中发展，在改革中前进，不断拓展，全面推进，创建出独具中国特色的军事外交，形成了全方位、宽领域、多层次的外交格局，为促进世界和地区和平、稳定、发展做出了应有贡献。

## 第一节　新中国军事外交的艰难起步（1949—1955）

新中国的诞生，是20世纪四五十年代世界舞台上的一个重大事件。经历了整整一个世纪的动荡和腥风血雨，新中国从殖民地半殖民地的废墟中走来，从饱受外敌欺辱的记忆中走来。它对独立、主权、统一、尊严有着强烈的要求，迫切希望得到世界的认同和尊重。

### 一、建国之初中国面临的艰难国际环境及相应外交选择

1949年10月1日，毛泽东主席在天安门城楼上郑重宣布：凡愿遵守平等、互利及互相尊重领土主权等项原则的任何外国政府，本政府均愿与之建立外交关系。然而，与新中国不记宿怨、坦诚相待的态度形成鲜明对比的是西方国家全面敌视、联合抵制的冰冷反应。20世纪50年代，国际政治势力分裂为东西方两大阵营。中国既与两极之一的苏联接壤，又与占据另一极的美国控制下的日、韩隔海相望。作为

两大阵营均非常看重的亚太地区的一支重要战略力量，新中国的诞生和成长受到了两大阵营的共同关注。美国尽管已经认识到“国民党政权由于其固有弱点而不可救药”[①]，但还是选择了敌视和挤压新中国的做法。解放战争期间，美国政府一直为国民党政府提供枪炮弹药和资金援助；新中国成立之后，美国无视中国人民的强烈反对，一意孤行地延长了1948年业已到期的“援华法案”，追加拨款7500万美元，用于蒋介石政府继续“内战”的粮饷。更有甚者，美国政府不但向英、法、意、比等西方国家政府和印、缅、菲、泰等国家发去照会，要求它们切勿采取导致承认中共政权的任何行动，而且于1949年10月3日正式带头承认国民党政府。

面对西方社会的联合抵制，新中国政府为了获取足够的生存空间，争取更多的理解、尊重与支持，果断选择了“一边倒”的外交政策。所谓“一边倒”，指的是在对外政策上“倒向社会主义一边”，优先发展与苏联等社会主义国家的双边关系。1949年初，毛泽东主席在清醒分析和认识新中国即将面临的外交困境基础上，做出了“另起炉灶”和“打扫干净屋子再请客”的两点指示。所谓“另起炉灶”，指的是割断旧的传统、习惯和联系，不继承国民党政府与外国建立的外交关系，并在平等、互利和互相尊重领土主权的基础上，重新与其建交。所谓“打扫干净屋子再请客”，指的是彻底清除帝国主义在华特权与势力，然后再谈与之建立外交关系。“一边倒”、“另起炉灶”和“打扫干净屋子再请客”，这三句话既生动形象，又深入浅出地阐释了新中国在国际政治斗争中所采取的立场，体现出整个50年代中国外交的核心思想。它是新中国领导人在科学判断建国之初新中国面临国际环境的基础上，为捍卫民族根本利益而做出的正确选择。

在“一边倒”外交政策的指导下，新中国成立前夕，刘少奇于1949年6月率团秘密访问苏联，代表中共中央与苏联商讨两国建立新型关系等重大问题。通过良好沟通，双方达成了理解与共识。新中国成立当日，苏联外交部副部长葛罗米柯受苏联政府委托第一个发来信

---

① 参见美国国务院1949年发表的关于中国的《白皮书》。

件，宣布苏联政府“建立苏联与中华人民共和国之间外交关系、并互派大使”的决定。继苏联承认中国之后，保加利亚、罗马尼亚、蒙古、匈牙利、捷克斯洛伐克、波兰、德意志民主共和国、阿尔巴尼亚等国也相继宣布与中国建交，客观上大大改善了新中国面临的艰难环境，令中国政府和中国人民感到“无限的欢欣”[①]。当年年底，毛泽东主席亲自率团访问苏联，与斯大林就“中苏友好条约”问题、苏联对中国贷款问题及两国贸易协定问题等内容交换意见。1950 年 2 月 14 日，两国签订《中苏友好同盟互助条约》和贷款协定、贸易协定等相关协定，从战略层次确立了两国关系的基调，也标志着新中国成功打破西方阵营着意营造的孤立中国的国际氛围，在外交上争取到一定主动。

## 二、建国之初军事外交的主要活动

作为国家政治、外交和军事战略的从属部分，这一时期的中国军事外交集中体现了新中国外交政策“一边倒”的方针，突出强调了与社会主义阵营的军事交往关系。其主要活动包括：建立与苏联的双边军事合作关系，接受其军事援助，学习其国防和军队建设经验；建立与其他社会主义国家及友好国家的正常军事交往关系；妥善解决外国驻华军事基地问题；向朝鲜、越南等反抗帝国主义侵略的国家及争取民族独立解放与国家统一的周边友好国家提供军事援助。

### （一）与苏联建立密切军事合作

与苏联的军事交往是建国之初新中国军事外交的首要任务。通过 1950 年 2 月签订的《中苏友好同盟互助条约》，双方承诺“保证共同尽力采取一切必要措施”制止侵略战争；一旦处于战争状态，将“尽全力给予（盟友）军事及其它援助”[②]。《中苏友好同盟条约》是新中国“一边倒”外交政策的具体体现，其军事同盟的性质显而易见。它

① 周恩来 1949 年 10 月 3 日回复格罗米柯的电文。转引自王泰平主编：《新中国外交五十年》，北京出版社，1999 年版，第 750 页。

② 《当代中国的军事工作》（上），第 771 页。

是新中国为防止美国武力干涉中国内政而寻求的一种安全保证。“使我们有了一个可靠的盟国，便利我们放手进行国内的建设工作和共同对付可能的帝国主义侵略，争取世界和平。”[①] 在这一基调上，中苏双方积极开展军事交往，各种军事合作全面展开。

这一时期，中苏签署了一系列合作协议，帮助中国发展国防工业。建国之初，新中国接受了大量来自苏联的援助，其中包括使用低息贷款购买飞机、汽车、钢轨、汽油和一些军用物资。1951 年，时任中国人民解放军总参谋长的徐向前率领中国兵工代表团访问苏联，与苏方签订了有偿转让八种轻武器技术的协议。1953 年 6 月，中苏又签订了《关于海军订货和在建造军舰方面给予中国技术援助的协定》。在 1953 年至 1956 年间，苏联援建的国家大型骨干建设项目中，有许多国防工业建设项目和与国防工业有密切关系的基础工业项目，其中包括核领域的合作。1955 年 1 月 17 日，苏联部长会议发表声明[②]，表示苏联政府已经向中国、波兰、捷克斯洛伐克、罗马尼亚和德意志民主共和国提供了包括设计、供给设备及建设达到 5000 瓦热能标准的实验性原子反应堆和原子微粒加速器，并供给必要数量的原子反应堆和科学研究用裂变物质。

这一时期，双方互派了大量军事交流人员。中国主要派出军事留学生向苏联学习军事和国防科学技术，苏联则主要派出军事专家和国防科技与工业专家、顾问帮助中国的国防建设。例如，在南京军事学院、总高级步兵学校以及其他军事院校都驻有苏联军事顾问团。这些军事顾问团帮助中国人民解放军建立了相对完善的教育训练体系和条令条例体系，为中国军队的基础建设提供了大量帮助。抗美援朝战争期间，在我方的努力下，苏联还向中国人民志愿军空军提供了当时世界上最先进的米格 - 15 飞机，使得我志愿军空军在鸭绿江和平壤之间建立了一条被美军称为“米格走廊”的空域，有效遏制了美军的“绞杀战”计划。时任美国空军参谋长的霍伊特 · 范登堡于 1951 年 11 月

① 《人民日报》，1950 年 4 月 13 日。
② 《人民日报》，1955 年 1 月 18 日。

的一次媒体见面会上无奈承认："鉴于朝鲜空中发生了一种重要的、从某种程度上讲可以说是险恶的变化……几乎在一夜之间，中国便成了世界上空军力量最强大的国家之一。"[①]

这一时期的中苏军事交往关系极大地影响着中国的国防和军队建设，成为后者大量借鉴苏联模式的主要原因之一。

### （二）与其他社会主义国家及友好国家建立正常军事交往

继新中国成立并得到社会主义国家和友好国家相继承认之后，中国从1950年开始，陆续向苏联、波兰、捷克斯洛伐克、保加利亚、朝鲜和越南等社会主义国家以及缅甸、印尼、印度、瑞典、丹麦、瑞士、埃及、伊拉克等友好国家派出了武官。武官工作在从无到有的过程中，克服语言不通、情况不熟、经验不足等现实困难，努力学习，工作能力不断提高。同时，为做好外国驻华武官工作，新中国于1951年3月成立了中央军委对外联络处，负责与各国驻华武官的联系。中央军委联络处1955年9月后更名为国防部外事处，成为我国专门负责军事外交工作的职能部门。武官工作促进了中国与上述国家之间建立和发展正常的军队交往。

继东欧等社会主义国家的高级军事代表团陆续来华访问之后，一些亚洲友好国家也相继派出军事代表团访华。我军领导人也率团进行了回访。这一时期，中国政府共接待来自苏联、保加利亚、越南、朝鲜、缅甸、印度尼西亚、瑞典、南斯拉夫、印度、阿联酋等国的军事代表团、考察团约40个，向苏联、捷克斯洛伐克、波兰、南斯拉夫、保加利亚、缅甸、印度尼西亚、民主德国等国派出军事代表团、考察团和参观团约50个，向越南等国派出了顾问团。我军开始接受外训任务，军事学院，空军第一、第四、第八航校和航空兵第25、第34师等承担了外训工作。1952年2月，首批外军学员来华学习。同时，我军一些部队也承担了迎外任务。1955年6月，陆军第196师成为我军首支对外开放部队，陆军第126师，空军航空兵第二、三歼击师，海军航空兵鱼雷轰炸师、东海舰队驻沪部队、广州快艇基地、旅顺及虎

① 《朝鲜战争空中战场散点透视》，中国空军，2005年第10期。

门要塞，军事学院、政治学院、第一战车学校（后改名为第一坦克学校）、汉口总高级步校、洛阳步校、工程兵学校、高射炮兵学校等，也先后对外开放。[①] 我军一些军事单位，接受了外训任务。

此外，中国人民解放军还于 1955 年 11 月在辽东半岛组织了大规模抗登陆演习，苏联、朝鲜、越南和蒙古四个国家派出军事代表团进行了参观。它也是我国与社会主义国家和友好国家军事合作关系全面开展的重要标志。

### （三）妥善解决外国在华军事基地和兵营问题

新中国成立初期，外国在华军事基地和兵营问题成为“打扫干净屋子再请客”必须解决的重要问题之一。

1949 年 1 月 31 日至 2 月 7 日米高扬访问西柏坡期间，毛泽东曾巧妙谈及苏联在华的旅顺口海军基地问题，表示出中国希望时机成熟时苏联主动提出归还旅顺口的愿望。米高扬也表示，中苏关于旅顺口的协议是在特殊背景下签订的不平等条约，一旦苏联同日本签订和约，美国离开日本，苏联就会从旅顺口撤离。如果中国共产党要求苏军立刻撤出，苏联也准备同意。1950 年 2 月签订《中苏友好同盟互助条约》时，中苏达成协议，苏军将在三年内撤出旅顺口，最迟不超过 1952 年底，“并将该地区的设备移交中华人民共和国政府”，而中华人民共和国则将“偿付苏联自 1945 年起对上述设备之恢复与建设的费用”。[②] 后来，由于抗美援朝战争的爆发，中国主动提出苏联延缓撤军，以防止美国将战火烧到中国东北。1952 年底，鉴于朝鲜战争仍在进行，美日缔结和约，严重威胁中国安全，中苏签订了《关于延长共同使用中国旅顺口海军基地期限的换文》，推迟了苏军从旅顺口撤军的最后期限。朝鲜战争结束后，中苏于 1954 年 10 月签署《关于旅顺口海军基地问题的联合公报》，苏方开始从旅顺口撤军，向中方进行移交。1955 年 5 月，苏军完成撤离，其留在基地的军用物资作价 7.23 亿卢布，算作中方欠债。中国收回旅顺口基地的主权，首次解决了中

---

① 《解放军报》，2011 年 2 月 28 日。

② 《中苏关于中国长春铁路、旅顺口及大连的协定》，《中华人民共和国对外关系问题（1949 ~ 1950）》，世界知识出版社，1957 年版，第 78 页。

国领土上的外国军事基地问题，为日后顺利解决香港、澳门问题提供了借鉴。

此外，由于历史上的数次不平等条约，北京东交民巷使馆界内驻有不少国家的兵营。这些“国中之国”是对中国主权的莫大侮辱。1950年1月6日，依据人民政协第一届会议通过的《共同纲领》，北京市军事管制委员会颁发布告：废除某些外国过去利用不平等条约中所谓“驻兵权”在北京市内占据地面建筑之兵营。布告发布之日起，军管会向美国、法国、荷兰等领事馆送达了腾出命令。这些国家的原领事都写信表示“抗议”，但军管会坚持原则，按规定收回了兵营，并妥善解决了与兵营建筑、地产权有关的问题。

**（四）向朝鲜、越南等国提供军事援助**

20世纪50年代是全世界掀起民族独立和解放运动的高潮。这一时期，中国直接参加了朝鲜人民抗击美国以“联合国”名义发动的侵略战争，支援越南人民驱逐了法国殖民主义者，并对其他民族的独立解放战争给予了物质和道义援助。

援朝抗美。1950年6月25日，朝鲜内战爆发。6月27日，美国总统杜鲁门发表“6·27声明”，宣布美国军队介入朝鲜战争并进入台湾海峡，并同时加强了对法国驻印度支那半岛军队的援助。美国还利用苏联缺席、中国合法席位被窃据的局面，在联合国安理会通过组建联合国军的决议，为军事干涉朝鲜内战披上了合法外衣。美国军队的介入，不仅显著改变了朝鲜半岛的战场态势，而且直接侵犯了中国的领土和主权，在事实上构成对新中国东部的战略包围，严重威胁了新中国的安全。1950年9月15日，联合国军总司令麦克阿瑟在汉城附近的仁川，成功组织两栖登陆作战。美军切断北朝鲜军队后勤供给线，与南朝鲜军队形成南北夹击之势，迅速瘫痪了北朝鲜军队的抵抗能力。中国政府通过各种努力传达主张朝鲜问题“地方化”的意愿，但10月初，联合国军不顾中国政府的一再警告，悍然越过“三八线”，向中朝边境进犯，不断派飞机对中国边境城镇、乡村进行轰炸和扫射。1950年10月19日，中国政府应朝鲜政府请求，派出中国人民志愿军首批部队26万人入朝作战。志愿军的第一次战役大获全胜，至11月5日，已歼敌1.5万余人。此后，志愿军再接再厉，迅速瓦解美军“结束战争的总攻势”，三天歼敌3.6万余人，将联合国军推回到“三八线”以南，恢复到战争爆发前的南北朝鲜在“三八线”对峙的状态。联合国军在前线的败绩引发了美国的盟国和中立国的一片停火呼声，先后出现了“三人小组”、“五步方案”、“七国会议”三种谈判提议。此间，美军完成再次集结部署，重新夺回了汉城和仁川，又把战线逼回到“三八线”。在后来的作战中，双方战线互有推进，战事陷入僵局。

1951年7月开始，中美都看到军事解决朝鲜问题的局限性，开始考虑真正的停战谈判。朝鲜战争进入打打停停的状态，军事进展与谈判交互进行。围绕军事停火后是否寻求政治解决朝鲜问题、军事停火线的位置、停火监督、无条件遣返战俘等问题，双方展开了多次谈判。这一谈判前后持续两年多，被称为“战争史上最艰难的谈判”。在这场谈判中，新中国军事外交第一次接受战争的洗礼，很好地体现了服务于国家外交和军事战略的宗旨，发挥出“武戏文唱”的战斗功能。战争期间，美国企图凭借军事压力取得有利谈判条件，但中朝方面针锋相对、据理力争、寸土不让。参加朝鲜停战谈判的解方将军在《忆朝鲜停战谈判》一文中写道：“美军在战场上得不到的东西，在谈判桌上也休想得到！我们要做两手准备，一个是战争，一个是和谈；一个是战场，一个是会场。二者要结合。”讨论停战分界线时，美军提出把分界线划至平壤、元山以北的方案，也就是要我军后撤几百公里，让出1.2万平方公里。他们的理由是：中朝参战部队只有陆军，而美军据有空、海军优势，应该在地面划界的时候得到补偿。我方则明确表示：我们只有陆军一个军种就把你们打到这般光景，如果有三军，你们早完了。彭德怀将军在给毛泽东、金日成的电报中指出，“我们坚持一切外国军队撤出朝鲜是有理的，以‘三八线’为界是有节的，争取早日结束朝鲜战争于朝中人民是有利的。有理有节有利，但和谈并不一定顺利，可能遇到很多困难，再有两三次较大的军事胜利，才能使敌人知难而退。”就这样，在朝鲜停战谈判中，我方通过政治斗争与军事斗争相互配合、战场与会场相互支持来争取主动，并充分利用联合国军内部的矛盾瓦解其同盟，逐渐掌握了谈判的主动权。经过两年多的军事较量和谈判交锋，美方最终在军事分界线上做出让步，中国政府也在战俘问题上有所妥协，双方于1953年7月27日就所有议程达成最后协议，朝鲜战争以停战（休战）方式宣告结束。在战争持续的三年间，美国动员了西方世界能动员的几乎所有力量，采取了除原子弹以外的几乎所有战争手段，付出了巨大的代价，也没能实现其军事目标和政治目标。但中国政府和人民也承受了巨大的战争消耗。

援越抗法。法国于1946年开始在印度支那进行殖民战争，越南人民奋起反抗。1949年9月，新中国成立在即，越南独立同盟领导人胡志明派两名特使携亲笔信给周恩来，请求中国给予越南革命以援助。[①]中共领导人表示，愿意在新中国成立后尽快承认越南民主共和国的地位；向其提供包括武器装备、人员培训等在内的军事援助，以帮助其将抗法斗争进行到底；并为防止法军与蒋介石军队在中越边境可能进行的军事勾结，派中国人民解放军与越盟军队在边境地区采取联合军事行动。新中国成立后，第一个承认了越南民主共和国。1950年1月，越南民主共和国主席胡志明亲赴北京，请求中国帮助越南进行抗法斗争，包括提供军事物资援助和派遣军事顾问团。中国满足了其大部分援助请求，派出了以陈赓将军为首的近300人的军事顾问团。1950年3月，中国开始向越南提供其所需的武器装备、粮食和医药物资，还在云南和广西建立培训基地，对两万名越南独立联盟（简称越盟）的指战员进行正规军事训练。1950年底，在中国的直接参与和组织指挥下，越盟发起了边界战役，打通了中越边界，取得了第一个战略性胜利，中国援越物资源源不断的送入越军手中。至1953年底，在中国顾问团的帮助和中国武器弹药、通讯器材和军需药品的援助下，越军先后遂行了边界战役、红河中游战役、东北战役、宁平战役、上寮战役、奠边府战役等，取得了辉煌的胜利。1950—1955年，中国向越南提供了大量军事装备和军需物资等，有力支援了越南人民的抗法

① 黄铮：《胡志明与中国》，解放军出版社，1988年版，第124页。

战争和国家、军队建设。

**（五）解放大陈列岛，军事行动为促进中美接触发挥重要作用**

朝鲜战争推迟了新中国解放台湾的时间表。朝鲜战后，美国与台湾当局蒋介石政府签订了《军事协调谅解协定》，规定美国负责国民党军队的装备和训练，还就《共同防御条约》的签订进行了积极的磋商。印度支那战争结束后，美国又在东亚和东南亚加紧组建针对中国的军事同盟条约体系，增大了中国统一的难度。为争取解放台湾的有利时机，中国于1954年发起了解放台湾的强大宣传攻势，并着手解放大陈列岛的作战准备。

在1954年8月1日建军节纪念会上，朱德总司令表示："中国人民一定要解放台湾，决不容许别国来干涉。"美国随后自8月3日宣称将要动用海空军"保护台湾和澎湖列岛"。11日，周恩来总理再次宣告，"台湾是中华人民共和国神圣不可侵犯的领土，决不容许美国侵占，也不容许交给联合国托管，解放台湾是中国的主权和内政，决不容许他国干涉。"8月19日，美军六艘军舰和160多架军用飞机多次飞抵我国浙江前沿的大陈岛海空活动。8月22日，中国各民主党派和人民团体发表宣言，庄严宣告："如果外国侵略者敢于阻挠中国人民解放台湾，……就必须承担这一侵略行为的一切严重后果。"9月3日，中国人民解放军对金门、马祖进行了猛烈的炮击。9月9日，美国国务卿杜勒斯亲临中国台湾，表示美国将与台湾当局"站在一起"，宣称1950年美国总统杜鲁门发表的"6·25声明"继续有效，美国将派第七舰队武力阻止中国大陆对台湾地区采取军事行动。1955年1月18日，美台《共同防御条约》签订刚逾一个月，中国人民解放军陆海空三军协同作战，两个小时之内解放了大陈列岛外围的一江山岛，大陈岛解放在即。美国迅速派遣大批飞机军舰集结台湾海峡，以武力对中国进行威胁的同时，又在联合国策划"斡旋停火"的外交骗局，企图通过炮制"新西兰提议"促使台湾问题国际化。中国政府在外交上反击美国图谋的同时，军事行动继续展开，最终于2月13日收复了大陈岛及其附属的渔山列岛和披山岛等。此后，中美双方就中国留美学生回国、遣返战俘、侨民利益等问题展开了长达15年、多达136次的大使级谈判。由于美国回避与中国政府就实质性问题，如贸易禁运、台湾问题进行真正谈判，大使级谈判一次次陷入僵局。

**（六）炮击金门，作战行动为军事外交拓展空间**

1958 年 8 月 23 日，中国人民解放军的福建前线部队，向金门岛上国民党守军的重要军事目标，发动了猛烈炮击，揭开了持续 20 年之久的炮击金门的序幕。

炮战刚一打响，美国政府便做出强烈反应。8 月 27 日，总统艾森豪威尔发表公开声明，称美军将在必要时帮助台湾当局协防金门、马祖。他命令驻扎在亚洲的美军迅速完成战争集结，从驻扎地中海的美海军第六舰队调出两艘航空母舰，以加强驻扎台湾海峡的海军第七舰队的作战力量，使得台海附近在短短的几天内便集结了大批兵力，其中包括 6 艘航空母舰（占美海军在役航母数量的一半）、3 艘巡洋舰、40 艘驱逐舰、1 个潜艇集群和 20 多艘后勤补给船只。

按照毛泽东主席的战略构想，炮击金门是为了封锁金门列岛，迫使台湾当局方面从金门撤兵，达到收复金门的目的。炮击金门当日，毛泽东在政治局常委会上说："我们的要求是美军从台湾撤退，蒋军从金门、马祖撤退。你不撤我就打。台湾太远打不到，我就打金、马。这肯定会引起国际震动，不仅美国人震动，亚洲人震动，欧洲人也震动。在美国干涉台海后，中央决定因势利导，将金门和马祖作为拴住美国人的两根铰链，使其如食鸡肋，骑虎难下。"面对大批集结台湾海峡的美军，中国政府于 9 月 4 日发表声明，[①] 宣布中国的领海宽度为 12 海里，"一切外国飞机和军用船舶，未经中华人民共和国政府的许可，不得进入中国的领海和领海上空"。同时，中国政府还指出："台湾和澎湖等地尚待收复，中华人民共和国政府有权采取一切适当的方法在适当的时候，收复这些地区，这是中国的内政，不容外国干涉。"声明发表当天，美国国务卿杜勒斯代表美国政府发表了措辞强硬的声明，公然宣布美国政府将会派兵协防金门、马祖；但他在同一份声明中也暗示，美国并没有放弃通过中美大使级会谈解决台湾问题

① 《人民日报》，1958 年 9 月 4 日。

的希望。9月6日，毛泽东在最高国务会议上谈到金、马问题时表示，对于美国人，“你不打他就不想谈，要把这个绞索捏紧一下，他感觉到痛了，他说，好好好，我们来谈吧。你不捏他就不谈。”我军炮击金门后，中美大使级会谈从第80次开始，主要围绕这一问题展开。针对美国干涉中国内政、要求中方停火等说法，周恩来总理指出：“中国解放台湾是内战，美国杜鲁门总统承认了的”、“沿海岛屿从来就属于中国，世界一切正义人士都承认了的，只是杜勒斯不承认”、“中国人民有权解放自己的领土，联合国无权干涉中国的内政”。

就在中美围绕炮击金门展开激烈外交斗争的过程中，苏联领导人曾于9月6日派外长葛罗米柯秘密来华，与毛泽东、周恩来进行会谈，暗示美国可能会对华使用核武器。对此，毛泽东主席明确表示：“中国人不怕核讹诈，如果美国人胆敢施行核打击，中国就把政府迁到延安，然后继续斗争。”9月7日，担负为蒋军护航任务的美国军舰开向金门，毛泽东发出了“只打蒋舰，不打美舰”的命令。数艘蒋舰中弹沉没后，美舰便撤离了。整个金门炮战过程中，包括解放军炮击金门火力最猛烈的时候，美国政府尽管在台海地区集结了大批军力，向蒋介石政府提供“响尾蛇”导弹、大口径远程火炮等武器，做足了协防台湾当局的姿态，但出于自身国家利益的考虑，始终置身战火之外，与战争保持着一段微妙的距离。每次运送弹药，美舰都会在距金门岛3海里远的地方抛锚，让国民党军队自行卸货后运抵金门岛。

到1958年10月6日，金门炮击进入了一个转折点。当天，《人民日报》刊载了毛泽东以国防部长彭德怀名义发表的《告台湾同胞书》，向台湾同胞，也向全世界表明了新中国对待台湾地区的鲜明立场：“我们都是中国人。三十六计，和为上计。”“你们与我们之间的战争，三十年了，尚未结束，这是不好的。建议举行谈判，实行和平解决。……这是中国内部贵我两方有关的问题，不是中美两国有关的问题。”“美国人总是要走的，不走是不行的。早走于美国有利，因为它可以取得主动。迟走不利，因为它老是被动。……美国人应当懂得。中华人民共和国与美国之间并无战争，无所谓停火。无火而谈停火，岂非笑话？台湾的朋友们，我们之间是有战火的，应当停止。……何去何从，请你们酌定。”《告台湾同胞书》还宣布：“从10月6日起，暂以7天为期，停止炮击，你们可以充分地自由地运输供应品，但以没有美国人护航为条件。如有护航，不在此例。”10月20日，由于美舰在解放军停止炮击后再次为蒋军“护航”，我军再次炮击金门，只打金门列岛的工事、阵地和滩头船只。10月25日，毛泽东再以国防部长彭德怀的名义发表《再告台湾同胞书》，揭露了美国政府制造“两个中国”的企图，并明确宣布对金门“逢双日不打炮”，“打打停停，半打半停”的政策。此后，中国人民解放军开始以“单打双不打”的方式继续炮击金门，这种交战状态直到1979年元旦才宣告结束。隔日炮击的结果，一方面使金门继续成为美国人脖子上的一根绞索，另一方面也使蒋介石不能从金、马撤军，继续保持与大陆的联系，从而避免台湾当局孤悬海外，成为美国制造“两个中国”和“台湾独立”的借口。

炮击金门是中国军事外交历史上的重大事件，具有深远的历史意义。毛泽东等老一辈国家领导人运用卓越的战略头脑和高超的外交手段，始终控制着金门炮战的主动权。炮战不仅摧毁了金门岛上的大批军事设施，沉重打击了国民党军队，取得了军事上的胜利，而且向全世界表明了中国政府对待台湾当局的鲜明立场，同时，也向一直干涉中国内政的美国政府发出了严正警告。炮击金门打击了蒋介石集团、团结了台湾同胞，也粉碎了美国政府“两个中国”的阴谋，是中国军事外交的一次重大胜利。

## 三、中国军事外交艰难起步阶段的特点

新中国第一阶段的军事外交，是在世界两大阵营对峙、周边安全形势严峻、国内建设百废待兴的国际国内环境下，艰难起步的。这一阶段，军事外交在党中央、中央军委的正确领导下，主动应对各种挑战，稳妥、灵活开展工作，先后与苏联、东欧、朝鲜、越南等社会主义国家和印度、缅甸等友好国家建立了军事关系，在战火的洗礼和艰难的磨砺中，与共和国共同成长壮大。

这一时期的军事外交，突出表现出四个特点：

### （一）军事外交在国家外交中发挥主导作用

建国之初，以美国为首的西方国家对中国采取敌视和遏制的政策，新中国面临着恶劣的国际环境，维护国家的独立、主权和安全，成为国家外交的主要战略任务，而实现这一战略任务主要是通过重大军事行动来展开，如：援朝抗美、援越抗法、解放东南沿海岛屿、炮击金门等，外交的军事性非常鲜明，外交和军事的密切结合，使得军事外交的特征和功能十分突出，在国家总体外交中发挥了主导作用。正是由于这一时期军事外交在国家外交中的突出地位和作用，迫切需要既懂军事又懂政治的军事外交人才。因此，新中国第一代高级外交官有许多是来自军队，从事外交工作后大都保留军籍，他们既懂军事，又懂政策，是军人外交家。例如，新中国成立后外派的第一批15位大使中，有10位来自解放军四个野战军，他们多数为兵团级干部，被尊称为“将军大使”。毛泽东主席在接见这些将军大使时说，外交工作是政治斗争，武仗不打了，文仗还要打。要好好干，耐心干。这批擅长打仗却不懂外语的将军大使，把“大将之风”带入到外交战线，他们文武双全，有勇有谋，处变不惊，临危不惧，展示出“将军”和“大使”的双重风采，为增进新中国的外交做出了突出贡献。

### （二）军事外交的战略性和协调性突出

这一时期的军事外交，涉及国家的重大政治和安全问题，一开始就呈现出突出的战略性。重大方针政策、重大行动，甚至一些具体问题，都由党和国家领导人直接决策，比如，毛主席就亲自起草《告台湾同胞书》，抗美援朝战争期间的具体谈判也都由毛主席直接指挥。又如，为了对付抗美援朝作战中美军的空中优势，周恩来总理亲赴莫斯科，向苏联领导人争取获得当时世界上最先进的米格－15战机，从而改变了我空战中的被动局面，增强了对美作战力量，获得了战场上的主动。其次，军事外交行动的组织实施具有突出的协调性。这一时期，上至军委主席，下至普通士兵，从总部机关到基层连队，都积极参与军事外交的决策和执行。在军事外交行动中，各总部、各部队和地方有关部门、军工企业、文艺团体等密切配合，共同围绕国家当时的总体外交和军事战略协调运作，有力地保证了军事外交双重功能的发挥。

**（三）与苏军事关系成为我军事外交重心**

与苏联的军事关系是建国之初新中国军事外交乃至整个国家整体外交的重点。为了新中国的独立与主权，为了打破西方国家的封锁，为了抵御帝国主义的侵略，新中国按照毛主席确定的“一边倒”的战略，与苏联签订了包括《中苏友好互助条约》在内的大量协议协定，结成了军事同盟，从苏联争取了大量军事援助，向苏联派遣了大批军事留学生，接受了许多苏联专家和顾问，从苏联购买了较多的先进武器装备和技术。[①] 中苏密切的军事关系促进了新中国的国家和军队建设，也为新中国的生存和发展争取了更大的空间，彻底粉碎了一些国家遏制和封锁中国的企图，避免了美国将战火引燃到我国境内，也逐渐确立了我国在国际上的地位。事实证明，以毛泽东为代表的老一辈国家领导人审时度势，为新中国选择的重点发展与苏联的国家和军事关系是正确的。

**（四）维护国家主权和领土完整的任务突出**

新中国从半殖民地半封建社会走来，对国家领土、主权遭受外敌侵犯的伤痛刻骨铭心，因此分外重视民族尊严，分外重视国家的主权与领土完整。在建国之初，毛主席便明确提出要“打扫干净屋子再请客”，逐步清除了外国在华势力。在接受苏联对华军事援助的同时，新中国政府表明不以牺牲领土和主权为代价的立场，巧妙运用策略据理力争，最终收回了苏联在华军事基地。并通过援朝抗美、援越抗法、解放台湾地区外围岛屿，维护了国家的领土与安全。这些重大涉外军事问题的处理，为确立新型的国家关系提供了实践基础。1953 年 12 月 31 日，周恩来总理在接见印度代表团时提出了“互相尊重领土主权、互不侵犯、互不干涉内政、平等互惠、和平共处”的国际关系思想[②]，并正式写入 1954 年 4 月 29 日的中印联合协定。经过周恩来总

① 比如，海军留学生中，第一批赴苏学习的有时任海军副司令的刘道生，第二批有后来成为中国海军司令员的刘华清。他们在苏联伏罗希洛夫海军学院接受了扎实的专业军事教育。

② 后来在 1954 年的中印、中缅总理联合公告中将“平等互惠”改为“平等互利”，将“互相尊重领土主权”改为“互相尊重主权和领土完整”。

理在1955年万隆会议上的全面阐述，这一重要原则享誉世界，并成为世界各国处理国家间关系的重要准则。

通过回顾和分析这一历史分期的中国军事外交的大背景、主要活动和基本特点可以看出，新中国军事外交虽然在严峻的国际国内环境中艰难起步，但在处理复杂多变的国际政治、军事斗争中发挥了重要作用，展示了独特风采，显示出强大的生命力。这一时期中国军事外交以发展与苏联的军事同盟关系为重点，以美国及其附庸为主要对手，以社会主义国家和友好国家的交往为主要对象，与作战行动紧密配合，打打谈谈，或打或谈，逐渐为国家争取到越来越有利的生存环境和军队建设的有利条件。

## 第二节　新中国军事外交的曲折发展(1956—1978)

1956年苏共二十大之后，中苏在处理国际共运和社会主义阵营内部问题上存在严重分歧，加之，苏联实行大国沙文主义，干涉我国内政，企图对我加以控制，两国关系开始出现裂痕，特别是后来苏联撕毁援建合同、撤走专家，两国关系彻底破裂，双方基本断绝了军事来往。另一方面，美国继续实行对华敌视政策，进一步加大对我国的遏制和封锁，并加紧构筑反华军事包围圈。我国仍然面临着严峻的国际安全环境，中国军事外交进入了一个曲折的历史发展阶段。

### 一、中国面临的复杂国际国内环境与相应外交选择

这是新中国历史上国际安全环境最为复杂、多变，国内环境最为困顿、纷乱的时期。整个20世纪60年代，中国一直处于四面受敌的困境之中，国家安全面临严峻挑战。国际上，安全威胁日益增大。北边，苏联的军事压力增大。1969年爆发的中苏边境武装冲突更是将两国推向大规模战争的边缘。苏联已取代美国，成为中国最直接、最紧

迫和最严重的威胁。西南，正当中苏关系交恶之际，中印关系也因边界问题极度恶化，并最终于1962年上升为军事冲突。东南，国民党不断叫嚣“反攻大陆”，秣马厉兵，军事上蠢蠢欲动。南面，美国正希图通过进一步扩大越南战争，陷中国于包围之中。国内，极左思潮极度泛滥，并在与特殊国际环境的交相作用下，推动“文化大革命”的风潮迅速席卷全国，给中国外交带来极大冲击。共产党领导下的社会主义中国抗拒着来自四面八方的战略威胁，在困境中顽强地斗争。

从建国开始，新中国领导人在处理朝鲜战争、印度支那战争等国际冲突问题和中苏、中印等关系的过程中，已逐渐形成了对国际关系基本问题的看法。1955年4月18日召开的第一次亚非首脑会议（万隆会议）上，周恩来总理用娴熟的外交技巧向全世界阐释了新中国奉行的和平外交政策，秉承“和平共处五项原则”精神，巧妙化解了会议过程中遇到的复杂问题，在赢得举世赞誉的同时，也打开了广大亚非国家因误解和防备而紧闭的交往之门。20世纪60年代，中国领导人清醒认识到这是一个发展中国家民族独立和不结盟运动的高潮期。中国政府顺应时代潮流，及时放弃了建国初期秉承的“一边倒”外交政策，高举“反帝”、“反修”两面大旗，发扬求同存异、和平共处的万隆精神，团结一切可以团结的力量，在美苏两个超级大国两面夹击的困境中积极开展外交活动，通过对殖民地半殖民地人民争取民族独立和解放斗争给予大力支援，赢得了发展中国家的信任与友谊，并最终成功化解一次次危机，在“大动荡、大分化、大改组”的变动中确立了自己在国际政治舞台上的位置。

进入20世纪70年代，苏联利用越战给美国社会带来的倒退，积极展开与美国的全球争霸，国际战略形势明显呈现“苏攻美守”态势。由于需要借助中国的力量制衡苏联，美国向中国投出了橄榄枝，尤其是尼克松政府上台以后，美国的对华政策出现了明显转机。毛泽东等老一辈革命家敏锐地注意到世界格局的这一变化，及时抓住战略机遇，调整了对美政策，寻求打破中美关系的僵局。1970年10月1日，毛泽东接见美国记者斯诺，12月18日又明确向斯诺表达了欢迎美国总统访问中国的立场，标志着中国对美政策的重大转变。1971年

4 月第 31 届世界乒乓球赛的最后一天，中国向美国乒乓球队发出了访华邀请，揭开了“乒乓外交”的序幕。4 月 14 日，作为对中国“乒乓外交”的回应，尼克松总统宣布大幅度解除已经实施 20 多年的对华贸易禁令。1972 年 2 月 21 日，尼克松一行抵达北京，实现了美国总统首次访华，并经过艰难的谈判，在上海签署了中美《联合公报》(后称《上海公报》)。美国在台湾问题和印度支那问题上做出了有限承诺，为中美关系缓和提供了现实基础。这一公报的签署，标志着中美两国在相互隔绝了 20 余年之后，两国关系进入了一个崭新的发展阶段。1973 年，中美互设享有外交特权与豁免权的“联络处”。后来，毛主席又先后提出从美国到日本、中国、巴基斯坦、伊朗、土耳其和欧洲等大致处在同一纬度的“一条线”各国以及亚非拉“一大片”国家都团结起来，共同对付苏联。[①] 这标志着中国的外交重心，从 20 世纪 60 年代的反帝（反美）反修（反苏）转移到 70 年代的主要反对苏联霸权主义上来。1979 年，中美达成建立大使级外交关系的协议，两国邦交迈上了正常化的道路。20 世纪 70 年代，中国在联合国的合法地位得到恢复，开始作为一个政治大国，正式出现在世界的舞台上。

从建国初期的“一边倒”到 60 年代的“两面开弓”，再到 70 年代建立“国际反苏统一战线”，中国外交巧妙地利用国际力量纵横捭阖，恰当地运用外交策略，巧妙地周旋于国际舞台，使各种矛盾得以转化，在两个超级大国的挤压中屡次化险为夷，安全态势逐渐得到改善。

## 二、中国军事外交曲折发展阶段的主要活动

这一阶段，苏联逐渐取代美国成为中国最大威胁。1969 年“珍宝岛”事件后，中国的战略重点北移，三北方向成为我军“积极防御”的重点方向。在准备“早打、大打、打核战争”的大背景下，在毛泽东等老一辈革命家提出“一条线”和“一大片”外交战略的正确指导下，中国军事外交逐步扩大对外交往范围，妥善解决与邻国的大部分

---

① 谢益显：《中国当代外交史》，中国青年出版社，2002 年版，第 298 页。

边界争端，与西方一些国家建立了军事关系，取得令人瞩目的成就。

### （一）积极发展对外军事交往

经过十多年的苦心经营，到了50年代末，中国军事外交的发展已经取得了显著成就。1959年，中国已经在亚洲、欧洲和非洲的18个国家建立了武官处。向苏联、捷克斯洛伐克、波兰、南斯拉夫、保加利亚、缅甸、印尼、民主德国等国派出各类军事代表团、考察团和参观团50个，接待来自苏联、保加利亚、越南、朝鲜、缅甸、印度尼西亚、瑞典、南斯拉夫、印度、阿联、阿尔巴尼亚、罗马尼亚、蒙古、匈牙利、阿尔及利亚等国的军事代表团、考察团约40个。1959年4月，国防部长彭德怀率领中国军事代表团访问了东欧七国和蒙古并过境苏联，掀开了我军对外关系的重要一页。

进入60年代，随着中苏关系的逐步恶化，中国与东欧国家及古巴的军事关系也受到影响迅速降温，对外军事交往的范围显著缩小。这一时期，为了打破苏联阵营的孤立，中国通过对外军事援助，打开了新的交往之门。60年代，中国先后与尼泊尔、阿富汗、巴基斯坦、阿尔巴尼亚、古巴、叙利亚、阿尔及利亚、老挝、法国、民主也门、刚果等11个国家建立了军事交往关系，设立了武官处。并在1961年7月与朝鲜签订《中朝友好合作互助条约》，承诺共同“采取一切措施，防止任何国家对缔约双方任何一方的侵略”。一旦一方遭遇战争，另一方将“全力给予军事及其他援助”。此类军事同盟条约，在中国签订条约的历史上是不多见的。进入1966年至1979年，受“文化大革命”影响，我国驻外武官工作一度近乎停止。中国与苏联和东欧国家驻华武官关系异常紧张，情报战与反情报战的斗争非常激烈。

20世纪70年代，随着中美邦交的正常化，中国与西欧和拉美国家的军事关系取得了重大突破，对外军事交往有了新的发展。1971年，联合国恢复了中国的合法席位，中国于1972年1月开始向联合国军事参谋团派遣常驻代表，并先后与意大利、加拿大、英国、奥地利、日本、西德、希腊、芬兰、比利时等西方国家建立了军事关系，与西方国家的军贸关系也取得了一定进展。从1972年开始，中国又先后向苏丹、黎巴嫩、伊朗、土耳其、阿根廷、扎伊尔、柬埔寨、墨西哥、秘鲁、孟加拉、赞比亚、泰国和约旦等国派出武官。1977 年，中国与南斯拉夫的军事关系得到了恢复。1978 年，美国国防部官员首次访华，向中方介绍了美国对苏联军事发展的分析。中美军事交往关系开始向着有限合作的方向发展。

这一时期的我军对外开放单位有所增加。1964 年，陆军第 181 师的两个连队成为对外开放单位，负责南京军事学院外国军事留学生的勤务和参观见学。空军航空兵第七师、空军第六航校、第二坦克学校、后勤学院、301 医院、解放军艺术学院、“八一”制片厂、空军学院等单位也相继成为对外开放单位，可以接待一般性的外宾参观。

### （二）广泛开展对外军事援助

20 世纪五六十年代，世界范围内民族解放运动蓬勃发展、殖民体系走向崩溃。由于同样遭受过殖民统治的侵害，中国对亚洲、非洲和拉丁美洲国家争取民族独立的斗争给予了更多的同情、理解和支持。

1960 年 5 月 17 日，毛泽东在会见阿尔及利亚临时政府代表团时表示：“我们对所有反帝力量都支持，同时他们也支持我们，这是世界反帝力量最广泛的统一战线。”为了建立反帝力量的广泛统一战线，中国无偿为广大亚非拉国家的民族解放运动提供军事援助、培训军事人才。在对外军援过程中，中国明确提出了对外经济、技术援助的八项原则。这些原则的提出和实施，在广大亚、非国家中产生了积极反响。不少国家向中国提出了军援请求。

1. 大规模提供资金、武器装备和军需物资

援老抗美。1954 年日内瓦会议之后，美国势力开始介入印度支那半岛，严重威胁到东南亚诸国和中国的国家安全。在老挝，由于美国不仅扶植极右势力发动老挝内战，还直接出兵对老挝进行军事干预，老挝人民打响了抗美救国战争。根据中老双方先前达成的协议，并应老挝人民的要求，1959 年 12 月起，中国军队开始向老挝爱国军队提供军事物资和军事技术援助，为老挝人民抗击美国侵略的斗争做出了贡献。

援越抗美。美国通过 1964 年 8 月 5 日制造的“北部湾事件”，发动了全面侵略越南的战争。应越南政府的援助请求，中国政府表示：

“为支援越南人民的抗美救国斗争，中国人民准备承担最大的民族牺牲。”对越南抗美救国运动的援助是当时中国军事外交的中心任务之一。战争期间，大批中国援越物资通过“胡志明小道”源源不断地运往越南南方，对越南最终取得抗美战争的胜利起到了重要作用，[①] 为越南军民取得抗美作战胜利做出了巨大贡献。

援助阿尔巴尼亚。阿尔巴尼亚和中国在反对苏联“修正主义”的斗争中结为亲密战友。中国政府三次同阿尔巴尼亚签订军援协议，向阿尔巴尼亚提供其所需要而中国又力所能及的所有援助，分别于1961—1963 年、1964—1967 年、1967—1971 年，三次向阿提供了总价值超过 14.95 亿元人民币的各类军援物资。1975 年 11 月，阿尔巴尼亚向中国提出军援清单，不仅超出了中国的提供能力，而且超出了己方的实际需要，暴露出其对中国军援的过度依赖心理。这种情况下，中国不得不提出了自己能力所及的军援货单，并调整对阿军事援助的指导思想，再次签订《关于中国向阿尔巴尼亚无偿提供军事装备器材的议定书》。对此，阿方表示“很不满意和无比痛心”。1978 年，阿尔巴尼亚军队总参谋部甚至致函我军总参谋部，指责中国政府的军援工作“损害了阿尔巴尼亚的国防建设”。无法满足阿尔巴尼亚的过度军援要求，成为中阿关系恶化的一个重要原因。对阿尔巴尼亚进行军事援助过程中得到的教训，也为中国军事外交工作提供了一个很好的反思案例。

此外，对柬埔寨、朝鲜、阿尔及利亚、坦桑尼亚、古巴等国进行的军事援助也在这一时期占有重要位置。这一时期，尤其是在 1964 年之后，中国的对外军援规模迅速扩大，受援国从 30 个增加到了 60 多个，援助武器的品种从轻武器发展到重武器，援助装备的数量也大幅度增加。直到 1979 年 1 月中国调整对外军援政策之后，这种大规模对外军援的局面才得以改变。

---

① 从越南北方义安县越过越老边界的穆加山口，通过老挝南部进入柬埔寨东北部，再通过各条支线进入南越解放区的道路，被称为“胡志明小道”。

2. 派出援外军事专家、进行援外军事培训

这一时期，外派军事专家和外训工作也得到了较大发展。一方面，外派军事专家的范围和规模都有了大幅度提高。据统计，中国不仅向古巴、阿尔巴尼亚、朝鲜、柬埔寨、坦桑尼亚、赞比亚、几内亚、乌干达、扎伊尔、罗马尼亚、埃及、孟加拉、马达加斯加等25个国家派出了100多个援外军事专家组，专家人数达到1000多人，还向其中一些国家派出首席军事专家，以加强对受援国军援工作的指导。另一方面，援外培训工作进一步规范化，对外开放单位进一步扩大，还对迎外和执行外训任务过程中的装备使用问题做出了具体规定。

应该指出的是，这一时期的外训虽然规模较大，但培训层面却相对较低，主要是面向士兵、基层专业技术人员和初级指挥人员，对受援国中、高级军事人才的培训不多。因此出现了受援国普遍使用中国装备，但高级指挥官却在西方受训的不协调情况。

**（三）着力解决历史遗留边界问题**

中国现代边界轮廓大体形成于清朝初年。1840年鸦片战争之后，中国遭受了差不多整整一个世纪的殖民地半殖民地奴役。西方列强恣意瓜分中国版图、有意制造中国与邻国的矛盾，遗留下大量边界问题。二战结束后，亚洲国家纷纷独立。新中国成立之际，继承下的是一条与所有邻国都存在问题的边界。由于建国之初首先需要解决的是安全问题，与邻国边界问题的解决，在1955年万隆会议上才被正式提上日程。周恩来在会议上宣布，“中国准备同邻邦确定边界，在此以前我们同意维持现状，对于未确定的边界承认它们尚未确定。……至于我们如何同邻国来确定边界，那只能用和平办法，不容许有别的办法。”

在解决边界问题上，中国坚持的主要原则是：以安定四邻、促进建设、争取国际形势缓和为目的；以和平谈判、友好解决、不诉诸武力为唯一手段；以历史和现实为参照系，承认历史事实，同时照顾现实情况；以维持现状为底线，不以武力解决争端。从这一原则出发，中国在60年代分别合理解决了与缅甸、尼泊尔、蒙古、巴基斯坦、阿富汗等国的边界问题。但中印、中苏边界谈判却未能达成协议，并最

终导致了武装冲突。

中蒙边界谈判。边界谈判是一项非常复杂的工作，涉及情况多、解决难度大。以中蒙边界谈判为例，由于历史上中蒙从未明确划分边界，双方地图对边界的认定差异很大，最大差异涉及19万平方公里的领土，最小差异也涉及5万平方公里。由于边界地形复杂，情况较乱，很难确定一条清晰的双方实际控制线。此外，国民党时期为“防止”赤化而有意制造的“无人区”，双方边民长期混牧，“东突厥斯坦”分裂分子活动、民族情绪强烈等因素也为解决边界问题增加了难度。中国政府决定在综合考量实际情况的基础上，首先确定双方达成共识的边界部分，对于存在争议的地区，根据相互尊重、平等互利和互谅互让的原则，通过友好协商解决。蒙古国同意这一原则。当时，双方存在较多争议的主要是边界西段天山山麓的北塔山、青河和生塔斯三块良好牧场区。在北塔山争议区，中蒙双方军队还曾在1947年进行过交战。1962年，发生了蒙方大规模驱赶中国牧民的事件。中国边防部队一个连进驻该地区，在实质上形成了双方对这一地区的交叉管辖。对于争议地区，周恩来总理建议采用一揽子解决方式，用中蒙边界的另一块争议区（博格达山地区）换取北塔山和青河地区，并劝说蒙方放弃对生塔斯地区的领土要求。蒙方接受了这一提案。1962年12月26日，《中蒙边界条约》正式签订，中蒙边界问题得到妥善解决。

中缅边界谈判。中缅边界全长2186公里。两国在佤山地区、猛卯三角地区和尖高山以北地段的边界问题上存在争议。1954年日内瓦会议时，缅方向我国提出边界问题，但由于我方尚未准备好谈判，周恩来总理表示无从谈起。1955年11月，中缅军队在黄果园地区发生武装冲突。虽然事件后来得到了妥善解决，但双方都感到了解决边界问题的紧迫性。我国组织专家学者仔细考察云南边境地区，在合适的时机向缅方提出了关于边界问题的合理化建议。1960年10月1日，中缅政府签订了《中缅边界条约》。缅甸归还中国片马、古浪和岗房地区共计153平方公里的土地。这一年被定为“中缅友好年”。下半年，中缅边界联合委员会开始进行边界勘察和竖立界桩的工作。但是，逃亡缅甸的国民党残部严重破坏了这一工作的进程。1960年11月22日至1961年1月20日，1961年1月26日至2月9日，中国人民解放军两次入缅作战，与缅甸国防军联合对其进行清剿，共歼敌741人，并且捣毁了国民党盘踞缅甸长达十年的老巢。此次清剿，帮助缅方收复了3万平方公里的土地，不仅保证了竖立界桩工作的顺利进行，而且增进了两国之间的相互理解、信任与友谊。

中印边界冲突中的军事外交。中印之间从未正式划定过边界，但两国之间有一条西起喀喇昆仑山脉、沿喜马拉雅山脉向东直至其南麓的、长约2000公里的传统边界线。由于印度认定英国殖民统治时期的边界就是两国边界，与这一传统边界线圈定的面积差异达到12.5万平方公里。虽然中国政府从未承认过英国殖民者确定的边界线，但在1954年中印两国政府就中国西藏地区与印度通商与交通问题进行谈判之后，印度仍旧单方面修改了地图，将英国殖民时期的“麦克马洪线”定为两国的东段边界。两国的西段边界即便在英国统治时期也未划定。[①] 1950年中国人民解放军入藏时经过的就是这一地区。1956年开始，中国政府在这一地区修筑了从新疆入藏的大型公路——“新藏公路”。中国政府一直对这一地区具有控制权。中段边界印度官方在1950年时也承认“未经确定”，但却将中方传统边界线内的2000多平方公里的土地划入了印度境内。

1959年8月25日，印度政府派武装部队非法越过“麦克马洪线”，企图侵占我国西藏地区的朗久，中印武装力量发生了第一次冲突。11月7日，印度军队企图越过边界西段我方空喀山口时，爆发了第二次冲突。两次冲突后，周恩来总理前往新德里就边界问题与印方谈判。但印方拒绝了周恩来的六条建议。中印边界形势恶化。1961年，尼赫鲁演说时表示：“（印度将）采用外交手段、采用各种手段，最后，如果你们愿意这样说的话，就采用战争手段”来解决边界问题。1962年10月20日，印度军队对中国边防部队发动了大规模进攻。反击作战打响后，中国军队在两三天之内便击溃印军，拔除了印方在

---

① 1931年英印政府编印收录的英属印度对外条约文件《艾奇逊条约》第12卷：“克什米尔邦的北部和东部边界上未划定”。1959年尼赫鲁也说过：“没有谁划定过这条边界”。

我国境内修建的43个据点，完成了对实际控制线我方领土的收复，达成了作战目的。10月24日，中国政府发表声明，建议双方就边界问题进行和平谈判。11月21日，中国政府宣布将于22日起，在边界全线停火，并从实际控制线后撤20公里。此后，中方又陆续放回俘获的印军战俘，发还缴获的军用物资。印方没有响应中国的建议，但从此未敢再次大规模入侵。

中印武装冲突后，两国就边界问题展开了外交斗争。印方于1962年12月10日，发出了召开科伦坡六国会议的建议。阿联、锡兰、柬埔寨、加纳、印度尼西亚、缅甸六国在科伦坡开会，讨论中印边界问题。会议提出的“科伦坡建议”，实质上是一份维护印度立场的文件。中国政府没有粗暴否定该建议，策略性地肯定了会议作出的努力，也巧妙地重申了中国的观点。虽然印度方面始终不肯与我谈判，对我采取敌视态度，但中国在中印边界自卫反击战后，主动后撤20公里，将缴获的车辆擦拭维修后交还印方，优待印军战俘，组织被俘印军军官到中国著名城市和工厂参观，并将所有战俘在1963年5月26日前全部释放回国。这些做法在一定程度上消弭了战争在国际上给我方造成的一定影响，展示出我国主张和平解决边界问题的诚意，赢得了理解和支持。

中苏边界武装冲突中的军事外交。中苏边界全长超过了7300公里，双方在3.5万平方公里的领土面积上存在争议。中苏友好年代，双方搁置争议，边界问题被淡化。但随着双方在意识形态上的分歧和利益上的冲突浮出水面，到了50年代末，两国关系逐渐转冷时，边界问题便凸显出来。1960年夏，苏联武力驱赶我国长期在新疆博孜艾格尔山口放牧的牧民，制造了新中国成立后的第一次中苏边境事件。1962年，苏联在新疆伊宁、塔城等地从事颠覆、策反活动，煽动6万多中国边民越境前往苏联，导致两国关系进一步恶化。1964年3月，应中国建议，中苏在北京举行了第一次边界谈判，但因双方在《中苏边界条约》的合法性问题上存在根本性的认识差异，谈判没有达成任何结果。苏联开始向中苏、中蒙边境增兵，将驻防部队从10个师增加到了54个师，人数达百万之众，且多次举行针对中国的军事演习，进一步增大对中国的军事压力。1966 年之后，苏联边防部队更是频繁侵犯中国领土，殴打中国渔民、牧民和边防部队，甚至开枪制造更大的事端，导致事态不断升级。这一时期，对苏边防外事工作进入了敏感而艰难的非常时期。

1969 年 2 月，苏联驻乌苏里江部队进入一级战备状态，声称如果中国边防人员进入珍宝岛巡逻，苏方将诉诸武力。珍宝岛在乌苏里江主航道我方一侧，按照国际法准则，属于中国领土毫无争议。后来该岛的归属问题在 20 世纪 90 年代中苏达成的东段边界协议中，也被最终确认为归中方所有。但在 1969 年 3 月 2 日，苏军出动装甲车，两路包抄我国在珍宝岛巡逻的部队，首先开火杀伤我国边防军人。我军被迫回击，击毙苏军 31 人，击伤 14 人。3 月 15 日，苏军出动一个装甲团再次进犯珍宝岛，付出了 200 多人伤亡的代价，并被我军再次击退。中苏在珍宝岛爆发了较大规模的武装冲突。8 月 13 日，苏军在中苏边界西段的中国新疆裕民县铁列克提争议地区，制造报复性攻击事件，杀伤我边防部队 23 名巡逻人员。事态再次升级。中苏都在争议地区集结了大批部队，包括重装部队。苏军天天炮击珍宝岛，但我军未予还击。炮击事件一直持续到 9 月，周恩来总理与苏联部长会议主席柯西金，就两国边界问题和两国关系在北京机场举行会晤后才得以平息。机场会晤中，双方达成了维持边界现状、避免武装冲突、在争议地区脱离接触，由双方边防部门协商解决争议地区生产问题等谅解意见。

此外，我军还于 1974 年在西沙遂行了自卫反击作战，军事外交在善后工作和战俘问题上也发挥了积极作用。

这一时期，军事外交工作配合我军出境剿匪和边海防自卫反击作战行动，为解决历史遗留边境问题、稳定周边地区安全做出了贡献。

### （四）从西方国家的装备采购开始起步

1960 年中苏军事合作关系中止之前，中国主要从苏联引进军事装备和军事技术。中苏关系恶化、军事合作关系中止之后，我国的装备采购和军事技术引进工作也受到影响，陷入了停顿状态。随着中国同西方国家关系的逐步改善，中国的军事装备引进工作在 20 世纪 60 年代末重新开始，西方国家成为我军引进先进装备的重要来源。这一时期，主要采购的项目包括：1968 年从法国引进“云雀”III 型直升机，1971 年向英国采购“三叉戟”运输机，1973 年从法国采购“超黄蜂”直升机，1975 年从英国进口“斯佩”航空发动机及其制造专利，1977 年从联邦德国采购奔驰 2026 型 5 吨越野车。这些装备在一定程度上满足了部队建设的需要。从 70 年代后期，中国开始探索从西方采购少量作战装备，比如，1977 年 12 月向法国提出进口军工产品，1978 年向英国表示购买“鹞式”飞机的愿望，对方均予以积极反应，但由于种种原因未能实现。

## 三、中国军事外交曲折发展阶段的主要特点

这一时期，历史跨度较大，从 20 世纪 50 年代中期的中苏合作到 60 年代中苏交恶，从五六十年代中美的对抗和完全隔绝到 70 年代打开中美交往之门，建立正常的中美关系，从支持周边社会主义国家反侵略战争到支援亚非拉国家民族独立解放运动，中国的军事外交在非常复杂的国际国内环境下，克服了种种不利因素，艰难推进，曲折发展，并逐步走向成熟。

### （一）突出对外军援

这一时期的对外军事援助在军事外交中占有重要地位。通过对外军援，中国支持了同样受到帝国主义和殖民主义侵害的国家和人民，援助了争取民族独立、反对外来压迫的政府和组织，加深了与受援国的友谊，拓展了中国对外军事交往范围，促进了自身的国防建设。一方面，对外军事援助和经济援助的广泛开展，在客观上促成了新中国的第二、第三次建交高潮，也对中国在联合国合法地位的恢复起到了重要作用。应该说，中国是被“穷朋友扛进联合国”的。另一方面，对外军事援助的开展，在一定程度上促进了我军武器装备技术的发展。为了支援广大受援国，我国的军工产业取得了巨大发展，同时，受援国军队反馈的信息对我军武器装备的研制改进，也起到了积极的启发作用。受援友好国家也积极主动地向我们介绍一些西方先进武器。

### （二）重视国际主义义务

这一时期的中国军事外交过于重视国际主义义务，甚至达到了忽

视国家利益的程度。这一特点首先表现在对外军援的规模上。在美国贸易禁运、苏联催逼还债的交相阻遏与打击的大背景下，中国不顾国内经历三年自然灾害已困难重重的现实，向数十个发展中国家提供了大量的无偿军事援助。其次，在援助政策上，这一时期的对外军援过分强调有求必应，不论受援国具体情况，一律提供无偿援助。[①] 这种军援政策客观上助长了受援国的“依赖心理”，造成个别受援国滥用援建物资的现象，使我国背负了沉重的负担，一定程度上影响了国家的经济建设。

这一时期的军事外交也带有较强的意识形态特征。为了反对西方老牌帝国主义国家殖民统治和新帝国主义国家主导的旧秩序，中国政府无偿支援有关国家的武装斗争，表现出较强的意识形态色彩。在对越南的军事援助上，从援越抗法到援越抗美，中国政府毫无保留地向越南共产党提供了援助时间最长、数量最多、范围最广的军事援助。从 1949—1978 年两国关系恶化的 30 年间，援越军事物资的价值达到了 49.67 亿元人民币，轻重武器、弹药和其他军用物资足以装备 200 多万的海、陆、空军部队。由于过分强调国际主义义务和机械地执行不干涉别国内政的原则，这一时期的军援工作也暴露出了对国家利益重视不够的问题。

**（三）强调内外兼修**

这一时期的军事外交工作头绪多、困难大、情况复杂，在党和国家、军队领导人的正确指导和亲自参与下，军事外交工作在对外军援、边界谈判等重大问题上取得了显著成果，为国家军事战略和外交战略的顺利实施做出了贡献。随着对外军事交往活动的增加，对外军援规模的扩大，军事外交机构内部建设与外交实践不相匹配的问题已经凸现出来，迫切要求对军事外交的组织机构、职能分工、人员素质等进行必要的调整、完善和提高。在这种情况下，从事军事外交及相关工作的机构，纷纷提出加强自身建设的合理化措施，军委总部采纳

① 中国军方领导人在谈及对阿尔巴尼亚提供的军事援助时，明确提出：中国将在能力范围内提供给阿方所需要的所有军事援助。

了其中一些建议，下发了一系列重要文件，从而使得中国军事外交的组织管理和政策法规体系逐步得到完善，对军事外交的实践产生了积极的指导作用。

分析这一历史分期的中国军事外交活动和特点可以鲜明看出，这一阶段我们取得了显著成效：一是适时调整了对美苏的外交方针，建立了与西方一些国家的军事关系，扩大了军事交往的范围；二是通过对外军援，发展和巩固了与广大亚非拉发展中国家的友好关系，为恢复我国在联合国的合法席位发挥了重要作用；三是经过有理有利有节的艰难谈判，初步解决了与一些邻国的划界问题，缓和了周边安全形式，粉碎了国际反华势力对我国实施战略包围；四是通过完善组织领导机构，建立法规制度，提高了军事外交工作的效能。当然，也应该看到，由于受到极左路线和文化大革命的影响，这一时期的中国军事外交也经历了曲折。对外军援工作一度偏离国家利益这个核心，承担过多的国际主义义务，拖累了我国经济建设步伐；军援过程中表现出的较强意识形态色彩，也令一些国家对中国的对外政策产生误解，在一定程度上妨害了中国自身国家利益的实现。

## 第三节　新中国军事外交的不断拓展(1979—1989)

1979 年中美关系实现正常化，标志着中国军事外交进入了一个新的发展阶段。这一阶段，是冷战的最后十年，美苏争霸进入最后关头，酝酿着国际风云的巨变；我国的改革开放如火如荼，国防建设开始由“大打、早打、打核战争”转向和平时期建设。这一时期，对外军事交往不断扩大，对发挥我国的大国作用起到了重要的支撑作用。

### 一、中国面临改善了的国际环境与相应外交选择

与 20 世纪五六十年代相比，中国在这一时期所处的国际环境有了很大改善。美国政府在 1979 年 1 月 1 日正式断绝了与台湾当局的“外

交”关系，废止了与台湾当局建立的共同防御条约，并承诺四个月内从台湾地区撤军。3 月 1 日开始，中美两国互派大使，建立大使馆。中美的建交，增强了美国与苏联争霸的战略地位，也缓解了中国所承受的来自东西方两个阵营的压力。但美国在与我建立大使级外交关系之后，又以国内立法的名义违背建交公报精神，炮制出了《与台湾关系法》，变相继续保持与台湾当局的官方关系，并通过对台军售，干涉中国的内政，为祖国统一设置障碍，也给中美关系的发展留下阴影。80 年代初期，里根政府上台，美国反华势力逐渐坐大，屡次鼓动对台军售和恢复与台关系，对中美关系产生重要不利影响。

1979 年底，苏联武装入侵阿富汗，踏上了迅速衰落的道路。越南在完成国家统一后，地区霸权野心开始膨胀，企图拼凑“印度支那联邦”，并在苏联的支持下，奉行敌视中国的政策，迫害和驱赶在越华侨，不断挑衅制造边境事端，向中国提出南沙和西沙的领土要求，非法占据南沙多个岛礁。苏联和越南南北呼应，成为中国国家安全的主要威胁。

这一时期，中国领导人冷静分析苏美在战略态势争夺中出现的变化，及时调整对外政策，与美国拉开了一定的距离。中国外交形成了“不与大国或国家集团结盟或建立针对第三方的战略关系”、“不以意识形态定亲疏”的独立自主的外交战略。在这一战略的正确指导下，中国在外交战线的斗争不断取得胜利：美国搁置了与台湾当局关系升格的打算，承诺“逐步减少”，并“最终解决”对台军售问题，同时放宽对华技术转让方面的限制。苏联也在消除中苏关系“三大障碍”问题上有所松动。[①] 戈尔巴乔夫上台后，苏联推行改革与新思维，对外战略发生重大转变，中苏关系得到相应改善，逐步走向正常。中国在中美苏“大三角”关系中争取到了相对主动和有利的位置。80 年代中期以后，中国外交进入了建国以来的最好时期，为国内现代化建设提供了比较有利的国际环境。

---

① 即从阿富汗撤军，裁减中苏、中蒙边境地区的驻军，改变支持越南侵略柬埔寨的政策。

## 二、中国军事外交不断拓展阶段的主要活动

在大环境得到改善的大背景下，中国的国内环境也出现了令人欣喜的变化，中国共产党第十一届三中全会胜利召开，邓小平在科学分析国际安全形势的基础上，做出了“新的世界大战在一个时期内打不起来”的战略判断。这一历史时期，中国共产党确立了“以经济建设为中心，坚持四项基本原则，坚持改革开放”的基本路线，为军事外交的发展奠定了政治基础。中美军事关系作为这一时期中国军事外交工作的重点，受到了极大的重视；调整了对外军援的方针政策、削弱了军援的意识形态色彩；开始参与国际军控和裁军谈判，介入国际多边安全合作，军事外交工作进一步发展。

### （一）调整对外军援方针和政策

对外军事援助是20世纪六七十年代中国军事外交的重点工作。70年代末，中美关系得到改善，中国政府根据国际形势的变化和国家工作重心向社会主义建设转移的需要，从1979年1月开始，对对外军事援助的方针和政策作出了重大调整，将对外军事援助的重点调整到支持反霸势力的侵略和干涉、维护世界和地区和平与稳定上来。在援助对象上，排除意识形态思维的影响，一改以往无条件援助各国共产党武装斗争的做法，逐步减少了对亚非拉政党和组织的军事援助，保留了对非洲国家的军事援助，同时加强了对巴基斯坦和阿富汗抗击苏联军事入侵的援助。在援助方式上，摆脱了过去的僵化观念，一改以往一律无偿提供军事援助的做法，根据受援国不同情况，分别采取无偿、收取成本费用、贷款或延期付款等方式提供军援物资。在援助内容上，也依据受援国的不同国情，调整了资金援助与武器装备援助的结构比例。外训工作方面，也由以往以培训“自由解放战士”为主，转向主要培训发展中国家正规军人。

援助柬埔寨联合政府抗击越南侵略。越南一直期望成立一个越南人主导的，由越南、老挝和柬埔寨组成的“印度支那联邦”。但越南的一厢情愿遭到了柬埔寨人民的顽强抵制。越南在1975年全国解放

后，开始加速建立联邦的计划。1977 年底，越南入侵柬埔寨。中国政府谴责越南侵略柬埔寨的地区霸权行为，并继续援助柬埔寨。1979 年 1 月，越南不顾柬埔寨人民的强烈反对和中国的公开谴责，大规模入侵并占领柬埔寨，严重威胁到中国和东南亚地区的和平与稳定。为支持柬埔寨抗击越南侵略战争，中国政府给予了柬埔寨大量的军事援助。

援助巴基斯坦和阿富汗抗击苏联侵略扩张。1979 年，苏联入侵阿富汗，为抵抗苏联势力的扩张，中国向巴基斯坦提供了军事援助，并通过巴基斯坦向阿富汗提供部分军事援助。

支援发展中国家国防建设。这一时期，中国还向朝鲜、坦桑尼亚、赞比亚等发展中国家提供了军事援助，援助装备从以轻武器为主转向飞机、坦克、火炮等大型装备和成套军工生产设备。中国还向泰国提供了大量军事援助。

**（二）进一步扩大和深化对外军事交往**

中国军队的对外交往在这一时期取得了重大进展，交往规模继续扩大，交往程度不断加深。从 1979 年至 1988 年，中国先后与荷兰、卢森堡、索马里、美国、智利、葡萄牙、澳大利亚、委内瑞拉、尼日利亚、新西兰、西班牙、挪威、巴西、利比里亚、贝宁、莫桑比克、玻利维亚、摩洛哥、尼加拉瓜、突尼斯等 20 个国家建立了军事关系。军事交往范围显著扩大，在许多领域都取得了突破性进展。

中美建立军事外交关系。1979 年 1 月，副总理兼总参谋长邓小平出访美国，将中美两国关系提升到了一个新的高度。同年 4 月，美国参议院代表团访华，就中美军事合作的一系列问题与邓小平进行磋商。1980 年 4 月，美国国防部长布朗访问北京，开辟了美国国防部长访华的先河。5 月，中国副总理兼军委秘书长耿彪回访美国。正当中美军事交往关系持续稳定发展的时候，美国总统换届，里根政府于 1981 年 1 月上台，一批亲台湾当局的“鹰派人物”进入白宫，美国在对华政策上出现了“逆流”。里根政府内的亲台政治势力，鼓动美国政府恢复美台官方关系，坚持对台军售。中国政府针锋相对，坚持要求美国遵守中美建交公报的原则，警告美国不要损害中美关系的政治基础。在对外出口武器装备的问题上，1981 年 6 月，美国派国务卿黑格访华，向中国政府表示，美国将解除“对华武器禁运”，并邀请中国人民解放军副总参谋长刘华清访美，商讨美国向中国销售武器的问题。美国这种企图用放宽对华军事技术装备出口的限制，来换取中国对美国提高对台军售认可的做法，遭到了中国政府的坚决反对。1981年6月10日，中国外交部发言人声明，中国宁肯不要美国的武器，也绝不同意美国向台湾地区出售武器。经过坚决的斗争，中国最终挫败了里根政府内亲台政治势力的企图，迫使美国放弃恢复美台官方关系，在对台军售问题上做出“逐步减少、最终停止”的承诺，使得美国放宽了对华技术转让方面的限制，并于1982年签署了《八一七公报》。该公报的签署，在很大程度上限制了美国对台湾地区出售武器，也迅速将中美军事关系推上了一个前所未有的历史高度。1984—1985年，中美两国首脑进行了互访。1987年5月15日至27日，中央军委副主席杨尚昆率领中国政府代表团访问了美国。中美军方之间的这些高层互访，有力推动了两国军事关系的发展。总体而言，这一时期的中美军事合作取得了一些实质性的进展。

与其他国家发展军事关系。中国在同越南地区霸权主义的斗争中加强了与东盟国家的联系。其中，与泰国的军事关系有了较大发展。1979年3月，我军副总参谋长伍修权等赴泰国访问，1979年12月，副总参谋长王尚荣出访了泰国。

开展军事院校交流。这一时期，我军事院校的对外交往趋于频繁，学术交流活动非常活跃。美国国防部长温伯格、美国两任国防大学校长劳伦斯中将和豪迈斯中将、意大利国防参谋长比索涅罗将军、美国陆军参谋长巴格纳尔将军、瑞典武装力量总司令古斯塔夫松上将、捷克斯洛伐克国防部长瓦茨拉维克大将等外国军政领导人，都曾在我军事院校发表过演讲。1987年11月，我国防大学举办了中美两国国防大学首次双边军事学术讨论会。双方与会代表就国际形势的发展、亚太安全形势、战役学问题等进行了研讨。这种学术层面的交流，有利于建立良好的互动关系，促进了两国两军的相互深入了解。

舰船互访。1985年11月至1986年1月，中国海军东海舰队司令员聂奎聚，率领中国132号导弹驱逐舰和X615型远洋油水综合补给舰组成的导弹驱逐舰编队，先后出访了巴基斯坦、斯里兰卡和孟加拉三国。这是中国海军首次出国访问，也是海军第一次进入印度洋。此次出访，中国海军编队的往返距离超过了1.24万海里，历时65天。返航途中，中国海军编队还在南海与美国和孟加拉的联合舰艇编队汇合，进行了友好交往活动。这次海军的成功出访，开辟了新中国军事外交实践的新方式，也将中国海军维护和平的和平使者形象传播到了海外。1989年4月，中国海军北海舰队司令员马辛春率“郑和”号训练舰出访美国。其间，中国开始重新接待外国海军舰艇的来访。1979年10月，意大利海军“阿尔蒂托”号等两艘导弹舰访问上海。1980年9月，英国海军“安特雷姆”号巡洋舰等三艘军舰访问上海。1986年11月，美国太平洋司令部莱昂斯海军上将率三艘军舰访问青岛。这是新中国成立以来美国军舰首次访问中国港口。1987年，智利海军训练舰“埃斯梅拉达”号、联邦德国训练舰“德意志”号、新西兰皇家海军护卫舰“坎特伯雷”号和“萨瑟兰”号先后访问了中国的上海，法国太平洋海军司令蒂罗少将率领的驱逐舰“拉莫特—比盖”号访问了青岛。1989年5月，美国第七舰队司令员莫兹中将率领三艘军舰访问了上海。中国海军与外国海军的舰艇互访，促进了相互了解和友谊，将双方的军事交往引向深入。

重新外派军事留学人员。“文化大革命”期间，中国停止了向国外派遣军事留学人员。这一时期，我军重新开始外派军事留学人员。1988年，国防大学战略研究所副所长周伯荣，赴英国皇家国防研究学院留学一年，成为我军派师以上军官到西方国家高级军事院校学习的第一人。此后，我军还向美国、英国、澳大利亚等国派出了各种专业的留学人员。

### （三）积极发展对外双边军事合作

1982年中美《八一七公报》签署之后，中美军事合作迅速达到历史高峰，各个层面的军事交流频繁展开，客观上对中国与西方国家军事关系的发展起到了推动作用。这一时期，中国与美、英、法等主要西方国家的军事关系得到了较大的发展。军事情报合作、军事技术合作和军品贸易全面展开。

加强装备采购与引进合作。由于西方长期封锁、中苏关系破裂、国内出现极左思潮及“文化大革命”的爆发，中国军事装备技术的发展受到了严重影响，至这一阶段，已大大落后于国际先进水平。这一现状引起了中央军委的高度重视。为抓住机遇，实现国防建设的战略性转变，必须采购和引进部分国外先进军事装备与技术。为此，我军先后向55个国家派出480多个军事代表团组，共4600多人次，进行有关武器装备的参观考察、技术交流、技术合作和贸易交往。也接待了不少来华进行武器装备交流、技术合作和贸易商谈的外国代表团组和人员。这一时期，装备采购与引进合作成为中国军事外交的一项重点工作。比如，1979年10月，我军从英国引进“菲斯”地炮射击指挥系统和“辛柏林”炮位侦察校射雷达。这是我军炮兵第一次成套引进西方国家现役军事装备。而“海豚”等直升机的引进，则与我军陆军航空兵的诞生有着直接的联系。1983年，我军从法国引进“海响尾蛇”导弹系统技术，提高了我军水面舰艇的防空作战能力。1984年7月，我军从美国购入S-70C-2型“黑鹰”直升机，改善了我军西南高原地区驻军的装备状况。1989年春夏之交的政治风波之后，美国政府宣布对华采取制裁，中止了一切对华武器销售。

**（四）开始参加国际军控与裁军谈判**

1978年中国共产党十一届三中全会后，中国调整了对外政策，开始积极参与联合国的各项工作。1979年12月10日，中国驻联合国日内瓦办事处代表，向联合国裁军委员会秘书处递交函件，宣布中国决定从1980年起，参加裁军谈判委员会的工作和会议。从1980年2月开始，中国参加了联合国的裁军工作会议。1983年，中国外交部首次派专职裁军事务大使常驻日内瓦，参加裁军谈判委员会的各项工作。中国人民解放军的相关部门也一直参与这项工作。1981年9月，中国政府签署了《禁止或限制使用某些被认为具有过分伤害或滥杀滥伤作用的常规武器公约》。1982年6月至7月，中国国务委员兼外交部长黄华出席了专门讨论裁军问题的联合国大会第二届特别会议，阐述了中国对于核裁军问题的原则立场。1984年9月20日，中国加入联合国《禁止细菌（生物）及毒素武器的发展、生产及储存以及销毁这些武器的公约》。1985 年 5 月，中国率先单方面裁军 100 万。1986 年 3 月，中国宣布今后将不再在大气层进行核试验。1986 年 9 月，中国外长在第 41 届联合国大会上系统阐述了中国在裁军问题上的基本立场。1988 年，中国在联合国第三届特别裁军大会上提交了中国政府在裁军问题上的八点立场，受到与会各方的重视。中国政府积极参与联合国裁军谈判，中国军队以实际行动落实联合国决议，向国际社会展示了中国对国际军控和裁军事业的诚意。

### （五）维护国家领土主权和海洋权益

这一时期，为了维护国家领土主权与海洋权益，中国军队被迫进行了对越自卫反击作战。1975 年越南实现全国解放以后，中越在“印度支那问题”、华侨问题、领土领海问题之间的矛盾开始激化。1974 年以前，越南无论是政府声明、照会等正式文件，还是官方出版的报刊、地图、教科书，都承认中国对西沙群岛和南沙群岛的主权。1974 年之后，越南一改以往的立场，向中国提出了西沙群岛和南沙群岛的领土要求。中越两国于 1974 年 8 月和 1977 年 10 月就划分北部湾和边界问题进行过两次副外长级谈判，但是没有取得任何进展。1978 年，苏联向越南提供大量军事、经济援助，还与越南签订了带有军事同盟性质的《苏越友好条约》。在霸权野心的驱使下，越南彻底倒向苏联一边，并依仗苏联的支持，大肆入侵柬埔寨，公然向中国挑衅。1978 年 8 月至 9 月，中越两国政府在河内就旅越华侨问题举行的副外长级谈判破裂后，越南开始大批驱逐华侨，在边境地区从事破坏活动，频频制造事端，导致边境形势日趋紧张。1979 年 2 月 17 日，中国被迫发起了中越边境自卫反击战。中国军队遵循自卫反击、惩戒侵略者的作战指导思想，在反击作战持续 16 天后，我方于 3 月 5 日宣布撤军。期间，我军边防外事部门配合边海疆自卫反击作战，展开积极的军事外交工作，与越南边防部门就处理尸体、交换被俘人员等问题进行了接洽、谈判。1985 年，中国边防部门在广西友谊关至越南同登公路处，释放了 50 名入侵被俘的越军和其他武装人员。1985 年 8 月，又释放了 15 名侵入中国境内的越南人员，同时接收了越南交还的被其非法绑架的 19 名中国边民。

## 三、中国军事外交不断拓展阶段的特点

这一时期的新中国军事外交主要有以下四个特点：

### （一）军事外交领域继续扩大、活动内容更加丰富

这一时期的中国对外军事交往，无论在规模上，还是在内容上，都有了质的飞跃。首先，军事外交拓展了新的交往领域，舰艇出访、参加联合国军控和裁军谈判等，首次成为新中国军事外交的重要任务。其次，与西方大国关系的缓和，进一步促进了与西方国家的军事交往，建立了多领域、多层次的联系和交流。第三，中国从美、英、法等西方国家的军品采购取得了很大的进展，引进了一些先进武器装备和技术，填补了我军武器装备的部分缺项。同时，为了维护地区的和平与稳定，在这一阶段，我军首次向部分国家出售用于自卫目的的常规武器。这些活动拓宽了我军事外交领域，丰富了军事外交内容，进一步推动了军事外交工作的发展。

### （二）中美军事外交取得突破性进展

1979 年中美建立军事关系后，两国交往升温较快，层次较高，各种互访和合作比较频繁，甚至在情报合作、国防技术转让等敏感领域也进行过合作。这一阶段的军事外交把与美国的军事关系作为重点，给予了高度重视。一方面，两军高层交往增多，美国国防部长温伯格和中国国防部长张爱萍实现了互访。美参联会主席维西、太平洋总部司令克劳等高级军官先后访华。我方总参谋长，海、空军司令等高级军官也先后访美。另一方面，美国放松了对中国军品出口的限制，双方启动了某些军事装备合作项目，向中国出售了少数防御性常规武器装备。两国最高军事学府国防大学进行了人员交流，召开了学术交流研讨会，建立了学术交流机制。这一阶段的中美军事交流，发展较快，层次较高，具有一些实质性的内容，是两国军事关系发展较好的时期。

### （三）军事外交工作逐步走向成熟

这一时期的中国军事外交，经过不断的努力和探索，积累了大量

经验，逐步走向成熟。以中国军事外交介入联合国事务的过程为例：中国在1971年恢复联合国的合法席位之后，于1972年向联合国派出了军事参谋团。在此后的八九年时间里，由于对联合国作用的认识存在一定的局限性，中国几乎未参与联合国的军事事务。直到1980年，才从实质上参与联合国的军控和裁军活动，才对联合国的维和行动有了积极的认识，并开始承担联合国摊派的维和费用。这期间，对联合国的认识，就经历了一个不断发展的过程。从最初的把联合国仅视为世界反霸的论坛，到后来认为"世界离不开联合国"，我们的认识由浅入深，由局限到全面。过去由于过分强调意识形态，使我军事外交经历了不少曲折。但随着军事外交实践的不断增多，我们及时地总结了经验教训，不断地调整对外政策策略，使中国军事外交在实践——认识——再实践——再认识的基础上，不断完善，逐渐走向成熟。

**（四）装备技术引进渠道不断拓宽**

20世纪50—70年代新中国安全环境曲折变迁的历史证明，建立在自身强大实力基础上的安全才是真正的安全。正是基于这样的认识，新中国特别重视能够体现国家综合实力的经济建设和国防建设。由于受到西方国家制裁、国内极左路线、"文革"等因素的综合影响，中国的国防实力没能得到应有的提高，尤其在武器装备的现代化上，距世界发达国家有了明显的距离。1979年的中美建交，标志着中国与西方国家的关系取得了实质性突破。中国抓住这一机遇，积极开展工作，不失时机地采购和引进部分国外先进军事装备与技术，促进了我军的装备现代化建设，使我军的作战能力有了一定提高。在把装备与国防技术引进作为这一时期军事外交工作重点的同时，还通过对外承接发射卫星服务，开展军转民领域的对外合作和寻求国防科技合作的新途径，直接服务于国民经济建设。

分析这一历史分期的中国军事外交可以看出，冷战的最后十年，中国面临的国际、国内环境得到明显改善。超级大国的现实压力一定程度的减轻，中国对战争与和平问题有了新的判断，确定了改革开放的新政策，集中精力进行社会主义经济建设，国防军队建设实行了战略性转变。这一时期的中国军事外交，以“一个中心、两个基本点”的基本路线为牵引，以中美军事合作关系为重点，逐渐介入联合国军事事务，适时调整对外军援政策，积极引进先进装备与技术，不断拓宽军事交往领域，细化军事外交内部管理规定，取得了显著的成效，使之逐步走向成熟和理性。

## 第四节 新中国军事外交的全面推进（1990—2012）

1989 年春夏之交的政治风波之后，中美关系迅速降温，美国宣布停止与中国的一切军事合作，并再次对华实施武器禁运和经济制裁。与此同时，中苏关系迈上了正常化的进程。与美、苏两个超级大国之间关系的这种变化，标志着中国军事外交进入了一个新的历史发展阶段。这一时期，依据党中央和中央军委的战略决策，紧紧围绕国家安全利益和军事战略，按照“大国是关键，周边是首要，发展中国家是基础，多边是舞台”的外交战略布局，积极开展军事外交活动，呈现出全面推进的发展趋势。

### 一、中国面临复杂多变的国际环境与相应外交选择

这一时期，一系列重大历史事件相继发生，导致国际战略格局发生重大改变。先是 1989 年 6 月中苏关系正常化和中美关系骤然降温；紧接着是东欧出现剧变，华约组织解体；随后，社会主义阵营多年的“领袖”——苏联，在存续了 72 年之后，于 1991 年 12 月 25 日轰然解体，标志着持续近半个世纪的冷战时代一去不再复返，世界战略格局出现了翻天覆地的变化。

当今时代，和平与发展成为世界的两大发展主题；单极和多极成为全球安全的主要矛盾。随着苏联解体、俄罗斯实力大减，美国作为全球唯一的超级大国，在国际事务中表现出越来越多的霸气。为了建立以美式价值观为主导的国际政治经济新秩序，巩固和强化自身的全

球领导地位，美国到处插手地区事务，肆意干预别国内政，为世界和平和稳定带来了严重威胁。中美两国由于冷战的消亡不再拥有共同的战略利益，双方在意识形态和国家利益上的对立凸显出来。由于中国改革开放，经济增长很快，综合国力迅速上升，美国担心中国迅速崛起，开始将中国视为21世纪的头号对手加以防范。进入21世纪，美国的对华政策在“接触与遏制”之间摇摆，始终没有抛弃分化和西化中国的企图。这一时期，由于台湾岛内的台独势力迅速发展，给中国“和平统一、一国两制”目标的实现带来了巨大阻碍。美国在台湾问题上始终与我国作梗，希望通过对台军售控制台独势力，继而削减中国的综合国力，遏制中华民族的伟大复兴。美国对台湾当局的政策和态度，已经成为阻碍中美两国关系发展的最重要障碍。尽管如此，中国仍将美国视为中国对外关系中最重要的部分，按照“增加信任，减少麻烦，发展合作，不搞对抗”的方针与之交往。

苏联解体以后，俄罗斯在一度倒向西方碰壁后，调整了对外政策，努力发展与中国的关系，借以牵制美国，复兴俄罗斯的大国地位。共同的利益，促使中俄两国在重大国际安全问题上加强交流与合作，建立高层会晤机制，结成面向21世纪的战略协作伙伴关系。与此同时，还与法国、英国、德国等国建立了战略伙伴关系。

## 二、中国军事外交全面推进阶段的主要活动

这是中国建国以来国际安全环境最好的时期。在这一阶段，中央军委做出了一系列战略决策，1993年确立新时期军事战略方针，1996年提出了军队建设要“由数量规模型向质量效能型转变，由人力密集型向技术密集型转变”，2000年提出了推进中国特色军事变革、完成机械化和信息化建设双重历史任务、实现我军现代化建设跨越式发展，2004年提出了要打赢信息化条件下的高技术局部战争，为军事外交提供了重要战略指导，指明了前进方向。

### （一）全方位、多层次、宽领域开展军事外交

在党中央、中央军委的领导下，这一时期的军事外交异常活跃，

是建国以来最好的时期。广泛开展高层互访和各种形式的交往，加强双边和多边安全对话，构建地区安全机制；努力拓展军事安全合作领域，广泛开展传统与非传统安全领域的联合军事演习；积极参与联合国维和行动、人道主义紧急救援和裁军与军控活动；加快先进武器装备及技术的引进步伐；大力开展反“台独”军事外交；加大对外军事援助，等等，取得了令世人瞩目的辉煌成就，在国内外赢得了广泛赞誉。

1. 积极扩大对外军事交往

截至2010年底，我国已与世界上150多个国家建立了军事关系，在112个国家设立了武官处，102个国家在中国设立了武官处，与22个国家建立了防务安全磋商对话机制，① 每年有近400个中外军事代表团互访，② 对外军事交往向着多层次、多领域、全方位的方向发展。这一时期，中国先后与沙特阿拉伯、蒙古、津巴布韦、哥伦比亚、以色列、白俄罗斯、立陶宛、韩国、几内亚、乌克兰、哈萨克斯坦、吉尔吉斯斯坦、塔吉克斯坦、马来西亚、斯洛伐克、菲律宾、克罗地亚、埃塞俄比亚、南非、阿塞拜疆、土库曼斯坦、格鲁吉亚、乌兹别克斯坦、科威特、亚美尼亚、新加坡、纳米比亚、立陶宛、波黑和爱沙尼亚等国建立了军事关系，与印尼的军事关系也得到了恢复。

这一时期，中国军队的对外交往更加频繁。1991—2010年，我军派出近1000个军事代表团，访问了100多个国家。同时，接待来访的外国军事代表团1000多批，③ 其中，外国国防部长、三军总司令、总参谋长等高级代表团占一半以上。1998年，中日国防部长首次互访。2000年，两国总参谋长互访。2003年4月和2004年3月，印度、中国国防部长实现多年后的首次互访。2003年10月，中国国防部长曹刚川出访美国，标志着中断7年之久的中美高层访问重新开始。2005年10月19日，美国防部长拉姆斯菲尔德首次访华。他不仅访问了中央党校，还参观了第二炮兵司令部和曹刚川副主席的办公室，成为第

① 《解放军报》，2010年2月28日。

② 《中国新闻网》，2011年3月11日。

③ 《解放军报》，2011年2月28日。

一个参加此类活动的外国防务领导人。2006年7月16日至21日，中央军委副主席应美国国防部长拉姆斯菲尔德之邀访美，开启了布什政府执政以来中国军方对美国最高级别的访问。访问期间中方赠送给拉姆斯菲尔德一件“神秘礼物”，令这位以强硬著称的国防部长大吃一惊。原来，这件礼物事关拉姆斯菲尔德失踪50年的老友——美国海军飞行员詹姆斯·迪恩的下落。1956年8月，迪恩驾驶美海军P4M－1Q电子侦察机侵入我舟山群岛上空，被我战机击落后，我方交还了两具搜索到的美军尸体，但迪恩却失踪了。拉姆斯菲尔德与迪恩有着极其深厚的友谊，50年来，他一直没有放弃查找迪恩的下落。2001年中美南海“撞机事件”发生后，拉姆斯菲尔德曾向我方提到此事。2005年10月，拉姆斯菲尔德首次以国防部长身份访华期间，又专门向中方提及此事。经过长时间的细心查找，我有关工作人员，终于在浩如烟海的中国人民解放军档案馆，查到了当时的作战报告，证实了中国没有俘虏和羁留美军人员，并将这份报告的影印件送给拉姆斯菲尔德，解开了沉睡半个世纪的谜题，也帮拉姆斯菲尔德卸下了背负50年的情感包袱。访美期间，中方还向美方赠送了另一组档案仿真件，翔实记录了二战时期，美军飞行员被击落后得到中方营救的具体过程，其中，包括中尉飞行员科尔的感谢信和自画漫画。这些档案，寄托着中国人民对和平、友谊的珍惜，折射出中国军民的气度和胸怀，有助于增加美中之间的信任，从而进一步促进两国两军关系的发展。2010年，美国国防部长盖茨访华，并访问了第二炮兵司令部，成为第二位进入中国战略导弹部队司令部的国防部长。

这一时期，中国军队与外军在教育训练方面进行了新的合作。随着中国对外军事交往的不断扩大和加深，我军派出和接收军事留学生的规模在逐步扩大。近年来，已向俄罗斯、德国、法国、英国、巴基斯坦、孟加拉、泰国、科威特等20多个国家派出军事留学生1000余名。19所国内军事院校分别与美国、俄罗斯等25个国家的相应院校，建立校际对口交流关系。同时，也接收了来自亚非拉和欧洲等有关国家的大量军事留学生及各类受训人员。仅2002—2004年，就有91个国家的1245名军事人员到中国的军事院校学习。这一时期，我军的对外军事学术交流也非常活跃，军事科学院等科研机构与国外军事科研机构进行了广泛的学术交流活动。从1998年开始，我军在国防大学举办了每年一期的国际问题研讨班。参加这一研讨活动的外军日益增加，已从2001年的18个国家增加到2010年的近百个国家，规模和影响都在扩大。

舰船互访是展示一国海军实力和军威的重要方式。这一时期，中外海军舰艇互访的数量和规模不断增加。1985年11月，我海军舰艇编队首次出访。1993年10月15日至12月14日，海军“郑和”舰访问了孟加拉国、巴基斯坦、印度和泰国，总航程1.1万海里，创造海军单舰一次航程最远记录。1997年2月，南海舰队司令员王永国中将，率中国海军“哈尔滨”号、“珠海”号导弹驱逐舰和“南仓”号综合补给船组成的舰艇编队，出访美国、墨两哥、秘鲁和智利。这次访问历时近百天，航程2.4万余海里。1998年4月9日，中国海军“青岛”号导弹驱逐舰、“世昌”号训练舰和“南仓”号综合补给船组成的舰艇编队，前往新西兰、澳大利亚、菲律宾进行友好访问，并参加菲律宾独立100周年庆典活动。这是中国海军第一次访问远处太平洋南端的大洋洲国家。1995年3月，美国太平洋舰队“邦克山”号导弹巡洋舰访问青岛。1998年8月，美国海军第7舰队司令罗伯特·纳特尔中将，率舰队旗舰“蓝岭”号两栖指挥舰和“麦凯恩”号导弹驱逐舰访问青岛。1999年2月，法国海军“牧月”号警戒护卫舰访问青岛。同年3月，新加坡海军“卓越”号坦克登陆舰访问了青岛。2000年8月，两艘英国军舰“康沃尔”号和“纽卡斯尔”号分别访问了上海和青岛，并就未来举行海上联合军演与中方进行了探讨。2001年8月至11月，中国人民海军由“深圳”号导弹驱逐舰和“丰仓”号综合补给舰组成的舰艇编队，首次前往德国、英国、法国和意大利访问。此次访问，创造了我国舰艇编队出访的多个“首次”记录：首次驶入红海、经苏伊士运河、穿地中海；首次穿越零度子午线驶入西半球，经大西洋到达欧洲大陆；我国产舰载机首次在印度洋、红海、大西洋等海域上空翱翔。2002年5月至9月，中国海军舰艇编队，首次进行环球航行，访问了10个国家，航程3万余海里。2003年10月至11月，中国海军舰艇编队对美国关岛、文莱和新加坡进行友好访问。英国、俄罗斯、美国、巴基斯坦、印度、法国、印度尼西亚等国的海军舰艇编队也相继访华。2002—2009年，中国海军共出访23次、舰船44艘，访问了37个国家，10多个国家海军舰艇访问我国，形成了全方位海上军事外交态势。

2. 参与多边国际军事专业交流

在这一时期，我军非常重视国际专业领域的多边交流与合作，不断派出人员参与各个领域专业会议和相关活动。我军是国际军事医学大会和国防军事医学理事会的重要成员，卫生部门的官员和医学专家多次参加国际医学会议，许多人在国际上享有很高的声誉。1996年，我军在北京举办了第36届国际军事医学大会，来自100个国家的1000多名代表参加了会议。我军还积极参加各种国际军体比赛，并在军事五项、铁人三项等项目上多次摘金夺银。1995年，我军派队参加第一届国际军人运动会，便取得优异成绩。1998年6月，我军在北京成功地举办了第46届国际军事五项锦标赛，并获得5金、1银和3铜的好成绩。1999年8月，中国军队参加了在克罗地亚举办的第二届世界军人运动会。同年8月，我国空降兵某部特种大队特种作战营副营长王亚林，在委内瑞拉特种兵学校参加国际反恐怖特种训练，并在考核中夺得5个第一、2个第二的成绩，赢得了“中国军人了不起”的赞誉，被委内瑞拉陆军院校部司令诺加斯少将授予荣誉勋章。他与其他一道参训队友们的事迹，被拍成电影《冲出亚马逊》，向全世界展示了中国军人不屈不挠、英勇顽强的风采。这一时期，我军文艺团体也经常出国访问演出，载誉而归。2004年春节之夜，中国军乐团参加了第40届“不来梅国际音乐节”的演出。他们精彩的表演，赢得了德国观众的热烈欢迎，短短12分钟的演奏九次被潮水般的掌声淹没。音乐节组委会主席赖梅斯登说：“中国军乐团才是最棒的。”《欧洲时报》、《星岛日报》等媒体撰文称：中国军乐团“以音乐为武器，征服了欧洲人的心。”一篇《文明之师越洲来》的文章还评论说：中国军乐团“不但对中国军乐的魅力做出了深刻阐释，还对高度集中统一的管理、雷厉风行的作风、威武文明的形象向世人做出了恰如其分的宣示。”此外，我军还通过邀请外国军事飞行表演队，来华参加珠海国际航展表演，扩大与外军在航空领域的交流。所有这些多边国际军事专业交流，丰富了新中国军事外交的内涵，增进了我军与外军的相互理解与友谊。

**（二）树立负责任的社会主义大国形象**

这一时期，随着我国对外交往的进一步扩展，我军参与多边国际安全合作的机会不断增多，投入的力度也逐渐加大。通过多层次、多渠道、多形式的国际多边活动，中国对国际安全问题的立场和观点得到越来越多国家的理解和认同，在国际上树立了中国讲原则、负责任的社会主义大国形象。

1. 在国际军控与裁军领域发挥积极作用

中国政府高度重视军控与裁军问题，积极参与国际军控和裁军谈判，认真履行缔约国义务，树立了一个负责任的社会主义大国的形象。自1980年首次派员参加联合国裁军工作会议之后，中国政府便以积极的姿态参与到联合国的国际军控和裁军工作之中，致力于推动国际军控与裁军的健康发展。1990年2月28日，中国分别向美、英、苏三国政府，递交了中国加入《禁止在海床及底土安置核武器和其他大规模毁灭性武器条约》文书，宣布加入该条约。1991年12月29日，中国加入《不扩散核武器条约》。1992年2月，在美国宣布准备取消1991年6月的三项对华制裁措施并执行后，中国宣布，虽然我并非《导弹及其技术控制制度》的签署国，但将执行该条约的准则和参数。1994年1月，中国正式向美、俄、英、法等国提出《不首先使用核武器条约》草案，并建议五个核国家尽早在北京就此进行首轮磋商，表明了中国对国际军控与裁军问题的积极态度。中国军队的几次单方面裁军也是这种态度的具体体现。1998年11月，中国政府批准了《特定常规武器公约》修订后的《地雷议定书》和《激光致盲武器议定书》。1998年12月，中国与国际原子能机构，签署了旨在加强保障监督体系有效性的附加议定书，承诺向国际原子能机构申报与无核武器国家进行核合作的有关情况。2000年7月18日，中俄两国元首，在北京签署了《关于反导问题的联合声明》，强调缔约国严格遵守

《反导条约》，削减和限制进攻性战略武器，防止大规模杀伤性武器扩散。2004 年 12 月 27 日，中国政府还通过《2004 年中国的国防》表示，中国支持联合国裁军谈判会议尽快就核裁军、《禁止生产核武器用裂变材料条约》进行谈判，并对无核武器国家安全保证和防止外空军备竞赛四大议题开展实质性工作。中国政府做出的这些努力，对国际军控和裁军进程的发展起到了积极促进作用。

2. 加强对外军事政策宣传

1995 年 11 月，中国首次发表《中国的军控与裁军》白皮书。1998 年 7 月，中国发表第一份《中国的国防》白皮书，这是我国首次公开发表有关国防政策和军队建设的报告。截至 2013 年，中国已经发表了八份国防白皮书。通过这八份国防白皮书，中国全面介绍了中国的国防政策、国防和军队建设的发展、国防经费、国际安全合作、军控、裁军与防扩散等。此外，中国还进行了大量裁军。从 1949 年新中国成立以来，中国人民解放军已完成了九次重大精简整编，军队员额从 1951 年底历史最高的 627 万大幅减少到目前的 230 万。中国政府爱好和平的立场和原则，负责任的态度和做法，有力地驳斥了“中国威胁论”，对增强国际间互信、树立我负责任大国形象起到了积极作用。

3. 组织和协调国内履约工作

自 1993 年以来，我军在国家外交部、财政部及地方有关部门的协助下，在履行禁止化学武器公约、禁止生物武器公约、特定常规武器公约、禁止核试验条约，以及处理侵华日军遗弃的化学武器等方面，做了大量工作。截至 2006 年底，先后 100 多次接受了国际禁止化学武器组织核查团对我军有关防化设施的现场核查，并 10 多次协助日本政府调查团，对分布在中国八省区的 20 多个遗弃化学武器地点进行了实地调查和现场确认。近年来，我军有多人受聘于国际军控与裁军组织，参与联合国组织的有关核查和技术工作。另有 500 多人次，参加了 10 多个军控议题的国际谈判和磋商，他们充分发挥专业技术优长，收集了大量资料，出色完成了任务，并维护了国家的利益。

4. 参加联合国维和行动

20 世纪 80 年代初，中国政府开始对联合国维和行动表现出积极的态度。1986 年，中国受邀派员考察了中东“停战监督组织”，并于同年全部交纳了中国过去一直拒绝承担的有关维和行动的费用。1988 年，中国成为联合国维持和平行动特别委员会成员国。1990 年 4 月 19 日，中国首次向联合国停战监督组织（UNTSO）派出了 5 名军事观察员。1991 年，中国又先后向联合国伊科观察团（UNIKOM）和联合国西撒哈拉公民投票监督团（MINURSO）派出了 20 名军事观察员。1992 年 4 月，中国向联合国柬埔寨临时权力机构（UNTAC）派出了 47 名军事观察员和两批共 800 人的工兵大队，这是中国首次成建制派遣部队参与联合国的维和行动。1993 年 10 月，我军又向联合国利比里亚观察团派出军事观察员。1997 年 5 月，中国政府承诺将在适当的时候，向联合国维和行动提供军事观察员、民事警察和工程、医疗与运输等后勤保障分队。此后，我军向联合国派员参加维和行动的人员规模和任务范围，都呈现出逐年扩大的趋势。近 20 年间，先后有多名中国军事人员在执行联合国维和任务过程中牺牲，数十人负伤。这些维和人员在各种艰难和危险的环境中，不怕吃苦、不怕牺牲，以优良的素质、坚强的毅力和无畏的精神，出色地完成了联合国赋予的各项任务，向世界展示了我军和平之师、正义之师、文明之师的形象，受到广泛的赞誉。

5. 积极参与亚太地区多边安全合作

我军自 1995 年开始，参与以东盟地区论坛（ARF）为代表的亚太多边安全合作。15 年间，参加了东盟地区维和、海上搜救、救险救灾、排雷等，并举行了不扩散、军队院校长、国防部官员等一系列官方或非官方会议。此外，我军还派出近 100 人次参加了东北亚合作对话会（NEACD）、亚洲相互协作与建立信任措施会议（CICA）、亚太安全合作理事会（CSCAP）、西太平洋海军论坛等其他类型的多边安全对话合作会议。与此同时，我军还积极承办了多个国际安全会议。通过这些努力，不仅向外界表明，中国是亚太地区安全中的一支重要建设性力量，还有力地驳斥了“中国威胁论”的谎言，对东盟地区论坛的成功举办和在亚太地区建立公正、合理的地区互信措施，起到了积极推动作用。

6. 参加上海合作组织的各项活动

由中国、俄罗斯、哈萨克斯坦、吉尔吉斯斯坦、塔吉克斯坦、乌兹别克斯坦六国组成的上海合作组织，是一个维护地区安全不可忽视的区域性多边合作组织。上海合作组织的前身是1996年4月26日在上海举行的中国、俄罗斯、哈萨克斯坦、吉尔吉斯斯坦、塔吉克斯坦五国元首会议（也称“上海五国”）。最初，是一个为了加强相邻国家边境地区军事领域信任的组织。后来，随着五国在政治、经贸、军事、技术等领域合作的逐步加深，成员国的多边合作范围逐渐扩展，越来越多地涉及到维护本地区安全与稳定的各项问题。2001年6月，在“上海五国”机制的基础上，中国、俄罗斯、哈萨克斯坦、吉尔吉斯斯坦、塔吉克斯坦、乌兹别克斯坦六国成立了上海合作组织。该组织成立以来，先后签署发表了《打击恐怖主义、分裂主义和极端主义上海公报》、国防部长联合公报、总理声明、执法安全部门领导人声明和外交部长联合声明等重要文件。在2002年6月召开的上海合作组织圣彼得堡峰会上，六国元首还签署了《上海合作组织宪章》、《关于地区反恐怖机构的协定》和《上海合作组织成员国元首宣言》三份重要法律、政治文件。2003年，《打击恐怖主义、分裂主义和极端主义上海公约》和《关于地区反恐怖机构的协定》正式生效，并举行了国防部长会议和联合反恐军事演习。2004年1月，上海合作组织秘书处和地区反恐机构，分别在北京和塔什干正式设立。2006年6月，适逢上海合作组织成立五周年和“上海五国”机制建立10周年，中国政府邀请了蒙古、巴基斯坦、伊朗总统和印度总理作为观察员，阿富汗总统、东盟、独联体领导人作为主席国客人出席了这次峰会。此次峰会签署了《上海合作组织五周年宣言》、《上海合作组织成员国元首理事会第六次会议联合公报》等重要文件，为上海合作组织的下一步发展，确定了方向和任务，实现了增强互信、深化合作的初衷。

7. 参加联合军事演习

这一时期，中国积极参与联合反恐、海上搜救、打击海盗、打击制贩毒品等非传统安全领域的军事合作。一方面，与外军联合举办的军事演习逐渐增多。2002年，我军开始有选择地逐步参加双边和多边联合军事演习。2003年8月，中、哈、吉、俄、塔五国军队，在哈萨克斯坦乌恰拉尔市和中国新疆伊宁市附近地区，成功举行了上海合作组织框架内首次多边联合反恐演习——“联合2003”。与此同时，中巴、中印，在海上举行了联合搜救演习，实现了我国海军与外国海军联合演习零的突破。2003年10月22日，中国和巴基斯坦海军，在中国东南长江口水域，举行了海上联合搜救演习。2003年11月14日，中印海军，在中国东海海域举行海上联合搜救演习，开辟了两军在非传统安全领域的首次合作。2004年8月，中国和巴基斯坦两国军队，在中巴边境地区，举行代号为“友谊-2004”的联合反恐军事演习。2004年3月、6月、10月，中国海军舰艇编队，分别与法国、英国和澳大利亚海军舰艇编队，在黄海海域举行了海上联合搜救演习。2005年8月18日至25日，中俄军队，在俄罗斯夫拉迪沃斯托克和中国山东半岛及其海域，举行了历时8天的“和平使命-2005”中俄联合军事演习。此次演习，是根据2004年7月，中央军委副主席郭伯雄上将访俄期间，与俄国防部长伊万诺夫，共同签署的《中华人民共和国国防部和俄罗斯联邦国防部关于举行联合军事演习的备忘录》举行的。双方派出了陆、海、空军和空降兵、海军陆战队以及保障部（分）队。中国国防部长曹刚川和俄罗斯联邦国防部长伊万诺夫，均亲临现场观摩演习，并分别在闭幕式上致词。上海合作组织其他成员国的国防部长，上合组织观察员国的代表，受邀观摩了联合军演。此次演习，是中俄两国首次诸军兵种联合演习，不针对第三方，没有明确的作战对象，是根据中俄两国共同应对传统和非传统安全领域威胁的需求设计的。演习的层次之高、规模之大、地域之广、参演兵力之多，演练内容之全，都是史无前例的，标志着中俄战略协作伙伴关系达到了一个新的水平，为两军务实合作，探索出了新的途径、新的形式，开创了中国军队与外军进行深度军事交流合作的新局面。2006年9月22日，中国与塔吉克基斯坦举行代号为“协作-2006”的联合反恐军事演习，这是我军和平时期首次派遣成建制作战部队携带武器赴境外进行军演。2006年9月、11月，中美海军先后在美国圣迭戈附近海域、中国南海分两个阶段举行了海上联合搜救演习，这是中国军队与外军历次联合搜救演习中，双方参演兵力最多、动用武器装备最先进、内容设置最复杂、双方协同程度最深入的一次演习，中美首度联合军演标志着两国军事关系向着更深层次发展。2002—2012 年，中国与 31 个国家举行联合军演 28 次，联合训练 34 次，进一步深化了双边、多边军事合作。

另一方面，近年来，中国军队对外开放演习的频率越来越高、规模越来越大、程度越来越深。2003 年 10 月，我军首次邀请 15 国军事观察员，观摩了由北京军区组织的“北剑 -0308”装甲旅纵深突击作战演习。2004 年 9 月，来自法国、德国、英国、墨西哥的军事观察员和国防大学防务学院国际问题研讨班的 50 余名外国学员，观摩了中国海军陆战旅在广东省汕尾两栖作战训练基地举行的、代号为“蛟龙 -2004”的两栖登陆作战演习。同月，16 国军事观察员和军事领导人，在位于河南的济南军区某合同战术训练基地，观摩了代号为“铁拳 -2004”的机械化步兵师山地进攻作战演习。2004 年 6 月，15 国驻华海军武官观摩了中、英海上联合搜救演习。2005 年 9 月 27 日，中国邀请 24 国军事观察员和驻华武官，观摩了在内蒙举行的“北剑 -2005”军事演习，这也是中国军队迄今为止邀请国家最多、展示规模最大、对外开放程度最高的演习。这种变化清楚地表明，中国军队正变得越来越开放、越来越透明，在世界舞台上也越来越自信。此外，中国也分别派团，观摩了俄罗斯、日本等国的军事演习及美、泰、新三国联合军事演习。

### （三）建立边境地区互信措施

中国奉行睦邻友好政策，主张通过和平谈判解决与邻国的边界、海域划界问题，反对使用武力。但是，印度、蒙古、苏联和越南，却分别与我国因边界争端爆发过武装冲突或战争。进入新时期，经过不懈地努力，中国已与大多数邻国，解决或基本解决了历史遗留的边界问题。

1. 解决中越边境雷患问题

1991 年 11 月，中越两国关系在经历一段曲折后，重新实现了正常化。由于战争时期中越双方在边境地区都铺设了许多地雷，给两国边民的生活和生命财产安全带来了极大威胁。1992 年，中国军队开始在中越边境我方一面，进行大规模的排雷行动。当年 4 月，中国驻云南部队，在东起富宁 24 号界碑、西至江城县十层大山的 1335 千米边境线上，开始了第一次中越边境扫雷行动。1997 年 12 月 1 日至 1999 年 8 月 9 日，我军又进行了规模更大的第二次扫雷行动。历时七年的这两次扫雷行动，共清除了 300 多平方公里土地上的雷障，排除各种地雷和爆炸物 220 多万枚，销毁废弃弹药 700 余吨，打通了边贸通道和口岸 290 多个，恢复弃耕地、弃荒牧场和山林六万公顷，消除了遗留地雷对当地平民生命安全的威胁，为中越边境地区的农业生产、贸易往来、跨境旅游等经济活动，提供了保障，也有力地促进了中越两国关系的健康发展。

2. 签订处理边界事务的各类条约、协定和协议

这一时期，为稳定周边局势，保障国家经济建设，中国努力推动与周边国家签订了一系列在边境地区建立信任的措施。经过多年的努力，中国分别与蒙古、俄罗斯、缅甸、越南、老挝、印度等国，签订了有关边界管理和处理边界事务、以及在边界地区建立信任措施、预防危险军事活动等方面的条约、协定和协议。1995 年 8 月和 1999 年 11 月，中国国防部分别与俄罗斯联邦边防总局和蒙古国边防军管理局，签署了边防合作协议。1996 年 4 月 26 日，中国、俄罗斯、哈萨克斯坦、吉尔吉斯斯坦、塔吉克斯坦五国（也称“上海五国”）元首在中国上海举行首次会晤，签署了《关于在边境地区加强军事领域信任的协定》。1996 年 11 月，中国与印度签署了《关于在边境实际控制线地区军事领域建立信任措施的协定》。1997 年 4 月，“上海五国”元首又在莫斯科举行了第二次会晤，签署了《关于在边境地区相互裁减军事力量的协定》。此后，“上海五国”，每年夏季举行峰会，就五国在各领域开展多边合作、维护本地区安全与稳定，展开多边会谈。2000 年 3 月，五国国防部长在哈萨克斯坦阿斯塔纳进行了首次会晤。会后签署了联合公报。2002 年 5 月，中国与塔吉克斯坦签订了《中华人民共和国和塔吉克斯坦共和国关于中塔国界的补充协定》。

随着多种信任措施的逐渐建立和落实，中国与邻国发生的各种边

界纠纷和事件明显减少，边界地区的正常秩序得到有效维护和保持，和平友好的边界氛围逐步形成。

**（四）坚决维护国家领土主权和海洋权益**

领土完整和主权独立，是民族国家享有的基本权利。作为一个主权独立的民族国家，中国政府将领土完整视为国家最高利益之一。

1. 迎接香港、澳门回归

1997 年 6 月 30 日，中国人民解放军驻香港部队进驻中华人民共和国香港特别行政区，顺利完成与驻港英军的防务交接，并于 7 月 1 日零时，开始履行防务职责。全中国人民见证了这一神圣的时刻。回忆这一时刻，我驻港部队司令刘镇武将军感慨万千："这里是我们的国土啊，异国军人的脚步，却在这里停留了 100 多年。但该结束的，一定要结束，该来的，一定要来，该走的，一定要走。"[①] 想想 160 多年前，强行在香港水坑口登陆的英军头目璞鼎查"香港的中国臣民为英王制下的臣民"的叫嚣，以及英国外交大臣巴麦尊"对付中国人唯一的办法就是先揍他一顿，然后再说道理"的蛮横，再看看今天，代表中国政府的中国军队，威严地站在从前英军治下的香港地界，展示着一个自信、从容、充满活力的民族的尊严，不少中国同胞留下了激动的热泪。1998 年，澳门也顺利回到祖国的怀抱。至此，除台湾地区以外的中国所有地区实现了统一。

2. 维护领海、领空安全

在我国与周边国家陆上边界问题逐渐得到解决，形势好转的同时，由于美国扩大对台军事介入，加强对华军事遏制，不断对我国实施抵近侦察和挑衅行动，我东南方向的海空边防形势渐趋严峻。1994 年 10 月，美国"小鹰"号航母编队，在黄海海域，对我国一艘 091 型核动力攻击潜艇，进行了长时间海空包抄，实施了七次模拟攻击，一直闯入中国领海，在我海军航空兵歼击机驱赶后离去。1996 年 3 月，为震慑台独势力，我军在东南沿海举行导弹试射和联合演习。美国派出"小鹰"号和"独立"号两个航母编队，驶入中国台湾附近海域，

---

① 刘镇武：《亲历威武文明之师进驻香港》，载《军事外交亲历记》。

企图收集我导弹飞行数据并对我实施威慑。其间，美航母派出 F－14 战斗机侵入我领空，进行挑衅性侦察飞行。我空军苏－27 歼击机升空拦截，将美机强行驱离。就美军航母编队，对我实施抵近侦察和挑衅，可能引起“擦枪走火”，从而导致两国正面冲突的问题，我总参外事部门向美方提出严正交涉。1998 年 1 月 19 日，经过一系列斗争和谈判，中美两国签署了《关于建立加强海上军事安全磋商机制协定》，该协定为妥善处理美军在我东南沿海进行的海空军事侦察与挑衅行动提供了法理依据。但发生在 2001 年 4 月 1 日的中美“撞机事件”则表明，这种海上军事安全磋商机制的建立，并不能从根本上改变美军抵近我领海、空从事间谍活动的现实。“撞机事件”发生后，中美两军交往全面终止。虽然两国随后在当年的 9 月 14 日和 12 月 5 日，分别在美国关岛和中国北京，两次召开以“海上军事安全磋商机制”为主题的会议，但这些努力并不能排除今后两国不再发生类似事件。由此可见，如何充分发挥中国军事外交的作用，妥善处理外国军舰、飞机对我领海空进行的骚扰和侵犯，已成为新形势下中国军事外交面临的一项重要课题。

3. 美军“误炸”我驻南斯拉夫大使馆

1999 年 3 月 23 日，以美国为首的北约，发动了科索沃战争，5 月 8 日，美军向我国驻南斯拉夫大使馆发射了 3 枚导弹，炸毁我大使馆建筑，造成我方 3 名平民死亡。事件发生后，中国政府发表严正声明，对美国的这一野蛮行径，表示极大的愤慨和严厉谴责，中国民众也表示了强烈的抗议。当天，联合国秘书长安南也表示了震惊与悲愤。经过一年多的调查，2001 年 4 月 8 日，美国副国务卿皮克林，向中国驻美大使李肇星，通报美国中央情报局对轰炸中国驻南联盟大使馆责任调查的结果，承认因为使用了不合适的目标定位方法，且在逐级审查中都未发现其中错误，才导致了美军战机对我国大使馆的“误炸”。美方表示，业已对涉及此事件的中情局 8 名工作人员进行了惩处，其中 1 人被解雇。4 月 10 日，中国外交部发言人就此事发表谈话，认为美方的解释“难以令人置信”。同日，副外长王光亚召见美国驻华大使，强烈要求美国政府对轰炸事件做出全面彻底调查，兑现美方关于赔偿中方财产损失的承诺，严惩肇事者，给中国政府和人民一个满意的交待。12 月 15 日，美国国会通过“综合拨款法”，为“误炸”事件给中国造成的损失，拨款 2800 万美元作为赔偿。

在“撞机事件”和“误炸我大使馆”事件上，中国政府始终秉承有理有节的原则，坚持不懈地与美国政府开展外交斗争，展现出中国政府不畏强权、坚决维护国家主权和利益的决心和勇气。

**（五）帮助发展中国家进行国防建设**

这一时期，中国继续向一些国家的军队提供人员培训、装备器材、后勤物资、医疗卫生等方面的援助，帮助这些国家的国防建设。90 年代，我军先后向 40 个国家派出了 450 批、约 3200 多人次的军事专家。相继接受了来自亚非拉和其他地区共 70 个国家的 2600 多名军事学员来华培训。例如：1990 年 6 月，我总参炮兵部，组建了 28 人军事专家组赴津巴布韦。他们克服种种困难，帮助津巴布韦建成了防空炮兵部队。津巴布韦空军副司令穆奇纳少将后来说：“这就是我们的中国兄弟，他们的精神和创造力比他们的武器更让我们受益。”1998 年 5 月，时任刚果（金）副总参谋长的约瑟夫·卡比拉，在国防大学接受了三个月的培训。2001 年 1 月，卡比拉的父亲，刚果（金）总统洛朗·卡比拉遇刺身亡，约瑟夫·卡比拉继任国家元首。2002 年 3 月 23 日下午，约瑟夫·卡比拉以刚果（金）元首身份重回母校。他特地回到自己当年住过的 301 号寝室故地重游，看着已经有所改变的旧居和他的“新主人”，卡比拉摸摸这边，看看那边，充满着无限眷恋与深情。卡比拉还向陪同访问的官员讲述了在国防大学学习期间校方为他过生日的动人情景，场面非常感人。学校特意将他当年在校学习时的录相和照片制成光碟送给他，更让卡比拉感动不已。后来，卡比拉成为中国人民可信任的朋友，在国际政治舞台上给了我们非常大的支持。1999 年 10 月和 2000 年 5 月，为帮助有关国家履行联合国《特定常规武器公约》，中国还与联合国合作举办了两期国际扫雷培训班，对来自波黑、柬埔寨、纳米比亚、安哥拉、莫桑比克、埃塞俄比亚、卢旺达 7 个雷患严重国家的 40 名学员进行了扫雷技术、实施方法和组织作业程序等内容的培训，收到了良好效果。各种层次的培训，帮助外国军事留学生学到了知识，了解了中国和军队，增进了他们对我国我军的情感。

**（六）扩大驻华武官活动内容和加强制度规范**

这一时期的驻华武官工作，在内容上更加丰富，制度上更加规范。

为更好宣传我国和平发展政策，我国多次组织驻华武官到其他城市访问。2004年2月16日，美、英、加、澳、俄等56国驻华武官及其夫人组成庞大武官团，踏上访问香港的旅程。访问期间，驻港部队优良的军政素质和严明的作风纪律，给武官们留下了深刻印象。香港《大公报》以《武官赞驻军出色，夫人爱香港美丽》为题，发表了整版专题报道。《文汇报》、《成报》、《香港商报》等也进行专门报道。2003年7月，37名来自23个国家的驻华武官首次访问西藏。他们参观了成都军区某摩步团，观看了侦察兵的擒拿格斗训练、体能训练等项目，见识了中国军队在高寒缺氧的“生命禁区”真实的训练生活场景。武官团团长、英国驻华武官科尔中将，代表全体武官表示：该摩步团官兵军事素质一流、精神面貌一流、作风纪律一流、保障能力一流，显示出中国军人良好的军事素质和战斗作风。武官团还参观了西藏改革开放以来取得的经济成就，了解了西藏解放60多年来的社会发展情况和宗教政策。通过考察，武官们认为，西藏在60多年间取得了巨大的进步，变化之大，超出了他们的想象。他们高度评价此类活动的意义，并纷纷表示，要向自己的国家宣传一个真实的西藏。

同时，随着台湾问题的突出，中国与美、日等西方国家驻华武官在情报与反情报领域的斗争趋于尖锐。多次发生美国和日本驻华武官非法闯入我军事禁区，窃取我军事机密的事件。对此，我军有关部门高度重视，进一步加强了对有关问题的管理和规范。

## 三、中国军事外交全面推进阶段的主要特点

这一阶段，通过卓有成效的军事外交活动，巩固了我国与邻国的友好关系，深化了与发展中国家的团结与合作，推动了与西方国家军事关系的发展，并在区域安全合作与多边外交活动中表现出色，充分

表明了社会主义中国，正在为积极融入国际社会、树立负责任的社会主义大国形象而努力。

### （一）基本形成军事外交新格局

这一时期的中国军事外交，与上一阶段相比，内容更加丰富、领域更加宽阔、体系化特征更加突出，基本形成了全方位、多层次、宽领域的军事外交新格局。在大国军事关系上，以多边制衡为基点，积极促成相互借重、相互制约、相互妥协的大国关系框架；在周边军事关系上，以积极塑造为核心，根据不同战略方向特点，营造于我有利的安全态势；在与发展中国家军事关系上，增进相互理解和信任，增强团结与合作，巩固和扩大我国传统外交阵地。这一时期，尤其是进入 21 世纪后，面对机遇与挑战并存的新形势，中国军事外交积极倡导“互信、互利、平等、协作”为核心的新安全观，超越意识形态，通过积极开展安全对话与交流，积极推进区域安全合作，为国家总体外交和国防建设服务，为实现中华民族伟大复兴做贡献。

### （二）充分贯彻和宣传积极防御的军事战略方针

20 世纪 90 年代以来，新军事变革浪潮席卷全球。世界许多国家加速了军事变革的步伐，特别是美国，率先兴起军事变革，在作战理论、指挥机制、武器装备、信息化建设等方面取得了显著成效，走在了世界的前列。我军积极适应世界潮流，加速实行军事变革，适时调整军事力量与资源配置，完善体制结构，创新军事理论，努力完成机械化、信息化双重建设历史任务。这一时期的军事外交，以新时期军事战略方针为依据，按照军委的战略部署，大力开展各种层次的交往，努力构建协作互信的军事关系，积极创造有利的周边和国际安全环境；加速先进武器装备和技术的引进，提供我军现代化自卫作战能力；充分利用国际资源，加大对外交流和外派培训的力度，加速我军军事和专业技术人才培养，为我军信息化建设提供高素质人才，努力实现新时期战略方针赋予的各项任务。

### （三）紧紧围绕反“台独”军事斗争准备开展军事外交

随着国际形势的演变与台岛内部政治气候的恶化，加紧反“台独”军事斗争准备，实现国家统一，已成为我军面临的当务之急。涉台军事外交，作为对台军事斗争准备在国际关系领域的延伸，自然而然地成为这一时期军事外交的重点。为了创造有利的条件和环境，促进台湾问题的早日解决，这一时期的军事外交工作，紧紧围绕反“台独”军事斗争准备，目标明确、思路清晰、效果显著。如，2004 年 1 月 10 日，中日防务安全磋商确定 2005 年初举行下一轮磋商，但后来由于“台独”分子李登辉访日，我方果断取消了原定计划，以配合国家总体外交斗争的需要。这一时期，军事外交在牵制强敌军事介入，营造有利于台湾问题解决的国际战略态势；加速引进先进军事装备和技术，为反“台独”军事斗争做好准备；开拓军援工作新思路、新领域，增进各国军方对我友好感情；借助国际军事教育资源，促进战略工程人才培养等方面都有所建树。

**（四）以宽阔的视野和积极的姿态面向世界**

伴随着中国经济的腾飞，综合国力的增长，“中国威胁论”一波未平，一波又起。90 年代以来，世界范围先后出现了五次“中国威胁论”风潮。美、日等国在自身战略利益的驱动下，对这股风潮推波助澜，肆意夸大中国的军事实力，希望将“中国威胁论”进一步扩大化。这一时期，中国军事外交配合国家总体外交和国防建设发展，积极宣传中国的和平政策和和谐文化，为破解“中国威胁论”谎言做出很大的努力。例如，2005 年我国增加 12.6% 国防费，用于改善官兵生活、军事训练和装备维修问题，我军利用高层互访、军事交流、国防白皮书等军事外交阵地，积极阐释以人为本、构建设和谐社会的思想，一定程度上消除了外界曲解和妄断产生的不利影响。我国不仅扩大了与其他国家的军事交往，丰富了各种层次军事合作的内容，而且更加积极地融入到国际事务中，承担了更多的国际义务。2002 年以来，我军有选择地增多了与外军的联合军事演习，并更多的邀请外军军事观察员观摩，增大了军事演习透明度，起到了一定的增信释疑作用。中国的军事外交通过大范围、多层次宣传中国的和平政策，发展睦邻友好关系，积极参与区域安全合作和多边外交活动，加强各个层面的军事交流，为中国在国际上树立负责任的大国形象、中国军队跨越式发展、中华民族实现伟大复兴发挥了积极作用。

这一时期，军事外交努力贯彻军事战略方针，引进先进的军事装备和技术，积极发展双边、多边军事安全合作，重视发展睦邻友好关系，推动与邻国安全互信，在国际上树立起负责任的社会主义大国形象。通过与强敌作坚决的斗争，维护国家尊严和权益。此外，中国军事外交还通过广泛的对外军事交往，遏制“台独”势力的国际活动；通过继续开展对外军事援助，加深与友好国家的友谊；通过加强内部建设，提高新形势下军事外交机构的工作效率。总之，军事外交积极配合国家总体外交，为维护国家的独立、主权与安全，维护祖国的统一与领土完整，实现中华民族的伟大复兴发挥了重要作用。

# 第六章

# 中国军事外交的总体目标

军事外交的战略目标，是指在一段时期内军事外交活动所要达成的目的。军事外交从属于国家总体外交，对国家总体外交发挥着支持和配合作用，两者总目标是一致的，但具体目标则有所区别。总目标一般不会发生大的变化，具有相对稳定性，具体目标可根据时间条件进行调整，具有变动性。从时间看，军事外交既有长期目标，也有中期和近期目标，不同的历史阶段所追求的目标有所不同。从形态看，军事外交可分平时目标和战时目标。从总体上看，中国军事外交的战略目标，主要包括：确保国家领土完整和主权独立、促进中国特色军事变革、构建良好的国际军事关系格局、维护世界和平与稳定。

## 第一节 确保国家领土完整和主权独立

领土和主权属国家核心利益，维护国家领土完整和主权不受侵犯，是中国军事外交的最重要目标。新中国成立以来，台湾问题是对国家领土完整和主权独立的最大挑战，“台独”势力及其活动对中国核心利益已构成重大现实威胁。因此，压缩“台独”国际活动空间，力争和平解决台湾问题，实现祖国统一，也就成了中国军事外交的重要目标。

### 一、遏制美台实质性军事合作

台湾问题，一直是中美军事交往的一个焦点。台湾问题纯属中国的内政，但由于美国等外部势力的插手，使得这一问题变得复杂化。台湾问题的核心是美国问题。新中国建国前，基于政党利益和制度利益，美国选择了支持国民党政府。虽然在第二次世界大战中，美国与中国保持了政治和军事合作关系，建立了共同反对日本侵略的统一战线，但是二战结束后，美国很快与苏联在全球展开竞争，国民党发动了全面内战，美国再次选择了坚定地站到国民党一边。

新中国成立后，国民党残余势力偏居台湾地区，并企图伺机反攻大陆。台湾当局不仅受到美国的政治庇护，而且得到美国最大的军事支持，在军事装备、技术保障和人员训练等方面保持了密切的合作。美国公开将台湾地区称作其在亚洲和太平洋“永不沉没的航空母舰”。

20 世纪 60 年代，美苏两个超级大国在全球争霸的态势发生了不利于美国的变化，加之美国深陷越南战场，国际形势和国内政治均出现了与中国改善关系的愿望与需求。70 年代初，中美关系实现了突破，台湾问题暂时有所缓解。但是，中美关系的改善，并未从根本上解决中国领土分割的状态。尤其是卡特政府通过的《与台湾关系法》，为美国向台湾地区出售武器提供了法律依据。80 年代，中美签署《八·一七联合公报》后，美售台武器有所收敛。1989 年后，美国严格限制对华武器出口，与之相对应则扩大了对台军售。

正是由于美国不遗余力的支持，20 世纪 90 年代初，“台独”势力开始走向台湾政治舞台，推动台湾逐步走向独立。90 年代中期，两岸关系紧张时，美国甚至出动航母编队，为“台独”势力撑腰。“台独”势力正是看准了美国以台制华的战略意图，政策上不断试探，力求更快走向独立。美国始终是“台独”势力最大的依靠。

近些年来，中国的发展在美国引起了广泛的关注。美国有些战略家认定，中国的发展将会取代美国在亚洲的主导地位，并挑战美国的全球利益。因此，美国在军事上推行警惕、防范和遏制中国的政策。但是，由于中美两国经济利益关联度越来越强，安全合作的共同需求也在增多，两国不应该走向对立和对抗。中国一直向美国明确表示，为了捍卫国家的领土主权完整，实现祖国的统一，将不惜一切代价。经过多年持续不断的斗争，中美在遏制“台独”冒险方面，取得了某种程度的共识。但是在售台武器以及协防台湾问题上，仍未取得突破性进展。

未来，随着国际形势的变化以及中美军事关系的调整，中国军事外交力求在美台军事关系上打开缺口。近期目标，是继续保持稳定的中美军事关系，加强防务磋商与安全对话，构建全方位的军事合作机制。在这一基础上，下一步目标，则是淡化美台实质性军事合作，促美放弃干预我解决台湾问题的军事政策。

与此同时，要防止日本进一步染指台湾问题。甲午战争之后，《马关条约》的签订，将台湾置于日本的殖民统治达50年之久。二战结束后，日本不得不将台湾归还中国。但是，日本仍念念不忘对台湾的殖民情结，甚至对台湾抱有某种野心。日本的某些右翼势力，极力支持以李登辉、陈水扁为代表的“台独”势力，特别是日本把台湾列入自己的防御范围，其干涉台湾问题的战略意图显而易见。对此，中国军事外交必须高度地警惕和关注，采取切实有效的措施，防止日台军事关系的发展。

## 二、削弱和消除台湾当局与所谓“邦交国”的军事关系

国际上明确支持台湾当局的基本力量，是非洲、拉丁美洲、欧洲和大洋洲的22个小国。这些国家是台湾当局仅有的“邦交国”，是台湾当局“外交”的国际象征和基础。但是，这些国家大多政治混乱，国力不济，经济发展主要依赖台湾当局的支持。它们在地区和世界政治中的作用较小，最大的国际影响可能就是对两岸问题的政治介入。

在国际政治事务中，这些国家的政治立场与我国大致相近，但由于其国内政治情况以及台湾当局持续不断的投入，使得这些国家介入两岸政治，成为最大的外交资本。对于个别国家来说，台湾地区的投资和援助，某种程度上成为维系其国家政治经济的最大依靠。许多情况下，都是通过政治上对台湾当局的承认，而换取经济上的支持。总的来看，“台独”势力与这些小国主要是政治关系，军事合作相对有限，彼此之间很大程度上是一种交易和利用关系。

“台独”势力持续努力试图将台湾问题国际化，除了利用它的所谓“邦交国”在联合国和世界卫生组织等一些国际组织制造影响外，还一直在设法扩大支持和承认其国家地位的“邦交国”数量，主要对象是那些贫穷的小国。它们可以在国际场合替台湾当局说话，为“台

独”势力制造“一中一台”提供支持。

近两年，中国通过包括军事外交在内的各种努力，使得“台独”势力在第三世界的活动空间受到压缩，情况发生了不利于“台独”势力的变化。但是，“台独”势力绝不会甘心，原有的个别阵地失去后，不排除酝酿一些新的举措，通过政治、经济等各种手段再与一些小国建立所谓的“邦交”。

削弱与消除“台独”势力与这些小国的“外交”联系，必须运用政治、经济、军事外交等多种手段，帮助这些贫穷国家发展经济、建设国防，让他们了解到中国所给予的支持和援助远比台湾当局更大、更持久、更有效，扩大中国的影响力，增强对中国政府的信任和支持，以逐步瓦解“台独”势力的“邦交”基础。

总之，压缩“台独”活动空间是阶段性目标，最终目标是促进台湾问题的解决，实现两岸统一。未来，中国军事外交目标能否达成，受制于两个方面的因素，一是台湾地区内部的政治变化，二是外部环境以及大国政策的变化。我们必须采取一切措施，排除一切障碍，努力实现军事外交战略目标，为解决台湾问题，实现祖国统一做出贡献。

## 第二节　促进中国特色军事变革

军事外交的军事属性，决定了它与军事变革的必然联系。中国军事外交一个重要而直接的目标是，促进中国特色军事变革，为建设信息化军队、打赢信息化战争创造有利条件。

### 一、通过引进与合作，加快我军武器装备建设

20世纪90年代，一场新军事变革席卷全球，以信息技术为核心的一系列高新技术，广泛应用于军事领域，使武器装备体系实现了从机械化向信息化质的飞跃。在这场新军事变革中，技术的交叉、融合，使许多重大装备项目的技术密度越来越高，任何一个国家，都不可能独立解决所有的技术问题。加之全球一体化，使科学技术在国际

间的转移速度加快，更为军事装备与技术的国际合作推波助澜。对发达国家来说，国际合作可以实现优势互补，降低风险与负担，扩大进入全球市场的机会；对发展中国家而言，则可以获取先进的军事装备与技术，增强军队装备水平和研制能力，提高国防和军队整体实力。

我国的武器装备，是在旧中国一穷二白的基础上发展起来的。经过50多年的努力，虽然形成了基本的武器装备体系，但总体而言，仍处于机械化半机械化的水平，信息化水平比较低。面对新军事变革的挑战，军事外交应不失时机地采取有效措施，加强对外装备技术交流与合作，促进我军武器装备的信息化建设。

新中国成立初期，中国与苏联曾进行过富有成效的军事装备与技术交流，但是由于苏联单方面撕毁合同，使得中苏军事装备技术交流中断。80年代，中国与美国也有过短暂的军事装备技术合作。但是无论中苏还是中美军事合作，都未能持久。90年代以来，中俄两国军事技术合作取得了较大进展。而美国等西方国家，对中国实施包括武器禁运等在内的高技术出口限制，至今尚未取消，直接影响了中国与西方国家的军事技术合作。

事实上，在一个和平共处的世界上，军事技术交流和合作既利他，更利己。对于中国来说，引进先进的军事技术不是为了准备战争，而是防止战争。中国的原则立场始终是反对战争，主张和平解决所有争端。中国与一些技术先进国家实现军事合作，共同参与一些重大的技术项目，既可以促进技术本身的发展，同时又为增进互信、确保和平共处提供了保障。

军事技术交流程度始终与军事互信成正比，是衡量国家军事关系的重要标志。军事装备与技术的交流合作，不仅可以提高武器装备的现代化水平，同时还可以提高透明度，增加互信，进一步发展军事友好关系。

## 二、通过考察与交流，加强我军编制体制建设

编制体制是军事装备、军事技术和军事理论的纽带，是生成战斗力的重要体现，也是世界新军事变革的重要内容。军队编制体制，随

着形势任务的变化而不断调整，属于一个渐进的动态过程。在世界范围内，许多国家军队编制体制的变革是互动的，相互影响的。因此，中国军事外交的一个重要目标，就是在这种军事互动中，促进我军建立起更为完善合理的编制体制。

由于历史上中苏有着密切的联系，中国人民解放军自诞生之日起，就受到苏联红军包括编制体制在内的多方面影响。

中国军队一向以数量规模见长，而且技术含量不高，在机械化时代，这种编制体制有其合理性，而且在实践中取得了成效。但是，随着科学技术的发展，战争形态正在由机械化向信息化转变，我军编制体制的弊端日益显现。20 世纪 80 年代，邓小平就曾提出中国军队存在着臃肿等问题，应借鉴西方国家军事建设的一些思路和做法。我军经过三次大规模裁军，在一定程度上解决了部队过于臃肿的问题，但是有许多深层次的问题还没有根本解决。近些年，我军通过互访、观摩外军演习、举行联合军演等，对美国、俄罗斯等大国军队指挥体制、部队编制、联合训练等有了一定了解，对优化我军结构、搞好科学编成起到了启迪作用。

随着信息技术、武器装备的发展和战争形态、作战样式的变化，以及军事理论的创新，我军的编制体制必须进行相应的调整改革。中国军事外交一个重要目标，就是通过与世界军事大国进行正常有效的交往，吸收并借鉴先进的编制体制做法。世界新军事变革也要求编制体制必须随着战争形态的变化而变化，中国新军事变革应借鉴外军的经验和教训，参照外军作战指挥、力量构成、联合作战等模式，推动我军编制体制建设和改革。

我军应进一步加强考察与交流，大胆借鉴外军编制体制的成功做法，使我军规模趋向小型化、结构趋向合理化、指挥体制趋向高效化、编成趋向一体化，最终建立起一支精干、灵活，具有很强战斗力的军队。

### 三、通过学习与借鉴，推进我军军事理论建设

军事理论是战争实践的总结，对军队建设与运用具有重要的指导

作用。创新军事理论是中国特色军事变革的重要组成部分，也是提高军队战斗力的重要因素。

优秀的军事理论，是普遍规律的客观反应，具有广泛的指导意义。中国历史上曾产生过许多优秀的军事理论。《孙子兵法》作为兵学圣典，因其哲理性、普适性而成为世界军事文化共有的财富。虽然它是2500年前中国古人的思想，但至今仍有着重要的借鉴价值，成为许多西方国家军事院校的必修课程。围绕《孙子兵法》这一理论平台，世界各国军人进行着战争与和平的深入探讨和交流。

中国人民解放军诞生后，我国军事理论进入了一个辉煌的发展时期。毛泽东从其丰富的军事斗争实践出发，总结提出了关于战争、战略、战役、战术等一系列军事思想，丰富了中国军事理论宝库，不仅是中国革命取得胜利的法宝，也成为许多外国军队学习的经典。建国后，由于我国奉行固守边防的军事政策，作战实践大大减少，军事理论成果也相对不足。同一时期，美国的军事理论因战争经验的积累而不断丰富。美国作为世界超级大国，频频介入和发动战争，战争经验相对丰富，军事理论成果也相对领先。如果说20世纪五六十年代美国发动的朝鲜战争和越南战争，具有规模大、时间长等传统战争的特点，那么20世纪末以来美国发动的战争，则呈现出时间短、非接触、不对称等新特点，尤其是美国发动的阿富汗战争和伊拉克战争，信息化作战理论和先发制人的作战思想，引起了世界各国的普遍重视，并由此而引起了信息化作战理论的研究热潮。

中国军事变革一个重要的方面，是军事理论的创新，而创新则来自于交流，来自于启迪，来自于碰撞，来自于探索。近些年，中国与美、英、法、德等国均建立了中高级军官研讨班，共同讨论当今国际安全形势，研究现代战争规律特点，探索争取和平与稳定的途径渠道。军事指挥人员越来越多地走出国门，与外国同行相互切磋。军事科研和教学人员也与外国专家学者开展交流，从而丰富自己的军事理论。

胡锦涛指出，新的时代呼唤新的理论，新的理论指导新的实践。进入21世纪后，世界新军事变革又有新的发展，中国显然不可能置身其外。应结合自己的国情军情，积极吸收借鉴外国军事理论中一些具有普遍意义、并且反应当代战争规律的合理性成份。中国军事外交应提供更为广阔的平台，建立持久有效的交流渠道，使理论层面的交流常态化，让我军指挥人员和理论工作者，了解并借鉴外国军事理论成果，创新自己的军事思维，推动中国特色军事变革深入发展。

## 第三节　构建良好的国际军事关系格局

对于任何一个国家来说，目标的制定，必须依据当时客观的国际国内环境，以及对这个环境的认知。对中国来说，军事外交期望达成的目标，必须既着眼长远，又立足现实。中国军事外交追求的首要目标，是建立一个良好的军事关系格局，对世界霸权和军事冒险主义能够有所制衡和约束。

### 一、互信的大国军事关系

大国因其强大的军事、经济实力和政治影响力，深刻影响着国际战略格局和国际安全形势。因此，大国军事关系在任何大国军事外交中，占有相当重要的地位。对于中国来说同样如此。与各大国建立一种无敌意的、良性互动的、持久稳定的军事合作关系，是我国军事外交的重要目标。

军事关系是大国间相互关系的晴雨表，也是验证大国关系最为可靠的试金石。建立大国军事互信，不仅是军事外交的最大目标，也是国家外交的重要目标。历史表明，大国间一旦发生战争，后果非常惨重，尤其在核背景下，大国军事冲突有时会酿成毁灭性结果。因此，建立大国军事互信，不仅对当事国的安全与发展非常重要，而且对维系地区乃至世界和平也至关重要。大国关系尤其大国军事关系的好坏，直接反映了大国间的政治关系状况，是地区和国际安全形势变化最敏感、最直接的指向标。

维持稳定的大国军事关系，事关国家的安全与发展。大国军事关系稳定，则大国关系稳定就有了可靠的保障。影响大国军事互信的要素较多，既有客观的利益冲突，也有主观的价值观差异。相对而言，大国利益相关度高，矛盾冲突相对较多。新中国建立以来，重要的军事外交活动，都与大国有关。中国既经历了大国结盟的友好岁月，也经受了大国交恶的巨大创伤。

建国初期，世界分为东西两大阵营，作为年轻的社会主义国家和社会主义阵营的重要成员，中国首先遭到美国为首的西方阵营的封锁和遏制。20 世纪 50—60 年代，西方国家对中国政治上孤立、经济上封锁，军事上构建了以台湾当局为核心的新月形包围圈，安全环境非常恶劣。当时，中国与美国等西方大国政治关系恶化，军事关系也没有往来。这个阶段，中国军事外交的对象和范围，基本局限于社会主义阵营。在中苏同盟关系框架下，两国在军事人员培训、装备提供以及技术分享等方面，都有良好的交流与合作。

历史往往不是按照直线行进的，有时歧路叉道会不期而遇。60 年代，中苏政治关系恶化，直接导致军事关系急转直下。1969 年，中苏两军在珍宝岛发生战事，朋友变成了敌人。中国此时与世界上两个军事超级大国对立，军事外交处境异常艰难。当时，中国军事外交的首要目标是摆脱两面受敌、四面包围的军事困境，争取更多的朋友，减少可能的敌人。

70 年代初，中美关系开始改善，中国与整个西方世界关系因此正常化，军事合作也随之被提上了议事日程。80 年代，中美两军建立了比较密切的合作关系，军事领导人经过 20 多年的隔绝实现互访，不仅就重大的国际战略问题以及两军合作问题进行了深入交流，而且在军兵种建设、军事指挥以及后勤保障等方面进行了具体探讨和合作。与此同时，中欧也开始建立了良好的军事合作关系。但是，大国军事关系的发展十分脆弱。

20 世纪大部分时间，受制于当时险恶的国际战略安全形势，中国军事外交压力大、空间小、手段少，军事目标相对单一、集中，主要是缓和与西方大国的军事敌对关系。到 20 世纪末，中国军事外交的空间增大、手段增多，军事外交的目标，变为努力与所有大国建立正常的军事交流，增进了解，消除隔阂和误解，力求维持稳定的大国军事关系。

大国关系中的一个悖论是：弱则受欺，强则受疑。进入新世纪后，随着中国国力的不断提升，西方一些大国对中国的疑虑开始加重。不可否认，一些西方大国对中国的认识和解读，存在着局限性和片面性，许多时候误解、误读甚至歪曲了中国的真实意图和行动。客观上，世界舆论由西方主导，中国军事外交的资源不多，要获取一定的话语权，引导并消除国际舆论的负面影响，存在着相当的难度。此外，在大国军事关系实践中，一些强国和大国在对外交往中，常常以自我利益为中心，人为地为大国军事关系设置障碍，严重影响了国家间的信任和理解。

大国军事关系，一直是大国关系中最敏感的组成部分，过去如此，将来仍将如此。对于中国来说，未来构建总体上稳定的、富有建设性的大国军事关系，是确保稳定军事关系格局的关键。这既是中国军事外交的重点，同时也是军事外交的难点。大国军事关系恶化的代价太高，很少有哪个大国敢轻易冒这种风险。因此，建立大国间的军事互信尤为重要。迄今为止，中国与美、俄、日、澳、英、法等大国建立了防务与安全磋商，坦诚交流，加强互信，增进了解，防止误判。

目前，中国军事外交可资利用的条件是，大国军方首脑基本上已形成了机制化会晤，对一些重大军事合作事项可以进行直接的讨论和规划。中国与一些大国建立军事热线的设想，也已提上讨论议程，一旦建立，有助于及时进行沟通和磋商，防止发生意外的军事磨擦，造成不必要的消极后果。现阶段，中国与俄罗斯的战略共性较多，发展军事合作的条件相对有利，在军事安全领域，易于达成信任和理解。未来中国军事外交的目标，是进一步推动与俄罗斯的现有合作，使双边军事合作更有成效。中国与美国、欧盟、日本的关系因政治制度差异、利益冲撞以及历史纠葛等问题，相对复杂，当前以及未来相当长一段时期内，难以取得突破性进展。未来，大国军事关系将会遇到国内形势变化，政府首脑变更，以及国际环境转化等不确定因素影响，军事外交要有穿透历史与现实迷雾的洞察力，准确把握方向，开辟新领域，确立新目标。

## 二、和睦的周边军事安全环境

古今中外许多事例证明，相邻国家容易产生矛盾纠纷甚至冲突和战事。历史上，中国曾自许中央帝国，幻想天下太平。虽然当时中央王朝的和平意愿，多少带有某种乌托邦的理想主义色彩，但是所有的外交实践，都以有尊严的朝贡体系和平进行，通过互派使节，互通货物，与周边国家和睦相处。如果“外夷”不入侵，中国未曾主动向外挑起战事。近代以来，中国不断遭到外敌入侵，其中最大的伤害来自周边。

任何国家军事外交所追求的最现实而直接的目标，是所在地区的安全与稳定，这也是确保本国安全和发展的基础。某种程度上，一个地区就是一个公益平台，和平则大家受益，战乱则大家受损，极易形成一荣俱荣、一损俱损的联带效应。中国军事外交的一个重要目标就是，与周边国家达成和睦善邻的军事合作关系，形成稳定的周边军事安全环境。

新中国成立以来，中国周边外患不断。美国首先在中国东北发动朝鲜战争，战火烧到鸭绿江畔，直接威胁中国边境安全，志愿军被迫援朝作战。而后，美国发起越南战争，战火在中国南部边境燃烧。再后来，苏联出兵阿富汗，对中国西北安全带来直接威胁。这些战争，或者将中国直接拖入战火，或者对中国构成现实的安全威胁。因此，20 世纪遏制和结束战争，防止战火蔓延到中国，成了当时我军事外交的最大目标。

苏联解体对世界历史来说是一个分水岭，对中国来说也是一个重大的历史性事件。与中国接壤的国家增多，安全形势生变。中国是一个地缘安全环境非常复杂的国家，周边大小国家不等，既有强国也有弱国，不仅文化传统、政治制度以及民族宗教不同，而且关系性质相异。中国周边大国，基本上是世界性大国。俄罗斯是冷战半个世纪与美国抗衡的超级大国，苏联解体后仍然是仅次于美国的第二大世界军事强国。日本虽是偏居东亚的岛国，却是世界经济大国，渴望成为世界政治大国和军事大国。印度有着仅次于中国的人口，军事现代化水平较高，经济发展快。此外，中国周边热点问题多，例如印巴克什米尔冲突，阿富汗战争后遗症，朝鲜核危机等。中国面临着来自周边程度不等的军事安全压力，蕴藏着一些现实和潜在的军事安全威胁。

中国与周边地区的关联度很高。在20世纪大部分时间里，中国与周边国家军事关系虽然出现过一些波折，但总体上是好的，特别是80年代以来，中国军事外交政策更为主动灵活，方式、方法日益多样，成效也越来越显著。周边绝大多数国家，都认同中国的发展包括军事发展，不是威胁而是机遇。总体上看，中国军事外交初步达成了营造周边军事安全环境的目标。近期中国军事外交的目标是：强化互信，扩大合作范围，突出合作重点，在解决关键和热点问题上有所突破。

## 三、务实的第三世界军事合作关系

中国属于第三世界，第三世界向来在中国外交格局中占有非同寻常的地位。新中国成立以来，第三世界一直是中国在国际上借重和团结的重要对象，中国与第三世界国家相互支持、相互帮助，保持着稳定而良好的政治和军事合作关系。

军事外交目标的确定，与其在世界所处的地位以及预期发挥的作用有关。中国与第三世界国家经历过类似的命运，大多遭受过西方列强的殖民统治，感受相同，希望相同，都渴望建立一个公正合理的世界新秩序，主张通过外交和政治手段解决世界热点问题，反对动辄使用武力或以武力相威胁，以及实施经济制裁。无论对战争、冲突还是反恐、防止大规模武器扩散等重大安全议题，中国与第三世界国家看法相同，立场一致。中国军事外交的一个重要目标，是与占世界人口绝大多数的这部分力量，建立一种务实、持久、稳定的军事合作关系，相互协作，共同维护世界和平。

广大第三世界国家，一直是世界和平的主要力量。积极团结这部分力量，有助于共同努力遏制冲突和战争的爆发，维护一个稳定的世界。

军事外交目标的达成，需要坚实的基础和相关的条件支持。中国与第三世界国家长期良好的政治、经济关系，为军事关系的深入发展，提供了持续合作的坚实基础。在安全领域，中国与这些国家，不存在根本性分歧。中国奉行不干涉别国内政政策，反对霸权主义，所以第三世界国家对中国的政策和军事发展，没有特别的疑虑。进入21世纪后，许多发展中国家，不仅国内经济未得到充分发展，而且政治和社会形势也不稳定，尤其非洲一些国家和地区安全形势成为当今世界的热点。而中国经过20多年经济持续发展，综合国力不断提升，进一步加大了对非洲的军事援助，投入了大量人力、物力和财力，支持帮助贫弱和战乱的非洲国家，发展军事力量，维护国家和地区稳定。

## 第四节　维护世界和平与稳定

世界的和平与稳定，是人类追求的共同愿望。只有世界的和平与稳定，才能有国家的安全与发展。20世纪，两场世界大战给人类造成了空前的灾难，也给中国带来了巨大的创伤。改革开放以来，中国经济持续发展，社会祥和安定，主要得益于外部环境的相对和平与稳定。因此，赢得良好的国际环境和外部条件，维护世界和平与稳定，一直是中国军事外交不懈追求的目标。

### 一、发挥负责任的大国作用，防止冲突和战争

在中国的传统文化里，蕴含着丰富的和谐共存思想，有一种天然的和平使命感。明朝郑和七下西洋，率军数万，规模空前，航程一万多公里，却未像此后的西方殖民者那样攻城掠地，只是为了宣扬皇威和传播文明。近代中国沦为西方列强的殖民地半殖民地，蒙受苦难的中华民族更加渴望平等与和平。新中国建立后，中国始终把反对侵略战争、维护世界和平作为自己的战略追求。

20世纪50—60年代，军事外交目标与国家目标基本重合，主要表现为支持发展中国家和人民，反对超级大国的霸权主义侵略和干涉。中国应受援国政府要求，不仅给予政治和道义上的支持，还不附带任何政治条件地给予经济和军事援助。朝鲜战争爆发后，中国向朝鲜无偿提供了大批武器装备，派遣志愿军与朝鲜人民军共同浴血战斗，并积极动员国际社会，谴责美国发动的侵朝战争，促使美国最终签订停战协定。在越南人民抗法和抗美战争中，中国也应越南政府请求，提供了大量人力、物力、财力援助。苏联军队入侵阿富汗后，中国政府立即发表声明，强烈谴责苏联的霸权主义行径，坚决要求苏联停止对阿富汗的侵略和干涉、撤出一切武装部队，并且通过巴基斯坦政府和联合国难民署，向阿富汗难民提供人道主义援助，等等。

80年代以后，中国开始以更加积极的姿态参与国际军事事务，维护世界和平。自1990年首次派遣人员参加维和行动以来，中国已先后向亚洲、非洲等联合国十多个维和任务区，派出几千名维和人员，监督停火执行情况，并且在医疗和基础设施建设方面提供了最为现实的帮助。同时，在非传统安全领域，中国与有关国家签署了一系列打击恐怖主义、极端主义、民族分离主义等方面协定协议。此外，对一些重大自然灾害，如印度洋海啸、南亚大地震等，中国军队在提供紧急援助方面也发挥了重要作用。

进入21世纪后，虽然地区冲突和局部战争时有发生，但是随着社会的发展和文明的进步，战争的道德性受到质疑，而通过怀柔致远的军事外交化解分歧与矛盾、赢得和平与稳定，已成为越来越普遍的选择。在全球化背景下，各国间的相互依存度越来越高，世界范围内制约战争的因素越来越多，各国越来越重视外交手段的运用。作为一个发展中大国和联合国安理会常任理事国，中国对维护世界和平与稳定负有更重要的责任，承担着更多的权利与义务。中国军事外交应该在解决地区争端与冲突、维持和平行动、裁军与军控以及安理会通过的有关军事决议中，发挥更大作用，实现维护世界和平稳定的战略目标。

## 二、增进相互信任，促进军事安全合作

世界上绝大多数的矛盾、危机、冲突和战争，源自彼此之间的误解和不信任。如何消除猜疑，加深了解，增进互信，最理性的选择是通过外交方式去实现。只有通过相互接触，才有可能了解对方的真实意图，从而得出正确的评估和判断，制定出恰当的政策，建立稳定的军事合作关系。

军事关系的好坏受政治、经济、文化等诸多因素的影响，尤其是政治因素的影响最大。军事关系是国家政治关系深入发展的标志，同时又是国家政治关系发展的动力。由于世界各国历史不同，民族宗教信仰和文化价值取向各异，因此国家利益和政策走向不完全一致，产生分歧和摩擦在所难免。从历史实践看，对与自己文化相近、价值观相同国家的政策容易理解，反之则容易产生误解，这是自然的社会心理反应。

建国初期，包括中国在内的社会主义国家被视为异端，成为西方资本主义国家遏制的主要对象。在很长一段时间内，优越的社会主义政治属性反而成为中国与西方开展军事外交的最大障碍。改革开放后，中国综合国力逐渐增强。一个强大的社会主义国家尽管没有任何外向扩张的意图，但是客观上因其力量本身所产生的威慑力，而引起了一些国家的猜疑和多虑。近些年，有些国家对中国和平发展的认识不全面、不客观，对中国的防御性国防政策持怀疑态度，甚至制造“中国威胁论”。尤其是美国的一些战略家仍然用冷战思维和主观臆想，认定中国的发展必将挑战以美国为主导的现有世界秩序。美国是最大的发达国家，中国是最大的发展中国家，又同为联合国安理会常任理事国和核国家，如果没有良好的军事互信与合作，这对地区和国际安全来说绝对不是一个好消息。事实上，无论是在地区层面上，还是在世界范围内，中美两国都无法绕过对方去实现自己的安全利益和战略目标。军事关系作为两国关系的重要组成部分，必须得到实质性的改善。目前已经建立的交流磋商机制，是未来军事外交发挥作用的

重要平台，也是推动建立中美战略协作关系的重要保证。

从历史上看，国家之间的猜疑，大多源自于对别国的国防建设和军事意图不信任。军事外交作为一个独特的领域，在促进国家间相互了解和信任方面，能够发挥着其他外交无法替代的作用。因此，中国军事外交的重要目标任务是，灵活运用各种方式方法，阐释我国的防御性国防政策，让世界了解中国国防和军队现代化建设的本质，是内敛而不是扩张，是防御而不是进攻。

针对一些国家对中国军事建设的疑虑，中国政府以《国防白皮书》的形式，详细、准确地介绍了中国军队建设的指导思想、方针原则、建设重点、装备发展、军费投入等内容，全面反映了我国防和军队建设的防御性质，充分体现了中国人民、中国政府热爱和平的真诚愿望。与此同时，我军还通过相互交流、平等对话、坦诚磋商等途径，在很大程度上消除了疑虑，促进了理解，树立了中国和平发展的大国形象。

## 三、注重多边合作，促进建立国际安全新秩序

从根本上说，世界和平是以良好运转的国际秩序为基础的，包括公正合理的国际政治经济新秩序，也包括平等合作的国际安全新秩序。构建和谐的国际新秩序，军事层面的内容非常重要，某种程度上说，是建立国际新秩序最独特最重要的支撑。作为一个爱好和平的国家，建立和谐的国际新秩序始终是中国军事外交的基本目标。

要实现这一目标，多边安全合作机制不可或缺。相对双边而言，多边机制因涉及国家多，需要解决的问题广泛而复杂，往往较难达成一致。但是，随着国际安全形势的发展变化，多边机制在应对人类共同挑战，解决国际争端，实现世界和平方面具有重要作用。为此，必须建立完善合理高效的多边安全合作机制。

新中国成立后，由于受当时历史条件的限制，我们参与双边军事合作较多、多边合作机制则很少。但是，对于多边合作机制的必要性和重要性，中国却早有认识。1955 年，周总理在第一届全国人民代表

大会第二次会议上指出，中国人民希望亚洲和太平洋地区包括美国在内，签订一个集体和平公约，以代替目前存在于这个地区的对立性军事集团。这一意识无疑具有超前性，事实上也找准了摆脱亚太地区军事安全困境的症结。不幸的是，囿于当时冷战格局下的国际政治现实，这一目标因缺乏相应的条件和基础而未能实现。

1971 年，中国恢复了在联合国的合法席位，并参与联合国的多边活动。但是由于冷战时期，美苏争霸世界，很多问题无法达成一致，联合国很难发挥作用。冷战结束后，联合国的作用逐步得到加强。中国也以更加积极的姿态参与世界上最重要的多边机制——联合国的多边安全事务。从 1990 年开始，中国开始参与联合国的维和行动，积极推动国际军控与裁军进程，始终主张通过政治手段和平解决伊拉克问题、伊朗和朝鲜核问题，有力支持和参与国际反恐合作。与此同时，中国还积极参与和倡导地区多边安全合作机制。90 年代以来，中国参与东盟地区论坛、“10+1”、“10+3”、“10+6”等多边机制，并先后倡导建立了“上海五国”机制和上海合作组织，共同应对地区各种安全挑战和威胁。截止目前，中国已加入了 130 多个政府间国际组织和 267 个国际多边条约，其中有许多涉及反恐、军控、裁军、防扩散、维和、边防、领土领海等军事安全内容。

中国军事外交在地区和国际多边安全机制构建过程中扮演着越来越重要的角色，发挥着不可替代的重要作用。中国军事外交所追求的核心理念是集体安全和共同安全，而这些最终是要通过多边军事安全合作机制来实现。目前，中国参与了一些多边军事安全合作机制，有些机制取得了丰硕成果，但由于受各种条件限制，有些机制尚不成熟，有些机制介入不深，总体成效不够明显。中国军事外交应当根据目前各种机制的不同情况，采取更加积极的姿态和灵活务实的措施，理顺机制内部关系，协调彼此立场，寻求共同利益，充分发挥多边安全机制效能，维护地区乃至世界的和平与稳定。

# 第七章

# 中国军事外交的主要任务

军事外交有其基本的领域和任务，但随着国际局势的变化以及国家安全战略的调整，军事外交的领域会有所扩展和充实，在不同的历史阶段、不同的情况下，任务的侧重点也会有所不同。新中国成立后，我国军事外交的领域和任务，就是一个不断拓展和延伸的过程。当前，我国军事外交的基本任务，主要包括军事交往、专业技术交流、人力资源培训、区域安全合作、联合军事演习、军备控制与裁军、军事援助、军品贸易、维和行动、武官工作等。

## 第一节 军事交往

对外军事交往，是指不同国家军队之间的来往，包括各种级别、各个层次人员进行的访问、会见（或会晤）、会谈（或谈判）、参观等各种形式。军事交往，一般是依据国家利益、国家外交战略、军事战略以及各个时期不同的目标任务而确定的。周边国家、世界大国、各大洲战略要地和热点地区的重要国家，通常是军事交往的重点对象。与此同时，也兼顾同世界其他国家军队的军事交往。作为常见的军事外交形式之一，军事交往是建立、保持和发展双边或多边军事友好合作关系最直接的途径。我国的对外军事交往，具有很强的政治性、政策性和目的性，对发展军事友好合作具有重要的推动作用。

从内容和形式上划分，对外军事交往主要包括：军队高层领导访问、军事代表团访问、战略对话、防务磋商、军舰访问等。

### 一、军队高层领导访问

军队高层领导访问，是对外军事交往的高级形式，对于发展同各国军队的友好关系，维护国家安全利益，具有重要的意义。我国军队高层领导人包括：中央军委领导人，国防部领导人，四总部主要领导人，以及海军、空军、二炮、各大军区、国防大学、军事科学院主要负责人。根据授权，军队高层领导人在对外交往中，可以代表国家和军队进行会见、会谈、谈判、签署相关协议协定，公开发表谈话或文章，向对方发出邀请或接受邀请等。他们处于军事外交的高层，掌握着军事外交的决策权、主导权，具有权威性和导向性。

近年来，在国家总体外交政策的指导和中央军委的正确领导下，我军高层对外交往成果丰硕，为创造良好的外部安全环境，维护地区和世界稳定，促进共同发展发挥了重要作用。在军队高层领导访问中，尤其值得一提的是防务与安全磋商机制。中国不仅与美、俄、日、澳、英、法等大国，开展防务与安全磋商，而且还逐步扩展至蒙、巴、泰、越、菲、印尼、哈萨克斯坦等周边国家，以及南非、意大利等地区大国。截止 2012 年底，中美两国国防部，先后举行了 13 次防务与安全磋商，[①] 对增进理解、释疑解惑、避免误判、促进合作起到了重要作用。中俄两军就反恐、联合军演、装备技术合作等议题，进行了深入磋商，推进了两军在各个领域的实质性合作。中巴、中泰等防务与安全磋商，政治与军事兼容，务虚与务实结合，进一步增进了战略互信，推动了双边军事关系的不断发展。防务与安全磋商已成为实施安全战略的重要领域和途径，在构建我国国际安全合作环境中作用越来越突出。

## 二、军事代表团访问

军事代表团互访，是发展双边或多边军事友好关系十分常见的活动形式，通常需要经过正式的外交邀请和接受邀请才能成行。邀请一般有两种形式，一是东道国军方通过外交渠道，口头或书面向出访国军方发出邀请，出访国军方通过外交渠道，正式表示接受邀请；二是出访国军方通过外交渠道，主动向东道国提出访问的愿望，对方表示

① 《解放军报》，2012 年 12 月 14 日。

同意后，再向出访国发出正式外交邀请。

军事代表团一般由高级军官率领，可根据任务和级别，区分为不同规模和类型的代表团。按照惯例，不同的代表团享有与其身份相当的外交礼遇。根据代表团级别、访问任务和发展两国两军关系的需要，东道国国家和军队高级领导人，往往会出面接见或会见代表团。此外，国家元首互访时，往往会有高级将领或军事问题专家随行。访问过程中，除了共同的活动外，有时军方也会安排单独的活动，这也属于军队间的友好交往范畴。

军事代表团访问活动的主要形式有：欢迎仪式、宴会、会见、会谈、谈判、演讲、参观、考察、晚会、送行等，有的还接受媒体采访或召开记者招待会等。这些形式与一般政府代表团访问没有太大差别，但在内容和行程安排上突出军事色彩。比如，军事代表团主要参观军事单位，观看军事训练、表演和武器展览等。

## 三、军舰访问

海洋具有全球连通的特点和国际“公共大道”的性质。海军以浩瀚的海洋为活动空间，是和平时期唯一可以自由跨出国门的军种。国际法赋予海军军舰特殊的法律地位和权力，军舰被视为各国“流动的国土”。因此，海军在担负保卫祖国领海的作战使命之外，又常常担负起国家的军事外交使命。军舰访问，是对外军事交往中极具特色的组成部分，不仅可以展示本国的国威和军威，而且可以加强与有关国家和军队的友好关系。

海军舰艇访问的历史十分悠久。郑和七下西洋，可以看作是我国古代海军史上最大规模的舰艇访问。海军舰艇进行访问，可以是单舰，也可以是编队，视能力及需要而定。在舰艇访问的过程中，宾主双方海军官兵，可以一起训练，相互了解，建立友谊，在军事外交中发挥着重要作用。从海军舰艇访问方式来看，可分为专访和顺访两大类：第一，专访。专访亦称专程访问，是指为专门目的而对他国进行的访问，而且常常以友好的方式出现。第二，顺访。这种访问一般发生在海军舰艇执行任务过程中，主要是为了对舰艇进行适当的维修、补给或人员休整。海军舰艇访问还具有特殊的礼仪，按照国际惯例，军舰在到达外国港口时，必须鸣放礼炮向东道国致意，同时，东道国也鸣放同等礼炮答礼。

进入80年代，随着改革开放的发展，中国的综合国力日益增强，中国海军的远航能力也有了长足的发展。1985年11月16日，我海军派舰艇编队出访巴基斯坦、斯里兰卡和孟加拉国，揭开了中国军舰出国访问的序幕。1989年3月31日，北海舰队司令员马辛春中将，率领“郑和”号训练舰，启航对美国进行首次友好访问。2002年5月至9月，我军舰艇编队进行了建国以来首次环球航行访问，先后访问了10个国家，历时113天，航程3万余海里。与此同时，中国接待了一批又一批外国军舰的来访。可以说，军舰互访，已成为我军最活跃的外交活动之一，被称为“大洋间的握手，大海上的拥抱”。

## 第二节　专业交流

专业技术交流，是指在军队相关专业技术领域进行的国际双边或多边交流。它涵盖范围广，涉及内容多，按照不同的划分标准，会得出不同的分类结果。这里着重介绍几种主要的专业技术交流，如技术、学术、院校、文化、体育交流等。专业技术交流对我军现代化建设具有直接的推动作用，在军事外交工作中具有重要地位。

### 一、技术交流

国际军事技术交流，是指不同国家及军队之间在军事技术方面的成果、信息转让或共享。它可分为有偿和无偿两种方式。有偿技术交流，又称技术转让或技术贸易，可归属广义的军品贸易范畴。无偿技术交流，一部分可归属广义的军事援助范畴，其余部分则属于一般的技术共享。不过，国际军事技术交流，无论与军贸相关，还是与军援相关，都是专业技术交流的重要组成部分。

科学技术运用于社会生产领域，可转化成巨大的生产力；运用于军事领域，则可转化成巨大的战斗力。开展国际军事技术交流，其目的就是为了互通有无，取长补短，互利互惠，共享成果，以提高本国军事技术水平，促进国防现代化建设，增强军队的作战能力。交流的具体方式多种多样，可以通过谈判达成有关协议协定，直接引进所需军事技术；也可以通过有关技术交易会、展览会、博览会、展销会等，进行军事技术信息和成果交流；还可以通过参观、访问、座谈等展开交流。

当今世界，科学技术日新月异，既充满着激烈的竞争，也不乏交流与合作。在民用技术交流方面，只要不涉及国家机密和核心技术，对本国科技发展和经济建设有利，各国政府一般采取鼓励、支持和资助的态度。但对于同外国的军事技术交流，尤其是军事高技术交流，因其内容的机密性、技术的先进性和政治的敏感性，不得不反复权衡利弊，采取慎之又慎的态度。

中国奉行独立自主的对外政策，在军事技术方面以自主研发为主。在成功研制出原子弹、氢弹、人造卫星、核潜艇、弹道导弹等的基础上，突破了自动控制、红外探测、光纤传感、减振降噪等的关键技术。在空气动力学、军用超高速集成电路、光电技术、精确制导技术等重点技术领域，取得了可喜成绩。当然，为了加快军事技术发展的步伐，我国还适当引进外国的先进技术。不过，某些国家基于防范中国崛起的冷战思维，多年来严格限制对华出口敏感技术，并在欧盟解除对华武器禁运上百般阻挠，带来了不良影响。

近些年，中俄两国两军关系越来越密切，俄罗斯已成为我进行对外军事技术交流最主要的国家。除俄罗斯外，中国还与意大利、乌克兰、南非、白俄罗斯、巴基斯坦等国，初步建立了军事技术交流渠道。未来，我军应根据自身建设需要，本着“我方有急需、对方有长处、双方有可能”的原则，进一步做好国际军事技术交流工作，努力实现我军跨越式发展，完成由机械化半机械化向信息化转变的历史使命。

## 二、学术交流

国际军事学术交流，是指各国军队就军事学术研究信息、见解、成果等进行交流。对于我军来说，军事变革理论、联合作战指挥、信息化建设、部队一体化训练等方面，是目前学术交流的重点。学术交流可以通过多种方式进行，主要包括参加或举办有关国际军事学术会议、学术研讨班、学术论坛和学术讲座，派遣专家学者和部队干部出国参观、考察，邀请外国专家学者来我军讲学等。通过国际军事学术交流，能够及时了解世界军事学术动态，借鉴外军学术研究和军队建设的有益成果，促进我国军事学术发展和军事理论创新。

国际军事学术会议，通常讨论专业性较强、处于前沿的课题或论题，它对同行交流成果，开拓视野，了解军事理论和高技术发展动态，很有帮助。因此，参加或举办国际军事学术会议，是一条非常重要的学术交流途径。近些年，我军参加了很多专业领域的国际会议和相关活动，举办了国际军事医学大会、东盟地区论坛框架内的军事医学研讨会，以及军队后勤保障社会化研讨会等，还开办了拉美国家、阿拉伯国家、中德、中法、中日高级军官研讨班，上海合作组织防务安全论坛，中国—东盟亚太地区安全问题研讨班等。此外，中国孙子兵法研究会作为我军对外学术交流的重要窗口和平台，已主办了多届孙子兵法国际研讨会，在国际军事理论界的影响不断扩大。

对外军事学术交流，应着重注意以下两点：一是处理好学术交流与保守秘密之间的关系。既要积极开展对外军事学术交流，为做好军事斗争准备和推进中国特色军事变革服务，又要注意保密，避免学术交流中出现任何失泄密问题。二是充分利用学术交流的机会，适时准确地宣传我防御性的国防政策、有力批驳对我国我军现代化建设的恶意歪曲，以达到增进友谊、消除误解和加强合作的目的。

## 三、院校交流

军事院校对外交流，是军队教育训练工作的重要环节，也是专业技术交流的重要组成部分。通过与外军院校进行交流，可较为直观地了解外军的办学思想、培养目标和教育模式，掌握外军军事理论，学习外军先进技术，加快我国军队及院校建设的步伐。从参与交流的对象看，军事院校交流可分为院校领导交流、管理人员交流、教员交流和学员交流。领导和管理人员交流，一般都是通过组团访问、考察的形式进行。除组团访问、考察外，教员交流还可通过互派教员任教、讲学的形式进行，学员交流还可通过互派留学生、短期培训的形式进行。

进入21世纪以来，我军以更宽广的眼光，面向世界、面向未来，以发达国家知名军事院校为参照系，立足国情军情，着眼创新发展，紧跟世界新军事变革和现代高等教育发展潮流，在保持我军特色的基础上，不断拓展国际军事交流渠道。目前，19所国内军事院校，分别与美国、俄罗斯、英国、法国、巴基斯坦等25个国家的相应院校，建立校际对口交流关系。以中美为例，我军共有三所院校与美军的相应院校进行了对口交流，一所院校与美军相应院校开展了不定期交流。1980年以来，我国防大学与美国国防大学始终保持了定期交往。自2000年起，理工大学与美国陆军军官学校（西点军校），开展了校际对口交流；空军工程大学及新组建的空军航空大学与美国空军军官学校，开展了校际对口交流。2004年3月，南京陆军指挥学院与美陆军指挥与参谋学院，开展了第一次不定期的校际学员交流。随着时代的发展，我军无疑将会进一步加大与外军院校交流的广度和深度，不断完善开放式办学体系。

搞好我军事院校对外交流，应着力把握以下几个问题：一是加强院校交流的目的性和针对性。要立足我军院校具体情况，有针对性地制定全面、科学的考察计划，合理选派交流人员。二是重点开展院校领导、教员、指挥干部学员交流。院校领导和教员是我军院校建设的主力军，在中高级指挥院校学习的干部学员，是我军建设的中坚力量，他们的考察访问，能够对我军和院校建设产生直接的效用。三是把好“三关”。对我军学员特别是生长学员赴外军院校参观见学，要把好选拔审批关、出国教育关和在外管理关，确保不出任何问题，做到万无一失。

## 四、文化交流

军队对外文化交流，是整个国家文化工作的重要组成部分，也是军事外交工作的重要方面。它既可包括文学艺术、新闻出版、广播影视、图书展览等对外文化活动，也可包括思想理论、政治观念、战略文化等对外传播行为。交流的方式，有文艺演出、文化展览、出访考察，也有学术研讨会、报告会等。军队对外文化交流的目的，主要是传播本国的文化艺术、文化传统和价值观念，扩大本国及军队的影响，增进了解，促进沟通，推进对外友好交往关系。

军队文艺团体是我军开展对外文化交流的主要力量。新中国成立后，我军各文艺团体先后出国访问上百次，足迹遍及世界许多国家和地区。中国人民解放军军乐团是我国国家级的司礼部队，也是军队文化交流的友好使者，曾多次应邀出国参加各类庆典活动。总政歌舞团赴世界几十个国家和地区进行了文化交流和演出，为国家和军队赢得了极大荣誉。与此同时，我国还多次接待外国军队文艺团体的访华活动。

当前，我国对外文化交流工作以“把握方向，服从大局，以我为主，为我所用，扩大影响，促进友谊”为主要原则，我军对外文化交流也应遵循这一原则。要努力把握建设有中国特色社会主义文化的方向，服从国家和军队建设的大局，以宣传我国我军、传播中华文化为主，引进外国外军优秀的文化艺术，实现扩大影响，促进友谊的对外文化交流目的。

军队对外文化交流，应注意以下事项：一是充分尊重各国文化的多样性，不歧视或贬低他国文化。二是倡导各种文化相互包容、求同存异，不强求一律、不强加于人。三是借鉴和吸收他国文化有益成分，积极引进外国文化艺术精品，同时，要防范和抵制资产阶级政治观念和腐朽文化的渗透。四是注重文化艺术的感染力，注重潜移默化，向世界展现独特的中华文化魅力，提高国家和军队的软实力。五是不断完善军队对外文化交流机制，推动中华优秀文化走向世界，让世界更多更好地了解中华民族、了解中国军队。

### 五、体育交流

体育自诞生之初，就与战争和军事结下了不解之缘，而军事体育运动，则是官兵在战场上所表现的勇气、能力和技巧的再现。军队对外体育交流，为我国军事外交和国家体育事业做出了应有的贡献。第一个世界体操冠军马燕红，第一个世界速滑全能冠军叶乔波，还有李富胜、王涛、刘国梁、陈招娣等许多中国体坛名将，都是在八一军旗下成长起来的。从宽泛的角度看，军队对外体育交流，可分为军队专业体育团体的对外交流活动、部队普通官兵的对外体育联谊活动、军队专业体育运动员作为国家队代表参加的国际赛事活动。通过对外军事体育交流，可以展现我全新精神面貌，增进与外国外军的团结和友谊，促进国家关系和军事关系的发展。

我军对外体育交流，要选择我国传统的优势体育项目，如军事五项、乒乓球等；选择参加范围广、比赛层次高的项目，如篮球、排球、足球等；选择外国特别是第三世界国家欢迎的体育项目，如武术等，扩大我军影响，扬我壮我国威。要注重借鉴外国先进的体育训练理论与管理经验，进一步提高我军运动技术和体育科技水平。还要加强对外体育交流管理，避免和防止发生问题，注重交流效益，充分利用体育交流平台，促进军事关系发展。

## 第三节　人力资源培训

军队间的人力资源培训，既是提高我军人员素质的重要途径，也是开展对外友好工作的重要手段，是配合国家总体外交和军队现代化建设的重要方面。人力资源培训，可分为培训外军人员和向外派遣军事留学人员。

## 一、培训外军人员

培养外国军事人员工作，是我国军事外交实践的重要组成部分。近年来，我军院校为各国军队培养了大批军事人员，有的身居要职，有的回到国内受到重用，甚至成为军政要员。这些军官尽管职级不同、工作岗位各异，但都不同程度地为促进对华友好发挥了一定的积极作用。

对外人力资源培训有两种方式，一是派专家出国帮助外国军队培训军事人员，二是接受外军人员到国内进行培训。

### （一）派遣专家组

派遣军事专家出国培训和指导外国军事人员。派遣军事专家主要根据对象国请求、两国两军的相关协议，经两国军事外交部门磋商、报上级批准后执行。我国军事专家派驻的对象国主要是与我友好的亚洲、非洲、拉丁美洲等第三世界国家。派出任务主要有：帮助开展基础专业军事训练、教授援助武器装备的操作使用、指导有关战术演练，甚至对一些国家的军乐演奏也进行专业培训和指导。军事专家的派遣，并及时的帮助受援国解决问题，对促进其军队建设发挥了很好的作用。

我军非常重视军事专家在军事外交中的重要作用，坚持向友好国家派遣各类军事顾问、技术专家和专业教练等。2000—2006 年，仅在非洲就向 20 多个国家派出了 500 多名军事专家。对增进与受援国军队和普通民众友谊，扩大中国的影响，有着非常重要的作用。中国向拉美国家派遣的武术防卫教练组，在传授精湛武术技艺的同时，也把悠久的中国文化带到了受援国，掀起了一股“中国武术热”，许多国家都纷纷向我提出派遣武术教练的要求。我军向非洲有关国家派遣的高级军事指挥与参谋培训专家组，获得了派驻国的高度评价，对于促进双边军事交流与合作发挥了重要作用。

### （二）在国内培训外军人员

国内培训的外国军事人员，主要包括外军的留学生、实习生、进修生和其他军事技术人员。我军对外培训主要依托初、中、高三级院校具体实施，分别培养初级、中级、高级技术和指挥以及参谋人才。改革开放以来，我军高度重视培训第三世界国家军事人员，不断加大培训规模和数量。仅2005年，就为82个国家培训了926名各类军官。以中西非国家为例，1994—2005年，共有1531人次来华受训，由1994年的50人次扩大到现在的200多人次，受训国家由5个增加到18个，承训单位从4家发展到20多家，专业数量也由6个增加到近40个。我军外训从初期的单一培训“自由战士”和操作使用的专业人员，发展到现在培养初中高级各类指挥和技术人才，已经达到了相当的层次和水平。一方面，培养了大量高素质的外军学员和对华友好人士；另一方面，在培训过程中，我们也获得了一些意见、建议和启示，借鉴和吸收了外军的有益经验。

## 二、派遣军事留学生和受训人员

向国外派遣军事留学生，是世界各国军队加强人才培养的共同选择和普遍做法。开展军事留学工作，不仅能够增进与外军的相互了解，扩大本国军队的影响，而且军事留学的经历，对军官开阔眼界、增长学识很有好处。通过留学，能够学到新的军事理论知识和新型武器装备知识，提高自身素质，在军队建设中发挥作用。

建国后，我国向外派遣军事留学生工作，经历了一段曲折的历程。20世纪50年代苏联无偿接收我军大批军官受训。60—70年代，外派军事留学生的工作基本停止。自90年代起，俄罗斯开始有偿接收我军官受训。1996年秋天，中国向俄罗斯派遣了12名军事留学生，这是中国军事留学工作中断30多年后，向海外派遣的第一批军事留学生。① 由于历史、政治、地理等原因，俄罗斯是我军派出军事留学生最早和人数最多的国家。仅1996—2002年期间，俄军就培训了我军2000多名人员。中国军官赴俄留学、接受培训主要是武器装备操作培训和中高级指挥培训。

---

① 《借鉴各国军队做法，中国稳步推进军事留学工作》，新华网，2002年3月10日。

近些年，中国军队的军事留学工作，始终坚持“以我为主，学我所需，为我所用”的指导思想，着眼中国军队现代化建设，稳步推进军事留学工作的创新与发展。按照提高战斗力的要求，依据“新的、缺的、管用的”原则，精心选定军事留学的对象和类别。高、中级指挥军事留学生，主要从有发展潜力的优秀师、团职指挥干部和指挥院校教研人员中选派；专业军事留学生，主要从重点学科带头人和专业技术骨干，以及优秀专业技术军官中选派。

我军外派军事留学生工作逐步发展，迄今为止，先后向俄、英、法、德等29个国家派遣军事留学生1600多名，其中1300多人已学成回国，230多人走上军师领导岗位，对改善我军干部结构，提高现代化指挥与管理水平，发挥了重要作用。军事留学人员归国后，无论在基层部队，还是在各级领导机关、院校和科研院所，都努力把一些国家先进的军事思想、军事技术、军事知识“中国化”。他们注重学以致用，大胆实践，充分发挥在思想观念、知识结构、能力素质特别是联合作战指挥方面的特殊优势，把学到的知识创造性地应用到部队建设实践中，取得了可喜的成绩。

## 第四节　军备控制与裁军

一般地说，军备控制是指通过双边或多边国际协定，对武器系统（包括武器本身及其指挥控制、后勤保障和相关的情报收集系统）的研制、试验、生产、部署、使用及转让或武装力量的规模等进行限制；而裁军则是通过双边或多边国际协定，对武器装备或武装力量进行裁减。由于这两个概念存在交叉之处，而且有的国家多使用“军备控制”一词，有的国家多使用“裁军”一词，因此人们常常将两者叠加在一起使用。简言之，军备控制与裁军，是指有关国家或军事集团，对武器装备或武装力量进行限制或裁减。军备控制与裁军，可以是强制性的，如对战败国采取的强制性军备限制措施；也可以是主动性的，如单方面采取的军备控制与裁军措施。

在和平时期，作为一种重要的信任建立措施，军备控制和裁军活动，可以调节国家间的军事关系，借以增进军事互信，控制危机，避免因互不信任而导致恶性军备竞赛，从而缓解有关国家的“安全困境”，稳定地区和国际安全形势。从某种意义上说，军备控制和裁军斗争，是和平时期实现国家军事战略目标的一个重要途径。军备控制的目标任务主要是：研究、拟制军备控制政策与对策，参与军备控制会议与谈判等活动，履行国际军备控制条约，为我军现代化建设服务。

## 一、联合国框架下的军控与裁军

《联合国宪章》第一章第1条指出，联合国的首要宗旨是维持国际和平及安全，并为此目的采取有效集体办法。国际间的有效控制军备及裁军措施，是维持国际和平及安全有效集体办法的重要组成部分。因此，《联合国宪章》对军控与裁军问题作了明确规定，将该问题的处理权授予联合国大会、安理会及军事参谋团。宪章第11条规定，大会需考虑裁军及军备管制问题，并向成员国和（或）安理会提出建议；第26规定，安理会应负责拟定裁军与军备管制方案，提交联合国会员国，以建立军备管制制度；第47条规定，军事参谋团对于军备管制及可能的裁军问题，应向安理会提供意见并予以协助。

联合国的军控及裁军，主要包括以下几个方面的工作：

### （一）建立裁军机构，发挥联合国的协调作用

依据《联合国宪章》的规定，裁军问题应当由大会及安理会负责。而事实上，60年来，主要由大会及其衍生的附属机构负责裁军审议与谈判。目前联合国框架下的裁军机制，主要是根据第一次裁军特别大会最后文件规定而形成的。除大会下设的第一委员会即裁军和国际安全委员会外，联合国内建立的裁军机构体系包括：由原子能委员会和常规裁军委员会合并而成的裁军委员会、裁军审议委员会（裁军委员会的继承机构）、联合国裁军事务部、联合国裁军研究所、历届裁军特别联大、日内瓦裁军谈判会议、联合国秘书处裁军事务中心，以及联合国系统内设立的各类裁军问题的特设委员会等。

### （二）直接指导裁军谈判，推动谈判进程

自1978年第一次裁军特别大会以后，确立了联合国在裁军领域的

中心地位，负起了主要责任，开始以联合国为主轴的多边裁军审议和谈判。联合国的裁军谈判会议，成为“唯一的多边裁军谈判论坛”。联合国从 70 年代末至今，直接指导着裁军谈判，推动着谈判进程。

**（三）广泛开展宣传活动，发挥联合国的道义作用**

自 70 年代起，联合国提出了三个“裁军十年”，截止 2013 年 1 月，已召开了 24 届联合国裁军会议，通过了大量裁军和军控决议、协议、宣言，形成了强大的舆论力量，推动了裁军、军备控制的实施和深入。

停止军备竞赛、控制军备和裁军，一直是全世界人民的共同愿望。但在冷战时期，尤其是在 1978 年以前，裁军和军控问题，主要由美苏两国主导，联合国的作用似乎仅限于将谈判成果提交大会认可，并推荐其他国家加入签约。美苏两个超级大国，只是把裁军和军控谈判，作为它们进行军备竞赛、争夺军事优势的一个重要手段。这一立场，使它们在过去很长时期内，不可能真正进行裁军。不过，在世界人民反对战争、争取和平潮流的强大压力下，美苏也达成了一些军控协议，客观上一定程度地抑制了世界范围内的军备竞赛。

冷战结束后，美苏对峙和共同控制裁军谈判的局面不复存在，联合国框架下的多边国际军控谈判地位明显上升，所起作用越来越大。国际军备控制的主要目标，由冷战时期重点防止美苏之间爆发核战争和在欧洲发生大规模常规军事进攻，转变为重点防止大规模毁灭性武器扩散。在众多国家的共同努力下，国际军控谈判取得较大进展，达成了一系列重要的裁军协定与条约，例如《禁止化学武器公约》等。不过，联合国军控和裁军进程并非一路顺风，近些年遭受了重大挫折。美国参议院，拒绝批准《全面禁止核试验条约》，头号核大国的这种行为，导致了该条约无法生效。与此同时，美国积极追求所谓“绝对安全”，发展导弹防御系统，并宣布单方面退出《反导条约》，对地区和全球军事力量平衡，造成了极为恶劣的影响，使得冷战后大国裁军与军控的步伐趋于停顿。

## 二、中国的军控与裁军

中国自1971年恢复在联合国合法席位以来，积极参与了联合国关于裁军问题的审议和谈判，提出了许多建设性的裁军主张，并采取了一系列促进裁军的实际行动，受到了国际社会的普遍好评。中国每年都参加联大第一委员会的工作，出席联合国裁军审议委员会的年度例会，迄今已出席了三届裁军特别联大。自1980年起，中国参加了日内瓦裁军谈判会议及其下属各特设委员会和专家组的活动。中国专家先后参加了联合国秘书长关于常规裁军、海军裁军、无核区、军事研究与发展、联合国在核查领域的作用、建立外空信任措施等问题的研究。

中国政府对裁军和军控的原则立场是：

第一，一贯反对军备竞赛，主张全面禁止和彻底销毁核武器、化学武器、生物武器和太空武器，并大量裁减常规军备。赞成依照“公正、合理、全面、均衡”的原则，采取防止大规模杀伤性武器的扩散、限制国际武器贸易、推进区域性军备控制的措施。

第二，拥有世界上最大核武库和常规武库的国家，对军备控制和裁军负有特殊责任，应率先采取大幅度裁军的实际行动。它们不仅应削减武器的数量，还应当停止武器质量的改进。

第三，各国均有权保持正当国防能力和合法自卫的权利。实行军控与裁军的各个阶段，都应保证所有国家的安全不受损害。裁军问题，关系到世界各国的和平与安全，不应由少数大国包办垄断。各国都有权在平等的基础上，参加谈判和解决裁军问题。

第四，争取裁军既是为了和平，也是为了发展。为了和平与发展，在争取裁军的同时，还必须阻止侵略，公正合理地解决地区冲突，改善国际经济关系，促进发展合作。

第五，为了推动裁军进程，各国在国际关系中，应反对霸权主义和强权政治，恪守《联合国宪章》和国际关系准则，在互相尊重主权和领土完整、互不侵犯、互不干涉内政、平等互利与和平共处的原则基础上，建立公正合理的国际新秩序。

中国不仅在国际论坛上积极倡导裁军，而且还主动采取了许多实际裁军行动。中国连续三次裁军，范围之广、幅度之大，为国际军控与裁军历史之少见，充分体现了中国政府和人民，热爱和平，追求共同发展的真诚愿望。

## 第五节 军事援助

军事援助，是指一个国家或国家集团对另外一个国家或国家集团提供的，以军事为目的或与军事相关的人力、物力、财力和智力等方面的援助。军事援助的范围很广，主要包括提供武器装备、军用物资、军事贷款和赠款，援建军事工程、提供军事技术服务等，有时派兵援助外国作战，也被视为是一种国际军援。

从战后国际军事援助的实践来看，国际军援完全服从并服务于双边或多边的政治关系，有很强的政治性，与国际战略形势、地区紧张局势、受援国安全利益密切相关，对发展与受援国的政治、军事、经济等关系，有着举足轻重的作用。

国际军事援助关系，分为施援国和受援国两个方面。一个国家，可以成为施援国，也可以成为受援国。提供军事援助的前提条件，往往是施援国与受援国之间，已结成军事联盟，或者已建立十分友好的军事关系。军事援助，一般都是在两国政府谈判和签署协议后进行，长期的数量大的军事援助，在协议签署后，还需政府换文确认。有时，虽由军方领导人出面商谈或签署，但也是代表本国政府进行的。当然，小额赠款、小批量军事物资援助或一般办公设备的提供，可以用军队领导人或机关部门名义援赠。

国际军援，一般由对象国主动提出。根据对象国的要求和国际形势的发展变化，充分论证提供军援的必要性、可能性和在国际国内产生的积极或消极影响，反复研究论证，分别以协定、协议书等形式或换文的形式确定。

## 一、中国对外军事援助的内容

### （一）物资援助

物资援助，是指向受援国无偿或以优惠价格提供平时军用物资和战时民用物资。例如，无偿或优惠提供武器、弹药、装备、装置；出动车辆、舰船、飞机等交通工具，提供运输服务；转让港口、码头、铁路、公路、内河航道、军事基地、通讯设施使用权等。一般来说，发达国家和有关国际组织，都不把武器装备等军用物资出售列入对外援助①。如果国家之间进行完全有偿的军用物资买卖，那通常被称作军品贸易。

在改革开放前的30年间，我国向有关国家提供了大量物资援助。例如1960—1977年，为支援老挝抗美救国斗争，我向老提供了大量武器弹药和军用物资。越南战争期间，我国也提供了巨额军事援助。改革开放后，我国继续向一些国家军队提供武器装备和军需物资。

### （二）资金援助

资金援助，是指向受援国无偿提供资金，或提供优惠军事贷款。它往往可分为直接或间接的资金援助两种方式。

一是直接的资金援助，包括赠款、无息贷款、低息贷款、政府贴息贷款等。我国改革开放前，军事资金援助多以赠款的方式进行。进入80年代后，尤其是90年代以来，在无偿提供资金援助的同时，也开始提供各种形式的贷款。

二是间接的资金援助，即双方签署的军援协议是以金额计，但实际是提供物质或支付有关费用。例如越南战争期间，我向越方提供了价值220多亿元的武器装备物资。目前，我军事援助大多都是提供协议金额的军事物资，或支付派遣军事专家、接收受援国军事留学生在华培训的费用。提供贷款时，有时也要求对方用此贷款购买我方生产的武器装备和其他的军用物资。

需要指出的是，实施军事援助过程中，上述两种援助往往是互相

---

① 周弘主编：《对外援助与国际关系》，中国社会科学出版社，2002年版，第278页。

交织、融为一体的。例如，援建一个大型军事工程，往往既有物资援助，又有资金援助。而且，军援的内容往往与军贸、军训、军工合作等内容互相交叉。一笔重大的军事贷款，可能促成一批武器装备定货，也可能促成军工合作和技术培训。

从宽泛的角度讲，军事援助，也可包括军队对外人道主义援助。近年来，我军在对外人道主义援助方面，发挥了越来越重要的作用。2004 年 12 月 26 日，突如其来的印度洋大海啸，让 10 多万人罹难，100 多万人无家可归。面对劫难，中国政府展开了迄今为止最大规模的对外救援行动。中国军队紧急启动军援应急机制，担负了向海外受灾国，提供紧急救灾物资援助的筹措和运输任务，及时向斯里兰卡、印度尼西亚、泰国、马尔代夫、肯尼亚和索马里等受灾国，紧急运送大量物资。对于美国遭受的“卡特里娜”飓风袭击，中国军队第一时间内向美国提供了近百吨救灾物资。在巴基斯坦大地震发生后，中国军队同样为那里的灾民提供了及时有力的援助。此外，中国还首次派出扫雷专家赴亚太地区，进行人道主义扫雷援助。

**（三）人力援助**

人力援助，是指施援国向受援国派遣有关人员，帮助受援国完成专门军事任务。具体可分为三种形式：

一是向外军派遣军事专家，军事工程技术人员，军事后勤技术人员等。新中国成立以来，除“文化大革命”期间有几年中断外，外派军事专家一直在进行，先后向朝鲜、越南、阿尔巴尼亚、坦桑尼亚、赞比亚等几十个国家派遣了各类军事、后勤、工程技术专家。1973—1998 年，我军向发展中国家派出专家 8000 多名[①]。另一方面，我国在 50 年代也接受了苏联的大批军事专家，后因两国关系破裂而全部撤走。

二是接收外军的军事受训人员。严格来说，进行完全有偿的军事人员培训，很难名符其实地称作军事援助，划入军事外交中人力资源培训的范畴更为适宜。50 年代苏联无偿接收了我军大批军官去受训，

① 中华人民共和国国务院新闻办公室：《中国的国防》白皮书，1998 年。

90 年代俄罗斯改为有偿接收我军军官受训。另一方面，我军一直无偿地为第三世界国家培训军事人员。50—60 年代，主要接收朝鲜、越南、古巴、阿尔巴尼亚等社会主义兄弟国家的军事留学生；70—80 年代，外训对象增加到非洲新独立的国家派来的军事人员；从 90 年代开始，还增加拉美国家的一些军事留学生。

三是向外军派遣作战、施工部队。例如我军 50 年代曾派出抗美援朝部队 200 多万人，60 年代向越南派出了防空、工程、铁道和后勤等部队约 30 万人、向老挝派出施工部队近 10 万人。

我军援外军事专家、技术人员和部队切实履行国际主义义务，遵守驻在国法律，尊重驻在国民族风俗习惯，为中国军队赢得了荣誉。

## 二、军事援助的原则

军事援助，无论是施援国还是受援国，均有各自的援外原则或受援原则。霸权主义国家对外援助时，附有许多额外的政治条件。我国同霸权主义国家，有着完全不同的援外原则。军援是为了促进受援国的安全，有利于受援国巩固政治上的独立。中国人口多，底子薄，属于发展中国家，经济并不富裕。近代以来，中国人民长期遭受帝国主义的侵略和欺凌，饱尝被压迫被奴役的痛苦。正因为如此，新中国成立后，对被侵略国家和被压迫民族的独立和解放斗争，一贯在道义上给予深切的同情和支持，并且在力所能及的范围内，给予经济和军事援助。中国政府向外国提供军援，严格尊重受援国的主权，不附加任何条件，不要求任何特权。

早在 50—60 年代，我国第一代领导人就确立了援外指导思想和原则。毛泽东在建国前后反复强调，“中国共产党人必须将爱国主义和国际主义结合起来。”1963 年末至 1964 年初，周恩来总理在访问非洲国家时，第一次完整地提出了中国的对外援助的八项原则：

中国政府一贯根据平等互利的原则对外提供援助，从来不把这种援助看作是单方面的赐予，而认为援助是相互的；中国政府在对外提供援助时，严格尊重受援国的主权，绝不附带任何条件，绝不要求任何特权；中国政府以无息或低息贷款的方式提供经济援助，在需要的时候延长还款期限，以尽量减少受援国负担；中国政府对外提供援助的目的，不是造成受援国对中国的依赖，而是帮助受援国逐步走上自力更生、经济上独立发展的道路；中国政府帮助受援国建设的项目，力求投资少、收效快，使受援国政府能够增加收入，积累资金；中国政府提供自己所能生产的、质量最好的设备和物资，并且根据国际市场的价格议价，如果中国政府所提供的设备和物资不合乎商定的规格和质量，中国政府保证退换；中国对外提供任何一种技术援助的时候，保证做到使受援国的人员充分掌握这种技术；中国政府派到受援国帮助进行建设的专家，同受援国自己的专家享受同样的物质待遇，不容许有任何特权要求和享受。

长期以来，这八项原则既是我国对外提供经济援助的原则，也是提供军事援助的原则，其基本精神是一致的。

随着国际形势的变化和国内的改革开放，我国对外军援政策做了必要的调整，出现了一些新的做法。主要表现在以下两个方面：一是依据实事求是、量力而行的原则，合理安排军援支出，在突出重点的同时，扩大受援面。从 20 世纪 80 年代起，我国除继续对朝鲜、巴基斯坦、孟加拉、坦桑尼亚、扎伊尔、津巴布韦、卢旺达、索马里等 40 多个国家提供军事援助外，又对毛里塔尼亚、佛得角、泰国、布基纳法索等 10 多个国家，开始提供武器装备援助。二是依据讲求实效、形式多样的原则，以无偿援助为主、无偿与贷款结合，同时少用赠款、多以军事物资援助。在对外提供军援时，注重区分受援国的不同情况，立足我方现有条件，合理安排援助项目，做到援其所需、援有所用，注重发挥军援为我国政治、外交、安全利益服务的作用，推动我与受援国军事关系的发展。

60 多年来，我国的军援工作，有力地支援了受援国的国防建设和民族独立斗争，同时也推动了我国与许多第三世界国家的友好关系。

## 第六节　军品贸易

军品贸易，主要是指以货币为媒介，或是以物易物方式进行的军品交易行为。世界各国对军品贸易的看法不尽一致，但一般包括武器、装备、弹药、军品生产设备、军用零部件，以及其他被认为与国家安全相关的商品。有的国家还把军事技术转让、军品生产所需的原材料、军事训练中的技术服务等，也纳入军品贸易之列。

军品贸易与各国国防政策和战争需求有着直接的关系。凡与邻国关系紧张或国内矛盾突出而自身军工生产能力弱的国家，对军品进口的需求就大。有一些国家出于政治、军事、经济上的利益，采取扩大军品出口的政策。霸权主义国家为了对外扩张和扩大势力范围的需要，故意制造地区矛盾，挑起国家之间或国内派别之间的冲突，为其大量倾销军品创造条件。

军品本身并没有阶级性和政治色彩，但是其特殊的功能，使得军贸成为最有争议的“国际贸易”。围绕军品贸易而展开的政治、军事、外交、贸易斗争非常复杂。各种军贸谋略和手段无奇不有，无所不用其极。正因为如此，国际军贸，政治上十分敏感，内幕十分复杂，活动十分诡秘，形势往往变幻莫测。再加上从事军贸的国家，国情不同，动机各异，军贸目标、政策、手段、渠道、管理、结局千差万别，功过是非莫衷一是。

开展军品贸易，在政治上，可以扩大本国的政治影响，强化与有关国家之间的友好合作关系；在军事上，可利用他国的军品订单，来维持或促进本国国防工业的发展，研制更为先进的武器装备；在经济上，可获取丰厚的利润。200 多年前，美国还是英国统治下的一块殖民地，经过两次世界大战，成了世界超级经济大国和超级军事大国。美国实力猛增的一个重要原因，就是在大战中坐山观虎斗，充当交战双方的“兵工厂”，大做军火买卖，大发战争横财，坐收渔人之利。

## 一、国际军品贸易的特性

军火作为商品，具有普通商品的一般特性，同样逃脱不了价值规律的作用。但军火不是一般商品，而是特殊的暴力商品，可以用于杀人、破坏、威慑、恐怖活动，其流向若不严加控制，后果不堪设想。军品贸易有其自身的特点和规律，掌握和运用它，对于有效利用军贸，为外交斗争、经济竞争、国防建设服务，具有深远的战略意义。总体来说，军贸具有以下一些基本特性：

### （一）不同于普通商品的复杂相关性

一般来说，普通商品交易是交易双方的事情，很少考虑第三者的利益和态度。但军火贸易就不同，军火供应国不能不考虑军火接受国对手的反应。军火输入国购买军火的动机，都是为了对付敌人。有时就不顾军火的来路，这就使得军火投机和军火黑市买卖成为可能。在国际对抗中，军火输出国面临比较复杂的选择：如果出于政治、外交、战略、安全利益考虑，军火只能卖给盟国或友邦，但经济利益受到限制；如果唯利是图，则可能卖给敌性国家甚至敌对国家，或者通过中间商流入敌国，甚至落入国际恐怖组织手中，对本国的政治、战略、安全利益产生不利影响。因此，军火贸易需要考虑到诸多相关的复杂因素。军火贸易的实施，也需要高超的谋略和运作艺术。

### （二）极强的政治敏感性和政策性

由于军品贸易可能对国际政治、战略、军事关系产生影响，往往成为国际军事斗争和政治博弈的筹码，因此具有极强的敏感性和政策性。

一般而言，各国对敌对国家的武器采购意图、动向、计划和军火来源都会密切关注，一旦发现敌对国家大规模采购先进进攻性武器，特别是针对本国安全的进攻性武器，必然引起高度警惕，甚至引起政策的调整。

对抗双方对对方的军火来源十分敏感，战时尤其如此。例如，中东阿以冲突过程中，向任何一方提供武器都将招致另一方的强烈反应。主权国家一旦发现向自己提供军火的国家企图通过军贸施加政治影响和外交压力，干涉本国内政，侵犯本国的主权，必然对军火供应国提高警惕，表示不满和愤慨，严重时甚至影响两国的正常关系。

正因为军品贸易具有很强的敏感性，各国政府对军火进出口贸易都进行严格的控制，对哪些国家出口或禁止出口哪些武器，有专门政策加以规定，有的还通过立法，规定军品贸易的审批程序，并设置专门机构对军品贸易进行管理。

**（三）较为突出的隐蔽性**

军品贸易的本质属性决定了它不可避免地介入国际对抗，对于改变对抗双方的力量对比关系重大。军火供应国和接受国在进行贸易时，对重大的武器交易常常严加保密。交易双方对重大的军火交易谈判、定货、运输、交接、贮存、维修、使用等环节，一般要采取掩人耳目的伪装，有时达到鬼斧神工、天衣无缝的境界。特别是居心叵测的秘密武器交易，非法的黑市武器交易，就更是行动诡秘，神出鬼没。

**（四）后果的不确定性**

在国际关系中，没有永远的敌人，也没有永远的朋友，今天的朋友就可能是明天的敌人。有些军火成交后，其流向和最终用途往往很难控制。事与愿违，南辕北辙的现象时有发生，使得军品贸易具有一定的不确定性。美国有许多搬起石头砸自己脚的例子。20 世纪 70—80 年代，美国曾向阿富汗抵抗力量出售武器，而现在这些武器被塔利班用来袭击美军。在 2006 年的伊朗核危机中，伊朗空军对抗美军空中威胁的主力战机，恰恰就是当年美国出售给伊朗的 F－14“雄猫”战斗机，这是当初美国在提供飞机时绝对没有想到的。此外，军品贸易中，一些军火进口国有意隐瞒真实意图，事实上在进行军火转口活动。至于那些唯利是图的军火中间商和黑市军火投机商，其军火走向更具有不确定性。

## 二、中国的军品出口

军品贸易作为世界上最赚钱的买卖之一，是许多国家获取经济利益，保证本国军事工业生存与发展的重要途径。因此，许多具有武器生产和出口能力的国家，都想方设法在军火贸易市场上占领更多的份额。中国虽然具有完备而独立的国防工业体系，但长期以来生产的武器装备主要用于装备自己的军队，在武器出口问题上持谨慎、负责的态度。

中国在很长时间里没有从事军品出口贸易，直到80年代初才开始出售少量武器装备，而且长期维持较低水平。根据瑞典斯德哥尔摩国际和平研究所统计：从2000年到2004年，在常规武器方面，美国出口259.3亿美元，而中国出口仅为14.36亿美元，只有美国的约1/20。[①] 在国际军火市场上，同美、俄、英、法、德等国相比，中国是出口武器最少的大国。

在军事装备的出口问题上，中国一贯采取严肃、慎重、负责的态度，并严格遵循以下三项原则：有助于增强有关地区国家的正当自卫能力；不损害有关地区和世界的和平、安全与稳定；不利用军贸干涉接受国的内政。中国政府始终坚持只向主权国家出口军品，不向任何非国家实体和个人出口武器，明确要求军品接受国政府提供最终用户和最终用途证明，承诺不向第三方转让从中国进口的武器；同时严格遵守联合国安理会有关决议，不向安理会实施武器禁运的国家和地区出口军品。

中国对武器装备的出口及其技术转让，实行严格管制，建立了相应的管理机构和运行机制，颁布了有关军品出口的管制规定。国家军品贸易管理委员会，是在国务院、中央军委领导下，负责武器装备及其技术转让的统管机构，它的主要职能是制订转让的法规和政策，其成员主要包括外交部、总装备部、国防科学技术工业委员会和商务部等有关部门的负责人。国家军品贸易局是国家军品贸易管理委员会的办事机构，负责处理日常事务。1997年10月，中国政府颁布了《中华人民共和国军品出口管理条例》，规定中国的武器出口实行许可证制度，境内一切军品转让，均由政府授权的部门和经政府批准注册的

① 李永群、李东风：《西方诬我出口“战乱”》，环球时报，2006年6月15日。

公司对外经营，这些部门和公司须严格按照政府批准的项目，从事经营活动。军品转让合同，需经政府有关主管部门批准后才能生效，重大武器的出口需报国务院、中央军委批准。中国军队不负责对外出售武器装备等事宜。

## 三、中国的军品进口

从他国进口先进武器装备，常常可以较快地提高本国的武器装备质量，并逐步学习和掌握相关技术，从而促进本国国防和军队现代化建设。军品进口需求的大小，一般取决于一国或地区面临的安全威胁和自身的军工生产能力。中东之所以成为目前世界上最大的武器装备进口地区，是与伊拉克局势的日益混乱、沙特连续发生的恐怖袭击以及巴以冲突等紧密相连的。

新中国诞生在一个半封建、半殖民地的历史基础上。多年的战争加上国民党政府溃退时的破坏，造成了建国初期国防工业基础极其薄弱。为了建立起巩固的国防，这一时期中国主要从苏联接受和购买军事装备和技术。60 年代，苏联终止了一切与中国的军事合作。中国对外军事装备采购基本上处于停顿状态。60 年代末以后，中国开始与少数西方国建立外交关系，从而能够采购少量的非作战军用装备。80 年代，中美关系的改善，使得能够从美国进口部分较为先进的装备。90 年代以来，苏联解体，中俄建立了友好国家关系，俄罗斯成为中国最大的武器进口国，引进了一批先进的飞机、舰船和防空导弹等。

我国进口武器装备技术，主要坚持以下重要原则：

一是以提高我军整体作战能力为目标。主要是引进一些急需的、先进的和技术含量高的武器装备。填补我军武器装备的重要缺项，完善我军装备结构和作战系统。

二是搞好消化吸收。武器装备只有形成完整的系统，才能发挥作战效能。引进的武器装备，虽然技术先进，性能优良，但是只有和我军现有装备和指挥系统融为一体，才能真正的发挥作用。因此，我们必须在掌握和消化上下功夫，真正做到全面了解，熟悉操作，自如运用。

三是始终坚持独立自主，以我为主。引进外国武器装备，只能是在一定时期、一定情况下改善我军的武器装备，不可能长期的、从根本上提升我军的武器装备水平。世界上没有任何一个国家的军队现代化，是靠买出来的。我们必须坚持自主研发为主，引进为辅的“两条腿走路”的方针，充分吸收、借鉴外军的先进技术，提高我军的研发能力，不断增强自主创新能力，从而实现我军武器装备的跨越式发展。

## 第七节 维持和平行动

联合国维持和平行动，从严格意义上讲，是指联合国向发生争端、冲突的地区或国家，派出军事或民事人员，以非武力的方式调解争端，缓和冲突，监督停战，维持和平。联合国维和行动，仅限于在联合国框架内展开的维持和平行动，不涉及地区性组织或少数国家，未经联合国授权而单独实施的“强制和平行动”等行为。

虽然联合国维和行动，早在1948年建立联合国巴勒斯坦停战监督组织时，就已起步，但是，“维持和平行动”一词在《联合国宪章》中并未出现。1965年2月，联合国大会建立维持和平行动特别委员会时，该词才第一次出现。《联合国宪章》第1条规定：“维持国际和平及安全，并为此目的，采取有效集体办法，以防止且消除对于和平之威胁。”通常认为，关于联合国维持和平行动的授权即隐含于此。

《联合国宪章》第六章，强调和平解决争端的原则，可以归纳为“劝和”二字；第七章则规定在“劝和”无效的情况下，可以采取“逼和”的办法，如经济制裁、继绝外交关系、军事威慑、军事封锁，直至使用武力。联合国新闻部编写的《蓝盔——联合国维持和平行动回顾》一书认为：“当大国之间的关系不允许安理会充分发挥宪章所赋予它的作用时，维持和平行动就发展为用以控制危险地区冲突的途径。”实际上，维和行动填补了宪章关于“劝和”条款和“逼和”条款之间的一个空白。由于从历史渊源看，维和行动并无《联合国宪章》的明文规定或其他直接的法理依据，因此它被哈马舍尔德秘书长称为“第六章半的创见”。

## 一、联合国维和部队的指挥体系

联合国维持和平部队，通常包括参加维持和平行动的军事观察员、武装部队、后勤人员和各类文职人员。联合国维持和平行动立项，由联合国安理会或大会审议和决定，然后授权秘书长具体组织实施。因此，联合国秘书长是联合国所有维持和平部队实际上的总司令，他应执行安理会的决定，定期向安理会汇报执行情况，提出建议，取得安理会的持续支持。

秘书长指挥维持和平部队的具体事务，通过一名副秘书长办理。这位副秘书长管理特别政治事务司，聘一名军事顾问，实际上就构成了维持和平行动联合国总部。整个指挥系统分三个层次，即联合国总部、部队司令部（团部、组部）和分遣司令部。部队司令部相当于师部或旅部，由多国人员组成，主官由联合国秘书长征得安理会同意后任命。分遣队一般为营建制，由派遣国自行组建。观察团、组直属联合国总部指挥，各团、组设立由多国人员组成的团部、组部，其负责人有的称参谋长，有的称首席观察员。为保证这种多边指挥系统顺利运行，各国派出的分遣队、参谋军官或军事观察员，在作战指挥方面应与本国军队脱钩，无条件地加入联合国的战斗系列，服从维和部队上级指挥，但人事管理和人员纪律仍然由派出国负责。

联合国大会经常审议维持和平行动问题，但没有执行权，对维和部队没有指挥关系。1965 年开始，大会设立“维持和平行动特设委员会”，由 5 个常任理事国在内的 34 个国家代表组成，负责起草和平行动的指导方针，研究维持和平部队的组建程序、活动模式以及经费筹措等问题，主要起咨询协调作用。

## 二、联合国维和行动的职能

既然联合国维持和平行动，是介乎“劝和”与“逼和”之间的手段，联合国维持和平部队，也就只能在“劝和”与“逼和”之间发挥作用，必须在不使用武力和不介入争端的前提下，通过部署国际性的军事人员，采取防范性和监督性军事措施，来遏制争端或冲突的扩大化，从而为最终和平解决争端，创造必要的条件，提供国际保证和国际支援。总结历次维持和平行动的经验教训，军事观察员和维和部队的职责大致有以下五种：

一是观察员报告局势。凡是发生争端和冲突的地方，都是局势难以控制，冲突各方互相指责，孰是孰非难以判断。联合国必须充分掌握局势的发展情况，了解争端和冲突的原因、性质、规模、程度和可能出现的危险，掌握冲突各方的动向和意图。因此，联合国军事观察员的首要任务，就是及时观察和报告局势。

二是监督停火、停战和撤军。冲突双方达成停火、停战和撤军协议后，需要第三方进行公正有力的监督。否则，有可能重燃战火。由于联合国部队具有国际权威性，因此只要坚持公正、中立的原则，监督停火、停战和撤军一般是比较有效的。

三是建立停火线、隔离区或缓冲区。在发生大规模武装冲突之后，战场形势极不稳定，若不迅速将冲突双方军队隔开，随时可能爆发新的冲突。因此，维和部队必须使双方脱离接触，促使双方通过谈判解决争端。这种维和行动军事色彩较浓，规模较大，风险也较高。

四是开展民事行动。随着形势的变化和联合国的发展，维和行动趋于多元化。维和部队不仅执行军事性质的任务，也开展民事性质的活动。如人道主义救援、监督人权活动、监督选举活动，甚至行使临时过渡政权的作用。

五是实施预防性外交。所谓预防性外交，就是未雨绸缪，应当事国的邀请，经过周密的调查，在可能发生大规模武装冲突的危险地区，部署维和部队，以防止冲突的发生。预防性外交，在联合国实施维持和平行动早期就已提出，但一直无法实行。进入90年代后，联合国改革势头加快，秘书长加利非常重视预防性外交，并付诸实践。如向马其顿派驻维和部队。[①]

① 杨松河：《军事外交概论》，军事谊文出版社，1999年版，第216—217页。

联合国维和行动，必须有严格的职权范围，必须严格控制在宪章第六章与第七章之间行事，而且要尽可能由“逼和”行动，转变为“劝和”行动。同时，维和行动也应当从实际出发，采取适当的模式、规模和行动。

## 三、联合国维和行动的历程及特点

自 1948 年派出巴勒斯坦停战监督组织以来，联合国维持和平行动的历程，大致可分为两大阶段。由于雅尔塔体系的崩溃实际上是以 1989 年发生的一系列事件为起点的，因此可将 1988 年作为前后两个阶段维和行动的分界点。

第一阶段（1948—1987 年），联合国共实施了 13 次维和行动。这个时期的维和行动，深受美苏两极对抗格局的影响，具有下列特点：第一，许多区域性矛盾，在两极格局中暂时被掩盖起来。因此联合国维和行动，需要应对的区域性冲突数量较少。第二，联合国干预的地域，被限制在美苏两国直接控制或直接插足的地区之外，维和行动从不涉足越南、捷克斯洛伐克、阿富汗等国家和地区。第三，联合国维和行动介入的地区冲突，基本都属于国家与国家之间的冲突。第四，联合国维和行动，基本上遵循了非强制性和非武力原则。第四，联合国维和行动的主要功能，是把冲突的双方隔离开来，监督停火、撤军，恢复和平。

第二阶段（1988—2012 年）联合国共实施了 55 次维和行动，这一时期的维和行动具有下列特点：一是被两极冷战格局所掩盖的民族对抗、领土纠纷和宗教矛盾等纷纷涌现，联合国维和行动，需要应对的区域性冲突数量大大增加。二是联合国维和行动，已不再受所谓美苏势力范围的制约，逐渐扩展到原先超级大国直接控制的诸如阿富汗、柬埔寨等国家和地区。三是联合国维和行动，在干预国际冲突的同时，把更多精力投入到先前从不涉足的纯粹的国内冲突中。四是联合国维和行动，强制性地使用武力的倾向大大加强。五是联合国维和行动的功能大大扩展，除了传统功能外，还延伸到保护人道主义救援、遣返难民、行使临时权力机构职能、帮助组织和监督选举、协助维持治安和建立司法及行政机构等。

总体来看，联合国维和行动，在一定程度上促进了世界及地区的和平与稳定，其积极的一面，受到了国际社会的普遍肯定。1988 年 9 月，联合国维和部队获得了该年度的诺贝尔和平奖。诺贝尔委员会是这样陈述其授奖理由的：联合国维和部队，“代表了国际社会通过谈判实现和平的明确意愿，这些部队通过它们的努力为开始实际的和平谈判做出了决定性的贡献”。然而当前，联合国维和行动中出现的强制性手段问题、干预国内冲突问题、中立性原则问题等，需要尽快得到恰当的处理。

## 四、中国与联合国维和行动

我国对于联合国维和行动，在 1980 年以前基本持否定态度。基于当时联合国部队被美国等西方国家把持，常借以镇压民族解放运动，而联合国部门的费用，又列入联合国活动总费用中支付。为此，我国坚决反对西方借联合国维和之名，行干涉第三世界内部事务之实，反对将联合国部队费用作为联合国的开支。在我国恢复联合国合法席位后的十年间，对联合国的维和行动，一般采取表明我立场，不参加投票，不承担义务的做法。

随着联合国维和行动的变化和改进，自 1981 年第 36 届联大起，我国明确表示，肯定和原则上支持符合联合国宪章精神的维持和平行动。1982 年，开始交纳联合国维持和平行动费用的摊款。1986 年，中国政府派人前往中东，实地考察了“停战监督组织”。1988 年，我国成为联合国维持和平行动特设委员会成员。1989 年，我国向联合国纳米比亚过渡时期协助团，派遣了 20 名选举监督员。1990 年，第一次向中东地区派遣了军事观察员。1992 年，正式组建维和部队，前往柬埔寨执行维和任务。2001 年，参加了联合国维和待命机制。2003 年，向刚果（金）派出首批维和部队，并向利比里亚分三批派出维和部队共 558 名官兵，这是迄今为止我国参与联合国维和行动规模最大、人数最多的一次。2006年，首次向中东地区派出一个维和工兵营，这是我国首次派出营规模维和部队。2007—2012年，又先后向塞拉利昂、刚果（金）、塞浦路斯、阿卜耶伊、南苏丹、叙利亚等派出七批特派团、监督团、安全部队、维和部队等。

通过20多年的维和实践，中国越来越清晰地认识到，参与联合国框架下的维持和平行动，具有重要意义。这是我国展示综合实力、增强国际影响力的重要举措；是军队综合能力的反映，既检验军队的训练水平、装备水平和快速反应能力，也检验与其他国家军队协调、协作的能力；是中国军队走向世界的重要平台，既给了中国军队看世界的机会，也给世界提供了了解中国军队的机会。正因为如此，中国越来越多地参与了联合国的维和行动。目前，在联合国五大常任理事国中，中国派出的维和部队人数是最多的，充分体现了中国作为一个负责任大国，对世界和平和地区稳定所做出的积极贡献。

虽然联合国维持和平行动，在缓解和促进政治解决国际争端与地区冲突方面发挥了重要作用，但是也存在着诸如偏袒冲突中的某一方、频繁采取军事强制行动等不足之处。为使联合国维和行动取得成功并健康发展，中国认为，应该确立和遵循以下指导原则：遵循《联合国宪章》的宗旨和原则，特别是尊重国家主权和不干涉内政的原则；维和行动应事先征得当事国同意、严守中立以及除自卫外不得使用武力；应坚持以斡旋、调解、谈判等和平手段解决争端，不应动辄采取强制行动，不能实行双重标准，不能借联合国之名进行军事干涉；应坚持实事求是，量力而行，不在条件不成熟时实施维和行动，更不应使之成为冲突一方，偏离维和的根本方向。

随着中国对外开放的深入发展，中国军队将更多地走出国门，积极参与联合国维和行动，履行对国际社会的和平承诺，更好地承担起维护地区稳定和世界和平的大国责任。为此，我军正在完善快速、高效的协调机制，健全法律法规，加强维和培训，提高部队执行任务、处置突发情况和涉外事务的能力。

## 第八节　驻外武官管理工作

驻外武官是国家武装力量的外交代表。在本国武装力量统帅机关的领导下，武官承担着本国武装力量与驻在国武装力量之间日常事务的交往工作，起着两国武装力量间的桥梁作用。显而易见，武官从事的工作是本国军事外交的重要组成部分。作为一国军事外交的驻外代表机构，武官处一般都列入本国驻外大使馆编制。因此，武官处是大使馆内负责军事外交工作的专职部门，武官是大使馆馆长的军事助手。这充分体现出军事外交是国家总体外交的一部分的性质。

武官制度产生于欧洲的拿破仑时代，至今不到两个世纪，在世界外交史上属于年轻的制度。但它从产生一开始，就显示出旺盛的生命力，很快被各国所接受。1961 年 4 月 18 日通过的《维也纳外交关系公约》，已明文确定了武官的地位。各国军事情报机关，特别是大国的军事情报机关，都建立有专门机构，投入大量人力、智力、物力和财力，加强武官队伍建设。武官工作制度日臻完善，武官工作已经作为独立的业务门类，出现在世界外交舞台上。

武官由派遣国委任并征得接受国同意后派出。在使馆外交官中，武官是除大使之外，唯一须征得接受国同意后才能派出的官员。这是武官的特殊使命和特殊地位决定的。武官分国防武官、陆海空三军武官、军种武官、技术武官等不同职位，并可设相应的副武官。国防武官或陆海空三军武官，代表派遣国武装力量的整体。军种武官、技术武官，分别代表所属军种和军事科技部门。派有国防武官的使馆可设军种武官。派有陆海空三军武官的使馆，不设军种武官，但可设军种副武官。在同一使馆如有数个武官时，由国防武官或某一军种武官担任首席武官。

武官从事的工作主要包括：与驻在国军方保持正常的外交联系；办理两国军队之间的交往和交涉事宜；根据两国政府有关协议和上级有关指示，同驻在国有关部门进行情报交换；承办有关军援、军训、军工合作、军品贸易和军事技术人才交流等联系事务；关注并研究两军关系的发展变化以及存在的问题，就两军关系的发展和有关事宜，适时向本国提出报告和建议；根据上级有关指示，参与解决两军关系中的某些问题；开展与驻在国军政官员、社会人士以及外交使团（包括武官团）的外交社交活动。我国驻外武官“负有开展军事外交和军事情报的两项基本任务。积极为统帅部服务，为部队、院校、科研机构服务，为国防现代化服务，是武官的业务指导思想”。

就中国武官的管理工作而言，可分为两部分：一部分是驻外武官管理工作；一部分是驻华武官管理工作。在我国，驻外武官和驻华武官管理工作是从建国初开始的，随着我国对外关系和军事外交的推进，这项工作不断发展，对保持和加强与有关国家军队的交流和合作，发挥了积极作用。

## 一、驻华武官管理工作

自50年代初，苏联在华设立第一个武官处，驻华武官管理工作随之展开。此后，其他社会主义国家、亚非拉友好国家以及西方发达国家，也陆续在华设立了武官处。截止2010年底，在华武官处已达102个。根据中央军委和国防部的批示，驻华武官管理工作，一直由50年代的外联处、后来的外事局和现在的国防部外事办公室负责。

驻华武官是外国军队在我国的常驻外交代表，他们有较长的时间和较好的条件，对我国和我军作比较深入的了解。做好各国驻华武官工作，可以增进外国武官对华全面客观的认识，加强与他们的友好关系，以及防范他们非法的越轨行为，从而有助于我国的对外军事交往，促进与有关国家之间的军事关系，并确保我国家利益、特别是军事安全利益不受侵害。

### （一）驻华武官管理工作的主要内容

驻华武官管理工作主要包括：安排礼节性拜会和社交活动；办理两军间的日常交往事务；组织安排集体或个别的活动；举办情况报告会，开展对外宣传；防止和处理驻华武官中出现的问题等。

安排礼节性拜会和社交活动。驻华武官与我军任何单位或个人的接触，都必须通过国防部外事办公室安排。武官的到任和离任已有常规，如无特殊情况，可照章执行。驻华武官向我军首长作礼节性拜会，或请我方各级军官参加宴会，以及其他聚会活动，也一概要通过国防部外事部门安排。

办理两军间的日常交往事务。通过驻华武官与外军开展日常交往，是国防部外事部门管理驻华武官工作的一项重要内容。与驻华武官商谈有关军事代表团（组）的互访事务、解决军援军训中的具体问题、交流军队建设经验和军事科技等公务处理，都要在同有关部门或单位认真研究的基础上，提出处理方案，经有关领导批准后实施。

组织安排集体或个别的活动。这是国防部外办积极主动地对驻华武官增进了解，加深友谊和施加影响的主要方式。在外办的组织安排下，驻华武官每年都要进行一些访问、浏览和观摩活动，以便于了解我改革开放以来各方面取得的成就，以及我国防和军事政策。例如2004年组织驻华武官团赴香港进行参观考察，同年还邀请15国驻华海军武官观摩中、英海上联合搜救演习。此外，在重要节日举办招待会、联欢活动等，也是联络感情、加强友谊的主要方式。

举办情况报告会，开展对外宣传。定期或不定期向驻华武官宣讲我国重大政策和举措，通报我军改革、建设有关情况，使之对我国我军有一个正确、全面的了解，避免不必要的误解和猜疑，这也属于驻华武官管理工作的一部分。

防止和处理驻华武官中出现的问题。驻华武官是外国派驻中国的军事外交代表，同时肩负着搜集军事情报的使命。按照国际法原则，武官可以用合法手段调查与军事有关的情况。然而，某些驻华武官，有时采取秘密非法的途径，千方百计地窃取我军事方面的情报。一旦发现驻华武官有越轨行为，由于他们具有外交官身份，享有豁免权，一般要由国防部外事部门出面进行慎重处理。根据情节轻重和两国两军关系，分别给予正面劝告、含蓄警告、严肃警告、要求对方召回，直至公开驱逐出境等。

### （二）驻华武官管理工作的原则

根据国际惯例和多年的实践，驻华武官管理工作主要应遵循以下原则：一视同仁与区别对待相结合，对等互惠，礼言在先等原则。

一视同仁与区别对待相结合的原则。一视同仁，是指对各国驻华武官，不分国家大小，不问社会制度异同，都应同等对待。这既表现在外交礼仪上，不能厚此薄彼，又表现在执行驻华武官管理的规章制度时，一律平等。区别对待，是指安排个别活动和处理驻华武官提出的要求时，要根据两国两军关系、外交斗争的需要以及驻华武官本人的情况，区别对待。在礼遇上，虽然要遵守一视同仁的原则，要有一定的规格，但是在规格允许的范围内，依然可以倚重倚轻。一视同仁、区别对待的有机结合和灵活运用，是军事外交的艺术，也是贯彻对外政策的手段。

对等互惠的原则。这是区别对待时需要考虑的因素，即给予驻华武官的待遇，要参照对方给予我武官的待遇。如果对方优待我驻外武官，我对其驻华武官也应适当给予照顾。如果对方限制我驻外武官的活动，我对其驻华武官，也可考虑进行类似的限制。但是对等互惠原则，并非简单的投桃报李或以牙还牙，要根据具体情况，灵活处理。对等互惠原则，也适用于公务联系。例如对方向我提出要求时，我方也可根据互惠原则，要求对方为我武官提供同样的方便。

礼言在先的原则。凡是要求对方做到或禁止对方做的事情，要以友好礼貌的适当方式，事先通知对方。例如，参观禁止对方拍照的军事单位时，就事先声明，不要等对方拍照时再说。礼言在先，可以堵塞和阻止对方钻空子。如果对方违反规定，需要严肃处理时，也就主动多了。对外国武官违反规定，从事与其外交官身份不相符的活动时，要视情节、后果、影响和危害程度，从国家外交斗争大局出发，通过外交途径，采取适当方式，进行有理、有利、有节的斗争。

60多年来，有关驻华武官管理工作的法规制度，不断得到完善。在对驻华武官方面，先后颁发了《关于各国驻中华人民共和国武官的各项规定》、《中华人民共和国国防部关于各国驻中华人民共和国武官的若干规定》、《国防部外事局致各国驻华大使馆武官处照会》、《中华人民共和国国防部关于各国驻中华人民共和国大使馆武官须知》等。上述规定，使我军对外国驻华武官管理工作走上了法制化轨道，并平稳、健康地发展。

## 二、驻外武官管理工作

我国自1949年11月派驻苏联首任武官开始，至今已向112个国家派驻了武官，向联合国安理会军事参谋团派出军事代表。此间，还曾于朝鲜战争结束后至1994年期间，在朝鲜板门店，派出了我国志愿军代表和联络处。也曾对建立了两国军事关系但尚未设立武官处的几个国家，派出过军事参赞。

驻外武官管理工作主要包括以下两个方面：

### （一）选派和轮换驻外武官处人员

根据两国政府和军方领导人达成的互派武官的共识和协议，迅速选拔有关军官，派往有关国家任国防武官或三军武官、军种武官，以及副武官、武官助理或武官秘书等不同职务。根据我国外交部制定的国外任期规定，适时进行人员轮换。为使派出人员出国后，能迅速适应国外工作需要，派往国外前要进行院校专业培养，或进行短期在职有关武官业务培训。

### （二）对驻外武官实施工作指导

主要通过赴任前主管部门领导谈话、赴任后指导、武官回国述职等三个阶段的不同形式加以实现。武官工作，政治性、政策性、敏感性都很强，必须在统帅部的统一领导下进行。武官工作涉及的范围很宽，要做到突出重点、统筹兼顾。其中，两国武装力量高级领导人互访，对两国军事关系的发展至关重要。武官的重要任务，就是要按照国内的意图，积极与驻在国商谈，精心安排访问活动，同时做好相关保障工作，确保访问圆满成功。此外，两军间的军援、军训、军工、科技、文艺、体育等各项交流与合作，武官处也要认真做好工作，确保这些军事外交活动的顺利进行。

# 第九节　区域安全合作

当前，世界多极化、经济全球化趋势在曲折中深入发展，传统安全问题尚未解决，非传统安全问题又日益突出，国际竞争日趋激烈，天下仍不太平。广泛开展国际安全合作，确保国家安全，减轻外来威胁，成为许多国家的共识。我国要在21世纪全面建设小康社会，实现中华民族的伟大复兴，必须营造一个和平稳定的外部环境，尤其是周边环境。开展并加强区域安全合作，是新形势下实现这一战略目标的必然选择。

中国一贯坚持与邻为善、以邻为伴，奉行睦邻、安邻、富邻的周边外交政策，支持在平等参与、协商一致、求同存异、循序渐进的基础上，开展多形式、多层次、多渠道的地区安全对话与合作。中国主张，相互尊重而不是恃强凌弱，相互合作而不是彼此对抗，协商一致而不是强加于人，应该成为亚太地区多边安全对话与合作的方向和特征。本着上述精神，中国努力推动上海合作组织的形成与发展，参加了东盟地区论坛（ARF）、亚洲相互协作与建立信任措施会议（CICA）、亚太安全合作理事会（CSCAP）、东北亚合作对话会（NEACD）等多边安全对话合作进程，为深化具有亚洲特色的区域安全合作发挥了积极作用。

在亚太安全合作尤其是军事安全合作进程中，中国军队积极参与，主动作为。多次派员参加亚太地区多边安全会议、东北亚合作对话会、东盟地区论坛会议、亚太地区防卫当局官员论坛、西太平洋海军论坛等活动，有力地宣传了中国外交和国防政策，起到了增信释疑、建立信任的作用。

## 一、区域安全合作的作用

开展和加强区域安全合作，对维护国家政治稳定、经济安全，最大限度地谋取国家安全利益，具有十分重要的作用。

### （一）有利于应对亚太战略格局变化的挑战

“9·11”事件及阿富汗战争、伊拉克战争后，亚太地区美国占优势的多极制衡格局基本形成。美国在推行霸权主义过程中，也带来了大量矛盾和问题，为加强区域安全合作提供了条件。

**（二）有利于改善我周边安全环境**

当前我国外部环境较为复杂，背后隐藏着许多不协调、不稳定和不安全的因素。加强区域安全合作，尤其是加强与周边国家的安全合作，对保持我国长期稳定，营造有利于我国现代化建设的安全环境具有十分重要的意义。

**（三）有利于促进反“台独”军事斗争准备的顺利进行**

完成祖国统一大业，是中华民族的根本利益所在，也是中华民族发展的必然趋势。当前，随着海峡两岸“统”、“独”斗争的日趋复杂和美国明里、暗里的推波助澜，我对台军事斗争准备面临着严峻的现实：一是“台独”活动从未停止，有可能出现各种危险复杂的局面；二是美国继续实施对台军售，台湾当局军事实力进一步增强；三是美日将台湾问题列入共同防卫范围，联手干预台湾问题的可能性不能排除。加强区域安全合作，特别是与美国及其亚太盟国发展安全合作，有利于提高透明度，加强了解，增进互信，扩大共识，对“台独”活动形成压力。

## 二、开展区域安全合作的基本经验

近年来，我国经过不断探索和实践，已与世界许多国家特别是亚太地区一些国家，建立了新型的安全合作关系，增强了在地区安全事务中的影响力，为我国现代化建设营造了有利的安全环境，同时也为进一步加强区域安全合作积累了经验。

**（一）努力将新安全观引入区域安全合作领域**

1996 年 4 月，在中国的倡议之下，“上海五国”签署的《关于在边境地区加强军事领域信任的协定》明确提出，要创立一种不同于冷战思维的新安全模式，该模式并非将自己一国的安全，构筑在对别国或整个地区形成威胁前提上，而是基于平等的对话、协商，通过互利合作解决各国共同面临的安全问题。此后，中国领导人在多边、双边场合多次呼吁树立新安全观。2002 年 7 月，中国代表团向东盟地区论坛外长会议，提交了《中国关于新安全观的立场文件》，全面系统地阐述了中国在新形势下的安全观念和政策主张。中国倡导的以互信、互利、平等、协作为核心的新安全观，在东盟地区论坛上受到越来越多国家的响应。上海合作组织弘扬互信、互利、平等、协商、尊重多样文明、谋求共同发展的上海精神，就是以新安全观建立区域合作模式的典范。

**（二）与时俱进，推动上海合作组织进一步发展**

上海合作组织是由我国倡议的政府间区域性多边合作组织。它是在“上海五国”机制的基础上发展起来的，2001 年 6 月乌兹别克斯坦加入“上海五国”机制，“上海合作组织”宣告成立。自成立之日起，上海合作组织即在中国的积极推动下，建立起不同级别、不同层次的会晤和磋商机制，先后签署了一系列公约、协议、宣言等，成立了上海合作组织秘书处和地区反恐机构，从而建立起较完善的机构体系、法律基础和运行机制。在军事交流与合作方面，上海合作组织成员国，多次举行国防部长会议，进行联合军事演习，已成为各成员国军队加强对话、增进互信、发展友谊、深化合作的平台，有力地促进了上海合作组织由经济合作向安全合作领域的拓展。

**（三）抓住时机，积极开展非传统安全领域的合作**

近年来，我们十分重视非传统安全领域的合作。一是在“上海合作组织”框架内，加大联手打击“三股恶势力”力度。主要是推动成员国政府首脑、国防部长、执法安全部门领导人，公开发表打击“三股恶势力”声明；签署《关于地区反恐怖机构协定》；建立反恐怖中心等。2002 年 10 月，中、吉两国在边境举行了联合反恐演习。2003 年 8 月，成功举行上海合作组织成员国联合反恐军事演习。2006 年 9 月，中、塔两国举行了反恐军演。之后，又分别举行了“和平使命—2007”上合组织武装力量联合反恐军事演习、“和平使命—2009”中俄联合反恐军事演习、“和平使命—2010”上合组织武装力量联合反恐军事演习、“和平使命—2012”上合组织武装力量联合反恐军事演习。这些都充分证明了上海合作组织，在维护地区安全稳定方面的重要作用，显示了各方团结协作、共同打击“三股势力”的坚定决心。二是积极开展多边和双边反恐对话与磋商。与美、俄、印、巴等国分别进行反恐磋商，推动亚太经合组织领导人上海会议发表反恐声明，支持东盟地区论坛，开展非传统安全领域的对话与合作。2002 年 11 月，与东盟发表《关于非传统安全领域合作联合宣言》，启动了我国与东盟在非传统安全领域的全面合作。三是有选择地举行非传统安全领域的双边联合军事演习。“9 · 11” 事件后，亚太地区的非传统安全领域的联合军演逐渐增多，我国也与巴、印、泰、美等国举行了双边联合演习。

**（四）灵活应对，通过多种方式开展区域安全合作**

为适应区域安全合作发展的新趋势，我们与周边国家开展军事交流与合作，安全合作领域逐步扩大。一是签署友好协议。与俄罗斯签署《中俄边防合作协议》和《中俄睦邻友好合作条约》；与蒙古签署《中蒙边防合作协议》，以法律的形式使中俄、中蒙关系得到加强和发展。二是加强人员互访。与大部分周边国家进行多层次军事代表团和专业技术团组的互访，与相邻国家的边防部队开展交流，增进彼此的信任与了解。三是加强与外军在教育训练方面的合作。一方面先后向俄、巴、泰等国，派出军事留学人员；另一方面充分发挥我军优势，加大对周边国家军队人员的培训力度，扩大我军在周边国家的影响。四是发挥军事援助效益。同美国等西方国家相比，我们的军事援助数量有限，但我军的对外援助，不带任何附加条件。通过有重点地向一些周边国家提供援助，援其所需，获得了明显效果。

## 三、开展区域安全合作的基本原则

加强区域安全合作，应继续处理好韬光养晦与有所作为、立足当前与着眼长远、积极主动与稳步发展的关系，逐步形成全方位、宽领域、多层次的合作局面。为此，应着重把握以下原则：

**（一）突出重点，统筹兼顾**

我国周边安全环境十分复杂，每个战略方向都事关国家安全大局，应全面推进与有关各方的安全合作。同时也应看到，不同战略方向，有着不同的战略背景、战略地位、合作基础和发展前景，要区分轻重缓急。对于能发挥重要作用、有条件搞好的重大合作关系，如“上海合作组织”，要大力经营；对于关系到我国能源供应、通道安全的国家和地区，应未雨绸缪。

**（二）低调求实，奠定基础**

应根据区域有关国家的特点和敏感度，确立合作的基调，避免树大招风。在合作方式的选择上，应摸清对方需求，扬长避短，量力而行。对合作基础较好的国家，应不断拓宽合作领域，深化合作程度，强化合作机制；对合作基础较弱的国家，应从双方均易接受的方面着手，循序渐进；对复杂的多边合作，要努力建立双边与多边多重交叉的安全合作关系，扩大回旋余地。

**（三）多手并用，增强实效**

在开展军事交流与合作过程中，我应发挥政治影响力、经济吸引力和文化亲和力，多渠道并行，逐步形成政治、经济、文化合作与军事合作的良性互动。例如中国已与东盟设立了建立自由贸易区的目标，这是我们在较长时间内加强合作的有利条件。东盟国家在政治上对我的日益信任和经济上的相互联系，有可能把双方合作从政治经济领域推进到军事安全领域。

## 四、开展区域安全合作应把握的问题

当前，中国与周边国家的双边关系，正处于新中国成立以来的最佳时期，从而为我们进一步开展区域安全合作，打下了坚实的基础。区域安全合作所面临的主要任务，是以积极主动的行动，实践新安全观，力争使之成为主导亚太地区安全局势的灵魂，削弱我国面临的传统安全压力。应坚持以双边促多边、以多边带双边，有效利用上海合作组织、中国与东盟的“10＋1”合作等多边安全对话与合作机制，营造持久和平、长期稳定的周边安全圈。

**（一）努力推进上海合作组织实体化进程，夯实各项合作基础**

“上海合作组织”是唯一由我倡议的区域性安全合作组织。进一步深化合作关系，是当前加强区域安全合作的首要任务。要按照把握根本、求同存异、着眼未来、有所作为的原则，努力促成上海合作组织向务实型、多领域、高层次转变，积极推动制定安全合作的多边部队地位协定，开展上合组织框架下的联合军事训练，在打击“三股恶势力”、情报信息交换、边防执法、边界联合巡逻、紧急救灾等领域开展有效合作，提高上海合作组织的凝聚力。首先，要进一步深化合作机制。当前，应充分利用美专注于伊拉克、巴以关系、朝核危机等问题，中亚国家在一些重大国际问题上的立场与中俄趋于一致的有利时机，乘势推进合作机制向情报交流、联合指挥协调等领域和部门延伸，逐步形成高、中、低一体的综合合作机制，提高可操作性。其次，要提高对付共同安全威胁的成效。根据中亚国家的实际，以五国举行联合反恐演习为契机，在打击三股恶势力、贩毒、走私等领域的合作中，多倡议，多推动，多投入，以实际成效赢得信赖。其三，要协调并促进成员国之间的团结。中亚地区有复杂的领土、民族、宗教等矛盾。我与成员国之间已无重大利害冲突，也无历史包袱，应加强对成员国间矛盾的协调，确保成员国团结。其四，要发展与成员国的双边安全合作。成员国间固有的矛盾和美国的介入，使该组织发展前景仍存在不确定性。与其他成员国同美、俄的多层安全合作关系相比，我与这些国家的合作关系则显得薄弱、单一，抗风险能力不足。我应抓住有利时机，开展扎实合作，进一步密切双方的关系。

**（二）以更加积极、务实的姿态，进一步深化与东盟的安全合作关系**

东盟国家与我国有着较密切的经济合作关系，出于平衡大国关系的需要，这些国家有与我加强安全合作的愿望。我应以主动务实姿态，将与东盟的安全合作引向深入。首先，要努力掌握舆论主导权。近年来，某些西方大国为扩大在亚洲安全会议的作用和影响，加大宣扬其安全观念的力度。我应利用东盟地区论坛等在安全领域的影响，推动并开辟新的讲坛，宣传我国防政策和安全观，削弱某些西方大国的影响。其次，要尽快促使我与东盟的信任关系实现新的突破。目前，我国已加入《东南亚友好合作条约》，并签署了《南海行为宣言》，可酝酿建立新的安全合作机制，以及在南沙问题上建立军事信任关系，消除东盟国家的顾虑。其三，要拓展非传统安全领域的合作。恐怖主义、海盗、走私、贩毒等，是长期困扰东盟国家的安全问题。某些域外大国正以反恐为名，意在进一步加强对该地区的军事控制。我应根据各国关注的重点和其表明的意向，积极开展各种形式的合作。

**（三）开拓思路，探索与美及其盟国合作的新路子**

美及其盟国是我不能回避的交往对象，只能求同存异，巧与周旋。首先，要在斗争中保持并发展与美安全合作。对美倡议并主导的合作项目和军事活动，应在自主的原则下，有选择地参与，并可根据需要倡导一些能够互惠互利的合作项目。其次，要寻求与韩国建立安全合作关系。中韩经济联系日益紧密，但安全合作禁区尚未突破。从发展上看，中韩安全合作只是时间问题，应提前预热。当前，可从非传统安全入手，建立初步的合作关系。这有利于我解决台湾问题，参与朝鲜半岛事务和平进程。其三，要适度发展中日安全合作。中日安全合作与经贸联系极不相称。我应更新思路，将舆论和两国、两军实际合作区分开来。

需要指出的是，第三世界是我在国际事务中的传统盟友，与这些国家的安全合作关系，只能加强，不能削弱。

区域安全合作是中国军事外交的重要舞台。我们应进一步解放思想，摆脱固有的思维模式，大胆创新，开拓进取，更多地参与地区安全合作。

## 第十节　联合军事演习

冷战结束以来，特别是“9·11”事件后，非传统安全问题与传统安全问题相互交织。为了共同应对多元化的威胁，国际社会普遍重视防务合作。不同国家军队间的联合军事演习此起彼伏，逐步成为国与国之间加强政治、外交、军事合作的重要途径，引起了世界各国的普遍重视。我参与国际双边和多边联合军事演习，是维护国家安全利益的需要，也符合国际大趋势。近年来举行的一系列联合军演，拓宽了中外军队合作的渠道，使我军事外交更具实质内容，有力地诠释了我一贯倡导的“互信、互利、平等、协作”的新安全观，也体现了我“与邻为善、以邻为伴”的睦邻友好政策。

## 一、世界范围内联合军事演习

作为检验和提高战斗力以及力量展示的重要手段，联合军事演习是国家政治、外交在军事领域的延续，总体上呈现出服务于国家战略的政治性、应对不同威胁的多样性、维护国家或集团利益的针对性等鲜明特征。近年来，随着国际战略形势的急剧变化，联合军事演习也呈现出新的发展趋势：

### （一）从参演对象上看，以盟友和伙伴关系国为主，向多元化方向发展

世界战略格局的多极化发展，使得国与国之间的多领域合作更为密切。美为推行其全球军事战略，十分重视与盟友或伙伴关系国之间的联合军事演习。1991 年以来，美所参加的较大规模军事演习，大都是与其主要盟友或重点地区的友好国家举行的。与此同时，美还十分注重加强与非盟友国家，在反恐、应对地区危机等领域的军事合作，先后举行了一系列联合军事演习，提高了维护自身战略利益的快速反应能力。

### （二）从演习地域上看，以战略重点地区为主，向潜在“热点”地区发展

地缘政治是影响国家安全利益的重要因素。为此，联合军事演习一般都在高度敏感的战略重点地区举行，又兼向潜在“热点”地区发展。比如，美韩针对朝鲜核危机可能导致的潜在冲突，举行了名目繁多的军事演习；为扩大在黑海这一潜在“热点”地区的军事介入，美国早在 2003 年 7 月，就与保加利亚、土耳其、希腊、罗马尼亚、乌克兰五国海军，在黑海南部海域举行了联合演习，之后，围绕着利比亚、叙利亚、伊朗问题，又频繁举行联合军演；美国在加强与日、韩等同盟国演习的同时，与东南亚、南亚等国也举行了一系列联合军事

演习。

**（三）从演练内容上看，以战争行动为主，向非战争行动方向拓展**

联合军事演习正在由传统安全领域，向反恐、维和、缉毒、救援等非传统安全领域拓展。以美军为例，近年来，以非传统安全问题为内容的联合军事演习次数明显增加。1998年起，先后与阿尔巴尼亚、韩国、日本等许多国家，举行了反恐、撤侨、海上救援等演习。同时，为打击毒品犯罪，美国与南美国家，也定期或不定期地举行缉毒联合军事演习等等。我国目前参与的联合军事演习，也多为非传统安全范畴。

## 二、中外军队联合军事演习

长期以来，中国不与别国军队举行联合演习，只在中国境内确保本国的防务。随着国际形势的变化和改革开放的深入，中国军事外交突破传统思维，讲究务实和创新。自2002年以来，中国军队开始有选择性地逐步与外军举行双边与多边联合军事演习，先后进行了上海合作组织联合军事演习，同吉、巴、俄、塔等国分别进行了陆上联合演习，并与巴、印、英、法、澳、泰、美等国分别举行了海上联合演习。日益增加的中外联合军演表明，中国军队自信心空前增强，开放度不断提高，并逐步与国际惯例接轨。

**（一）中外联合军演的特点**

中外军队间的联合演习，既有双边，又有多边；演习内容，既有非传统安全领域，又有传统安全领域；演习地点，既有海上，又有陆上以及高海拔地区。具体地说，中外联合军演具有如下特点：

第一，中外联合军演的领域不断扩大，从非传统安全领域向传统安全领域推进。进入21世纪，随着非传统安全问题越来越突出，亚太地区的非传统安全领域的联合军演日益增多。在此背景下，中国开始逐步与外国举行联合军演，并且主要是在非传统安全领域进行。2002—2012年，我军已与31个国家举行了28次联合军演、34次联合训练，[①] 除了中俄2005年联合军演外，基本上都是在非传统安全领域进行的。然而，中国面临的安全问题，是非传统和传统因素相互交织。因此，中外联合军演逐渐扩大到传统安全领域。

第二，与中国举行联合军演的国家，主要是周边邻国，尤其是上海合作组织成员国。这充分体现了我“与邻为善、以邻为伴”的睦邻友好政策，也反映了中国与有关国家，一道共同打击恐怖分子、极端势力和民族分离主义分子的坚定决心。

第三，以促进地区稳定和共同发展为指针。中外联合军事演习，从不针对任何第三方。中国之所以强调这个原则，是因为只有不针对第三方，才能避免因与一方进行联合演习而加深与另一方的相互猜疑。此外，不针对第三方的原则，还有助于建立开放型的安全合作机制。

### （二）中外联合军演的意义

联合军事演习，是有关国家安全合作达到一定层次的表现，其作用，不是互访和技术交流所能替代的。中外联合军事演习具有重要的意义：

第一，中外联合军演，展示了中国军队威武之师、文明之师、正义之师的形象，进一步扩大了我军和军事外交的影响，充分体现了我负责任的大国风范。

第二，中外联合军演，提高了安全合作的层次，增加了军事透明度，促进了彼此之间的相互信任，有助于降低发生矛盾和冲突的风险，从而进一步推进两国两军关系的发展。

第三，中外联合军演，使参演部队广大官兵经受了全面锻炼，了解和学习了外军建设经验，开拓了视野，提高了我军高技术条件下联合作战的能力，以及处理突发事件的应急能力。

第四，中外联合军演，扩展了我兵力活动范围，显示了我军事力量存在，震慑了恐怖分子、极端势力和民族分离主义分子，营造了战

---

① 中华人民共和国国务院新闻办公室：《中国武装力量的多样化运用》国防白皮书，2013年4月。

略合作氛围，维护了地区和平与稳定，增进了与有关国家的了解和友谊，也有助于在国际上孤立“台独”势力。

**（三）中外联合军演应把握的问题**

第一，以我为主，积极稳妥。我应从维护国家安全利益出发，根据国家和军队外交需要，贯彻以我为主、互利共赢的指导思想，针对不同国家情况，本着先易后难的原则，积极稳妥地开展和参与双边军事演习。在现有联合演习的基础上，应稳步拓宽演习范围，扩大演习规模。

第二，注重借鉴，取长补短。由于我国不能像某些西方国家那样，通过发动战争来检验军事变革成果，因此有针对性地与外军进行联合演习，是我军创新作战思想和基本战法，以及提高军队作战能力的有效途径之一。联合军演为和平时期与他国军队近距离接触，提供了难得的机会。要密切关注国际联合军演动态，跟踪研究其特点规律，积极借鉴外军的做法；要结合联合军事演习和部队建设的有益成果，认清现状，反思问题，查找差距，积极探讨适应未来信息化战争的对策措施，全面提升我军整体战斗力水平；要认真总结我军参与联合军演的经验教训，加强对相关问题的理论研究和实践探索，为参与国际联合军演奠定基础。

第三，健全机制，逐步规范。参与联合军事演习，政治影响大、涉及军地单位多、组织协调复杂，必须建立一套稳定、完善的运行机制和相应的法规制度，使联合军事演习有据可依，有章可循。目前，要在上海合作组织的框架内，健全成员国之间开展军事合作的制度，逐步使联合军演，成为例行性活动，走向经常化。要搞好联合军演的整体筹划，特别是要注重解决人才问题。加快培养一批战略意识强、理论水平高、专业素质强、熟悉了解外军，并且掌握外语的高素质人才，为我军未来的联合军演提高有力支持。

# 第八章

# 中国军事外交的体系建设

新中国成立后，为保证军事外交的正常开展，我军根据自身的特点，建立了军事外交管理机构，加快了外交人才的选拔和培养，并逐渐形成了一套较为完整的规章制度。但是，随着形势的发展变化和军事外交领域的不断拓展，军事外交任务越来越重，军事外交活动日趋频繁，这就要求我们，必须创新发展，建立起与之相适应的、科学的军事外交体系。

## 第一节 军事外交人才队伍建设

人才是治国强国之本，也是治军强军之要。人才队伍建设是直接关系党、国家和军队发展的根本大计。江泽民、胡锦涛、习近平高度关注军队人才建设，作出了一系列重要指示，深刻阐明了加强军队人才建设的极端重要性，明确了人才建设的根本任务和标准要求。军事外交战线作为我军向世界开放的窗口，对维护国家安全利益，推进国防现代化建设，争取国际安全与和平，具有重要的地位作用。因此，努力建设一支高素质军事外交人才队伍，培养造就大批新型军事外交人才，对于做好军事外交工作具有重要意义。

### 一、军事外交人才的基本素质

军事外交人才处在对外交往的第一线，也处于跌宕起伏的国际形势的最前沿。周恩来总理曾明确指出，从事外交工作的同志要“站稳立场、掌握政策、严守纪律、熟悉业务”。这一重要指示明确提出了外事人员的基本素质要求。军事外交人才，既是我国外交队伍的组成部分，同时又肩负着军队建设的重任，理应具备更高的职业素质。军事外交人才的基本素质，可以概括为以下几个方面：

## （一）政治素质

政治素质，是以政治信念为核心，由价值观念、道德素质等多种要素构成。作为军人，其政治素质具体体现在阶级立场、爱国主义精神、集体主义精神、奉献和牺牲精神、正义感、荣誉感等方面。军事外交人员既代表军队形象，又代表国家形象，在思想和政治上必然有更高、更严的要求。

军事外交人员处于对外交往的第一线，与不同意识形态、不同政治立场和文化背景的国家交往，与形形色色的人打交道，特别是西方继续对我实施“西化”、“分化”战略，我军事外交人员面临着严峻而复杂的环境。因此，高度的政治觉悟、很高的政策水平、严格的组织纪律性、崇高的精神境界，是军事外交人才必须具备的政治素质。

1. 高度的政治觉悟。高度的政治觉悟主要指：树立坚定的社会主义信念，永远忠于党，忠于祖国，忠于人民，坚持党、国家和人民的利益高于一切，把维护和捍卫这一最高利益作为自己的自觉行动和各项工作的根本出发点；始终与党中央在思想和政治上保持高度一致，自觉接受和服从党的领导，认真贯彻执行党的路线、方针和政策；具有高度的事业心和责任感，爱岗敬业，献身国防，忠诚党的军事外交事业。提高政治觉悟，必须用正确的思想理论作指导，坚持用马列主义、毛泽东思想、邓小平理论、“三个代表”重要思想和科学发展观武装头脑，进一步坚定政治立场，增强分析和判断能力，坚决听党指挥，始终保持正确的政治方向，不至于在纷乱复杂的国际斗争环境中迷失自己。

2. 很高的政策水平。政策和策略是党的生命，是我们做好各项工作的根本保证。军事外交工作是一项政策性极强的工作，稍有不慎，就会带来严重后果。因此，军事外交人才必须具有很强的政策观念和很高的政策水平。提高政策水平，必须认真学习我国外交方针政策，深刻领会军委总部有关决策指示。只有吃透精神，掌握政策，把握策略，才能在军事外交工作中高瞻远瞩，明辨方向，坚定沉着，机智灵活，避免失误，妥善处置各种情况和问题。提高政策水平，还需要不断积累实践经验，善于在工作中不断总结和反思，善于从别人的经验教训中得到启发，从而不断提高贯彻执行政策的能力水平。

3. 严格的组织纪律性。“外事工作授权有限”、“外交无小事”，反映了外事工作的特殊性和严格的纪律要求。因此，军事外交人员必须从国家、军队全局出发，严格执行外交方针政策，严格遵守外事纪律，严格各项请示报告，严格落实上级各项指示。任何时候都不能想当然，不能自作主张，不能自行其是。对外开放程度越高，对外接触越多，外事交往越活跃，越要强调组织纪律性。同时军事外交人员，还必须具有很强的敌情观念和保密观念，时刻保持清醒头脑，提高政治警惕性，严格遵守保密纪律，防止任何失泄密事故的发生。

4. 崇高的精神境界。军事外交工作的特殊环境和特殊任务，对军事外交人员提出了特殊要求，必须在思想上达到一个更高的境界。要确立正确的世界观、人生观和价值观，坚持“八荣八耻”，保持正确的人生信念；要发扬党的优良传统，讲奉献、讲党性、讲奋斗，全身心地投入军事外交工作；要弘扬爱国主义精神，增强民族自尊心和自信心，在军事外交活动中，处处维护国家尊严，处处维护祖国和我军形象，展示中华民族魅力，展示大国风范，展示我军风采，体现我军事外交人员崇高的思想境界和高尚的节操风范。

### （二）军事素质

军事是世界所有军队的共同语言，军事外交的交往对象，主要是外国军队和人员，军事外交人员只有具备过硬的军事素质，才能更好地与对象国军队和人员沟通。军事素质由理论素养、军事知识、军事技能和军人作风等多种要素构成，主要有以下三个方面：

1. 扎实的军事理论基础。军事理论是军事实践的高度概括和总结，对军事实践具有重要的指导作用。当今世界，新军事变革浪潮席卷全球，军事领域正在发生翻天覆地的变化，新思想、新观念、新概念、新技术、新战法层出不穷，对军事外交人员的军事理论素养提出了更高的要求。熟练掌握和运用军事理论的能力，已成为衡量军事外交人员素质的一个重要标准。这方面能力的缺失或不足，将会影响军事外交的开展和效果。

2. 必要的军事专业技能。军事专业技能可分为基本技能、技术技能、指挥技能和管理技能。基本技能包括条令、条例和军兵种知识以及作战原理的掌握和运用。技术技能主要指掌握和运用武器装备与指挥工具的能力。组织指挥和管理技能，通常指军事指挥员和参谋人员指挥、协调作战和训练，进行日常管理的能力。军事外交人员的日常工作，大量涉及军事问题，没有足够的军事技能，就难以把握工作的主动性和针对性，影响军事外交活动的筹划与开展。

3. 良好的军人作风素养。勇敢顽强、迅速果断、灵活机智、团结协作的军人作风，是我军战时克敌制胜，平时出色完成各项任务的重要保证。做好军事外交工作，同样也需要这种良好的军人作风。对上级下达的指示和任务，要迅速反应，雷厉风行，不怕困难，积极主动，密切配合，坚决完成。军事外交人员，还须保持良好的军人气质和军人姿态，做到军容严整，举止端庄，姿态良好，礼节周到，精神振奋，充分体现我军的风貌和军人气质。

**（三）外交素质**

外交素质就是指：军事外交人员要有较高的文化素质，丰富的外交、国际知识和社交常识。其中，文化素质是基础，外交和国际知识是必要条件。文化素质只能通过不懈地学习思考来获取和提高，外交和国际知识则还要在外交实践中不断地探索和积累。

1. 丰富的知识储备。外交工作需要深厚的知识根基做支撑。知识涉及很多方面，外交人员应该比一般人员懂得更多，成为真正的通才。例如，外交知识就涉及到很多内容，既有对外交往的方式方法、规则规定，也有外交机构和人员的权利义务，还包括处理外交事宜的通常做法等等。国际知识是指对世界各国常识和情况的了解，它能够帮助我们正确分析和研究国际问题，并有利于对外交往中的沟通。军事外交人员必须注重知识的积累，在此基础上加强外交和国际知识的学习，熟悉国际惯例，熟悉各国概况，熟悉外交法规，不断扩大知识面。

2. 高超的外交艺术。外交艺术主要是指：在对外交往中争取朋友、与敌斗争的方法和技巧。军事外交工作中的外交艺术，必须以贯彻国家总体外交方针政策为基础，体现我国的外交风格。我们的外交艺术就在于，通过同各种人士的交往，广泛地结交朋友，最大限度地缓解因不同意见造成的矛盾和冲突，实现各国之间、各民族之间、不同文明之间的和谐共处。为此，军事外交人员在对外交往中，一是要不分国家大小，贫富强弱，坚持一律平等，相互尊重，态度热情诚恳，谦虚谨慎，落落大方，不卑不亢。二是要根据不同的对象，采取不同的途径和方法，着眼成效，有的放矢地做好工作。三是既要坚持原则，表明立场，又不强加于人，灵活处置，求同存异。四是要善于斗争、敢于斗争、巧于斗争，做到有理、有利、有节。

3. 较强的表达能力和交际能力。交际是军事外交人员开展工作的主要方式，而语言则是达到交际目的必要工具。善于交际，就是要熟悉交往对象情况，掌握具体特点，巧用策略技巧，实现既定目的。军事外交人员至少要掌握一门外语，用于直接对外交流与沟通。如果能熟悉运用更多语种，则更加有利于工作。此外，谈话的艺术和技巧，也是表达能力的重要指标，不可忽视。在对外交往中，言辞得体，恰如其分，生动而富有感染力，可以产生共鸣，带来理想效果。

**（四）调研能力**

调研能力是指：军事外交人员识别和获取情况的能力，具体体现在情报意识、战略意识、分析判断能力等方面。

1. 强烈的情报意识。军事外交人员对各种情报信息，应保持高度敏感，有意识地去观察各种事物，分析各种信息，搜索各种有用情况。有了这种意识，就能从大量的信息材料和对外交往过程中，捕捉到有价值的信息，能从看似平常的事物中发现不平常的细微变化，能从各种蛛丝马迹中觉察异常征兆。只有具备这种意识，时时处处做有心人，细心观察各种事物，认真留意各种信息，才能更好地服务于军事外交。

2. 深邃的战略眼光。驻外武官是各国统帅部派驻国外的战略哨兵，肩负着搜集战略情报的重任。是否具有战略眼光和全局意识，直接关系到完成任务的质量。因此，驻外武官在开展工作过程中，必须正确领会统帅部和上级的意图，从战略全局来观察和考虑问题，特别是对重大事件，要联系整个国际形势和国际关系，研究大国的战略企图和发展动向，做出正确的预测判断，为我军建设提供咨询参考。同时，也要密切跟踪驻在国的各种变化，为开展军事外交、发展双边军事关系提供意见建议。

3. 较强的国际交往能力。驻外武官要积极开展对外交往，既要有公务上的来往，又要有私人间的接触，通过广交朋友、善交朋友，增进感情和友谊，争取驻在国政府和人民更多的理解支持，同时，也从中获取一些有用的信息，为我军事外交服务。

总之，军事外交人员需要方方面面的素质，除上述基本素质外，还需要具备其他方面的综合素质。这些综合素质包括文化素质和身体素质，以及精神面貌、思想作风、工作态度和工作作风等。

综上所述，军事外交工作对人员素质提出了很高的要求，必须努力学习，加强自身修养，不断提高综合素质。要热爱祖国、忠于职守、立场坚定、是非分明；要善于创新、勇于开拓，不怕困难、积极进取；要艰苦奋斗、克己奉公、不计得失、顾全大局；要严于律己、宽于待人，尊重领导、团结同志，关心集体、乐于助人；要工作认真、严谨细致、一丝不苟、精益求精；要雷厉风行、机智果断、沉着冷静、宠辱不惊；要热情友好、言辞有度、举止得体、不失风度。军事外交人员还应积极参加各种体育锻炼，保持强健的体魄和充沛的精力。唯有如此，才能更好地履行党和人民赋予的神圣使命，才能更好地完成军事外交各项任务。

## 二、军事外交人才的培养途径

提高军事外交人员的素质，关键是加强教育训练。教育训练的主要途径是以院校教育为主，在职培训为辅。我国的军事外交人才大都是依靠这种途径培养生成的，他们素质全面，作风过硬，基本适应工作需要，为军事外交做出了贡献。但是，随着形势任务的发展变化，对军事外交人员素质提出了更高的要求，必须探索新的培养途径，加大教育训练力度。

### （一）院校培养

由于军事外交对人员素质具有特殊的要求，院校阶段的培养尤其重要。院校教育应紧紧围绕教学目的和要求，搞好教学内容、课程安排、授课方法等方面的设置和改进，做到全面系统，重点突出，科学合理。

1. 注重政治思想教育。教学内容应主要包括：（1）理论教育。马克思主义、毛泽东思想基本原理、邓小平理论等，目的在于提高军事外交人员的理论水平。（2）政策教育。我国对内、对外的基本政策，外交基本方针、原则，对国内外重大事件的原则立场等等，目的是提高学员的政策水平。（3）思想品德教育。经常性的政治思想和一般性的品德规范，目的是培养其艰苦奋斗、无私奉献的精神和光明磊落、恪尽职守、涵容宽厚的道德品质。

2. 加强基础军事训练和军事理论教育。基础军事训练，包括军事常识、轻武器射击、汽车驾驶、野外生存和各种体能训练等，目的是使学员具有基本的军事素养，熟悉基本军事动作，适应艰苦环境，掌握简易武器使用。军事理论教育，包括我军和外军的军事思想、战略战役、作战指挥等，适当了解古今中外的重大军事事件，其目的是使学员能够把握军事规律，在更高的层次上研究、谋划军事外交工作。

3. 传授外交和国际知识。要有计划地安排国际政治经济、国际关系史、国际法、外交惯例、世界各国概况、周边地理等课目，使之了解世界政治、经济、文化、历史、地理，特别是周边国家的各种情况，熟悉世界和地区形势、主要国家内外政策等，具备丰富的世界知识和国际视野，提高分析研究国际问题的战略素养。

4. 介绍必要的情报专业知识。内容主要是一般的情报学和典型案例，通过教学，使学员了解情报的基础理论和基本实践，增强情报意识，树立情报观念，学会利用交往、观察、阅读等各种渠道，捕捉各种信息，通过分析判断，从而获取有价值的情报，为军事外交工作和上级决策提供服务。

### （二）在职培养

我军对军事外交人员的培养，除了通过专门院校的正规训练或轮训外，还应十分重视其平时的继续教育和深造，不断在工作中完善知识和技能结构，真正将理论与实践较好地结合起来。

1. 立足本职，刻苦钻研。在本系统内，无论是从事武官工作、军事援助，还是从事外事管理、外事翻译等，都是军事外交工作的重要组成部分。因此，只有立足本职，对现有主管的业务做到刻苦钻研、精益求精，才能成为该领域的内行和专家，更好地在军事外交战线服务。各部门都应以老带新、以新促老，从而加速人才成长。

2. 部门交流，一专多能。军事外交系统内各部门业务，既具有相通的共性，又有不同的特点和侧重。在不同部门之间、不同业务处组之间，进行人员交流，既有利于各部门之间相互学习，取长补短，也有利于干部掌握更多的情况，积累工作经验，提高工作能力，丰富本人经历，促进个人成长。同时，由于外事干部需要更宽广的知识面，更全面的战略思维，更严谨的工作作风，因此要打破传统思维模式，在更大范围内交流锻炼外事干部，不断提高他们的综合素质。

3. 强化学习，更新知识。当今世界飞速发展，各种知识不断更新，只有不断地学习，才能跟上时代的步伐。军事外交系统各级领导应高度重视学习问题，制定出科学合理的学习规划与计划，采取各种形式，如举办短期学习班、邀请军内外专家学者讲课、召开理论研讨会、组织参观武器装备、深入部队院校一线等，学习政治理论、军事专业、高科技知识和部队作风，进一步坚定政治信念，提高理论素养，增强军事素质，扩大知识面。

4. 鼓励深造，提升层次。要有计划地从军事外交业务部门，选派有发展潜力的年轻干部深造，为军事外交事业培养高素质人才。其主要途径包括：到军内外院校、科研机构攻读硕士、博士学位，参加外语强化和高级翻译培训，选拔基础好、有发展前途的优秀干部，到外国知名学府、研究机构攻读学位和进行短期研修。

## 三、军事外交人才队伍建设

进入21世纪，外交人才队伍建设，已成为国家和军队的战略性任务。在2006年8月召开的中央外事工作会议上，胡锦涛总书记和温家宝总理，特别强调外交人才队伍建设的极端重要性和紧迫性。同年9月，在全军外事工作会议上，军委领导同志明确指出：要“从提高履行军队外事工作能力出发，适应新形势新任务要求，全面加强外事人才队伍建设。”

当前，我军军事外交人才队伍的总体素质是好的，但部分同志任职单一，缺乏部队经历，知识面不宽，谋划研究能力不强，干部交流轮岗方面的机制不够完善，制约了人才成长和军队外事工作的发展。要按照胡锦涛提出的“政治素质高、业务能力强、组织纪律严、经得起风浪考验”的指示要求，大力加强军事外交人才队伍建设，为做好军事外交工作提供有力支撑。

**（一）始终把提高思想政治素质摆在第一位**

从事军事外交工作的人员，需要与形形色色的人打交道，面临西方敌对势力渗透策反的考验，面临各种错误思潮和腐朽生活方式的侵蚀影响，要坚持用党的理论武装头脑，强化政治意识、军魂意识和道德观念，进一步坚定理想信念，树立正确的世界观、人生观、价值观、荣辱观，筑牢拒腐防变的思想防线。要发扬我军优良传统，善于学习，把握政策，艰苦奋斗，团结协作，始终忠于党、忠于国家、忠于人民、忠于职守。

**（二）着力提高宏观谋划能力**

军事外交工作的成效，在很大程度上取决于能否从政治和全局高度搞好谋划。军事外交人员，既要做好大量的组织协调和事务性工作，更要加强对军事外交重大现实问题的研究，提高科学筹划和指导军事外交工作的能力。要深入研究国际形势和国际关系发展的特点规律，密切关注世界和周边热点问题，全面分析我国安全面临的有利因素和不利因素；要跟踪世界新军事变革发展动向，深入研究推进中国特色军事变革对军事外交工作提出的新要求，从我军建设实际出发，提出军队对外交流与合作的主要任务和工作重点；要深入研究军事斗争准备中的军事外交运用问题，制定推进相关准备工作的具体措施；要深入研究新形势下军事外交工作自身面临的新情况、新问题，从思想观念、体制机制、法规制度、工作方式等方面，提出实在管用的思路和办法，谋求军事外交工作的新发展、新进步。

**（三）培养过硬的作风**

军事外交工作任务繁重，环境复杂，对外事干部的作风建设提出了很高的要求。要加强对军事外交人员的教育管理，严格落实外事工作规章制度，注重结合工作实际抓好作风纪律建设，使广大外事人员养成严守纪律、爱岗敬业、周密细致、团结协作、求真务实的优良作风。

**（四）不断优化人才成长环境**

各级党委、领导要重视和关心军事外交人才队伍建设，拓宽选拔渠道，加大培养力度，完善考核、交流和使用等方面的制度机制，为外事干部成长创造有利条件。树立人力资源是第一资源的新观念，确立与时俱进的人才评价标准，广招贤才，善用人才；采取有效措施，建立公开、平等、竞争、择优的用人机制，做到用制度留人，环境留人，感情留人，待遇留人；建立人才激励制度，对有突出贡献的人员给予重奖，在晋职晋衔、福利待遇、立功受奖、学习深造等方面实施倾斜，同时建立末位淘汰制度。

只有采取上述措施，才能实现知识能力结构的三个转变：由服务型向管理指导型转变，由单一知识型向复合能力型转变，由具体办事型向战略谋划型转变，真正造就一支把握全局、科学决策、善于指挥的领导干部队伍；一支视野开阔、能谋善断、素质全面的参谋队伍；一支知识面宽、语言能力强、业务水平高的翻译人员队伍。

## 第二节　军事外交法规制度建设

军事外交法规制度，是指由国家权力机关、国家行政机关和军事机关，按照法定的程序制定或认可的，调整涉及军事外交活动中各种关系的法律规范的统称。它是军事和行政法规的重要组成部分，是组织实施军事外交工作的法律依据。军事外交法规制度，为军事外交活动提供了行为规范。加强军事外交法规制度建设，是依法治军的重要内容和基本要求，是我军军事外交建设的重要保证。

## 一、军事外交法规制度体系

军事外交法规制度体系，是由调整军事外交活动中各种社会关系的各种法律规范构成的有机整体。它是一个门类齐全，层次分明，具有内在联系的和谐统一的完整体系。我国军事外交法规制度体系的构成，按照法规性文件发布机关的级别和法律效力的等级，分为军事外交法律、军事外交法规和军事外交规章三个等级层次。

### （一）军事外交法律

军事外交法律，是指由全国人民代表大会及其常务委员会，按照法定程序制定和颁发的，在全国范围内或全国一定范围内适用的有关军事外交方面的法律规范。它属于军事外交法规体系的最高层次。主要包括两类：一是国家法律中有关军事外交活动的规定，例如《中华人民共和国国防法》中有关军事外交的法律规范，《中华人民共和国国家安全法》中有关军事外交的法律规范等。二是由全国人大批准加入的，用以处理国际军事关系的双边条约或与军事有关的国际法、国际公约，例如《维也纳外交关系公约》、《不扩散核武器条约》、《武装冲突法》、《战争状态法》等。

### （二）军事外交法规

军事外交法规，是指由国务院、中央军事委员会，依据宪法和有关法律，按照一定法律程序，单独或联合制定和颁发的，在全国、全军或全国、全军某一领域适用的，有关军事外交的法律规范。它属于军事外交法规体系的第二层次。主要包括：国务院、中央军事委员会联合制定和颁发的，属于调整国家、地方、军队之间，在军事外交活动中的社会关系的军事行政法规；中央军事委员会制定和颁发的，属于调整军队系统军事外交建设的军事法规。如《边防会谈会晤条例》、《驻外武官工作条例》，以及军事外交各类专业工作条例等。这类军事外交法规，具有在全军或全军一定范围内遵行的法律效力。

### （三）军事外交规章

军事外交规章，是指由国务院有关部（委），军委各总部、各军兵种、各大军区，依据有关法律和法规，按照一定的法律程序，单独或联合制定和颁发的，在国家或军队的某一领域适用的有关军事外交方面的法律规范。它属于军事外交法规体系的第三层次。主要包括三类：

1. 国务院有关部委、军委主管部门联合制定和颁发的，属于调整国家有关部门、地方政府和军队之间在军事外交活动中的社会关系的规定、办法、标准等军事行政规章。这些军事行政规章，具有在全国一定范围内遵行的法律效力。

2. 各总部联合或单独制定颁发的，涉及全军军事外交工作的规定、规则、办法、细则、标准等军事规章，如总参谋部颁布的《涉外保密规则》、《边防对外交往管理若干规定》、《关于军队领导干部出国访问的若干规定》等。这些军事规章，具有在全军或全军一定范围内遵行的法律效力。

3. 各军兵种、各大军区根据军事外交法律、法规等制定和颁布的，涉及各军兵种和各大军区军事外交工作的执行性、补充性、地区性的规定、办法、细则等军事规章。这些军事规章，具有在本军兵种、本军区范围内遵行的法律效力。

## 二、军事外交法规的制定

军事外交法规与国家其他法规一样，要按国家的立法程序制定。根据《中国人民解放军立法程序暂行条例》等有关法规性文件的规定，制定和颁发军事外交法规、规章，通常按以下程序进行：

### （一）编制规划与计划

军事外交立法规划和计划，是指军事外交法规的制定机关，对一定时期内立法项目、任务分工和完成时限等所作的安排。规划与计划，两者之间本质上并无多大差异，只是在时间和范围上有所区别。一般对较长一段时间（通常为五年）的军事外交立法工作所做的安排，称为军事外交立法规划。它主要是为军事外交立法确定宏观目标，其范围较广，内容较全面。对近期（通常为一年）的军事外交立法工作所作的安排，称为军事外交立法计划。其内容比较详细、具体，是军事外交立法规划的具体化。军事外交立法规划、计划的内容通常包括：立法的依据，立法的指导思想、重点和要求，拟制定的军事外交法规、规章的名称，起草单位，完成时限及发布（批准）机关等。

军事外交立法涉及面广，政策性强，是一项复杂的系统工程。为谋求立法的优化效果，必须着眼军事外交建设的长远需要，统筹安排、总体设计，制定切实可行的军事外交立法规划与计划。通常需要列入中央军事委员会立法规划、计划的军事外交法规和军事外交行政法规的项目，由总参谋部提出立法建议，报中央军事委员会批准后组织实施。需要列入总参谋部、军兵种、大军区立法规划、计划的军事外交规章和军事外交行政规章的项目，分别由其所属部门或单位提出立法建议，由有关机关根据各项立法建议，在进行立法预测的基础上，拟定军事外交立法规划、计划，然后经有关机关批准后组织实施。

**（二）起草与修改**

军事外交法规的起草，是军事外交法规制定中的重要活动。凡是列入立法规划、计划的军事外交法规项目，应按照规划、计划的安排，分别由各主管部门依照法定的程序、格式和步骤方法进行起草。其具体要求有四点：

1. 做好起草前的准备。军事外交法规起草前，不仅要根据需要组建起草班子，而且要在认真学习党和国家的有关方针、政策及法规的基础上，大量搜集、整理有关资料，对有关学术问题进行研究论证，为起草做好理论准备。

2. 认真开展调查研究。军事外交领域的客观事物非常复杂，必须进行深入实际的调查研究，摸清其内在规律，发现问题、找出解决的办法。调查研究在注意广泛性的同时，更要突出针对性。调查研究的质量，直接关系到法规起草的效果。

3. 拟定纲目，分工起草。拟定纲目，应根据法规拟采取的结构形式，确定纲目层次，经讨论后，进一步补充完善，同时写出纲目说明，一并报主管机关审批。纲目批准后，即可组织有关人员分工起草法规初稿。

4. 征求意见，反复修改。广泛征求意见，反复进行修改，是起草工作的重要步骤，是保证军事外交法规质量的关键。法规初稿起草完毕后，要采取多种形式广泛征求意见，然后进行反复修改，最后形成送审稿。

**（三）送审和审定**

军事外交法规草案送审，是制定军事外交法规、规章的必要步骤。根据有关规定，凡由国务院、中央军事委员会单独或联合审批颁发的军事外交法规，其草案由总参谋部单独或与国务院有关部委联合呈报国务院和中央军事委员会；凡由总部、军兵种、大军区审批颁发的军事外交规章，其草案由各有关部门呈报总部、军兵种、大军区，由总部、军兵种、大军区归口审查后呈报本级最高首长审定。按照军事外交法规、规章调整对象和适用范围，其送审方式一般分为两种：一种是由一个机关送审；另一种是由几个机关联合送审。送审草案必须由呈报单位主要负责人签署，几个单位联合呈报的，由各单位主要负责人签署。送审的法规材料应包括：请示报告，法规、规章草案文本，起草说明，其他有关材料。

军事外交法规的审定，是指有立法权的机关，按照一定的程序以一定的方式，对呈报机关呈报的法规、规章草案进行审议和确定的活动。它是制定军事外交法规、规章过程中的关键步骤。只有通过这一阶段的工作，草案才能成为正式的法律规范文件，才具有法律效力。审定除遵循规定的程序外，还应注意把握以下几点：

1. 军事外交法规草案，是否符合宪法规定和党的路线、方针、政策；

2. 军事外交法规草案，是否体现了我军的军事战略和军队建设方针以及为军队建设、为作战服务的原则；

3. 军事外交法规草案的规定，是否与有关部门的职权相符；

4. 军事外交法规草案与其他军事法规、规章的关系是否得当；

5. 军事外交法规草案的规定，是否符合我国的国情、军情和军事外交工作的实际；

6. 军事外交法规草案，是否存在立法技术方面的问题。

法规草案上述几个方面的情况，经有立法权的机关审核后，做出颁发或不颁发该法规或规章的决定。

**（四）发布**

军事外交法规的发布，是指享有立法权的机关，将已经审查批准的法规，按照一定的形式和通过一定的媒介予以正式公布的过程。军事外交法规、规章的发布，是立法程序的一个必经阶段。只有按法定程序发布的法规，才具有法律效力。根据有关法律规定，属于中央军事委员会审批的军事外交法规，由中央军事委员会主席发布，或经中央军事委员会批准由军委主管总部、军兵种最高首长发布；属于国务院、中央军事委员会共同审查批准的军事外交法规，由国务院总理和中央军事委员会主席联合发布，或经国务院、中央军事委员会批准，由国务院有关部委和军委主管总部最高首长联合发布；属于若干总部联合审查批准的军事外交规章，由各总部首长联合发布。军事外交法规，通常以发布令的形式公开发布。涉及军事秘密不宜对外公开的，以文件形式发布。另外，军事外交法规在发布之后，还要按有关规定报送有关上级备案。

## 三、军事外交法规的实施

军事外交法规的制定与实施，是军事外交法制建设中两个相对独立的重要环节。立法是前提，执法是关键。制定军事外交法规的最终目的，是为了运用它来规范人们的行为，调整军事外交法律关系，确保军事外交活动顺利进行。

军事外交法规的实施，是军队领导机关、军事外交人员及其他相关人员，运用军事外交法规，规范军事外交活动的一种有意识的积极活动。其实质是把军事外交法规中确定的权利与义务关系，贯彻落实到军事外交的实践活动中去，即把体现在军事外交法律规范中的意志，通过人们的行为方式表现出来，从而达到军事外交立法的预期目的。军事外交法规的实施，主要有两种表现形式：

### （一）军事外交法规的适用

军事外交法规的适用，是指国家行政机关和军队领导机关，依照法定的权限和程序，具体应用和执行军事外交法律、法规和规章等的专门活动。它有两个显著的特征：其一，军事外交法规的适用是国家行政机关和军事领导机关及其工作人员的法律行为，是一种以国家和军队的名义进行的具有强制性的活动，而不是社会团体和公民的普遍活动；其二，它是依照法定权限实施军事外交法规的专门活动，而不是国家行政机关和军事领导机关的一切活动。从一定意义上说，军事外交法规的适用，也就是军事外交执法机关和执法人员运用军事外交法规，通过发布决定、指示、通报、批复等形式，确认或禁止某种行为，把法规中确定的权利和义务关系变成现实中的权利和义务关系。

军事外交法规的适用，直接关系到维护国家和军队合法权益、保障军事外交建设、树立军事外交法规权威的根本问题。因此，军事外交执法机关及其执法人员，在适用军事外交法规时必须做到：正确、合法、及时。所谓正确，是指在适用有关军事外交法规的具体问题时，要做到事实清楚，定性准确，处理恰当。应在弄清事实的基础上，根据军事外交法律规范进行实事求是的分析，作出科学正确的判断，从而准确地适用军事外交法规。所谓合法，是指在适用军事外交法规的过程中，必须严格依法办事，即依照军事外交法规规定的权限和程序办事，不许另搞一套。所谓及时，是指在正确、合法的前提下，军事外交执法机关要抓紧时间，提高工作效率，不拖延、不积压，认真而又尽快地解决问题。正确、合法、及时之间是互相联系，不可分割的整体。正确是军事外交法规适用的出发点，合法是军事外交法规适用的核心内容，及时是军事外交法规适用必不可少的条件，三者缺一不可。

### （二）军事外交法规的遵守

军事外交法规是由国家权力机关、国家行政机关和军队领导机关制定颁发的，是代表人民意志、国家意志和军队意志的。因此，凡与军事外交法规有关的军队和地方组织和个人都必须严格遵守。全体军人，特别是全体军事外交人员，更要严格地遵守。具体地说，有以下几点：

1. 军队各级领导要带头遵守军事外交法规。要维护军事外交法规的权威，搞好军事外交法规的遵守，就必须紧紧依靠军队各级领导和全体党员的努力。

2. 军事外交机关和人员要严格遵守军事外交法规。军事外交机关是军队领导机关的组成部分，是军事外交工作的组织领导机构。因此，它们必须严格遵守军事外交法规，依法组织管理好军事外交的各项工作。军事外交机关的活动，又是通过机关人员的权利和义务行为表现出来的。军事外交机关的依法办事，主要看机关干部是否自觉守法、执法和严格依照军事外交法规办事。军事外交机关干部的地位和作用，决定了他们在军事外交法规的遵守方面，负有更重要的责任。他们必须严于律己，以身作则，自觉做遵守军事外交法规的模范。

3. 从事军事外交工作的人员，要自觉遵守军事外交法规。全体从事军事外交工作的人员，必须熟悉和掌握有关军事外交法规，真正分清什么是军事外交法规允许做的，什么是军事外交法规禁止做的，什么是军事外交法规要求必须做的，从而自觉地约束自己的行为，不断提高遵守军事外交法规的自觉性。

**（三）军事外交法规适用与遵守的关系**

军事外交法规的适用和军事外交法规的遵守，既有联系又有区别，二者都是军事外交法规实施的形式，都是对已颁发的军事外交法律规范的运用。二者的有机结合构成了军事外交法规实施的整体。其区别在于：

1. 军事外交法规的适用，是通过军事法律关系来实现的，是一种强制性行为。军事外交法规的遵守，则既可以通过法律关系来实现，也可以不通过法律关系来实现；既可以是强制性行为，也可以是自律行为。

2. 军事外交法规的适用，是把军事外交法律规范运用到具体的人或组织的专门活动，是运用国家和军队权力的个别的法律活动；而军事外交法规的遵守则贯穿于军事外交法规实施的始终，普遍存在于军事外交活动之中，没有时空限制。由此可见，军事外交法规实施的这两种形式，相辅相成，相互补充，缺一不可。从某种意义上说，军事外交法规的遵守更为重要。因为军事外交法规的遵守与军事外交人员的素质直接相关。如果有关人员具备良好的素质，具有遵纪守法的习惯，就为军事外交法规的实施，奠定了坚实的基础，就相对减轻了军事外交法规适用的工作量。

## 四、军事外交法规的建立与完善

建立和完善统一、有效的军事外交法规制度体系，是我国军事法制建设的一个重要任务。建国以来，特别是党的十一届三中全会以来，全国人大及其常委会、国务院、中央军委以及有关国家机关，制定颁布了众多与军事外交有关的法律、法规和规章，批准和加入了一系列相关国际条约和国际法，有力地促进了我国军事外交法规建设，初步形成了具有中国特色的军事外交法规体系雏形。但是，随着我国战略利益空间不断拓展，我军对外军事交流与合作日益增多，加快军事外交法规制度建设尤为迫切。

1. 参加联合国维和行动。根据中央的决策，我军已派出多批次的维和部队参与国际维和行动，在具体实施过程中，发现需要亟待解决国内法的依据和保障问题。

2. 承担国际救援任务。我军到国外参加抢险救灾活动时，需要对救援行动的物资保障、人员调配等方面的职责进行规定，需要对参与人员的法律依据和豁免、权利与义务等作出规范。

3. 参加联合军事演习。2002—2012 年底，我军已与 31 个国家举行了 28 次联合军演。在上述演习过程中，曾由于缺乏相关法律的保障，给联合演习部队带来了一些实施时的麻烦和困难。2005 年中俄联合军演之前，两国签订了《部队地位协定》，这是两国举行联合军演的法律基础文件，为联合军演的顺利进行，提供了法律依据和法制保障。

4. 应对突发涉外军事事件。在面临突发的涉外军事事件时，由于缺乏相关法规，对应急反应机制进行规范，对各部门的职责权利给予明确，造成对外反应速度较慢，有时丧失处理的最佳时机，造成被动局面。

弥补我军军事外交法律法规在相关领域的空白，建立完善的军事外交立法机制，形成覆盖全面、结构合理、内部协调、科学严谨，具有中国特色的军事外交法律法规体系，可以从以下几个方面着手努力：

（1）做好相关履约准备。我国已经加入了几乎全部的有关武装冲突的国际公约和协定，除了在加入时我国声明保留的条款外，按照“条约必须履行”的国际法原则，必须做好国内履约的相关准备，以及国内法律的适应化工作。

（2）参与新一轮国际规则的制定和修改。当前，国际规则制定和修改的斗争激烈复杂，焦点是由谁主导和建立什么样的国际秩序。随着我国军事外交活动日益增多，要求我必须广泛参与新一轮国际法规的制定和修改，反映我国的主张和关切。如外空立法、防扩散法规完善等。

（3）加快制定相关国内法规。例如，军队参加维和行动条例、军队参加国际人道救援行动条例、涉外突发事件应急处置规定、联合军事演习条例、军事领域引进外国人才规定、外国军舰来访规定、中国军舰出访规定、战时涉外工作管理规定等，此外，军事援助、军备控制及履约，也要完善制度和规定。

（4）谈判磋商制定有关双边或多边军事协定、协议。可以考虑，从谈判制定涉及联合军事演习的双边或多边“部队地位协定”入手，逐步建立起相应的国际立法机制。

（5）加强军事外交法律法规及国际法普及教育工作。世界各国军队为依法执行军事外交任务，保护本国军人的合法权益，都在不断完善相关法律法规。例如，美国与 90 多个国家签署了永久“部队地位协定”，就美军在这些国家的领海、领空和陆地通行权，设施基地使用和租赁权，军事演习、飞机和舰艇访问等达成协议。其他国家的相关法规包括：加拿大公布的《加拿大外国驻军法》，越南公布的《关于外国军舰来访的规定》，蒙古国公布的《外国军队驻扎和过境法》等。在收集和研究国际有关军事外交法律法规的同时，有重点地在我军领导机关和执行国际任务的部队，开展国际法和军事外交法规的普及教育工作，增强官兵的法律意识，做到知法懂法，学会用法律武器维护自己的合法权益不受侵犯。

# 第九章

# 新的历史条件下中国军事外交的基本战略

党中央对新的历史条件下国际形势作过基本判断，认为和平与发展仍是当今时代的主题，世界多极化和经济全球化的趋势在曲折中发展，维护和平、制约战争、牵制霸权的因素不断增长，争取较长时期的和平国际环境和良好周边环境是可以实现的，当前和今后一段时期仍然是我国发展的重要战略机遇期。事实证明，中央的这个判断是完全正确的。

新的历史条件下军事外交必须以毛泽东思想、邓小平理论、“三个代表”和科学发展观为指导，全面贯彻落实习近平主席一系列重要指示精神，始终坚持为国家主权、安全、发展利益服务，为军队现代化建设服务，为创造和平稳定的国际安全环境、构建和谐世界、维护好我国的重要战略机遇期作出贡献。履行好这一重要使命任务，需要我们深刻认清当今世界形势，准确把握未来发展趋势，紧密贴近国家和军队建设实际，进一步转变思想观念，科学制定战略策略，努力创新工作模式，不断把军事外交推向前进。

## 第一节　中国军事外交面临的新挑战

冷战结束以来，国际形势发生巨大变化，和平与发展成为时代主题，求和平、谋发展、促合作，已成为时代大势，我国的总体安全环境有所改善，存在诸多有利因素。

世界多极化继续发展。美国虽然凭借其在经济、科技、军事等方面的强大实力，竭力谋求独霸世界，战略扩张势头强劲，但其单边主义引起众多的批评和不满，特别是2008年金融危机之后，其战略扩张与力量不足的矛盾日益显现，对国际事务的操控能力有所下降，美国政府不得不变换策略手法，在一定程度上加大了对其他大国和同盟关系的借助，单边主义和黩武政策有所收敛。欧盟虽然面临急剧扩大等因素带来的诸多矛盾和问题，2010年以来，也发生了多国主权债务危机，一定程度上影响了欧盟稳定，但总体实力和国际影响力增强，谋求在国际社会发挥更大的作用。俄罗斯虽然在实现复兴方面面临重重困难，但凭借其拥有的战略资源，发展步伐明显加快，实力有所恢复和提升。印度、巴西、南非、墨西哥等发展中大国加速兴起，成为一支新型的重要力量。东盟、非盟、阿盟等区域集团实力增强，在解决地区性问题上起着重要作用。发展中国家虽然面临经济、社会、人口等种种问题，有进一步被边缘化的危险，但仍是一支不可忽视的政治力量，在解决国际事务中有着重要的作用。冷战结束后国际力量对比严重失衡的局面正在逐步改变。各大国既相互借重又相互牵制、既相互合作又相互竞争，直接对抗减少，务实合作增多，世界多极化在曲折中向前发展。

经济全球化不断推进。面对经济全球化深入发展带来的挑战，各国特别是大国更加重视加强国际和区域合作，既综合运用政治、外交等手段维护和拓展经济利益，又注重利用经贸、能源、金融等手段进行政治运筹，使政治与经济的战略结合更加紧密。主要经济大国和国际经济组织加强宏观经济对话和协调，推进多边贸易合作发展。欧盟、北美、东盟、非洲、拉美等几大区域经济合作进一步发展，各种双边、多边自由贸易机制不断形成。依托国际和区域经济合作寻求发展机遇和空间，成为世界各国的重要选择。虽然2008年以来，世界经历了较大的金融危机，但这不是经济全球化的结果，主要是金融监管不力、金融政策和经济规则存在缺陷和问题。也正是由于经济全球化的发展，新兴大国特别是中国，为世界经济注入了强心剂，为战胜金融危机、推动世界经济复苏，做出了重要贡献，这也是世界的共识。

国际战略安全形势总体稳定。随着政治多极化和经济全球化的深入发展，各国相互依存和利益交融不断加深，绝大多数国家希望通过谈判协商解决国际纷争，多边安全机制作用进一步增强。维护和平力量继续发展，制约战争的因素不断增长，世界大战和大国全面对抗的可能性很小，世界总体和平与稳定的局面可以在较长时期内保持。我国与周边主要国家的关系，特别是经济关系进一步加强，领土、领海和海洋权益争端可控制在一定范围，周边地区可能发生的突发事变，不至于严重影响我和平发展进程，我遭受大规模外敌入侵的可能性基本可以排除，总体安全形势稳定。

国际协调合作进一步增强。全球性挑战和共同利益的增多，使各国更加重视利用多边机制维护自身利益，拓展战略空间，共同解决发展和安全问题，从而推动了国际协调合作和多边机制的发展。联合国在国际事务中的地位和作用得到维护和加强，国际经济组织和多边贸易体制，在促进世界经济和国际贸易稳定发展中的作用有所增强，各类全球性、区域性合作组织和对话机制活跃，跨国企业、非政府组织、媒体等对国际事务的影响也在上升。

各国普遍重视对我国的借重与合作。改革开放以来，我国经济持续快速发展，2009 年我国 GDP 超过德国成为世界第三大经济体，2010 年我国的经济总量又超过日本，成为仅次于美国的世界第二大经济体。中国的高速发展带动了世界经济发展，为世界作出了重要贡献。各国普遍视我国发展为机遇，更加重视与我合作，并加大了对我国的借重。我国同各国相互依存和利益交融程度加深，同主要大国关系稳步推进，同周边国家睦邻友好合作关系继续发展，同发展中国家的团结合作进一步增强。经济全球化和科技革命的深入发展，有利于我国凭借比较优势和市场潜力，充分利用国际、国内两个市场、两种资源。我国没有卷入局部战争和武装冲突的漩涡，地位相对主动，有利于我国扩大战略回旋空间，在国际事务中发挥日益重要的建设性作用。

虽然存在这些有利因素，但也要看到，霸权主义、强权政治仍然盛行，局部战争连绵不断，各种危机时有发生，世界并不安宁，我国也面临着一系列新的严峻挑战。

## 一、世界战略格局的不平衡性，使我国面临的国际环境更加严峻

世界战略格局，即国际政治力量对比，是指“世界主要国家和国家集团之间的权力结构”，其内涵包括，世界主要国家和国家集团的数目、所处的国际地位以及彼此间的相互关系状态。国际关系体系历来受世界战略格局的支配，而世界战略格局则由主要大国构成。

在我们人类所居住的地球上，目前生活着约65亿人。每一个人都生活在某一个具体的群体单位之中（主要是主权国家），并具有相应的身份（例如国籍）。在这个由约65亿人组成的国际社会中，活跃着的国际政治行为体约10万个，其中192个是主权国家；4万多个是国际组织[①]；6万多个是跨国公司[②]。此外，还存在着1000多个国际恐怖主义组织。[③] 这些国际政治行为体构成了一个相互联系、相互制约的国际政治统一体。在这个统一体中，主体是主权国家，它们实际上发挥着决定性作用，共同构成了等级式的国际关系体系，而在这种构建作用中，大国又是关键。对当前和今后一个时期，由主要国家力量决定的国际战略格局的表现形式，学界的认识尚不相同。根据世界主要国家经济、科技、军事、文化等实力和推行的政策以及国际战略形势，当前国际关系的基本结构是“一超之下的六强”：“一超”是指当今世界上唯一的超级大国美国，“六强”是指在世界舞台上扮演重要角色的六个国家和国家集团：中国、俄罗斯、以德法为核心的欧盟、日本、印度、巴西。这六个国家和国家集团，在国际事务中发挥着核心作用，甚至是决定性的作用，这种局面可能至少保持20年，甚至更长时间。等级式国际关系的基本特征，可以简单概括为“一超多强众弱”。在这一基本框架下，当前国际关系具有十大特点：第一，宏观

---

① Union of International Association, *Yearbook of International Organizations*, 1998/1999 (New York, 1999), pp. 1759－1773.

② 王广信、赵丽娜主编：《当代世界经济》，人民出版社，2002年版，第127页。

③ 卢学国编著：《国际刑警组织》，社会科学文献出版社，2003年版，第298页。

上相对稳定；第二，微观上动荡不安；第三，国际机制在不断强化；第四，恐怖主义盛行；第五，美国的军事霸权倾向比较突出；第六，西方发达国家中右翼势力抬头；第七，发达国家与发展中国家在经济实力上的差距不断拉大；第八，发展中国家内部出现两极分化现象；第九，“一超”与“地区性强国”之间的矛盾将进一步凸显；第十，单极与多级的斗争是今后相当长时期内国际关系中的主要矛盾。

美国作为超级大国，其主要战略意图是：在政治和经济上，强化现有的对其有利的世界秩序，继续保持政治大国、经济大国、军事大国、科技大国和文化大国的地位。在军事上，以美洲为基地，以欧亚盟国为依托，集中精力遏制最主要的战略竞争对手中国和俄罗斯；在文化上，输出自己的价值观，用基督教文明塑造整个世界、尤其是拥有丰富石油资源的阿拉伯世界，最终建立由美国主导下的单极世界体系，并尽可能使之制度化。为此，美国制定了进一步巩固其在世界上的有利地位、进而实现由美国主导下的单极世界体系的战略目标，并将可能阻碍美国实现这一战略目标的对象界定在三个领域之中，即全球领域、地区领域和不确定领域。全球领域，是指那些能够威胁到美国霸权地位的潜在和现实的战略竞争对手，如俄罗斯、中国等；地区领域，是指那些能够威胁到美国在海外重要利益的国家，如伊朗、朝鲜、叙利亚等，它们被美国称为“无赖国家”；不确定领域，是指能够威胁到美国国内社会安全和海外安全利益的国际恐怖主义势力，如本·拉登建立的“基地”组织等。

当前的世界战略格局极不平衡，虽然在逐步向多极化发展，但极其艰难曲折。美国“一超独大”，在政治、经济、军事、外交、文化、贸易、金融以及综合国力等领域，占据绝对优势，虽然美国受到了由次贷引起的金融危机的沉重打击，伊拉克和阿富汗战争也带来了诸多问题和巨大的经济消耗，但整体实力仍没有一个国家能与之匹敌。此外，欧盟和日本是美国的军事盟国和伙伴，具有相同的价值观和战略利益，是支持美国的重要外部力量。俄罗斯和中国奉行独立于美国的对外政策，反对美国建立单极世界霸权，在一些重大国际问题上有着共同的看法和利益，加强了相互沟通协调与支持配合，但是，由于彼此之间存在着这样或那样的矛盾和分歧，至少在短期内难以形成有效的战略合力，对美国的对外扩张构成真正的战略制约。印度虽然口头上声称奉行不结盟政策，但其政治体制和价值观与西方相同，特别是近几年来，大力发展与美国、俄罗斯的政治、军事关系，加强了与日本的外交联系，发展壮大了自身实力，凸显了重要的国际地位，也成为美、俄的重要借助力量。巴西近些年来发展迅速，已成为新兴大国，在地区和国际事务上发挥着重要作用。还有南非和墨西哥等新兴国家，国际影响力也在不断增强。当今世界格局的不平衡性和世界主要大国战略意图的相互冲突性，使得国际环境充满了众多复杂变因，国际关系开始进入一个不稳定的战略转折期，我面临的国际环境更趋复杂。

## 二、美国推行的“遏制”战略和“亚太再平衡”，给我国的安全与发展带来挑战

改革开放以来，中国的综合国力迅速增长，国际地位不断提高，在世界事务中发挥的作用越来越大。一贯重视国际政治力量对比关系的美国，对此处于一种非常矛盾的心态。一方面，中国的强大促使美国不得不在许多重要国际问题上与中国进行战略合作；另一方面，美国又不愿意看到中国的国力过于强大，以至于对美国的“霸主”地位构成某种程度的威胁。因此，美国既防范中国，又倚重中国，出现合作与防范并重的奇特现象。“合作”、“融合”、“防范”以及“以台制华”、“以日制华”等等，对我又打又拉，外压内制，软硬兼施，企图以此“规范”我国际行为，力促中美关系朝着有利于美国的方向发展。因此，一贯以国家利益和价值观作为政策和行为依据的美国，认为对华奉行“软硬两手”战略最符合美国的全球战略利益，即美国在保持和加强与中国接触与合作的同时，不放弃对中国进行战略遏制的政策。

奥巴马总统上台后，美国进一步强化了这种“两面下注”的对华战略。美国之所以提出“两面下注”的对华战略，主要是基于以下考

虑：中国现已走到“战略十字路口”，既可选择与美国合作，也可选择与美对抗。尽管这种战略选择的主动权掌握在中国自己手中，但是美国可以“帮助”中国做出对美国有利的战略选择。美国应当鼓励中国继续推进经济改革和政治变革的进程，使经济自由与政治民主协调起来；同时，劝导中国接受美国的国际安排，在国际上扮演“负责任的利益攸关者”的角色，协助美国维护现有国际体系的稳定和正常运作。美国也同时认为中国发展的战略方向并不十分明朗，必须做好中国可能挑战现有国际秩序和美国霸权地位的军事准备。为此，美国不仅在中国周边构筑围堵链条，营造对美有利的军事态势，必要时联合盟国实施战略性军事打击，延缓中国崛起进程，并在此过程中努力促成中国发生和平演变，使其最终融入到美国主导下的国际体系之中。

美国十分清楚，强大的军事力量是实现美国战略目标的基础和前提。因此，如何打造美国军队并保持其在世界上的绝对优势，是美国政府面临的重大课题之一，而“军事转型”则是美国解决这一难题的重要途径。美国《国家军事战略报告》① 清晰地反映了这一转变：“从一支参与持续作战行动的军队向一支针对未来打造的联合部队转变”，“相比较于其战略重心的转移，这才是我们更应该关注的”。美军转型的重点集中在“两化”方面：一是软件信息化，二是硬件现代化。“两化”之间的关系是紧密关联、相辅相成的。以空天信息系统和网络化的 $C^4$ISR 系统为平台，实现各军种之间的真正互联互通，获取全面信息优势，为美国四大军种实施远程和快速作战，提供准确的目标信息。在近几次局部战争中，美军以非接触样式和低生命成本代价，实现控制战争进程的战略目的。为此，美国要求所有军事发展项目必须在 2020 年左右完成，在美国军队由现在低端信息化状态向高端信息化状态“转型”的同时，进一步巩固美国在世界上的主导地位，有效遏制其他大国的快速崛起，坚决避免出现任何具有实力与美国进行战略对抗的大国，成为一个“新型的帝国”。但是，美国认为，中国有可能在 2015 年后对其霸权地位形成挑战。亚太地区存在着三大潜在冲

① 美国《国家军事战略报告》，2011 年版。

突“焦点”——朝鲜半岛、台湾海峡和南中国海，这三者都与中国有着直接或间接的关系。因此，美国在与中国进行“接触”与“合作”的同时，从未停止针对“遏制”中国的战略部署。

值得我们注意的是，在美国提出了“军事转型”和“情报转型”战略之后，又提出了“转型外交”战略，并将中国列为美国“转型外交”战略关注的主要对象之一。2006 年 1 月 18 日，时任美国国务卿的赖斯在美国乔治敦大学外交学院发表演讲，正式提出“转型外交”战略。“转型外交”（Transformational Diplomacy）也称“变革外交”，其主要内容是推动美国外交在战略目标、外交体制和外交运作方式三个层次上的转型，即通过外交资源的重新配置，与美国在全球的伙伴合作，利用外交渠道等多种“柔性渗透”方式，向发展中国家的民众灌输西方文化和“民主”价值观，推动当地“民主”运动和“颜色革命”的发生与发展，如发生在原苏联解体后独立的格鲁吉亚、乌克兰等一些东欧国家的“橙色革命”，发生在中东、北非国家的“茉莉花革命”等，伺机推翻美国厌恶的政权，最终形成美国一统天下的局面。所以，“转型外交”的基本目标是寻求如何改变这个世界，使之处于美国霸权的支配之下。赖斯特别强调，美国的外交工作不仅要做到对象国的重要部门，还要深入到它们国内改革的前沿，通过影响民众间接控制其政府。为此，2006 年美国将 100 个欧洲和华盛顿的外交职位转移到中国、印度、巴西、埃及、印尼和南非等国家，以便加强美国对这些国家的影响力。从现实情况看，“转型外交”是美国穷兵黩武和单边主义政策陷入困境后，提出的一种外交新思维，它实质上是一种“和平渗透外交”或“柔性干预外交”，旨在通过直接参与驻在国的各种民间活动，实现武力手段所不能达到的目的，扩大美国“软实力”的影响范围。奥巴马政府上台后，继承并强化了这一外交战略，加速了美国“软实力”的渗透。2011 年以来，美国国务卿希拉里多次就中东、北非“茉莉花革命”和互联网问题发表讲话，大谈民主自由，推波助澜，耐人寻味。的确，当今国际战略环境对美国十分有利，是其塑造和主导世界的良机，它决不会错失这一机遇。在此背景下，美国提出“转型外交”的目的，就是将机遇转化为现实，即在强大的军事力量支持下，通过“和平渗透”、“颜色革命”等手段，消除威胁美国国家安全的各种因素，如恐怖主义、大规模杀伤性武器扩散、“失败国家”等，获取在国际权力分配中的绝对优势，从而取得不战而屈人之兵之最高层次的战略效果。众所周知，冷战结束后，美国及其盟国用十年时间，实现了整个欧洲所谓的“民主与自由”，并将其纳入美国的势力范围。另一方面，美国试图通过实施“合作+防范”政策，挤压其他大国的战略空间，使其无力与美国进行战略竞争，永远处于战略被动地位。这样，美国就可以牢固树立在国际体系中的主导地位。

总之，“转型外交”实质是在不放弃强权政治和霸权主义政策的同时，对外输出美国的“民主”价值观和西方文化，利用外交影响力干涉别国事务，影响现有国际体系的正常运作，形成美国独霸世界的局面。“转型外交”是美国为在新形势下全面提升“软实力”，以满足全球战略需要而采取的一个重大战略步骤，其意识形态色彩异常强烈，“软遏制”意图十分明显，绝不会因其领导人的更换而改变，也不会因时间的流逝而忘却，必须引起我们的高度重视。

美国在推进军事转型、情报转型和外交转型之后，时任国务卿的希拉里·克林顿又于2009年7月，在东盟地区论坛上高调喊出美国将“重返亚洲”，随即出台了一系列新的政策和做法，逐渐形成了奥巴马的亚洲战略，即“亚太再平衡”。奥巴马连任总统后首访亚洲，可见亚洲是美国的优先战略。而这一切都映现着中国的影子，这些战略的本质都是封堵中国。为了强化这种战略围堵，美国加大了军事联盟的步伐。2011年2月8日，美国公布的《国家军事战略报告》明确提出：“美国战略要务和利益将会越来越多地来自亚太地区”，“未来的希望在于联盟”，“打赢下一场战争的立足点是联盟”，“美国必须通过与盟国和新伙伴建立更深入的安全合作关系，准备应对日益动荡和不确定的未来”。近年来，美国不断加固与日本、韩国和澳大利亚等传统盟国的双边和多边军事联盟。与此相应，美国在亚太地区特别是在中国周边地区的各种军事演习花样繁多，不仅演习规模大，参演兵力和军种多，而且演练的作战科目全，有防空、反潜、空中突击、海上攻防、反恐特种作战、紧急增援、远程投送等，明显反映了美军战时干涉中国台海局势和东海、南海问题的意图。美国希望通过与日本、韩国、澳大利亚、加拿大等国的联合军事演习，向包括中国在内的有关国家施加压力直至进行战略威慑。此外，美国还选择东南亚作为新的战略部署据点。美国先后和东南亚的一些国家达成协议，使美军舰船、战机可以进入上述国家的一些军事基地，进一步完善了美国在亚太地区的军事基地体系。未来美军还“将扩展同菲律宾、泰国、越南、马来西亚、巴基斯坦、印度尼西亚和新加坡的军事安全合作、交流和演训活动”。[①] 美国在亚太地区的军事态势咄咄逼人，无论是其军事战略重心的转移，关岛及东南亚军事部署的增强，还是持续不断的多国联合演习，都让人明显感到，美军在中国周边地区无所不在，无所不有，无所不指，我们必须保持高度的警觉。

## 三、周边国家不断调整安全战略，我国将承受更大的军事压力

亚欧大陆作为世界大国数量比较多的地区，也是国际事务中各种矛盾和问题最为集中的地方，“安全困境”在这一地区特别是大国之间表现得最为典型。因此，为了维护国家安全和适应冷战后，尤其是“9·11”事件后复杂多变的国际安全形势，俄罗斯、日本、印度等中国的周边大国，不断调整国家安全战略，学习美国大刀阔斧进行“军事转型”，加大军事变革力度，全面提升军事打击能力和远程投送能力，力图在亚太地区和世界范围内发挥更大的政治军事影响力。大国间存在的这种无形竞争，也为美国干预欧亚大陆事务提供了契机，势必导致我周边安全形势中的不确定因素增多，使我面临的安全压力进一步增大。

俄罗斯传统的安全战略，一直建立在现实国家利益不受威胁或侵犯的原则之上。普京总统执政后，俄罗斯将国家安全界定为国家利益

① 美国《国家军事战略报告》，2011 年版。

不受威胁下的个人、社会和国家正常发展状态，将国家安全战略的基本内容确定为三个方面，即对国家利益的界定、对威胁国家利益的判断和保障国家安全利益的基本手段。也就是说，今天的俄罗斯继续坚持传统的国家安全观，特别强调以武力手段保护国家安全利益的重要性。为了能够早日恢复俄罗斯昔日的荣耀，普京总统上台后，十分重视俄军力量建设，积极深化军事变革，在继承原有的“现实遏制”战略和加强核遏制手段的同时，突出常规力量建设，并取得了一定的成就。一是俄军完成了军事战略的根本性转变。即由叶利钦时代的“现实遏制战略”转变为“以核遏制为依托的机动战略”。二是进一步强化了各军种之间的协同作战和机动作战能力。针对美军调整全球兵力部署、特别是在东欧国家的军事力量部署，强调增强“四位一体”的战略战役协同进攻作战能力。三是提出了同时打赢两场常规战争的军事原则。俄军认为，未来俄罗斯有可能至少进行一场相当于伊拉克战争规模的战争，但同时要做好另一场战争的准备。在军事变革问题上，俄军的思路和战略意图很清晰，即借鉴美军的部分做法，以空、天系统和网络系统为基础，将原来条块分割的大军区制和作战空间隔离严重的三大军种，进行重新整合。由于不追求全球进攻作战的战略目标，俄军不以“太空速度”要求三军，但远程兵力投送、快速部署能力仍是其基本要求。变革后的俄军作战能力，将会有一个质的飞跃。四是不断加速军事现代化建设步伐。2011 年初，梅德韦杰夫总统批准了俄军现代化十年计划，并对外宣布十年内投入 6500 亿美元采购军事装备，实现俄军现代化。该计划平均年度采购费用高达 650 亿美元，这是苏联解体后俄罗斯最宏大的采购计划，展现了俄政治领导人的勃勃雄心。2012 年普京再次就任总统后，更是加快推进俄军现代化建设步伐，对外宣布投入 20 万亿卢布，约合 6780 亿美元（按 2012 年汇率计算），用五年时间更换俄军装备，把现代化装备比重由现在的 25% 提升到 75%。可以肯定，这一计划的实施，必将大大提升俄罗斯的整体军事实力，无论是数量规模，还是质量水平，乃至作战能力，都将继续牢牢占据仅次于美国的世界第二军事大国的地位。

日本在冷战时期，由于其战败国的特殊身份和美国占领当局的特殊影响等因素，不得不奉行一种以“和平宪法”为制约机制、以日美同盟为保障措施、以“专守防卫”为基本方针的安全战略。当日本成为经济大国后，尽管主观上一直不满足现状，渴望自己早日成为政治大国和军事大国，但两极格局所导致的结构性压迫，使得日本的愿望难以实现。然而，冷战的结束、伊拉克战争和阿富汗战争的爆发、“9·11”事件的发生等重大国际事件，以及国内民众民族主义情绪的高涨和政界的集体右倾等因素，为日本提供了极好的改变现状和追求大国梦想的客观机会。日本抓住了冷战结束的契机，制定了雄心勃勃的战略目标，即依靠自身经济大国的实力，通过经济援助等方式，影响甚至控制东南亚地区，努力夺取亚洲主导权，并在此基础上，不断地提高自己的国际地位和国际作用，坚定地向世界政治大国和军事大国迈进，竭尽全力促使日本早日成为名副其实的世界大国。当前，日本国民的民族主义情绪处于总体上升趋势，一些人，特别是右翼势力强调日本文化在当今世界上的独特性和先进性，强调国家至上观念，要求修改宪法，尤其是宪法第九条。为了谋求军事大国地位，日本的军事战略在悄悄发生变化，从“本土防御型”向“海外进攻型”转变。为此，日本制定了“周边事态法”和“有事法”，并将“防卫厅”改为“防卫省”。日本自卫队有权对“有事”做出军事反应，并将“有事”定义为日本受到攻击的“事实”和“有被攻击之危险”两种情况。这不仅扩大了日本的防御范围，而且还增强了日本自卫队出兵作战的机动性和主动性。在国家战略和军事战略的牵引下，日本的军备水平居高不下，军费开支不断增大。冷战结束后的十年，日本的军费开支每年都在400亿美元以上。2000年，日本政府公布的2001—2005年中期防卫计划，五年的军费开支约为2500亿美元，平均每年约500亿美元。2007年以前，日本的军费一直处于世界第二位。2009年以来，年度军费也都超过了500亿美元。安培晋三上台后的第一个国防预算年，军费进一步提高。日本自卫队装备精良，某些军事技术和武器的性能甚至超过了美国。常规作战能力极强，尤其是海上自卫队，已处在世界第二位。日本政府计划将现有的四支“九·九舰队”（由九艘驱逐舰和九架舰载直升飞机组成的舰队）扩充为四支

“十·九舰队”，并配备四艘准航母和四艘“宙斯盾”战舰，使之成为四支威力强大的准航母战斗群。在核研究方面，日本的潜力令世人吃惊。它不仅拥有一批世界一流的核人才，同时也拥有数量相当可观的制造核武器的“钚元素”，实际上早已具备了制造原子弹的能力。早在 1994 年，当时的日本首相羽田孜就明确表示，日本已有能力制造核武器。日本媒体也披露，日本可以在 183 天内制造出核武器。尤其值得注意的是，近年来，特别是朝鲜进行核试验之后，不少日本政客强烈要求改变日本在核问题上所持的“不拥有、不制造、不引进”的“三不”立场，日本应该拥有自己的原子弹，并扬言日本有能力在一夜之间制造出上千枚原子弹。因此，日本一旦决定制造原子弹，可以在很短的时间内成为核大国，世界军事大国的身份指日可待。同时，日本还坚持“瘫痪战”理论，为提高日军的作战能力和国际影响力进行铺垫。日军预测，“瘫痪战”将成为 21 世纪的战争模式之一，而电子战、计算机网络战、心理战等则是实现“瘫痪”的重要手段。因此，伊战后，日本对美军的 GPS 制导弹药、联合直接攻击弹药、“战斧”巡航导弹、无人机等信息化武器装备，表现出极大的兴趣。目前，日本正在积极储备信息技术人才，通过自行研制、从欧美引进、多国联合研制等多种途径，大力发展太空通信、侦察传感装备、无人机、精确制导弹药、战术指挥通信系统等信息化武器装备，同时对传统的武器装备进行信息化改造，使之尽快具备信息化作战能力。有理由相信，随着日军军事变革步伐的加快，日本自卫队的作战能力将大幅上升，其作战半径随之扩大，远程兵力投送能力也将明显提高，这将有利于其军事大国地位的确立。

印度作为世界第二大发展中国家，人口已逾十亿，很快将成为世界第一人口大国，是未来极具潜力的世界大国之一。目前，其全力推行“大国外交”，为争当地区军事大国创造条件。印度抓住冷战结束、世界战略格局向多极化发展这一历史性“契机”，积极开展军事外交活动，以求更多地参与亚太安全事务。为此，印度不定期地与美、俄、法、澳、新、马、越、韩、日、印尼等国举行联合海上军事演习，以展示其军事实力和战略威慑力，扩大国际影响力。基于早日成为世界大国的战略目标，印度在冷战结束后，便提出了新的军事战略，即以核威慑为基础，争当世界一流军事强国。为实现这一目标，印度制定了相关政策和原则，并采取了一系列措施。一是全力推行“大国外交”，为其争当地区军事大国创造条件。二是实行最低限度可靠核威慑的核政策。三是继续坚持国防建设与国民经济发展并重的方针。四是以发展高技术武器装备为核心，建设一支技术密集型的军队。五是确保印度在印巴、印中边境地区的军事优势。六是扩大海上边界，在逐步实现对印度洋控制的同时，将其势力扩大到南中国海。2000 年 4 月，印度前国防部长费尔南德斯声称，“从阿拉伯海到南中国海都有印度的利益”，印度需要大力发展航空母舰、潜艇和海军航空兵力量，建立一支专门从事远海作战的远洋海军。与此同时，印度利用与美、俄、日等国的战略伙伴关系，积极推进军事变革，加快核军备和军队现代化建设步伐，争取早日进入军事强国和世界“一流”大国行列。在作战思想上，印军也出现了一些值得注意的变化，主张在进攻和防御时必须具有进攻意识，要立足于打核威慑条件下的高技术局部战争。与此相应，印军提出了一系列新的军事理论，一改过去被动防御型的“拒止威慑”战略为“主动出击、先发制人”的“惩戒威慑”战略，实现了从传统的消极防御向攻势防御转变，确定了要保持一种具有威慑力的军事力量和国防政策。印军还发布了新战争条令，细化了和平、冲突和战争之间的 15 种情况，包括核战争、常规战争、全球战争、全面战争、地区战争、有限战争、非战争军事行动、亚常规战争、低烈度战争、不战不和等。总之，印度在冷战结束后，根据国家利益的拓展和综合国力的实际情况，对其国家安全战略和军事战略目标作了比较大的调整，企图通过军事变革，快速提升其军事实力，为其国家战略目标服务。

此外，越南也加快了军事力量建设。2013 年 2 月，俄罗斯国防部长访越，两国签署了军事合作协定。俄承诺向越出售先进战机和潜艇，并帮助培养军事人才；越则允许俄海军重返金兰湾。总之，越南围绕着南海问题，加大了对美国、俄罗斯等大国的借重与军事合作，企图使南海问题国际化，使得该地区形势更趋复杂。

我国周边主要大国所进行的安全战略调整和军事变革表明，大国之间的竞争博弈日趋激烈，我将面临更加严峻的安全形势和更大的军事压力。

## 四、“台独”活动和外国势力的干涉，使我国和平解决台湾问题更趋复杂

中国要实现真正的崛起，其前提条件是必须妥善解决台湾问题。海峡两岸不统一，中国就不可能成为真正的世界大国。特别是在当今国际社会中，要成为世界大国，必须同时具有政治大国、经济大国、军事大国和文化大国的身份。而在军事大国的构成要素中，又必须同时具备陆上大国、海上大国、航天大国和核大国的条件。现在，中国所缺少的正是海上大国条件。台湾问题关系到国家的前途和命运，关系到地区的和平与稳定，关系到世界格局的变化和调整。台湾当局一旦独立，将会在中国大陆内部引起连锁反应，“疆独”、“藏独”等民族分裂势力将会趁机起事，纷纷要求独立，中国将不可避免地走向政治动荡甚至是分裂时期。此外，台湾地区是中国能否成为海上强国的关键因素，也是中国能否真正成为世界大国的前提条件之一。因此，台湾问题一旦发生严重危机，将直接关系到国家的最高利益。

我们应当清醒地认识到，美国对台政策与“台独”势力相结合，是台湾问题的核心内容和实质所在。对我国而言，台湾问题的最大内部障碍是“台独”势力，而美国是中国实现祖国统一的最大外部障碍。众所周知，美国是台湾当局的主要支持者，尤其是军事支持者。没有美国的支持，“台独”势力一天也难以与大陆对抗下去。是美国给予台湾当局大量的军事援助，才使得台湾当局军队具有了与大陆对抗的实力和能力。美国政府只要认为大陆的军备水平和质量高出了台湾地区，两岸军事出现了不平衡迹象，就随时向台湾地区出售武器，以此来消除大陆的军事优势，保持两岸的均势状态。美国认为，保持海峡两岸在军事上的平衡，是维持台海局势稳定、阻止大陆武力解放台湾的前提条件和重要物质保障。而台湾问题，是对中国进行战略遏

制的最有效和最方便的一张王牌。可以说，美国政府在台湾问题上的立场和意图，都是围绕着如何遏制中国以及怎样顺利实现其全球战略目标为核心。所以，美国的对台政策是“以台制华”、“以华遏台”，维持现状，尽可能在台湾海峡两岸之间保持“不统、不独、不战、不和”的局面。在政治上，利用台湾当局的所谓民主制度来西化大陆，对我国实施“和平演变”；在军事上，保持两岸的军备竞赛，使双方相互削弱，尤其是可以弱化中国大陆的综合国力。同时，美国又可以通过售台武器而大赚军火利润，促进其经济发展。因此，美国出于全球战略和自身利益的需要，台海一旦发生战事，肯定会介入。至于怎么介入，是直接介入还是间接介入，学者们的观点不尽一致，笔者倾向于后者——间接介入，即美国在武器装备和信息情报等方面，向台湾当局提供全方位支持。对于这一点，美国学者也不否认：“北京不应完全排除美国或其他国家协防台湾的可能性。”小布什上台后，美国开始改变其在台湾问题上的“模糊立场”，明确表示不支持台湾当局独立，但也反对大陆统一。奥巴马上台后，在台湾问题上有所缓和，但基本上继承了前任政府的一贯政策。

另一方面值得注意的是，随着日本追求世界大国步伐的不断加快，其与中国的结构性战略矛盾日益突出，日本仍以“零和博弈”思维来考虑中日关系，认为中国国力的强大就是对日本安全的威胁，因而将中国视为其争夺亚洲主导权和世界大国的主要障碍。据此可以断定，日本介入台湾当局事务的程度，将会随着中日关系矛盾的增多而越来越深。日本不会轻易放弃干涉中国内政和遏制中国崛起的机会，它将会毫不犹豫地仿效美国，将台湾地区作为对我国进行战略牵制的一个有力工具。2010 年以来，美国从伊拉克撤军，并陆续从阿富汗撤军，不仅战略重心转向亚太地区，而且军事重心也转向亚太地区，进一步加强了与日本的关系，“以日制华”的意图清晰可见，这也正是日本所期盼的。因此，一旦台海发生战事，美日等国联合干预台海事务的可能性不能排除，我国在解决台湾问题上面临的难度将会进一步加大。

### 五、传统与非传统安全威胁交织，使我国的安全问题呈现多元化

冷战结束之后，国家安全的基本内容发生明显变化，传统安全与非传统安全相互交织。国家安全概念之所以会发生变化，主要是时代的主题发生了变化。在冷战结束之前，时代的主题是战争与和平，安全只与战争与和平紧密相关；之后，时代的主题转变为和平与发展，安全又与和平和发展相互关联。这种转变自然导致各国更加重视经济领域中的安全和与之相关的一切非传统安全问题。所谓传统安全，一般指以政治和军事安全为中心的国家安全。从传统安全意义上讲，一个国家是否安全，主要看其政治和军事安全是否受到威胁。因此，传统安全威胁的核心，是对一个国家的军事安全构成威胁的因素，主要指战争或军事冲突。

非传统安全是指传统安全范围之外的一切安全领域，可以把非传统安全理解为从传统的政治和军事领域扩大到经济、科技、社会、文化、宗教、意识形态和自然环境等多个领域，由此引出经济安全、金融安全、文化安全、社会安全、信息安全、能源安全、粮食安全、生态环境安全、公共卫生安全等多种非传统安全内容，而恐怖主义、极端宗教主义、极端民族主义、国际贩毒走私、跨国犯罪、信息网络攻击、海盗活动、非法移民、严重传染性疾病、重大自然灾害等，则是比较典型的非传统安全威胁因素和表现形式。其威胁对象决不仅仅局限于非传统安全领域，也包括了传统安全领域。具体来说，非传统安全威胁主要呈现出以下几种特点：一是普遍性、跨国性或全球性。无论是人为破坏还是自然灾害，非传统安全威胁无处不在，不仅普遍存在于各国国内，而且还具有跨国和全球性质。二是多样性和复杂性。除传统安全威胁之外，所有安全威胁都属于非传统安全威胁的范畴，从极端宗教思想和意识形态、有组织的犯罪到自然灾害，内容和形式多种多样，产生的原因十分复杂。三是互动性与渗透性。严格地说，非传统安全与传统安全没有绝对的界限，两者相互影响和渗透，国与

国之间可以因环境、资源、疾病防治、民族等非传统安全问题处理不当而导致政治纠纷和军事冲突。四是破坏性、突发性、不可预测性和不可抗拒性。非传统安全威胁，尤其是恐怖主义和自然灾害，对人类的生命和财产具有巨大破坏性，其中自然灾害的发生具有一定的突发性、不可预测性和不可抗拒性。五是隐蔽性、分散性、持续性和难以根治性。非传统安全威胁的主要对象是主权国家。因此，作为非国家行为体，恐怖主义组织、极端民族主义和宗教主义势力、跨国犯罪集团等非传统安全威胁，无力与国家公开较量，因而具有隐蔽、分散和难以根治的特点。

当然，非传统安全威胁因素的出现，并不意味着它从此取代了传统的安全因素。我们不能因为强调非传统安全威胁，就忽视传统安全威胁。应该看到，对许多国家而言，尽管非传统安全威胁明显上升，但传统安全威胁仍是当前所面临的主要威胁。这是因为霸权主义和冷战思维依然存在，由领土、主权、民族、宗教等矛盾引发的局部战争和武装冲突仍此起彼伏。因此，我们应从实际出发，正确认识和把握传统安全威胁与非传统安全威胁相互交织的关系，灵活应对和处置各种情况。

中国面临的威胁，从传统安全来讲，“台独”危险和霸权主义是主要威胁；其次是朝鲜半岛、中亚和海洋划界问题。就台海局势而言，“台独”的发展仍然是我安全面临的现实重大威胁。未来一段时间，是我国安全环境的高风险期。因为我《反分裂国家法》通过以后，美日联手阻挠我统一、干涉我内政的势头明显加强。这对我“遏独、止独”的战略意志、决心和能力都是严峻的考验。朝核危机和日本问题是东北亚地区的两大现实难题，如果处理不好，不排除发生武装冲突的可能性，因而对我安全构成一定的现实威胁。在中亚地区，格鲁吉亚、乌克兰、吉尔吉斯斯坦先后发生“颜色革命”以后，中亚国家的政局动荡在所难免，这将对上海合作组织和我西北地区的稳定和发展构成新的挑战。在海洋方面，中国面临着极大的挑战。我国是海洋大国，但由于传统影响，海洋意识淡薄，只注重陆地边疆，而忽视海洋边疆，海洋安全遗留了许多问题。钓鱼岛自古以来就是中国的领土，就连日本著名历史学家井上清也用大量的历史事实引证如此，但一直以来，日本力图实际控制。南海的许多岛礁也被越南、菲律宾等国非法占领，海洋安全面临着十分严峻而紧迫的挑战。此外，在海洋划界、资源开发、海上通道等诸多领域与日本、越南、菲律宾等国之间也存在着各种矛盾，潜藏着国际危机的可能性。从非传统安全看，中国也同样面临着极为严峻的形势。恐怖主义、宗教极端力量和民族分裂势力在我国境内和周边国家的活动加剧，对国家的安全稳定将产生负面影响。此外，我国还面临着水、油、粮等三大战略资源“总体短缺”的不利形势；在经济、金融等领域中仍存在不安全因素；环境污染的总体恶化仍在继续；信息领域的安全问题日益突出等等，传统安全威胁与非传统安全威胁相互交织，国内问题与国际问题相互作用，不仅对我国的经济发展带来影响，而且对我国的社会稳定构成了威胁。

## 六、国际贸易保护主义的重新抬头，对我国的经济发展形成一定制约

近年来，由于世界产业结构的调整和发达国家经济的不景气，以及中国、印度等国经济的持续高速发展，贸易保护主义在发达国家有重新抬头之势。一些西方发达国家动辄以反倾销、特保、技术壁垒和绿色壁垒等手段，对其他国家的产品进口设置障碍和限制，以保护本国的经济或相关产业。虽然贸易保护主义一直存在，但2005年以来，美国和欧盟对中国一些商品出口设置种种障碍，掀起了新一轮贸易保护主义浪潮。这就可以看出，过去一向鼓吹自由贸易和开放市场的西方发达国家，当本国在世界市场上处于不利地位时，也会毫不掩饰和犹豫地采取贸易保护主义政策，或者采用双重标准，任意解读国际贸易游戏规则。一方面，它们针对本国的优势产业推行自由贸易；另一方面，当自己的劣势产业遇到来自发展中国家的挑战时，则以贸易保护的形式对竞争对手的产品加以限制，这对发展中国家极为不利。

从现在的实际情况看，西方发达国家所奉行的贸易保护主义政

策，主要是针对中国、印度等高速发展的发展中国家，这种明显违背世界贸易组织基本原则的做法，将给中国的对外贸易和国内经济造成相当的冲击。从长远看，将对我国民经济的健康发展构成严重制约，不利于我国家发展战略目标的实现。贸易保护主义并不能解决贸易不平衡、贸易逆差等问题，反而可能进一步恶化经济环境。从国际贸易走过的历程看，凡是不断开放市场的国家，经济上都取得了不同程度的发展和进步；而那些开放迟缓、设置障碍或拒绝融入世界一体化的国家，大多经济发展缓慢或受限，甚至严重滞后。

实行贸易保护政策，不可能有效防止因贸易逆差过大所带来的经济不稳定因素，而且这种做法明显违反世界贸易组织章程和基本原则。令人遗憾的是，以美国为首的西方发达国家，虽然过去一贯标榜“贸易自由”，然而当自由贸易损害到其自身经济利益时，却毫不犹豫地打出了贸易保护主义大旗，对外国商品的自由流动设置重重障碍，对外国的经济和贸易政策横加指责。贸易保护主义并不能真正保护那些因贸易保护措施而受惠的产业，即使能够保持其在本国的优势地位，也只是暂时性的。因为长期处在一个刻意营造的无竞争或者受保护的经济环境中，必然会培养企业不思进取的不良习惯，进而导致其竞争能力、创新能力、应变能力和自我调节能力不断下降，与国际上先进的技术理念和管理经验渐行渐远，失去了进入世界市场的资格和能力，最终只能处于政府保护下的“市场”环境之中。其次，实施贸易保护主义政策的国家在制裁他人的同时，也殃及了本国利益的相关行业。欧盟对中国纺织品进口设限，表面上看是维护了欧盟国家纺织制造业的利益，但由此引发的纺织品价格上涨和供货不足，也令这些国家的纺织品进口商、零售商和消费者的利益蒙受了重大损失。此外，贸易保护行为难免会招致对方的报复。这就意味着在保护了特定产业的同时，将会使另外一些优势出口产业失去机会。因此，贸易保护主义并不能从根本上解决国家整体的经济发展问题，反而破坏了国际间正常有序的贸易环境。

众所周知，发展经济是当前我国的最高国家利益所在，并且进入到了一个非常关键的阶段。因此，在国内和国际上努力塑造一个安全、可靠、稳定与可持续的经济发展环境，对于中国最高国家利益的实现至关重要。除非发生战争或者台湾当局宣布独立，我们都会坚定不移地走改革开放和大力发展经济的道路。在此背景下，西方发达国家所采取的贸易保护主义措施，对我经济的快速发展形成了明显的制约，我们必须高度警惕。

## 七、西方蓄意散布的“中国威胁论”，使我国开展军事外交难度增大

随着我国经济的快速发展和综合国力的不断提高，西方一些国家，尤其是美国和日本，还有印度等一些国家，出于自身战略利益的需要，不断制造“中国威胁论”，毒化国际氛围，使我国家、军队形象受到了一定影响。日本从其自身战略利益出发，率先抛出了“中国威胁论”，认为中国军事实力的不断增长，海峡两岸的统一将威胁日本和亚洲地区的和平与稳定，威胁日本的海上生命线，从而将威胁到日本的根本利益。之后，美国为了推行自己的全球战略，认定中国是美国的主要战略竞争对手，因而将“中国威胁论”从日本那里拿过来借题发挥，大肆渲染，为美国制定对华“遏制”政策提供理论依据。经过美国的加工和宣传，尤其是通过美国高官的讲话以及“国家安全战略报告”、“四年防务评估报告”和“中国军力报告”等官方文件的歪曲宣传，“中国威胁论”在国际社会中不时沉渣泛起，并形成了一定的气候，对我军事实力的发展和军事外交得开展，都造成了不小的负面作用。美国宣扬“中国威胁论”的主要目的，是服务于美国的战略利益和目标。从冷战结束到现在，美国散布“中国威胁论”的主要依据是：“军费极大化”，“军事不透明”，台湾海峡两岸军事力量对比“不均衡”，“拥有大规模杀伤性武器”，“战略意图不明确”等等。美国不仅宣传“中国军事威胁论”，还同时制造“中国经济威胁论”和“中国能源威胁论”，认为中国经济的持续快速发展，加上粗放型经营模式，不仅消耗大量能源，而且还使得能源浪费非常严重，已经对世界能源市场的供应构成了很大威胁。还有一些美国人断定，按照目前

的经济发展速度计算，过不了多久，也许20年、30年或50年，中国将赶上或者超过美国，成为世界第一大强国。尤其认为，中国的战略发展趋向一直不明确，与周边国家存在着领土领海纠纷和相关矛盾，暗示着未来可能具有对外扩张的战略意图。所以，不少美国人怀疑，中国在解决台湾问题之后，其军事拓展步伐不会停下来，很可能继续向前发展。

应该指出的是，美国的“中国威胁论”是没有事实依据的，具有明显的政治用意。它不仅是说给世界其他国家听的，其中一个很重要的目的，是要整合美国国内的政治资源，促使国内各种政治力量支持政府，同时也人为地制造更多的对外军事扩张的需求和借口，为美国实施全球战略，打造有利的国内和国际环境。众所周知，美国喜欢编造谎言，夸大事实，只要能够达到目的，不惜无中生有地制造事实。美国政府在伊拉克问题上就是最好的例证，它成功地编造了“伊拉克拥有大规模杀伤性武器”的谎言。美国之所以如此，主要是担心师出无名，有损于政府的声誉，不利于对外进行扩张，不利于领导人维持和巩固在国内的政治地位。总之，美国不愿看到中国实力的过快增长，从而对美国的单极霸权地位构成战略性威胁。在此冷战思维的指导下，美国势必不断加强对中国的防范和遏制，并且还会联合更多的国家和集团，尤其是西方国家和集团，来共同对付中国的崛起。这无疑将增大我开展军事外交活动的难度，不利于我军正义形象的树立与宣传，也不利于我军影响力的拓展。

军事外交领域是一个没有硝烟的战场，需要运筹帷幄之中，决胜千里之外，以高明的外交手段进行“不流血的战争”。今天，军事外交已不仅仅是在战争预防、环境塑造、谈判磋商等方面发挥作用，而且直接参与兵力运用，如军舰访问、军舰护航、军事演习、维和行动以及战略威慑等等。可以说，军事力量的外交运用，已经成为一种新型的兵力运用模式，在维护世界和平与安全、防止战争与冲突、稳定动乱地区局势等方面，发挥着越来越重要的、甚至是不可替代的作用。有鉴于此，为了有效应对西方的“中国威胁论”，扫除“中国威胁论”对我国我军国际形象造成的不良影响，我应竭尽全力克服一切不利因素和障碍，大力开展军事外交工作，尤其是在支持联合国维和行动、打击国际恐怖主义、国际海运护航，以及与外军的各种演习、交流等方面全力推进。

中国是一个正处于关键发展阶段的发展中大国。坚持改革开放，构建和谐社会，追求安内睦邻，走和平发展道路，是中国的既定国策。中国当前最大的国家利益，是发展经济和保障国家、民族的统一。同时，中国的发展和强大不会对别国构成威胁，不会争夺地区霸权，更不会与美国争夺世界霸权。可以肯定，与过去大英帝国扮演的“均势平衡者”角色和现在美国发挥的“隔岸平衡手”作用不同，中国在未来世界上所充当的角色，将是受到世界各国信任和支持的积极而有益的“全球稳定器”。中国所倡导的和平共处五项原则以及和平解决一切国际争端的主张等，有利于国际机制的加强，有利于国际关系的正常化和规范化，也有利于国际道德的光大和国际正义的伸张。这对霸权主义和强权政治是一种很大的制约，对国际政治中的弱势群体是一种有力的支持。因此，中国的不断发展和壮大，不仅对世界和平没有威胁，而且还能够为国际社会多分担一些责任，多履行一些国际义务，这将大大有利于世界和平、稳定与繁荣。中国在反恐、联合国改革、朝核、伊核、全球流行病防治等重大问题上所发挥的不可替代的作用表明，中国可以在未来世界中的全球问题上，发挥更大的稳定和协调作用。

## 第二节　中国军事外交的新使命

进入新世纪以来，我国的军事外交异常活跃，特别是近几年，采取了许多新举措，高层交往明显增多，务实合作不断深化，多边磋商积极有效，专业交往日益频繁，大国军事关系有所突破，取得了显著成效。新世纪新征程是我国家利益不断拓展的重要历史时期，党中央、中央军委赋予了军事外交新的历史使命，提出了更高的要求，我们面临的形势更加紧迫，任务更加艰巨。

## 一、维护国家安全利益

安全利益是国家的核心利益。当今国家安全利益，已经不再是单纯的传统意义上的安全利益，而是包含政治安全、军事安全、经济安全、社会安全、文化安全、科技安全和信息安全等多元的综合安全利益。从当前安全形势看，我们面临多方面的严峻挑战，特别是海洋、太空、信息领域安全和台湾问题更为突出。

海洋不仅是实现可持续发展的战略资源宝库，也是开展对外贸易的战略通道。我国作为濒海国家，拥有18000多公里海岸线，海岸线居世界第四，大陆架面积居世界第五，200海里专属经济区面积居世界第十，我国还拥有7.5万平方公里专属勘探和优先商业开采权的多金属结构矿区。①

在海洋空间上拥有巨大的战略利益。周边国家与我国在东海、南海的磨擦和斗争，以及国际垄断资本加紧对世界海洋战略通道、战略要地、海湾石油资源的武力抢占和争夺，严重威胁着中国战略利益的安全。加之我国长期以来受陆地观念的影响，海洋意识淡薄，海军建设严重滞后，海上安全问题十分突出。

太空领域具有广阔的开发利用前景。现代航海、航空需要太空技术支持，现代高技术战争更是离不开空间优势，空间技术的迅猛发展，极大地提高了作战效能，尤其对现代“火力+信息”的信息化战争产生着日益深远的影响，陆、海、空军事行动与太空军事力量越来越紧密地联系在一起，融合在一起。有人断言，谁拥有了太空，谁就将拥有未来，太空即将成为一个独立的作战领域。一些国家为抢占战略制高点，加紧制定和实施太空计划。美国出于独霸世界的需要，加速推进太空军事化进程，势必对我国安全和发展利益带来严重威胁。

信息时代的到来，使信息资源成为最重要的战略资源，直接关系到国家的战略安全。随着各种传媒手段的迅速发展，信息传播的速度

---

① 《解放军报》，2011年3月9日。

越来越快，各国间的相互联系更加紧密，各种思想、文化、宗教的融合与冲突更加激烈，对社会各个方面产生了重大而深刻的影响。我们在信息领域与发达国家有着巨大的差距，这使得国家的政治安全、经济安全、军事安全、文化安全等都受到前所未有的冲击和压力，处理不好，将直接影响到国家的发展和社会的稳定。我们要高度重视和关注海洋、太空、信息三大领域，加快发展海洋、太空和信息力量，有效保障海洋安全、太空安全和信息安全，这是国家长远发展利益之所在。

台湾问题是我们面临的最重要、最现实、最紧迫的安全问题，绝不能因当前两岸关系有所缓和而掉以轻心，解决好台湾问题，仍是当前国家最大的安全利益。台湾问题不仅关系到祖国的尊严和领土完整，而且直接关系到国家的战略利益，如果台湾地区被敌对势力分割出去，我们进入印度洋和太平洋的门户通道将严重受阻，这对我国的经济贸易和未来军事行动将是致命的打击。台湾问题不解决，对我国的牵制太大了，直接影响到我国政治、经济、军事等各项建设和发展。解决台湾问题，应对各种新的挑战，维护国家安全利益，最根本的是增强综合国力，建立强大可靠的军事力量；同时，作为和平时期军事力量运用的主要途径——军事外交，可以合纵连横，广泛开展双边、多边军事活动，不断改善国际安全环境，为国家安全和战略提供有力的支撑。

## 二、维护海外经济利益

我国实行社会主义市场经济以来，经济总量有了较快增长。根据国家统计局数据，改革开放以来（1979—2005 年，以 1978 年为 100）我国经济年均增长 9.6%。按照国际货币基金组织（IMF）的统计，2005 年我国国内生产总值居世界第四位。又据中国国家统计局公布，2010 年我国 GDP 为 39.7983 万亿元，经济总量已居世界第二位，2012 年已达 51.9322 万亿元，继续牢牢占据世界第二的位置。由于我国人口众多，国内市场广阔，在市场经济的初始阶段，主要依赖国内市场，但随着经济的快速发展，特别是我国加入世界贸易组织（WTO）以后，对外经济联系日趋紧密，海外市场需求日益扩大。我国对外贸易年均增长达到 17.0%，其中，2000—2005 年，年均增长 25.7%。1980 年，我国对外贸易总额仅为 381 亿美元，2000 年达到 4743 亿美元，2003 年达到 8521 亿美元，2004 年突破万亿大关，达到 11543 亿美元，2005 年更是上升到 14219 亿美元。根据世贸组织的统计，2004 年，我国货物进口额和出口额均居世界第三位。我国与 228 个国家和地区建立了贸易关系，进出口大幅增加，对外依存度达 78% 以上，外贸所创造的价值已接近我国国民生产总值的 80%。[①] 另据中国海关今年 1 月公布的数据，2012 年我国对外贸易总额为 38667 亿美元，而美国商务部公布的 2012 年美国对外贸易总额为 38628.59 亿美元，中国微超美国 38.41 亿美元，成为全球第一外贸大国。我国也由引进外资为主，逐步转变为兼顾海外投资。2005 年联想集团收购了美国 IBM 公司的全球 PC 业务，2013 年，中海油收购了加拿大尼克森公司，还有一些企业也对海外公司进行了兼并收购。与此同时，贸易领域的斗争也异常激烈，贸易壁垒依然存在，磨擦日趋增多，美国和西欧，甚至是一些拉美国家，动辄对我国的商品设限，实施所谓的反倾销调查，特别是欧美对我国的能源和高科技企业进入外资及相关领域设置种种障碍，甚至是制造“情报”，把正常的商业活动政治化，给我国的经济利益造成了相当的危害，已影响到我国的经济发展。

在全球化时代，没有海外市场，没有正常的贸易秩序，我们的经济就不可能持续发展；海外市场的开拓，离不开坚强的军事实力作后盾。从世界经济发展的历史看，依靠军事手段，开拓、发展和保护海外市场，从而获得最大的世界性经济利益，是西方大国崛起的普遍规律。西班牙、荷兰、意大利、俄罗斯如此，英、法、美等国更具代表性，就连德国、日本也同样没有超越这一模式。可以设想，如果日本没有明治维新以后建立起来的完备武制和强大的军事力量给国家带来的安全，没有对亚洲人民的掠夺（仅甲午海战，日本获得中国战争赔

① 感谢国家统计局 2006 年为本书提供的系列统计数据。

款就相当于日本当时三年的全国财政总收入），日本就不可能成为世界第二大经济强国。德国同样如此，如果没有“铁血宰相”俾斯麦领导的普法战争、普奥战争暨统一德国战争，德国就不可能获得后来好的安全环境，也不可能成为后来的军事强国和经济大国。

然而，由于我国的社会主义性质，决定了我们不能像历史上西方列强那样用武力去拓展国际市场，掠夺海外财富，只有提供可靠的安全保障，并通过对外军事安全合作，发展对外军事关系，营造和平稳定的国际环境，构建对我有利的战略态势，才能维护我国不断拓展的国家利益。因此，捍卫国家经济利益，既要合理地运用世界贸易规则去争取，同时也要以军事实力为后盾，努力运用军事外交手段去维护和实现。

## 三、保障战略资源获取

战略资源历来是国际政治、军事斗争的焦点，世界各国、特别是西方大国，都把控制和获取战略资源，作为本国外交政策和对外军事安全合作的重要目标。当前国内资源的短缺，已一定程度地制约着我国的经济发展。有研究报告指出：国内石油、天然气、富铁、富锰、铜等十多种矿产已经不能满足供应，需要长期进口。铬、钴、铂、钾盐、金钢石等严重短缺，到2020年，事关经济发展的45种矿产资源中，可保证经济发展需求的只有五种。[①] 特别是石油，从1993年起，我国已由石油输出国变为石油进口国，成为世界第二大能源消费国。1999年，我国石油原油进口3861万吨，2000年6025万吨，2003年9112万吨，2004年1.2亿吨，2010年已达2.9万亿吨。[②] 今后20年，石油、天然气资源累计总需求，至少是目前储量的两倍至五倍。目前，中国的主要油田已接近生产结束期。根据有关资料记载，我国已探明石油储量，按照目前的生产规模和速度，只能开采13—14年。到

① 朱川主编：《矿产资源与可持续发展》，中国科学技术出版社，1999年版，第41页。

② 《中国统计年鉴》，国家统计局，2011年。

2020 年，中国需要进口 5 亿吨原油和 1000 亿立方米天然气。[①] 前些年，国际原油价格持续攀升，创造了历史新高，虽然近几年有所回调，但今后一段时间的油价总体趋势会继续升高，特别是石油主要产地中东地区的不稳定，以及美国对重要产油国委内瑞拉、苏丹等国的制裁，将严重影响国际原油供应和市场价格。战略资源特别是油气资源问题，已成为我国经济可持续发展必须迫切解决的重大问题。当前，我们在国际上寻求油气资源的形势并不乐观，受到了政治的、经济的种种牵制。之前，中海油收购尤尼科石油公司美国国会的阻挠、中俄石油管线建设日本的干扰、中国与非洲一些国家能源合作受到的非议等，都充分说明了这一问题。围绕油气资源，我国与美、日等国的矛盾和斗争将更趋激烈，保证战略资源获取，促进国家经济快速发展，已成为新世纪新阶段我军事外交的重要使命。

## 四、保障战略通道安全

目前，我国的对外贸易 90% 以上通过海上运输，中国远洋运输网络已覆盖五大洲，远洋航线覆盖全球 160 多个国家和地区的 1500 多个港口，远洋运输船舶 2494 艘，净载重量 6703.86 万吨，集装箱箱位 111.14 万 TEU，中国的船队总运力排名世界第三，集装箱船队总量排名世界第四。2012 年中国港口外贸吞吐量 30.1 亿吨，比上年增长 8.8%，集装箱吞吐量 10583 万标准箱，比上年增长 4.5%，港口吞吐量和集装箱吞吐量位居世界第一。[②] 中国已经连续 12 次当选为国际海事组织 A 类理事国。由此可见，海上战略通道对我国经济发展以及未来的军事活动，具有极其重要的战略意义。中国战略通道有四个方向：一是经红海、苏伊士运河、地中海联接欧洲、北美洲、南美洲；二是远东至北美洲和澳、新；三是远东经南亚、地中海至西北欧；四是远东经东南亚、好望角至西非、南美。可以说，这些航线是我们的

---

① 张文木：《世界地缘政治中的中国国家安全利益分析》，山东人民出版社，2004 年版，第 84—85 页。

② 《2012 年公路水路交通运输行业发展统计公报》，中国交通部网站，2013 年 4 月 26 日。

生命线，直接关系到我国的经济安全，也将直接影响到我国的国家安全。当前，战略通道的安全形势不容乐观，亚丁湾海域和马六甲海峡的安全问题已十分突出，海盗经常出没，美日长期以来也一直想插手马六甲海峡，特别是美国以反恐为借口，试图派军舰进入马六甲海峡巡逻，达到控制马六甲海峡的目的。美国的这一战略企图，最近取得了重大突破。经新加坡政府同意，美新一代濒海战斗舰“自由”号，2013年3月1日由美国起航，前往新加坡樟宜港。根据美新协议，将陆续有4艘濒海战斗舰部署新加坡。马六甲海峡是美军宣布必须控制的全球16个重要海峡水道之一。驻军新加坡是美国抢占地缘优势，控制大国崛起，掌握世界能源动脉的关键步骤，对我国构成了严峻挑战。目前，我国的石油进口，80%以上通过马六甲海峡，马六甲海峡一旦被美日控制，后果将十分严重。他们可以找出任何理由，随时对我国实施封锁，阻断我海上运输。捍卫我海上通道的安全，从根本上讲，需要强大的军事实力作保障，特别是需要强大的海上力量，用以维护我合法经济权益。但是，当前我们尚不具备这种实力，在这样的情况下，通过军事外交，推进对外军事安全合作，促进国家关系发展，从而保障我战略通道安全，不失为现实的重要选择。

## 五、维护海外华人华侨正当权益

随着中国经济和科技教育的快速发展，我国公民到海外投资、办企业、经济贸易、留学访问以及旅游的人员越来越多，华侨也遍布世界各地，数以千万。在海外的华人华侨利益保护问题越来越突出。近几年，在海外的华人、华侨生命财产与正当权益受到威胁和侵犯的报道屡见不鲜，并且有不断增长的趋势。过去这类事件一般都发生在亚洲国家，特别是发生在东南亚国家居多，但近几年有漫延的趋势，在非洲、南美洲、大洋洲，甚至是号称最文明、最法制的一些欧洲国家，都连续不断地发生了一些事件。西班牙烧毁华人鞋城，俄罗斯无理扣没大批中国商品等等，华人华侨被绑架、被杀害、被抢劫的事件频繁发生。在发生战争、恐怖事件、地震、海啸等自然灾害中，他们的安全也频频受到危及。据有关资料记载，这些损失每年多达数千万元。对在海外的中国人和华侨给予保护，既是他们个人的人权问题，也是国家的形象问题，祖国有责任保护他们的人身安全和经济利益。党中央、国务院十分重视保护我国公民和侨民的人身和财产安全。近几年，党和国家领导人多次就我公民在海外遇袭和财产损失以及遭遇自然灾害等问题，作出重要批示，要求有关部门及时作出反应，采取有效措施。保护我国公民以及海外侨民的安全和利益，已成为我国外交工作必须关注和解决的重要问题。这方面，军事外交能够做许多工作，可以在提供保护、紧急救援、迅速撤离等方面发挥有效作用。

## 六、应对非传统安全威胁

美国发生的“9·11”事件表明，世界安全已由传统威胁转向传统威胁与非传统威胁并存。国际恐怖主义、极端主义和分裂主义，成了人类安全的共同敌人，给许多国家和公民造成了严重危害，已经影响、危及到国家的主权、独立、领土完整与公民安全。当前，非传统安全问题对我安全威胁上升，特别是我周边的中亚、南亚、东南亚地区，已形成国际恐怖活动的高危地带，我周边反恐形势严峻。

在中亚，一些中小型的地区性恐怖组织频繁活动，不断制造爆炸事件。在南亚，恐怖组织的活动再趋活跃，不断制造爆炸和暗杀。在东南亚，一些与“基地”组织有密切联系的恐怖组织，也在伺机发动恐怖袭击。同时，随着经济全球化和经济区域集团化的发展，我周边地区跨国犯罪、非法移民、海盗、国际经济犯罪和网络犯罪等其他非传统安全威胁，也逐步呈上升趋势。另外，由于我国参与国际事务日益增多，以及我公民出境人数的剧增，直接针对我公民的恐怖袭击事件也不断增多。

国际恐怖组织，特别是我周边各类恐怖组织的频繁活动，进一步刺激和诱发我边境地区“三股恶势力”的活动，对我国构成了现实威胁。在我国的新疆、西藏及其边境地区，“三股恶势力”一直在进行着分裂和危害祖国的活动，不断地制造事端。特别是“东突”组织，始终与境外恐怖组织保持着联系，进行各种恐怖活动；“藏独”分子在某些国际势力的支持下，也一直没有停止过分裂西藏的活动。在打击“三股恶势力”方面，我国在上海合作组织的框架下，与中亚国家、俄罗斯进行了卓有成效的军事安全合作，在新疆进行的联合反恐演习，取得了很好的效果，发挥了重要的威慑作用。当前，打击“三股恶势力”，需要进一步加大对外军事安全合作力度，进一步密切上海合作组织各成员国军队的关系，在非传统领域安全合作方面，取得更大的成效。

## 七、促进军队现代化建设

当前，世界新军事变革深入发展，军事竞争日趋激烈，各国普遍加大国防投入，积极研发高新武器装备，继续优化力量结构，不断创新军事理论，以夺取未来有利的战略地位。而我军在世界军事变革的大潮中，仍有较大差距。思想观念滞后，统筹规划不够，战略型人才缺乏，军事理论创新不足，高科技武器装备不多，信息化水平较低，特别是力量构成、体制编制不科学的问题十分突出，直接制约着我军战斗力的生成和各种作战力量的组合。

积极适应世界新军事发展，加速推进由机械化半机械化向信息化的战略转型，努力实现我军现代化建设跨越式发展，不仅是新世纪新阶段我国国防和军队建设的大局，也是军事外交的重要使命任务。军事外交作为军事工作的对外延伸和加强对外军事关系的重要桥梁和渠道，在为军队现代化建设服务上发挥着不可替代的重要作用。这些年，军事外交站在军事变革的前沿，“走出去，请进来”，积极主动地服务于中国特色军事变革，成效十分显著。我们从俄罗斯、白俄罗斯、乌克兰等国引进了一批高新技术武器装备，在反“台独”军事斗争准备中发挥了十分重要的作用；积极配合军队人才战略工程，为我军培养了一批急需的联合作战指挥人才和专业技术人才；加强了与外军的学术交流，积极开展理论研讨，有力地促进了我军军事理论创新和院校的建设。随着我军现代化建设的深入发展和反“台独”军事斗争准备向纵深推进，对外军的高新装备、先进技术、军事理论、训练方法、管理经验等，需求更加迫切，而这些只有通过对外军事安全合作才能实现。

## 八、"走出去"执行国际军事任务

20 世纪 90 年代以来，国际军事安全合作领域出现了许多新情况、新特点和新做法。联合国安理会授权的维和行动日益扩大；联合国组织和倡导的紧急人道主义救援不断增多；各国武装力量积极参与非传统安全领域国际合作，广泛开展救灾、反恐、打击海盗、走私、偷渡等行动；区域性组织框架内的跨国军事行动不断增多，区域性自主解决域内安全问题，已成为国际安全合作的重要趋势；各国均以灵活多样的境外军事行动，配合本国的对外战略。

我国积极适应世界安全领域的新变化，努力参与联合国框架下的各项活动。1981 年，我国首次明确表示支持符合《联合国宪章》的维和行动。1989 年，我军派人参加了联合国维和行动，向联合国纳米比亚过渡时期协助派遣了 20 名文职选举观察员，向西撒哈拉特派团派遣了 20 名军事观察员。截止 2012 年 12 月，我军已先后向国外派遣各类维和官兵 2.144 万人次，目前仍有 764 名维和军事人员在联合国 10 个任务区和联合国维和部执行任务。[①] 除维和行动外，我军还积极参与联合反恐、打击跨国犯罪和国际人道主义救援等。2004 年，在印度洋海啸、美国遭遇飓风袭击和南亚地震发生后，我军迅速筹措了大量急需物资，在第一时间将救灾物资运抵斯里兰卡、印尼、巴基斯坦和美国，以最快的速度向印尼和巴基斯坦派出工程和医疗分队，有力支持了国家外交，扩大了我军在地区和全球的影响，增进了与世界各国军队的友好关系，赢得了国内外广泛关注和好评。

随着时代的变迁和国际政治、经济、军事以及科技的发展，国际安全领域的这种合作会越来越多，需求也会越来越大，合作的形式也

① 中华人民共和国国务院新闻办公室：《中国武装力量的多元化运用》国防白皮书，2013 年 4 月。

会更加多样化，为军事外交展现了美好的前景，开辟了更加广阔的道路。

## 第三节 中国军事外交的新思路

新的历史条件下中国军事外交既迎来了难得的发展机遇，又面临着各种挑战。开创军事外交新局面，必须坚持以毛泽东思想、邓小平理论、“三个代表”重要思想、科学发展观和习近平一系列重要论述为指导，继承发扬我国优秀历史文化传统，以国家安全、主权、发展为最高利益，以我军“软实力”为主要手段，以构建和谐世界为崇高追求，大力推进全方位军事外交，创新发展新型军事关系，大幅提升我军影响力，积极营造良好的国际安全环境，维护和用好战略机遇期，为国家的和平崛起和军队的战略性转型作出贡献。要实现上述总要求，既要创新思维方式，创新思想观念，创新发展思路，又要一切从实际出发，实事求是，把需要与可能结合起来，坚持主观与客观相统一，国内与国际相协调，着眼战略全局，全方位科学谋划军事外交工作的发展与创新。

### 一、始终贯彻和平发展理念，坚持正确的军事外交方针

坚持和平发展道路，是党中央确定的基本方针和基本国策，对党和国家外交工作、特别是对军事外交工作，具有重要的长期指导作用。根据党和国家领导人对和平发展理念的阐述，它主要包含四个方面的基本精神：

#### （一）以经济建设为中心

虽然我国这些年经济建设取得了巨大成绩，但我们仍然是发展中国家，与西方大国相比，不论是经济质量、经济效益，还是科技创新、环境问题、人均 GDP（2010 年，我国人均 GDP2. 9 万元人民币，约合 4000 美元，居世界第 104 位）等方面，都还存在着很大差距。国

内问题也很突出，农业、农村、农民问题还没很好解决，贫困面和贫困人口相当大，还有几千万人没有解决温饱问题。分配不公、贫富悬殊以及各种腐败等引起的各种矛盾加剧，社会不稳定因素增多。所有这些问题的解决，最根本的是要靠发展。因此，经济建设在相当长的时期内，都是我们国家的中心任务，也是我们党的工作中心，各项工作必须始终围绕这一中心，突出这一中心。

**（二）保持稳定的国内和国际环境**

经济建设既需要和谐的国内条件，也需要和平的国际环境，没有稳定什么事也办不成，没有和平也不可能有什么发展，只能给国家带来混乱，危及国家的战略利益。保持内外环境的稳定，就要在战略上继续推进世界多极化进程，加快发展与发达国家的关系，加大对发展中国家的政治和经济投入，遏制美国的霸权主义、强权政治和日本军国主义势力的抬头。妥善处理国内各种矛盾，加大反腐力度，加快政治文明进程，缩小分配差距，改善贫困地区和贫困人口的生活状况，为经济社会发展提供有力的国内国际保障。

**（三）以可靠的军事实力作支撑**

历史经验表明，富裕并不等于强大。只有经济总量的增长，没有军队的现代化，经济建设就没有根本的保障，甚至还会亡国。1700年，中国的GDP占世界生产总量的23.1%，此后，中国经济持续增长，无论是生产总量还是发展速度，中国均处于世界前列。1820年，中国GDP占世界总量32.4%，是同期欧洲的1.2倍，但结果20年后，即1840年却被英国打败了。[①] 1890年，中国GDP占世界总量13.2%，是同期日本的5.3倍，但5年后，即1895年又被日本打败了，再过了5年，八国联军又攻占了北京。从1840—1900年，相隔仅60年，中国竟从世界首富沦为“东亚病夫”。[②] 惨痛的教训、丧权辱国之耻告诫我们，在发展经济的同时，必须加大对国防的投入，改革军队内部机

① 安格斯·麦迪森著，楚序平、吴湘松译：《中国经济的长远未来》，新华出版社，1999年版，第57—58页。

② 张文木：《世界地缘政治中的中国国家安全利益分析》，山东人民出版社，2004年版，第58页。

制，建设一支同我国安全与发展利益相适应的强大的军事力量。否则，发展就没有根本保障，大国作用也难以发挥。我们推进军队现代化建设，不是搞扩张、搞侵略，完全是为了捍卫国家的安全与独立，保障国家的经济建设，完全是为了维护世界和平，进而促进世界的共同发展。

**（四）坚持独立自主的和平外交政策**

独立自主和平外交政策，是毛泽东、周恩来等老一辈革命家亲自制定、并长期坚持的正确的对外政策，为我国赢得了良好的国际环境和广泛赞誉。继续坚持这一外交政策，既是当前保障国家安全利益的需要，也是保障国家发展利益的需要。新的国际国内形势下，我国的外交政策，既坚持独立自主处理国际事务，不受任何国家或政治集团左右，不做任何大国的附庸，不与任何国家结盟，同时又高举“和平、发展、合作”的旗帜，大力倡导以“互信、互利、平等、协作”为核心的新安全观，“以和为贵、亲邻睦仁、协和万邦”，超越意识形态，加强对话与合作，以政治协商与和平对话的方式解决国际争端，争取国家利益的最大化，同时实现世界各国利益的共享共赢。

军事外交必须在国家这一总体战略思想指导下进行。新世纪前30年，是我国发展的重要战略机遇期，我们必须按照党中央、国务院确定的战略方针，加快发展，把我们自己的事情办好。我们的一切工作包括军事外交，都必须在和平发展这个大战略下来思考，来筹划，来开展。根据国家和平发展战略思想，结合军事外交工作实际，我国军事外交方针可确定为：服务大局，积极参与，拓宽领域，深化合作，讲究策略，注重实效。

服务大局，就是我们的一切军事外交工作都要服从国家总体安全，服从国家外交全局，服从军队建设，贯彻军委总部的战略意图，并按照这一要求来衡量和确定具体的军事外交任务。

积极参与，就是要以更加积极的姿态参与对外军事安全合作，凡是有利于国家安全，有利于改善我国安全环境，有利于消除“中国威胁论”的各种形式的交流、互访、会议、论坛、研讨等，都应积极主动地参加，而不是回避矛盾。

拓宽领域，就是要扩大合作范围，对那些能够树立我国大国形象，能够展示我军威武、文明、和平风貌的国际安全行动，要大胆地实践，如维和行动、国际紧急救援、海上共同巡逻等。

深化合作，就是要在已取得的对外军事安全合作成果的基础上，进一步拓展内涵，提升关系，形成机制，重点对象是上海合作组织、东盟等周边与亚太地区国家。

讲求策略，就是原则性和灵活性的巧妙融合。原则性是军事外交的基础，在涉及国家、军队核心利益和重大原则问题上，必须坚定不移；灵活性又是军事外交的灵魂，在守住根本的前提下，作出必要的妥协，甚至是放弃暂时利益以获得战略上的主动和国家、军队的长远利益。应该审时度势，善用矛盾，巧妙周旋，始终掌握军事外交主动权。

注重实效，是军事外交工作的落脚点，任何对外军事活动，都要注重实际效果，无论是大活动，还是小项目，从运筹设计，到具体实施，都应体现这一要求，并要贯穿到整个军事外交工作的全过程。

## 二、精心经略大国军事关系，营造对我国有利的世界战略格局

大国关系是稳定国际秩序的关键因素。大国关系和谐了，世界局势就能够基本平稳；大国关系出现问题、陷入对抗，国际形势就会骤然紧张，甚至会引发战争、危及世界。世界各国都十分重视处理好大国关系。我党三代领导核心都把大国关系作为国家外交的重点。毛泽东精心营造大三角关系，邓小平及时调整对苏战略，江泽民致力发展多极世界，为我国的建设与发展争得了有利的战略环境。处理好大国关系，很重要的方面就是发展与大国的军事安全合作，努力构建新型大国军事关系，形成相互借重、多边制衡的安全机制。

当前，中美两国、两军关系保持了良好的发展势头，首脑会晤不断，战略对话频仍，商贸磋商得到加强，文化交流渐入高潮，特别是

作为双边关系重要内容的军事交流有所增多，两军高层对话、院校交流、机制性磋商、军舰互访等进一步发展，但两国、两军关系中的矛盾和问题也十分突出。美国出于全球战略需要，把中国的发展视为潜在威胁，对中国实施遏制战略，在中国军事力量增长、能源需求、知识产权、贸易不平衡、人民币汇率、中国同“反美国家”发展关系等方面不断责难，特别是最新出台的《四年防务评估报告》，明确提出中国“最具军事上挑战美国的潜力”，中国的军事发展“对地区乃至美国构成威胁”，这表明，美国军方已经确定，冷战后中国已取代苏联，成为美国最主要的潜在战略对手。美国对我国的全面军事防范力度将进一步加大，我们必须保持清醒的头脑。发展中美军事关系，既要守住根本，坚持原则，又要不搞对抗，加强合作。要着眼保持中美战略关系稳定，积极寻求两国利益需求的结合点，重点围绕消除“中国威胁论”、增加军事互信多做工作，在继续保持军舰互访、海上安全磋商等原有合作项目的基础上，可以增加两军高层互访，开通两军热线，开设安全论坛，举办军官研修班，条件成熟时，可以考虑扩大我军开放领域，也可提高中美联合军演的层次，这样既满足了美方的需要，也可直接了解美军的作战思想和作战方法，锻炼提高我军训练水平。

俄罗斯是世界上有重要影响的大国，幅员辽阔，资源丰富，特别是能源、油气储量分别占世界总量的13%和36%，产量分别占世界总量的11%和31%，对世界政治经济发展有着重要的影响。俄罗斯还是除美国之外，世界上第二大军事强国，武器装备现代化水平较高，也是在重大国际问题上敢于和美国说“不”的为数不多的国家之一，在许多重大国际问题上，与中国有着广泛的共同利益。当前，中俄关系很好，特别是2004年彻底解决了两国历史遗留的边境问题以后，两国的全面合作提升到了一个新的阶段，政治上互信，外交上协调步骤，能源合作迈出新步伐，特别是军事领域的合作，取得了重要成果。要立足长远利益，坚持互惠互利，增强中俄战略协作的稳定性；支持并促进俄罗斯参与亚太安全和军事合作进程，积极创造对我有利的战略局面；拓宽两军在战略领域交往的渠道，从俄引进一些先进的军事技术与装备；进一步深化两军联合军演，使其经常化、机制化。

欧盟是国际舞台上一支重要力量，对全球政治、经济格局发展有着重大影响。大多数欧盟国家认为，中欧之间不存在根本性利益冲突，相互之间不会构成威胁，在欧洲的很多安全关切上，如反恐、防止大规模杀伤性武器扩散、打击非法移民以及有组织犯罪等方面，中国是个非常关键、不可或缺的合作伙伴，主张发展对华关系，推动中欧战略合作。当前，中欧关系总体良好，政治、经济、文化交流频繁，军事交流也有所发展，总体前景看好。但由于欧盟在意识形态上仍存有偏见，对我快速发展的防范心理增强，同时在政治、经济、安全上有求于美国，容易受到美国压力的影响。因此，在军事安全合作方面困难较多，短期内很难取得突破性进展。要针对欧盟的实际和特点，积极开展工作，特别是要加强同法、德、英等欧盟大国的关系，也要不断发展同意大利、西班牙等国的军事关系。当前应重点开展军事人员交流与培训、非传统领域军事安全合作，并在对华武器解禁方面多做工作。欧盟许多国家军事思想、教育理念、教育手段、管理水平先进，应多派军事人员出国留学或短期培训，包括维和骨干的培训，提高我军官整体素质；非传统领域军事合作的一些重要项目，也是欧盟乐于接受的，要积极开展海上反恐、联合搜救等演习，不断深化军事安全合作；要抓住一切时机做工作，把对华武器解禁作为战略对话与磋商的重要内容，力争中欧装备技术合作取得实质性进展。

印度是个正在崛起的大国，发展潜力巨大，在某些科技领域处于世界先进水平，美、俄、日都在积极改善发展对印度的关系。印度与我国有着漫长的边境线，发展对印军事关系十分重要，应摆到重要位置。边境问题是影响两国两军关系的首要制约因素，要妥善处置。当前印度急于处理边境划界，我们既要坚持原则，又要显示出必要的灵活姿态；要加大两军各个层次的互访交流，深化在反恐等领域的合作，不断增加了解和互信。

日本与我国存在着结构性矛盾，在事关国家核心利益的问题上，如台湾问题、钓鱼岛问题、经济专属区划分问题等，与我公开对抗，矛盾尖锐。有学者甚至认为，“展望未来二十年中国国际战略环境，来自日本的战略挑战甚至超过了美国”。[①] 由于政治、经济、文化、社会和历史的诸多原因，加之日本推行对华“制衡”战略，中日紧张关系有可能长期化、复杂化。在可预见的将来，中日之间存在的许多重大政治和战略争端，有可能不会得到真正解决。然而，中日政治关系的不断恶化，将会严重影响东亚的安全与稳定。因此，必须采取措施，打破僵局，缓解两国紧张的关系，控制冲突再度升级。作为政治关系重要组成部分的军事关系，必然受到政治关系走向的制约，但反过来，军事关系的演变，也将对政治关系产生影响。在钓鱼岛、侵华历史、台湾等原则问题上要决不动摇，同时要显示出必要的灵活姿态，逐渐恢复中日军事关系。可以在各个级别开展多层次的军事交流与安全对话，增进了解与互信，预防冲突和危机。应探讨与美日同盟建立战略对话的可能性，只要把美日军事同盟限定在“双边、防御性”的框架内，我们就要寻求某种相互战略谅解，促使美日承诺两国军事同盟不针对中国国家利益，特别是不联合起来军事介入台湾海峡可能出现的危机，争取对美日军事同盟施加积极的影响。

## 三、重点开展亚太军事合作，为我国和平发展创造良好的周边环境

周边安全状况对我国和平发展有着重要影响，深化同周边国家的军事关系，是新世纪新阶段军事外交工作的重点之一。当前，我国与周边国家睦邻友好关系全面发展，军事交流与合作不断深化，历史遗留的一些难点、热点问题得到了较好的处理，我周边安全环境总体稳定，是建国以来最好的时期。当然，不确定、不稳定因素依然存在，特别是美国调整全球战略，把战略重心转移到了亚太，加大了对我周边国家的外交力度。近两年，美国高层频访我周边国家，并加大了对中亚、东南亚、南亚、蒙古等许多国家的经济援助、技术支持和军事装备出售，精心构筑“亚洲板块”，对我国构成了严峻挑战。要始终

① 《现代国际关系》2006 第 4 期，第 34 页

坚持“周边是首要”的战略思想，把深化与周边国家的军事关系，作为我军事外交工作的重中之重。要贯彻“与邻为善，以邻为伴”的方针，加大军事外交工作力度，积极推动双边、多边军事安全合作，努力营造对我有利的周边安全态势。

中亚地处欧亚大陆之间，地理位置独特，自然资源丰富，具有重要的战略价值。这一地区是俄罗斯的传统势力范围，由于苏联解体后实力大减，俄对这一地区的控制力大为降低。美国以此为契机，加紧在中亚的渗透，特别是“9·11”事件之后，更是以反恐为借口，军队进驻中亚，并以经济、军事援助和扶植亲美势力为手段，进一步扩大在中亚的影响力和控制力。俄罗斯随着国力的恢复和增强，改变了“9·11”之后听任美国染指中亚的做法，开始采取一些反制措施，收到了明显的成效。今后一个时期，俄将会继续凭借其地缘优势、传统影响和日益增长的实力与美较量，全力维护其在中亚地区的利益。日本近年来，也明显加大了在中亚地区的外交攻势，不择手段地发展与这些国家的关系，与上海合作组织成员国吉尔吉斯斯坦、乌兹别克斯坦、塔吉克斯坦、哈萨克斯坦建立了外长对话，还邀请阿富汗外长为特邀嘉宾出席会议，并正在酝酿建立“1+4”首脑峰会机制，以此牵制我国和上海合作组织的发展。可以预见，日本在中亚的活动将进一步加强。中亚是我国近邻，与新疆等地有着相同的宗教习俗，又是我国重要的能源来源地，保持中亚的和平稳定，对我国具有重要的战略意义。当前，要重点加快推进上海合作组织实体化进程，按照“把握根本、求同存异、着眼未来、有所作为”的原则，在原有合作基础上，推动上海合作组织向务实型、多领域、高层次转变，进一步强化各成员国在安全领域、特别是军事领域的全面合作，增加各个级别和层次的人员互访，进一步增进友谊和互信；加强军事院校交流与合作，互为对方培养军事人员；增加两军边防部队交往，开展联谊活动和定期官员会见；特别是通过联合军事演习，深化战略协作和军事互信，提高共同应对新挑战、新威胁的能力。

东南亚地处太平洋与印度洋之间，是东西方海上交通要冲，我国重要的出海门户，战略地位极其重要。东南亚各国近年来不断深化相互合作，加快推进区域政治、经济、军事一体化进程，取得了显著成效。东盟整体经济增长迅速，发展潜力较大；安全合作不断深化，联合军事演习、海上搜救、海上巡逻逐渐形成机制；区域一体化取得新进展，第38届东盟外长会议就“东盟宪章草案”达成共识，并宣布启动《东盟宪章》研究和起草；对外关系不断推进，除继续发展与亚洲各国关系外，重点发展与美、日、中关系，建立了“10+1”、“10+3”、“10+6”对话机制，东盟正作为一支重要的政治经济力量出现在国际政治舞台上。我国与东南亚各国关系良好，双边交流与合作日益加强，军事关系不断发展，特别是近年来在巴基斯坦、印尼、泰国等发生海啸、地震、禽流感等自然灾害时，我迅速提供人道主义和经济援助，获得了广泛的赞誉和信任，双边、多边关系取得了新的进展。但是也要看到，东盟对我迅速发展仍存有某种疑虑，在与我发展关系的同时，也想借助外部力量，特别是美、日势力，对我加以牵制，同时，又担心过分依赖区域外力量会丧失独立性。针对这一实际，根据国家战略利益需要，我军事外交应重点扩大宣传，增信释疑，消除误解和疑惑；开展安全对话，妥善处理领海争议，稳定南海局势；深化军事合作，定期举行打击海盗、海上搜救演习，特别是要加强与马六甲海峡沿岸国家的军事安全合作，向这些国家提供必要的军事援助，也可争取参与海上共同巡逻，努力扩大我在马六甲海峡地区的影响力，保障我战略通道的安全。

东北亚地区是美、中、日、俄等大国利益与矛盾的交汇点，历来是大国着力角逐的地区。由于历史和现实的多重因素，该地区安全困境较为突出。朝鲜半岛地处东北亚中心，朝核问题直接关系到东北亚地区的和平与稳定。由于南北双方意识形态、政治制度不同，半个多世纪以来的冷战和对立，很难在短短时期内消除；美、俄、日等为实现其在本地区的战略利益而采取的不同政策，使该地区的问题更加复杂化。韩日关系，由于日本对其侵略的历史，领土、领海争议，以及文化传统的差异，时常处于紧张状态。可以预见，这种紧张的根源短期内将很难消除。我们要加强与韩国的军事交流与合作，增加人员互访，举办战略研讨等，加深两军联系，淡化韩、美、日军事同盟。同时，要加大对朝军方的工作力度，巩固和发展两军的传统友谊。总之，要把开展朝、韩军事外交作为重点，努力使朝鲜半岛局势稳定，和平解决朝核问题，防止发生战争和冲突，维护东北亚各国的共同安全。

南亚国家宗教、民族问题突出，是世界上冲突频发地区之一。印度和巴基斯坦是南亚的两个重要国家，其关系如何，直接影响南亚地区的局势。印度独立50年来，尽管国际风云变幻无常，国内政局动荡起伏，但其称雄南亚，控制印度洋，争当世界强国的战略目标没有改变，体现了印度安全战略的明确性和一致性。今后一个时期，印度将加快向世界大国迈进的步伐，继续奉行“北慑、东联、南下、西进”的战略，强调以军事实力作为实现其战略目标的主要手段。美国为牵制中国，积极发展与印度的关系，取消对印军事技术出口限制，在最敏感的核技术合作上，达成了重要协议。俄罗斯与印度有着传统的友好关系，俄发展与印关系，既有以印制华的长远考虑，更有俄、印、中三国结盟共同对付美国的战略意图。日本近来也加大了对印外交攻势，以图抵消中国越来越大的国际影响。巴基斯坦与我国有着传统的友好关系，是我们的老朋友。巴在平衡南亚力量方面有着重要的作用。要努力促进印、巴关系缓和，防止发生大规模武装冲突。对我国来说，最大的战略利益是在南亚谋求一个真正的战略伙伴，而不是战略对手。因此，要处理好与印、巴的军事关系，既要进一步深化同老朋友巴基斯坦的军事关系，又要进一步改善同印度的军事关系，逐步拓展军事交流领域，积极建立军事互信机制，减轻印对我国的疑虑，使中印关系进一步升华。此外，斯里兰卡位于印度洋战略要冲，对经略海洋具有重要的战略意义，我们要重视发展与其军事关系，为我国未来海军的对外发展创造条件。

### 四、重视与发展中国家的军事关系，巩固我国发挥大国作用的政治基础

发展中国家在国际关系中占有重要地位，是一支重要的政治力

量。加强同发展中国家的团结与合作，既是国家外交的立足点，也是军事外交的特别关注点。毛泽东非常重视同发展中国家的关系，把支持亚非拉人民反对帝国主义、殖民主义、霸权主义，争取民族独立与解放，作为我国外交工作的一项基本方针。毛泽东对发展中国家的关注，始于1946年。当时，他使用的概念是“中间地带”。这个概念在很长的时间里，也包括了除美苏以外的两个阵营的其他国家。直到1963年以后，毛泽东才把亚非拉发展中国家和欧洲等国家分开，提出了“两个中间地带”的论断，认为“这两部分都反对美国的控制，在东欧各国则发生反对苏联控制的问题”。50年代后期，亚非拉发展中国家进入毛泽东视野，具有了外交上的实际意义。到了60年代，他对这些发展中国家给予了越来越多的关注，并开始加强同这些国家的联系，推动这些国家的反美、反苏革命。70年代，在分析了当时国际形势的基础上，毛泽东又提出了著名的“三个世界”理论。他高度评价第三世界的战略地位和作用，强调第三世界是反霸的主力军，明确指出中国属于第三世界。进入80年代，邓小平继承发展了“三个世界”理论，指出，“毛泽东同志关于三个世界划分的战略思想，给我们开辟了道路”，强调要高度重视第三世界国家在国际上的地位和作用，加强同第三个世界国家的团结与合作，永远与第三世界同呼吸、共命运，与他们一道，为世界的和平与发展而努力。90年代，以江泽民为核心的党的第三代领导集体，也十分重视并反复强调要进一步加强同发展中国家的团结与合作。江泽民在1998年8月28日出席第九次驻外使节会议时指出：“近年来，我一直强调要十分重视非洲的工作，不仅政治要重视，在开展经济合作方面也要重视。”“我们必须从长远战略眼光看待同广大发展中国家的关系。在发展大国关系的同时，加强同发展中国家的合作，对我们来说更加重要。这项工作只能加强，不能削弱。”“在国际事务中，我们要继续同广大发展中国家相互配合，相互支持，共同维护发展中国家的正当权益。”

历史上，我们与第三世界广大发展中国家，有着亲密的联系。第三世界国家的支持，为我国的发展赢得了广阔的空间。1971年10月25日，联大以76票赞成、35票反对的结果，通过了恢复中华人民共和国在联合国的一切合法权利、立即把国民党集团从联合国一切机构中驱逐出去的决议。毛泽东曾幽默地说，这是非洲兄弟把我们抬进联合国的。1990 年至 2003 年，美国先后 14 次利用种种借口，在日内瓦人权委员会上炮制反华提案，均告失败，第三世界国家做出了重要贡献。2006 年，联合国人权委员会被改组为人权理事会。支持中国当选为人权理事会理事的，大部分为发展中国家。中国和第三世界广大发展中国家的天然纽带和良好关系，保障了中国在重要历史关头捍卫国家的尊严和权益。第三世界国家的军队，在其国家政治生活中占有特殊的地位，并发挥着重要影响。因此，我们要从战略的高度，深入发展与第三世界国家的军事关系，扩大各个层次和级别的交往，以军队高层互访为主要形式，积极推动与第三世界、特别是拉美和非洲国家的双边军事关系。要以军援、外训为主要手段，发挥军事外交的传统优势，巩固和加强长远友好关系。对军援项目，我们要继续坚持突出重点、讲求实效、长远规划、分步实施、多种形式的原则，重点把握好军援项目的选择、军援项目的立项、承办援外单位的筛选和技术培训四大环节。要充分研究论证，区分轻重缓急，增强投入的目的性。

**（一）加大对攸关我战略资源的国家投入**

我国石油进口主要来源于中东、北非、中亚，近年来增加了从俄罗斯的进口。2012 年，我国从沙特阿拉伯每天进口 100 万桶，另外每天进口的 200 万桶来自于伊拉克、利比亚、科威特、阿联酋和苏丹。[①] 阿位伯国家是我国石油主要供应地，但中东地区是“火药桶”，是大国利益和矛盾的交汇点。该地区宗教问题突出，恐怖活动猖獗，阿以冲突长期得不到解决，伊拉克战争带来的问题成堆，伊朗核问题成为国际关注的焦点。对中东地区国家的军援必须慎之又慎，防止陷进漩涡。要把军援的重点放在非洲，加大对苏丹、安哥拉、刚果、赤道几内亚的军援，同时适当增加对委内瑞拉等拉美国家的军援。

**（二）加大对攸关我战略通道安全的国家投入**

我国海上战略航线漫长，从中国南部港口到波斯湾的海上能源航

---

① ［英］尼克·巴特勒：《中国进入中东的长征》，英国金融时报网站，2013 年 5 月 17 日。

线达5500海里；从经巽他海峡或龙目海峡，越中印度洋，绕好望角，至非洲几内亚湾产油区，航程更是长达10000余海里。按2020年中国从海湾地区进口石油1.87亿吨、用15万吨巨型油轮运输、往返航程45天计算，届时穿行于马六甲海峡和印度洋航线的我油轮每天将达到156艘。由此可见，保证战略通道安全至关重要，关系到我国的经济命脉。我们要特别关注马六甲海峡，加大对印度尼西亚、马来西亚等国的军援，特别是在这些地区遭遇自然灾害时，坚决、果断、迅速地提供人道主义援助，通过援助加深与这些国的联系与友谊，深化双边军事合作，从而保障我战略通道安全。

**（三）加大对攸关我地缘政治利益的国家投入**

巴基斯坦、缅甸、泰国、朝鲜、蒙古、中亚等国，与我边界相连，有着共同的地缘政治、经济、安全利益。要加大对这些国家的援助，并把提供军援与发挥我政治影响力、经济吸引力和文化亲和力紧密结合起来，真正形成政治、经济、文化合作与军事安全合作互动，发挥最大效益。人员培训是投入低、效益大的援外项目。要充分利用我对外训练资源，加快对发展中国家军队人员培训，扩大培训国家的范围和增加来华军官数量，改革教学内容与方法，“走出去，请进来”，短期培训和长期培训相结合，着力培养有发展潜力的中青年军官，真正造就出对我友好、对其国家和军队发展有重要影响的中坚骨干力量，为巩固发展两国两军关系打下牢固的基础。

## 五、积极参与联合国框架内的国际军事事务，维护世界的和平与稳定

适应国家和平发展战略的需要，必须在党中央、中央军委的正确领导下，高举“和平、发展、合作”的旗帜，把对外军事安全合作，与构筑对己有利的战略活动空间结合起来，与建立公正合理的国际政治经济新秩序结合起来，与国家的崛起和振兴目标结合起来，推动对外军事安全合作朝着更加活跃、更加务实、更加有效的方向发展，努力树立良好的、负责任的大国军队形象，在维护国际安全和地区稳定

中，履行好自己应尽的责任和义务，为改善国际安全环境，维护国家的根本利益和长远利益创造条件。

当今世界出现了许多新的情况，既有对抗，又有合作，合作多于对抗，特别是在联合国框架下的各国共同行动逐渐增多，在人道主义援助、紧急救援、维和行动、打击海盗、打击恐怖活动、打击走私贩毒等领域，有着广泛的合作前景。很多国家都在保卫本土安全、抵御外敌入侵的基本国防目标之外，增加了营造有利国际环境的新目标，执行国际任务的领域不断拓展，规模逐步扩大，次数更趋频繁。面对政治多极化、经济全球化带来的新机遇和新挑战，军队执行内容广泛的国际任务，是实现国家安全发展战略的必然要求，是推动战略格局转变、建立稳定的国际新秩序的重要手段。我国是世界上有重要影响的大国，又是联合国常任理事国，特别是近些年综合国力大幅提升，军事力量有所增强，对外军事安全合作取得了一定的成效和经验，完全应该、也有能力更多地参与国际军事事务。新的形势下，要把执行国际任务进一步提升到战略高度来认识，将军队职能由“打赢战争”向“遏制战争”扩展，将军队任务由“保家卫国”向“营造有利国际环境”扩展，将军队建设的着眼点由养兵千日，用兵一时向“养兵千日、用兵千日”发展。

要把提高我军执行国际任务能力纳入军队建设的总体规划，与做好军事斗争准备的能力建设统一起来，明确执行国际任务的需求，制定发展目标与计划。我们应该更加积极地在联合国框架下行动，加大维和力度，除现在指定的工程、医疗分队外，还应指定部分海运、空运、通信和特种作战部队，特别应指定部分成建制的作战部队，作为执行国际任务的机动部队，参与维和行动。在亚洲地区发生大的自然灾害时，在征得当事国同意后，也可以考虑派军舰、军用飞机参加人道主义救援。这样既可以展示和扩大我国我军的影响，又可以锻炼和提高部队走出去的能力素质，为我军将来更多地执行海外任务，创造条件，奠定基础。

要加快培养执行国际任务的高素质军事人才队伍。在有关院校分别为士官、生长军官、各级指挥与参谋军官，设置相关的课程内容，如国际武装冲突法，有关国家的政治、经济、法律、文化和历史，世界主要宗教，民事管理知识，外事礼宾礼仪知识等。要在军事训练中增加非战争军事行动和涉外情况处置等科目，如国际人道主义救援业务，国际维和行动中的防袭，防自杀性炸弹袭击、伤员救护、与外军联合军事演习以及部队通讯联络方式等。

要进一步强化派遣出国前的培训。拟派人员和部、分队受领外训任务后，应针对拟派国家和地区实际情况，进行临战强化训练，以增强处置国际危机的能力。

要更加主动地参与国际军备控制活动，充分利用国际舞台，积极宣传我们的主张，争取更多国家的支持、认同，创制公正合理的军备控制法律文件，努力在国际军控斗争中保持主动，最大限度地保护我正当权益，同时对美国等西方国家借军控为名、行霸权之实的行径，进行有力牵制。当前，应重点搞好核军控与裁军应对。鉴于美国国会拒绝批准《全面禁止核试验条约》，印度至今也尚未签约，因此，我应积极推动有关国家、特别是有核国家签约、批约。《禁止生产核武器用裂变材料公约》对我国核武器规模发展有着长远的影响，必须综合考虑我核武器发展的各种情况和内外部条件，抓紧做好签约前的各种准备工作。我与美国在《导弹及其技术控制制度》以及防止核、生、化技术扩散出口控制等问题上，既有共同点，又有不同点。《不扩散核武器条约》是阻止核扩散的国际法，是核不扩散机制的基石。核不扩散机制的完善，有利于世界和平与稳定，有利于我国周边安全环境的改善，在这些方面，我们可以和美国采取某种合作态度，如朝鲜核问题、伊朗核问题等。但必须同时看到，美国在核问题上采取双重标准，对印度等国家发展核武器，采取了宽容甚至纵容的态度，必须既合作又斗争，保证国际军控与裁军公正、合理、正常地进行。

## 六、加快推进务实军事合作，更好地为“能打仗，打胜仗”服务

随着国际竞争日趋激烈，通过开展广泛的务实性军事合作，维护

国家安全利益，已成为许多国家的战略选择。结合我国我军实际，加强务实性合作，最根本的就是要为“能打仗，打胜仗”服务。当前，最为紧要的就是要在推进我军由机械化半机械化向信息化转变、实现现代化建设跨越式发展上取得实实在在的成效。要准确领会习近平主席和中央军委战略意图，从战略上谋划军事安全合作，找准与军队建设的结合点，围绕中心，突出重点，推动军队现代化建设，缩短与世界发达国家的差距。

90 年代以来，我们与俄罗斯及有关独联体国家成功进行了军工技术合作，引进了 100 多架各型及改进型战机、10 多套防空导弹装备以及驱逐舰、直升机、地面雷达、通信装置等，有力地促进了我军武器装备建设，提高了整体作战能力。目前，我们与俄罗斯的军事关系较好，俄方已明确表示，可向中国提供更新式、大型的武器装备，如 C－300－2 大型防空导弹系统、伊尔－76 型军用运输机、带有新型雷达的苏－30 和苏－35 歼击机、图－22M3 型以及图－95 型战略轰炸机、米－28 型直升机、具备攻击和反潜及装备垂直发射系统的驱逐舰、677 型新式常规潜艇等。[①] 要抓住有利时机，在与俄现有合作基础上，取得更大的进展。同时，要与国家外交相配合，多做欧盟各国军队的工作，加速促进欧盟解除对华武器出口禁令，努力实现我军武器装备和技术引进的多元化。从引进武器装备的现实情况看，成系统地购买受到干扰的因素较多，难度较大。有的国家对我存有一定的戒心，也不愿把最好的成系统的装备卖给我，可以在对我国军事装备发展有着关键作用的某些技术引进上多下功夫，从而提高我军武器装备的研制能力和技术水平。要从目前引进装备为主，逐步向引进技术为主的方向发展，推动武器装备的研发能力，走引进创新之路。

先进的军事理论是保持军队建设正确方向，提高军队建设整体效益与联合作战能力的根本保证和倍增器。要以更宽广的世界眼光，吸收外军先进的军事理论和研究成果，特别是要注重借鉴外军的转型建设、作战指导和体制编制等方面的理论和经验。人才是军事竞争的关

---

① 《国际信息资料》，第 32 页。

键，有了人才我们就可以赶超先进。美军较高的作战能力，虽然与其先进的武器装备分不开，但很重要的方面，是美军的人员总体素质较高。我们要在更广阔的国际空间，充分利用外军资源，培养我军新型指挥和技术人才，不断增加出国留学数量规模，扩大派往国家的范围。在当前中美尚未完全恢复两军人员交流的情况下，可把留学重点放在俄、英、法、德和欧洲的一些发达国家。要加大指挥和专业技术人员出国考察的比重，重点安排应急机动作战部队的优秀指挥员和重点科研领域的专业技术人员出国学习，使他们有机会直接了解西方发达国家的军事思想、作战理论、指挥控制、编制体制和军事技术等，增强部队建设和反“台独”军事斗争准备的针对性。

要在更广泛的领域与更多的国家进行联合军事演习。2005 年中俄首次举行的三军大型联合军演，取得了巨大成功，在国内国际都产生了重大影响，收到了非常好的效果。之后，中俄又举行了多次联合军演，这些都标志着两国战略合作进入了新的阶段，标志着两军新型军事互信关系达到了新高。我们要充分运用这次联演的成功经验，在继续深化与俄罗斯、上海合作组织其他成员国联合军演的基础上，筹划好与东盟，乃至德、法、英的联合军事演习，争取迈出更大的步伐。这不仅是增强军事互信、应对新挑战的需要，也是了解掌握外军、学习借鉴外军，提高我军训练水平和打赢现代战争能力的重要途径和手段。

总之，在今后相当长的时期内，国际形势对我总体有利，是我国走向世界性大国的重要战略机遇期。能否把握住这一重要战略机遇期，对中华民族的伟大复兴将产生重大影响。从历史上看，我国的战略机遇期并不很多。在近代，中国曾经两次与重要战略机遇期失之交臂。1820 年之后，西方资本主义国家启动工业化进程，经济迅速增长，清政府则妄自尊大，闭关锁国，错失了这一次工业化机遇。第二次世界大战后，世界经济进入黄金时期，德国、日本抓住机遇，迅速崛起，而蒋介石则发动内战，不久美国又发动朝鲜战争，使我们不得不把主要精力用于应付战争上，经济发展受到了限制。历史一再表明，机遇极为难得，稍纵即逝。把握住了机遇，落后的国家有可能实现大的飞跃，成为先进的国家或强国；而丧失了机遇，先进的国家也会落伍，甚至由盛转衰。任何机遇都少不了主观和客观两方面的条件。战略机遇期要求在客观上等待条件，主观上则要创造条件。从构成我国战略机遇期的客观条件看，良好的国际和周边环境是维护这一重要战略机遇期极其重要的因素，甚至是决定性的因素。从主观上讲，能否维护和用好战略机遇期，是我们必须把握的重点。无论是从客观条件还是主观因素看，军事外交在维护国家重要战略机遇期的过程中，都承担着重大的历史责任，肩负着重要的历史使命，我们必须不辱使命，不负众望，立足现实，放眼未来，开拓进取，在世界军事外交舞台上，谱写更加绚丽辉煌的篇章。

# 主要参考文献

《毛泽东外交文选》，中央文献出版社、世界知识出版社，1994年版。

《毛泽东文集》（第7—8卷），人民出版社，1999年版。

《周恩来外交文选》，中央文献出版社，1990年版。

《邓小平文选》（第1卷），人民出版社，1989年版。

《邓小平文选》（第2卷），人民出版社，1994年版。

《邓小平文选》（第3卷），人民出版社，1993年版。

《江泽民文选》（第1—3卷），人民出版社，2006年版。

《十六大以来重要文献选编》（上册），中央文献出版社，2005年版。

《十六大以来重要文献选编》（中册），中央文献出版社，2006年版。

《当代中国军队的军事工作》，中国社会科学出版社，1989年版。

中华人民共和国国务院新闻办公室：《1998年中国的国防》、《2000年中国的国防》、《2002年中国的国防》、《2004年中国的国防》、《2006年中国的国防》、《2008年中国的国防》、《2010年中国的国防》白皮书。

中华人民共和国国务院新闻办公室：《中国的军备控制与裁军》白皮书，1995年11月；《中国的军控、裁军与防扩散努力》白皮书，2005年9月；《中国武装力量的多样化运用》白皮书，2013年4月。

陈恩林：《中国全史：中国春秋战国军事史》，人民出版社，1993年版。

陈洁华：《21世纪中国外交战略》，时事出版社，2001年版。

陈乐民：《战后英国外交史》，世界知识出版社，1994年版。

樊高月：《美国战略重心及其影响》，外国军事学术，2004年第

11期。

宫玉振：《中国战略文化解析》，军事科学出版社，2002年版。

黄金祺：《外交外事知识和技能》，世界知识出版社，1999年版。

金桂华：《外交谋略》，世界知识出版社，2003年版。

金正昆：《现代外交学概论》，中国人民大学出版社，1999年版。

金正昆：《外交学》，中国人民大学出版社，2004年版。

军事科学院战略研究部：《战略学》，军事科学出版社，2001年版。

康绍邦、宫力等：《马克思主义国际战略理论》，九州出版社，2006年版。

李宝俊：《当代中国外交概论》，中国人民大学出版社，1999年版。

李渤：《新编外交学》，南开大学出版社，2005年版。

李际均：《军事战略思维》，军事科学出版社，1998年版。

梁月槐：《关于俄罗斯安全战略问题》，《外国军事学术》，1996年第2期。

刘庆、毛元佑：《中国全史：中国宋辽金夏军事史》，人民出版社，1993年版。

鲁毅等：《外交学概论》，世界知识出版社，1997年版。

闵振范：《法国的防务改革》，《外国军事学术》，1997年第6期。

倪健民、陈子舜：《中国国际战略》，人民出版社，2003年版。

潘振强：《国际裁军与军备控制》，国防大学出版社，1996年版。

彭怀东：《论中西战争观之主要差异》，《中国军事科学》，1997年第1期。

皮明勇：《“中体西用”与中国军事近代化》，《中国军事科学》，1997年第1期。

梁伯华：《近代中国外交的巨变：外交制度与中外关系变化研究》，商务印书馆，1991年版。

钟天纬：《刖足集·外篇》，光绪二十七年刊本。

张效民：《晚清政府的条约外交》，《历史档案》，2006年第1期。

胡秋原：《近代中国对西方及列强认识资料汇编》（第二集），“中央”研究院近代史所，1984 年版。

贾桢：《筹办夷务始末》咸丰朝卷，中华书局铅印本。

《李文忠公全书·册僚函稿》卷 1、卷 3、卷 16，光绪末年金陵刊本。

陈独秀：《社会主义批评》，《广东群报》，1921 年 1 月 19 日。

袁伟时：《帝国落日大变局》，江西人民出版社，2003 年版。

饶银华：《新中国外交思想概论》，中央文献出版社，2006 年版。

钱其琛：《外交十记》，世界知识出版社，2003 年版。

苏浩：《亚太合作安全研究》，世界知识出版社，2003 年版。

苏志荣：《新世纪新阶段的科学指南：江泽民国防和军队建设思想研究》，军事科学出版社，2005 年版。

孙开泰：《中国全史：中国春秋战国思想史》，人民出版社，1993 年版。

谭宏庆：《中美军事交流的热与冷》，《世界知识》，2003 年第 24 期。

王福春：《外事管理学概论》，北京大学出版社，2003 年版。

王军：《俄罗斯联邦军事学说的发展演变》，《外国军事学术》，2005 年第 11 期。

王珮明：《当前国际军事交流与合作的主要特点》，《外国军事学术》，2005 年第 6 期。

王绳祖：《国际关系史》（十卷本），世界知识出版社，1995 年版。

王泰平：《新中国外交 50 年》，北京出版社，1999 年版。

王晓德：《美国文化与外交》，世界知识出版社，2000 年版。

王幸生：《中华民族的战略文化传统及其特色》，《中国军事科学》，1998 年第 3 期。

汪徐和：《简议民族文化对军事战略的影响》，《中国军事科学》，1997 年第 1 期。

吴晓春、滕建群：《冷战后美国防（反）扩散政策的演变》，《外国军事学术》，2004 年第 10 期。

伍修权：《回忆与怀念》，中共中央党校出版社，1991 年版。

谢希德、倪世雄主编：《曲折的历程：中美建交20年》，复旦大学出版社，1999年版。

谢益显主编：《中国当代外交史》，中国青年出版社，2002年版。

徐成芳：《和平方略：中国外交政策研究》，时事出版社，2001年版。

徐辉、朱崇坤：《冷战后美国联盟战略的调整》，外国军事学术，1997年第4期。

杨公素：《晚清外交史》，北京大学出版社，1991年版。

杨公素：《外交理论与实践》，四川大学出版社，1992年版。

杨松河：《军事外交概论》，军事谊文出版社，1999年版。

杨运忠：《日本的周边军事外交》，《日本学刊》，1998年第5期。

姚云竹：《英国"战略防务审查"白皮书评析》，《外国军事学术》，1998年第12期。

颜吾芟：《中国全史：中国秦汉军事史》，人民出版社，1993年版。

阎学通、金德湘主编：《东亚和平与安全》，时事出版社，2005年版。

杨东梁、张浩：《中国全史：中国清代军事史》，人民出版社，1993年版。

易非：《风云激荡》，辽宁人民出版社，2003年版。

俞正梁等：《全球化时代的国际关系》，复旦大学出版社，2000年版。

张桂芬：《俄罗斯与独联体国家军事合作的战略指导》，《外国军事学术》，2005年第1期。

张秦洞、汪庆荣编著：《军事与外交》，黄河出版社，1997年版。

张炜：《关于中国军事外交的理论探讨》，中国军事科学，2004年第3期。

张文木：《世界地缘政治中的中国国家安全利益分析》，山东人民出版社，2004年版。

张锡昌、周剑卿：《战后法国外交史》，世界知识出版社，1993

年版。

张效民等，《晚清外交变化的观念因素》，《国际政治科学》，2006年第2期。

张伊宁、邓锋：《邓小平新时期军队建设思想》，国防大学出版社，1998年版。

张越：《中国全史——中国清代思想史》，人民出版社，1993年版。

赵小卓、王政：《印俄（苏）军事技术合作及其对印度国防工业的影响》，《外国军事学术》，2004年第9期。

赵学功：《当代美国外交》，社会科学文献出版社，2001年版。

中国人民解放军军事科学院编：《国防和军队建设贯彻落实科学发展观笔会文集》，军事科学出版社，2006年版。

中国现代国际关系研究所危机管理与对策研究中心：《国际危机管理概论》，时事出版社，2003年版。

周谷城：《中国通史》，上海人民出版社，1981年第4版。

周弘主编：《对外援助与国际关系》，中国社会科学出版社，2002年版。

周永生：《经济外交》，中国青年出版社，2004年版。

朱听昌：《中国周边环境与安全战略》，时事出版社，2002年版。

纽先钟：《现代战略思潮》，黎明文化事业股份有限公司，1985年版。

《筹洋刍议·变法》，（薛福成选集），上海人民出版社，1987年版。

《弢园尺牍》，光绪癸巳沪北松隐庐刊本。

《弢园文录外编》，中华书局，1959年版。

《邵氏危言·纲纪》，光绪二十四年，上海商务印书馆铅印本。

［美］亨利·基辛格：《大外交》，海南出版社，1997年版。

［美］马丁·梅耶：《外交官》，世界知识出版社，1988年版。

［美］戈登·克雷格、亚历山大·乔治著，时殷弘等译：《武力与治国方略：我们时代的外交问题》，商务印书馆，2004年版。

［美］斯蒂芬·米利特：《道义上左右为难的核威慑战略》，军事科学出版社，1986 年版。

［美］威廉·施托登迈尔：《八十年代的战略思想》，军事科学出版社，1986 年版。

［美］汉斯·J. 摩根索：《国家间政治：寻求权力与和平的斗争》，中国人民公安大学出版社，1990 年版。

［英］R. P. 巴斯顿：《现代外交》，世界知识出版社，2002 年版。

［英］戈尔—布思主编：《萨道义外交实践指南》，上海译文出版社，1984 年版。

俄联邦国防部长谢·鲍·伊万诺夫：《俄罗斯和中国军队面临共同的任务》，2006 年 3 月 22 日，http：//rusnews. cn/xinwentoushi/20060322/41419408. html（俄罗斯新闻社）。

Derk Bodde, “Harmony and confliction in Chinese Philosophy”, in*the Essays on Chinese Civilization*, edited by C. Le. Blane & D. Borei (Princeton University Press, 1981), p. 290.

John King Fairbank & Ssu-Yu Teng, *China's Response to the West* (New York: Atheneum, 1963).

Peter Viggo Jakobsen, *Western Use of Coercive Diplomacy After the Cold War: A Challenge for Theory and Practice* (New York: St. Martin's Press, 1998).

Robert J. Art and Patrick M. Cronin eds., *The United States and Coercive Diplomacy* (Washington, DC: United States Institute of Peace, 2003).

Thomas Schelling, *Arms and Influence* (New Haven, Conn: Yale University Press, 1966).

“The Defence Diplomacy Policy Paper”, U. K., 2000.

“The Multinational Defence Co-operation Policy Paper”, U. K., 2001.

# 后　　记

2004年4月，我因达到最高任职年限，由行政领导职务改做专业技术工作。当时，二炮政治部杨国谦副主任找到我，要我到二炮组织部，主要参予一些大的材料和活动，并经政治部首长研究后，让组织部部长辛光军同志正式通知了我。此时，总参谋部外事办公室又专门致函二炮政治部，要我去外办帮助工作。正当我犹豫之时，二炮邓天生副政委（时任二炮政治部副主任）因我骨折到家里看望时又讲到了此事，他说二炮自己的事好办，应该优先考虑总部的需要。于是我听从了邓副政委的意见，决定去总参外办。后来杨国谦副主任也来家里看望，我还就此事向他做了一番解释。杨副主任是我多年的老朋友，他在军委办公厅工作期间，我们就因工作关系联系颇多，相处甚笃，他那样安排是对我的关心和信任，未能如他所愿，甚为抱歉。从那时起，我开始接触军事外交工作，开始和我军最高外交部门的精英们打交道，开始参予一些军事外交重要课题研究和文件起草，并且出访一些外国军队，了解掌握了大量国际国内军事外交情况，从此也对军事外交产生了浓厚兴趣。正是在这样的背景下，在外办的支持下，展开了对《中国军事外交理论与实践》一书的思考与研究，并于2005年5月开始撰写，2006年12月完成初稿，2007年3月基本定稿。然而，由于各种审查的原因，一直未能付梓出版。整整等了三年半仍无结果，此时国际国内形势也发生了很大变化，我感到不能再这样等下去了，需要重新启动，主动作为。从2010年9月起，对书稿内容做了进一步修改、补充和完善，2011年6月完成修改稿，并经二炮保密委员会审查同意后送交出版社。本以为此番告成，谁知由于本书内容涉及国家政治、军事、外交等重大问题，又需要上报总政治部宣传部和国家新闻出版广电总局审查批准。期间又多波折，再度对部分内容和数据做了修改更新，2013 年 3 月最后定稿，并于 2014 年 7 月最终获得国家新闻出版广电总局的批准。整个过程历经十载，耗时无数，修改难尽，其中之艰辛可想而知。如果没有对军事外交事业的挚爱与追求，没有朋友们的支持和帮助，这本书是难以问世的。

本书由我总体构思与筹划，负责框架结构设计和纲目拟定，主持相关学术问题研讨，确定基本思路和观点，完成三、六、七、八、九章的撰写，修改完善其他各章节内容，补充更新相关数据，最后对全书进行统稿、定稿和审校，并承办送审出版等具体事项。

海军指挥学院战略教研室副教授钱春泰博士、国防大学军事后勤与军事科技装备教研部教授仲晶博士、海军军事学术研究所原副所长张炜研究员、空军指挥学院外军教研室主任杨宇杰博士分别承担一、二、四、五章的撰写，军事科学院战略研究部研究员王桂芳博士、解放军外国语学院英语系副教授肖欢博士、总参二部张利军博士和万丰博士为有关章节提供了有益的素材。钱春泰博士参与了 2007 年 3 月第一次统稿，期间协助我做了很多具体细致的事务性工作。

第二炮兵原司令员杨国梁上将在百忙中为本书作序，对此向老首长表示衷心的感谢和崇高的敬意！

本书撰写得到了国防部外事办公室的关心和支持，张邦栋主任给予了多方面的指导，钱利华、关友飞、贾晓宁、丁进攻、胡昌明等领导和有关同志也给予了具体指导帮助；外交部、军事科学院有关专家审阅了书稿；国务院办公厅、军委办公厅、军事科学院、第二炮兵有关部门的朋友王建平、张永强、田跃峰、包国俊、胡文、姚志刚、王建军等同志对本书的出版给予了大力支持；时事出版社的李荣、高冉、杨洋同志为本书的编辑、美化付出了辛劳；在撰写过程中，还参考了一些专家学者的研究成果，在此一并表示感谢！最后还要提到我的女儿卢璐，她在本书的打印、校对和文辞等方面也给予了许多帮助，我为此而感到满意和欣慰。

由于对《中国军事外交理论与实践》进行系统研究尚属首次，可以借鉴的成果资料不多，加之研究水平有限，难免存在疏漏与不足之处，敬请专家学者提出宝贵意见。

**万发扬**

2014 年 9 日 17 日于诚信斋